普通高等院校金融学类专业精品系列教材

# 货币银行学

## ——信用创造与收缩的单一逻辑（第2版）

管同伟　编著

北京理工大学出版社
BEIJING INSTITUTE OF TECHNOLOGY PRESS

## 内 容 简 介

本教材系编者20余年金融工作和教学工作经验的结晶。教材定位于应用型人才的培养目标，突出反映学科前沿发展动态，具有鲜明的时代气息。本教材有以下三个特点：第一，线索单纯，结构严谨，教材以开放经济下的货币信用活动为单一分析主线展开，紧扣中央银行货币调控主线进行章节设置，以统一的分析范式统驭整个教材内容，以价格与数量、供给与需求这两对市场经济的基本概念范畴贯穿现代中央银行货币调控全过程；第二，重点突出，教材把金融与货币区分开来，突出货币的信用概念，突出展示货币信用扩张与收缩的内生机制；第三，表述简洁，通俗易懂，教材理论分析部分侧重经济解释，分析模型主要借助文字阐述并辅以图表说明。

本教材可作为应用型本科院校经济、金融、管理类专业本科教材，也可作为经济金融领域从业人员的培训与自学用书。



**图书在版编目（CIP）数据**

货币银行学：信用创造与收缩的单一逻辑 / 管同伟编著. 一2 版. -- 北京 : 北京理工大学出版社, 2021.12（2022.5 重印）

ISBN 978-7-5763-0179-3

Ⅰ. ①货… Ⅱ. ①管… Ⅲ. ①货币银行学－教材 Ⅳ. ①F820

中国版本图书馆 CIP 数据核字(2021)第 258087 号

出版发行 / 北京理工大学出版社有限责任公司
社　　址 / 北京市海淀区中关村南大街 5 号
邮　　编 / 100081
电　　话 /（010）68914775（总编室）
（010）82562903（教材售后服务热线）
（010）68944723（其他图书服务热线）
网　　址 / http://www.bitpress.com.cn
经　　销 / 全国各地新华书店
印　　刷 / 涿州市新华印刷有限公司
开　　本 / 787 毫米×1092 毫米　1/16
印　　张 / 23.25
字　　数 / 562 千字
版　　次 / 2021 年 12 月第 2 版　2022 年 5 月第 2 次印刷
定　　价 / 52.00 元

责任编辑 / 王晓莉
文字编辑 / 王晓莉
责任校对 / 周瑞红
责任印制 / 李志强

图书出现印装质量问题，请拨打售后服务热线，本社负责调换

# 前言

教材定位于应用型本科专业培养目标，以学生实战能力训练为核心，将专业知识、专业技巧与专业素养综合集成，通过学习方法培养、技能手段训练、职业习惯养成三方面，构建有效的专业知识框架，突出案例切入、问题导向、实验操作的教育特色。

教材设计坚持以学生为中心，以学生认知能力为出发点，以培养学生实际应用专业知识的能力为主线，针对目前应用型本科学生的实际情况，遵循专业认知成长规律，模块任务设置从简单到复杂，知识由浅入深，逐层展开，形成系统。

教材共分六大模块：①概述。从开放经济金融循环着手引入货币概念，继而阐述货币银行学的研究对象、方法、范畴及其主要内容。②货币与信用。讨论货币与货币制度、信用与信用工具两大部分内容。③金融体系。讨论货币信用活动得以展开的空间场所。内容包括金融体系概述，基本结构，金融市场结构、类型与中国金融市场。④利率。讨论货币资金的价格——利率，包含利息与利率、利率与收益率两部分内容。⑤货币的供给与需求。讨论货币资金的价格形成与变动，分货币供给、货币需求与货币均衡三部分讨论。⑥中央银行货币调控——货币政策及其传导。主要包括中央银行货币调控概述、货币政策目标、工具与传导机制、货币政策操作及其货币利率影响、货币政策的经济影响等内容。

每一模块围绕一个核心命题进行设计，切实体现问题、学习、指导三位一体的教材设计理念。每个模块均以案例开头，通过实际案例提炼学科核心问题，设置项目任务，配以图片、资料等教学文件，引导学生独立思考、学习，完成作业和项目任务，形成问题解决方案。六大模块构成了一个前后贯通的专业系统，实现专业知识整体建构与学习的有效迁移。

教材简明易懂、线索单纯、结构严谨、便于教学，围绕货币与信用创造、货币政策、货币政策传导机制等主要环节对货币银行学进行全面、系统的阐述，反映学科领域的前沿发展状况。在分析框架与内容安排上，教材把金融与货币区分开来，侧重强调货币的信用概念，突出显示货币信用扩张与收缩的内生机制。

在撰写方式上具有以下三个特点：①对货币银行现象的分析坚持历史、逻辑、实证相一致的原则，突出反映货币银行理论与实践的前沿发展；②在表述上力求做到基本事实、基本理论、基本数据的有机统一；③理论分析部分侧重经济解释，主要借助文字阐述并辅以图表说明。

在表达形式上，各章前有导语，后有摘要。每章正文开始部分安排前面章节相关概念的复习与拓展，使各章内容承前启后，紧密相连；每章含引导案例与案例导读、专栏、例证以及大量图表分析；为方便教学，章后附练习题（配参考答案）；并提供教学大纲、讲义教案、演示文稿。演示文稿画面简洁清晰、精心设计，渐进式的推出方式具有动画式展示的讲述效果。

教材涵盖宏观经济总供求分析及会计学最基本内容，故可无经济学、会计学等先修课程要求。本教材可作为应用型本科院校经济、金融、管理类专业基础教材，也可作为经济金融领域从业人员的培训与自学用书。

本教材编者为广州商学院金融学教授，金融专业负责人；中国人民银行高级经济师；广东省理财协会会长。由于编者水平有限，书中不足之处在所难免，欢迎广大读者批评指正。

本教材受到广东省 2021 省级一流专业（金融学）专业建设点与广州商学院金融学重点学科建设资助，特表感谢。

编 者

2021 年 9 月

# 目　录

## 第一篇　概　　述



## 第二篇　货币与信用

## 第三篇　金融体系

## 第四篇 利 率



## 第五篇 货币的供给与需求

## 第六篇　中央银行货币调控

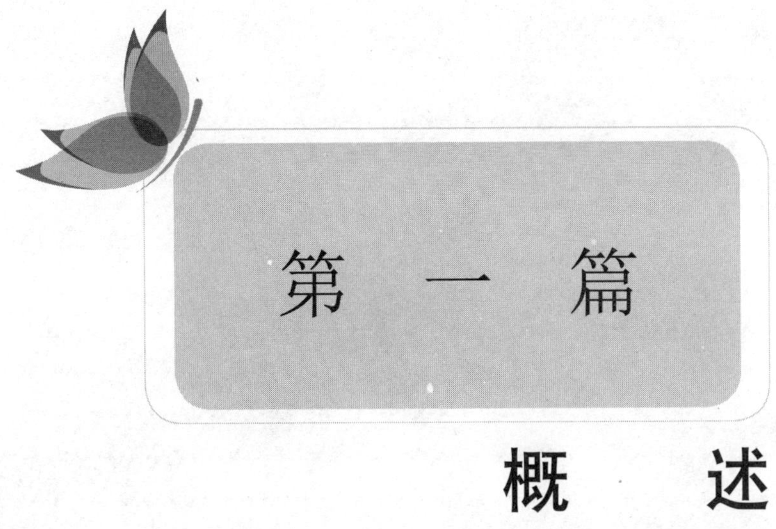

# 第一篇

## 概　述

本篇从现代开放经济体经济循环的角度引入货币的概念，进而讨论货币银行学的研究对象、研究方法与基本范畴，介绍货币银行学的主要内容及其学科发展状况。

# 货币银行学概述

现代经济循环离不开货币信用活动。货币银行学是关于现代经济中货币信用活动与经济运行关系的学科。学习货币银行学有助于我们形成对货币信用活动规律性的认识，理性分析当前日益复杂的货币经济现象。

本章首先讨论开放经济的经济金融循环，然后讨论货币银行学的研究对象、研究方法与基本范畴，最后讨论货币银行学的主要内容及其学科发展问题。

## 知识与技能目标

通过本章的学习，学生应当掌握货币银行学的基本概念，理解货币银行活动的经济背景框架，了解货币银行学的主要内容及其学科发展状况。

## 引导案例

### 中国金融遇“钱荒”

**案例导读：**所谓“钱荒”，是指资金市场上资金供不应求，导致市场资金价格——利率（本例中指银行间同业拆借利率[①]）攀升的情况。本案例展示了货币信用在一个大型经济体金融市场——中国金融市场中的重要作用。一个拥有数万亿美元外汇储备、当今世界钱最多的国家为什么会发生“钱荒”？“钱荒”会产生哪些不利影响？一国货币当局与金融机构又应当如何应对“钱荒”？货币银行学是能够帮助我们解答这些问题的专业工具。

2013 年 6 月以来金融业闹起了“钱荒”，虽然 6 月份的“钱荒”年年有，但今年尤其严重。6 月 20 日，如果一家银行向另一家银行借钱，1 天的利率，按年折算最高达 30%，相当于 1 年期贷款基准利率的 5 倍，这已超过央行规定的正常贷款利率的最高限，越线就是高利贷。多位金融机构人士表示，当前资金紧缺的状况的确是有史以来最严重的。

① 银行间同业拆借利率又称同业拆放利率，是指银行同业之间的短期资金借贷利率。同业拆借（放）指的是银行及非银行金融机构之间为了解决短期内出现的资金余缺而进行的相互调剂。

本周以来同业拆借市场日均成交高达800亿元以上，此次“钱荒”的“震中”也正是同业拆借市场。进入6月份，同业拆借市场利率迅速攀升，其中隔夜拆借利率涨幅尤为迅猛。从4.5%起步，盘中先后攻破10%、20%、30%大关，不断刷新银行间市场成立以来历史纪录。

6月21日，中国银行间货币市场经历了历史性的一刻。当天，隔夜上海银行间同业拆放利率飙升了578.40BP，“破表”升至13.444 0%的历史新高，盘中更是一度升至30%的惊人位置。不少业内人士甚至用“空前惨烈”来形容当前的资金局面。

（资料来源：李鹤鸣，杨涛．中国银行业面临最严重钱荒，楼市风险提高[EB/OL].[2016-12-01]http://finance.qq.com/a/20130622/001977.htm.）

## 第一节　开放经济的运行模式：经济金融循环

货币银行学（Money and Banking）是关于现代经济中货币信用创造、扩张和收缩如何影响宏观经济运行的学科，其任务是揭示货币信用活动与经济运行的关系变化发展的规律。那么，货币信用在现代经济中处于何种位置、它与经济运行有何关系是本教材关注的首要问题。

### 一、经济体与经济部门

经济体是指对某个区域的经济组成的统称和划分。经济体有狭义和广义之分。广义经济体可以指某一地区的共同经济体，如欧盟[①]、东盟[②]等；也可以指某一类具有共同特征的国家（含地区）群体，如发达经济体、发展经济体、新兴经济体等。按国内生产总值（Gross Domestic Product，GDP）指标划分，目前在世界上排名靠前的几个主要经济体为美国、中国、日本、德国。2011年，中国超过日本成为全球第二大经济体。狭义经济体是指一个具有相对独立行政司法体系并编制国民经济账户的经济主体，如中国的台湾地区、香港特别行政区等，一个独立的主权国家也是一个经济体[③]。在此，本教材采用狭义经济体的概念，这可以带来统计上和经济分析上的便利。

经济体可以根据研究的需要划分为不同的部门。从探究经济活动中不同行为人的经济行为及其活动的相互关系的角度，可把经济体划分为住户部门、企业部门、政府部门等，这是经济学中使用的方法。例如，在古典经济学中，一般把经济体分为住户与企业两个部门，继而加入政府部门，形成三部门经济。三部门经济不考虑经济体的对外经济活动，因而反映的是一个封闭经济体的经济活动状况。

在现代社会，任何经济体的经济运行都不是封闭的，或多或少都会与外部发生某种经济

① 欧盟，欧洲联盟（European Union，EU）的简称，总部设在比利时首都布鲁塞尔，由欧洲共同体发展而来，英国于2020年1月31日正式退出欧盟，现有27个成员国。根据欧盟统计局2020年4月数据，欧盟27个成员国人口总计约4.5亿人，GDP总计16.45万亿欧元，人均GDP 3.68万欧元。

② 东盟，东南亚国家联盟（Association of Southeast Asian Nations，ASEAN）的简称。成员国有马来西亚、印度尼西亚、泰国、菲律宾、新加坡、文莱、越南、老挝、缅甸和柬埔寨。其前身是马来亚（现马来西亚）、菲律宾和泰国于1961年7月31日在曼谷成立的东南亚联盟。

③ 以下为节省篇幅起见，当使用“一国”时乃指“经济体”概念而非主权国家。

联系，其中最主要的经济联系是进出口贸易。把进出口贸易视同国外部门，加入三部门经济，则现代经济为四部门经济，四部门经济的构成如图 1-1 所示。

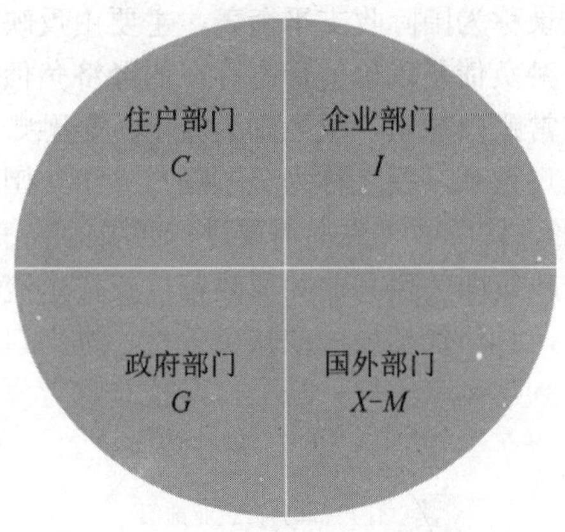


图 1-1　四部门经济的构成

在四部门经济中，住户部门①、企业部门与国外部门共同构成私人部门，其活动包括消费、投资、进出口贸易与跨境金融资产（金融资产是以价值形态存在的经济资产，详见下节）的买卖。其激励机制是：企业部门在向社会提供产品和劳务的同时，以实现利润最大化为目标；住户部门在向企业提供劳动力、资本等要素换取收入的同时，以期用最少的货币支出换得最多的消费效用。

政府部门为公共部门，其活动主要是为社会提供国防、安全、教育、公众健康、公共设施等公共产品，并对经济进行宏观调控，以实现政绩最大化。政府宏观调控的基本目标是：维持物价稳定；实现充分就业，如图 1-2 所示。

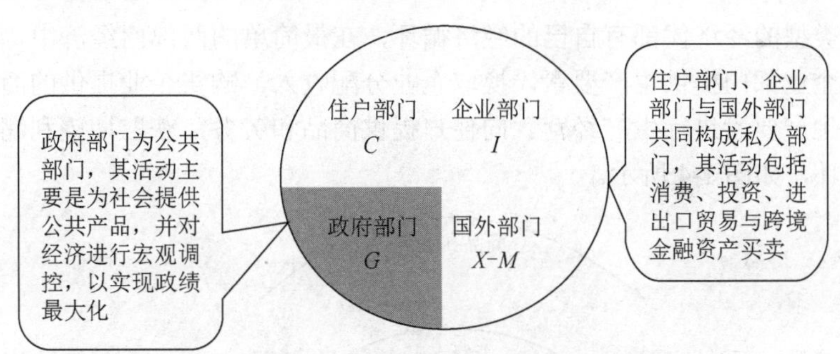


图 1-2　四部门经济中的公共部门和私人部门

政府部门宏观调控的政策工具狭义上包括货币政策、财政政策，广义上包括贸易投资政策和产业政策。货币政策调节的直接目标是货币供应量；财政政策则通过政府税收和财政支出影响投资和消费活动；贸易投资政策调节对外部门活动；产业政策通过市场准入和产业导向来影响产业结构的变化。

① 联合国《国民账户：实用简介》（H. 住户部门 9.23）对住户部门的解释为：住户由一小群人组成，他们合住同一住宅，将其部分收入合在一起并集体消费某些类型的货物和服务，主要是住房和食品。住户部门包括作为消费者的常住住户单位及其所从事的一切不具有法人资格的经济活动。住户部门可按主要收入来源细分为雇主、自给性工人、雇员及财产和转移收入领受者。

国外部门活动主要包括商品和劳务的进出口，国际直接投资、间接投资（证券投资）、其他投资以及官方储备资产活动。这些活动的综合构成一国的国际收支。

一国国际收支的系统记录称为国际收支平衡表，主要由反映商品和劳务贸易的经常账户和反映金融资产和负债（金融负债是以价值形态存在的经济负债）交易的金融账户构成。经常账户差额大于零，称为经常账户盈余，反之则为赤字；金融账户差额（等于国外资产减国外负债）大于零称为金融账户盈余，反之称为金融账户赤字。国际收支失衡主要指经常账户差额占 GDP 比例过大的情形，国际收支失衡需要进行必要的政策调节。

政府部门通过贸易投资政策即关税与非关税政策以及资本流动管理调节对外部门活动，以实现国际收支平衡的目标，具体包括增加或减免关税、进出口补贴、官方汇率干预以及资本流动管理等手段，如图 1-3 所示。

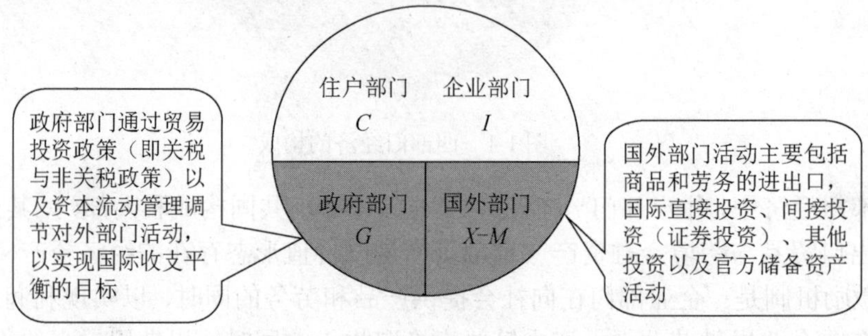


图 1-3　四部门经济中的国外部门和政府部门

## 二、开放经济的经济流量循环

### （一）实体经济循环

任意一种类型的经济体都有自己的经济循环，在最简单的两部门经济中，经济循环为住户部门通过向企业部门提供生产要素，换取企业分配收入，购买企业提供的商品和劳务；企业则通过组织生产要素进行生产经营，向住户提供商品和劳务，获取期望利润。由此构成两部门的经济循环，如图 1-4 所示。

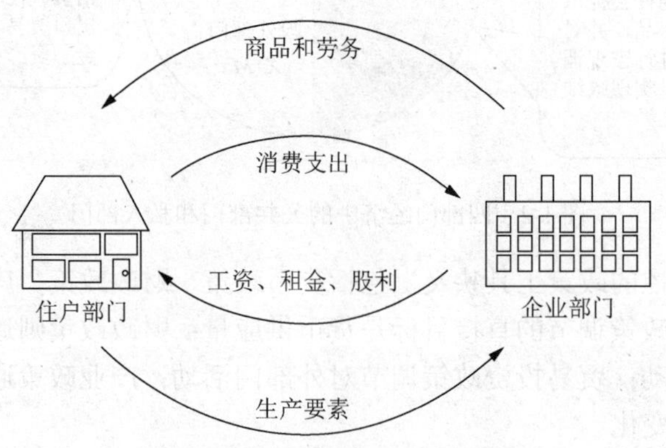


图 1-4　两部门经济中的经济流量循环

四部门经济的经济循环与两部门并无本质差异，仍然是要素提供与要素服务收入、消费采购支出与商品和劳务的交换，只不过在两部门之外加上了政府的支出（政府购买）和税收，国外部门向世界其他经济体商品和劳务的出口（卖出本国商品和劳务）和进口（买进他国商品和劳务）。四部门经济的收入流量循环模型如图 1-5 所示。

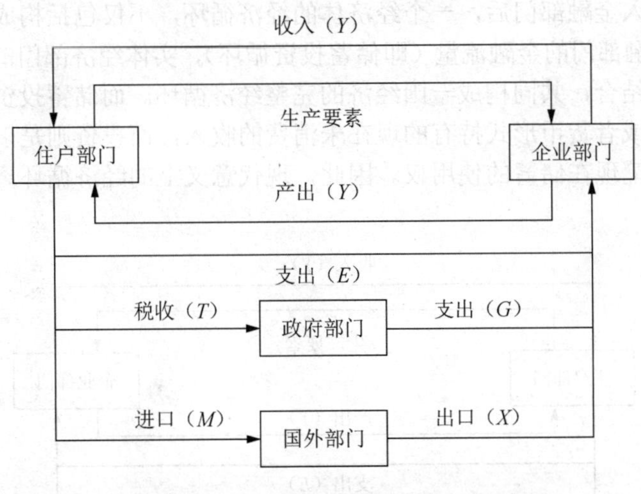


图 1-5　四部门经济的收入流量循环模型

以上讨论的是实体经济循环，实体经济循环是指产品与劳动力、土地等物质生产要素的循环，其间未考虑货币资本的要素。

（二）纳入虚拟经济部门后的经济循环

前述对经济体部门的划分是从产品市场的角度，如果考虑到现实的经济运行，经济体还可以划分为实体经济部门与虚拟经济部门，实体经济部门对应着商品和服务的生产和交换，虚拟经济部门对应着金融资产和负债的交易，因此又称金融部门。金融部门的作用在于充当金融中介（商业银行和非银行金融机构，详见第四章），将经济中的储蓄转化为企业投资，即在考虑金融部门的循环时，纳入了货币资本循环的要素。经济体的实体经济部门与虚拟经济部门构成如图 1-6 所示。

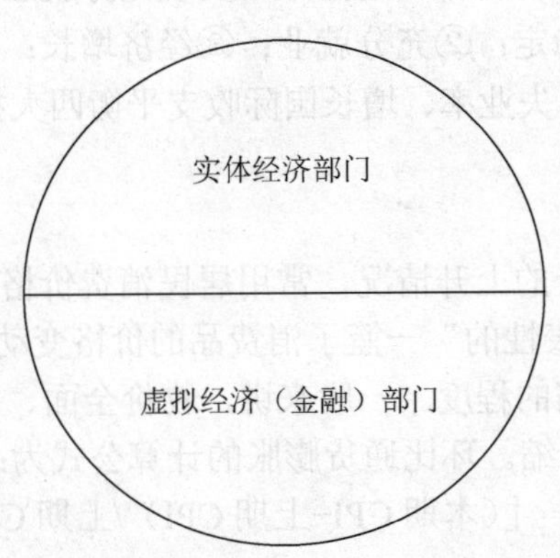


图 1-6　经济体的实体经济部门与虚拟经济部门构成

考虑虚拟经济部门后，一个现实经济体的经济循环可用图 1-7 表示，其中，储蓄、税收、进口合称渗出，因为它们代表经济中即期支出的减少；在需求决定的经济中，如果渗出过多，产出将下降。投资、政府支出、出口称为注入，因为它们代表即期支出的增加，支出的增加将使产出增加。

以上可见，纳入金融部门后，一个经济体的经济循环，不仅包括构成实际经济流量的收支活动，还包括金融部门的金融流量（即储蓄投资循环），实体经济部门的循环与金融经济部门的两个循环有机结合，共同构成一国经济的完整经济循环。而储蓄投资循环的载体就是货币。储蓄是以现金或者货币形式持有的现在未消费的收入，而投资则是以未来货币收入偿还为条件所获得的一笔现在储蓄的使用权。因此，现代意义上的经济循环离不开货币，货币的作用至关重要。

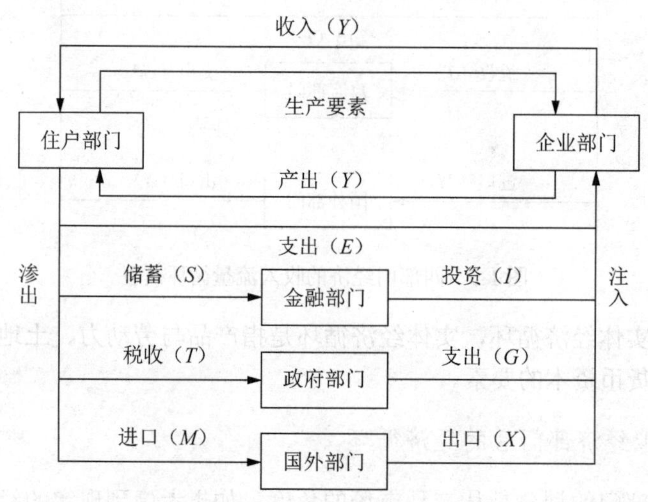


图 1-7　纳入金融部门后的经济循环

（三）开放经济的宏观调控目标

综观世界主要经济体的宏观经济调控目标，即一个开放经济（即四部门经济）的宏观经济调控目标，可以概括表述为在物价稳定基础上实现充分就业的可持续经济增长。具体可分解为四个单项目标：①物价稳定；②充分就业；③经济增长；④国际收支平衡。这四个单项目标可以用通货膨胀、经济、失业率、增长国际收支平衡四大指标来衡量。

1. 通货膨胀

通货膨胀反映物价总水平的上升情况，常用居民消费价格指数（Consumer Price Index，CPI）表示。CPI 包括“有代表性的”一篮子消费品的价格变动状态。CPI 变动率在一定程度上反映了通货膨胀或通货紧缩的程度。一般来讲，物价全面、持续地上涨就被认为发生了通货膨胀；反之，则称为通货紧缩。环比通货膨胀的计算公式为：

$$通货膨胀率=［（本期 CPI-上期 CPI）/上期 CPI］\times 100\% \quad (1\text{-}1)$$

2. 经济增长

经济增长指一个经济体生产的物质产品和服务的持续增加，通常以该经济体当年 GDP 对比往年的增长率即年度经济增长率来表示。年度经济增长率的计算比较简单，就是后一年 GDP

或人均 GDP 减去前一年的 GDP 或人均 GDP，再除以前一年的 GDP 或人均 GDP，再换算为百分数。相关计算公式为：

$$经济增长率=［（本期GDP-上期GDP）/上期GDP］×100\% \quad (1-2)$$

例如，我国 2014 年 GDP 是 643 974.0 亿元人民币（按 2010 年价格计算，下同），而 2015 年 GDP 是 685 505.8 亿元人民币，因此 2015 年的经济增长率就是 0.069，用百分数来表示就是 6.9%。

如果 GDP 增长为负数，即当年 GDP 比往年减少，则称为经济衰退。通常，只有当国内生产总值连续两个季度持续下降，才称为经济衰退。

GDP 是一个经济体所有常住单位在一定时期内（通常为 1 年）生产活动的最终成果。宏观经济调控的理想目标就是要实现 GDP 的可持续增长。在四部门经济中，GDP 可以表示为居民消费、企业投资、政府购买及货物与服务净出口之和。其计算公式为：

$$\begin{aligned} GDP &= 消费+投资+政府购买+净出口 \\ &= C + I + G + NX \end{aligned} \quad (1-3)$$

式中，GDP 代表国内生产总值；$C$ 代表私人消费；$I$ 代表私人部门或企业投资；$G$ 代表政府支出或政府购买；$NX$（$=X-M$）代表净出口，为出口（$X$）与进口（$M$）之差，即贸易差额。$NX$ 可以为正也可以为负，为正时出口大于进口，为负时则出口小于进口。

### 3. 失业率

失业率是指一个经济体一定时期内满足全部就业条件的就业人口中仍未有工作的劳动力人口与全部劳动力人口之比。其计算公式为：

$$UR=\frac{UW}{TLF}\times 100\% \quad (1-4)$$

式中，$UR$ 代表失业率；$UW$ 代表失业人口（有劳动能力且在积极寻找工作者）；$TLF$ 代表总劳动人口（就业人口+失业人口）。

失业率的高低代表劳动就业总水平的好坏，反映一个经济体劳动力资源的利用效率。失业率与经济增长率具有反向的变动关系，一般而言，经济增长率比较高，失业率则比较低，反之亦然。因此，所谓充分就业，就是经济增长比较高，失业率比较低的状态，严格的经济学定义是指经济达到自然失业率①的状态。

### 4. 国际收支平衡

国际收支平衡是一个经济体对外支出与收入之差接近为零的状况，可用贸易差额（出口与进口之差）表示。也就是说，若 $NX$ 的差额较小可视为国际收支平衡；反之，若两者差额较大，则称为国际收支失衡。

综合上述，现代开放经济的宏观经济调控就是借助财政政策与货币政策实现上述指标的综合平衡，进而实现宏观经济的总体调控目标。而货币银行学研究的重点内容就是货币政策如何通过金融部门作用于整体经济循环，以促进实现宏观经济调控目标的整个过程。

① 自然失业率（Natural Rate of Unemployment），是一个既不会造成通货膨胀也不会造成通货紧缩的失业率。失业率高于自然失业率时，工资有下降压力；失业率低于自然失业率时，工资有上升压力。

## 第二节 研究对象、方法、范畴及其主要内容

### 一、研究对象

任何一门学科都有其研究对象。研究对象的确定不是主观随意的。首先，它取决于学科的性质，由学科的性质确定以什么作为学科研究的对象；其次，无论什么样的研究对象，都必须通过进行科学研究以得出可靠的结论。

货币银行学是关于现代经济中货币信用活动规律性认识的学科，现代经济中货币信用活动及其与经济运行的关系都是客观存在的，它的运动变化有规律可循，经过人们的主观努力可以认识，因此，货币银行学的研究对象就是现代经济中货币信用活动及其与经济运行的关系。

作为经济学的一门传统学科，货币银行学既有一般经济学的共性，又有其学科自身的个性。也就是说，货币银行学与普通经济学相同，也是以人类社会的资源优化配置为己任，其任务是要揭示资源优化配置后面的经济规律与本质；但是，货币银行学与普通经济学又存在重大差别，它的直接研究对象不是一般意义上的经济资源而是特殊意义上的经济资源，即金融资源。金融资源①狭义上就是指一个社会所拥有的储蓄资源，即一个经济体一定时期的国民收入未予消费的部分。现代经济是扩大再生产的经济，而扩大再生产的前提就是必须拥有一定数量的储蓄。现代经济扩大再生产的过程就是储蓄不断积累，积累的储蓄再借助一定的方式转化为追加的投资，促进资本形成，使产出不断增加的过程。因此，现代经济过程就是储蓄向投资不断转化的过程。而储蓄或投资，总是首先以货币资金的形式出现。在现实经济生活中，居民将暂时不用或结余的货币收入存入银行或其他金融机构形成储蓄存款，银行或其他金融机构再把这部分储蓄存款转化为资金需求者（企业、个人或政府机构）的贷款，贷款获得者再把所获贷款用于购买生产资料或生活资料，完成储蓄向投资的转化过程。这也就是现代经济金融资源配置的大致过程。现在的问题是，国民收入总是一笔货币收入（储蓄不过是该笔货币收入中的一部分而已），那么，构成国民收入（包含储蓄）的货币从何而来？货币在国民收入的生产和再生产、储蓄向投资转化过程中又具体担负着什么样的角色和使命？经济中货币数量的多寡又是如何被经济中的行为主体决定的？现代经济中的货币信用如何被创造、如何被扩张，又如何被收缩？这就是货币银行学的个性特征，也就是我们将在后面全面展开的货币银行学的专门研究对象。

### 二、研究方法

货币银行学是经济学的一个分支学科，它的研究方法与经济学所用的方法并无二致，不外是经济学研究方法在货币银行学领域的延伸和运用。经济学研究方法是指研究各种经济活动和各种经济关系及其规律性的方法，如抽象的方法、分析和综合的方法、归纳和演绎的方法、定性定量分析等。这些方法是人类在认识客观事物的长期过程中形成的科学方法，在经济学研究中得到广泛运用。同时，这些研究方法对于经济学的各门学科也具有普遍性，只是由于不同学科在研究对象上有所差别，因而在运用这些研究方法时也会有所侧重，有所不同。具体到货币银行学的研究，我们将采用下述方法。

① 金融资源有广义和狭义之分。广义的金融资源是指金融领域中关于金融服务主体与客体的结构、数量、规模、分布及其效应和相互作用关系的一系列对象的总和或集合。这里使用狭义金融资源的含义。

（一）历史与逻辑相统一的方法

历史与逻辑相统一的方法要求在认识事物时，要把对事物历史过程的考察与对事物内部逻辑的分析有机地结合起来，逻辑的分析应以历史的考察为基础，历史的考察应以逻辑的分析为依据，以达到客观、全面揭示事物的本质及其规律的目的。货币银行学作为一门历史的学科，其历史的发展有着内在逻辑的必然性。作为商品经济的产物，货币银行是沿着货币—信用—银行这一内在规律发展的。因此，我们在研究货币银行学时，不仅要注重其历史发展，更要注重抽象逻辑的方法，要从货币银行学纷繁复杂的历史现象中，抽象出它的基本范畴和基本概念，继而运用这些科学的抽象概念、范畴通过逻辑思辨来揭示货币现象的本质和运行规律。

（二）定性与定量相结合的方法

定性研究方法是根据社会现象或事物所具有的属性和在运动中的矛盾变化，从事物的内在规定性来研究事物运动规律的方法。货币银行学的若干范畴，如货币与货币制度、信用与利息等都难以进行量化研究而必须借助理论抽象进行定性研究。借助一定的经济学理论，将同质性在数量上的差异略去，直接抓住现象特征的本质展开分析。

定量研究是现代经济学常用的研究方法，它是指研究者事先建立假设并确定具有因果关系的各种变量，然后使用某些经过检测的工具对这些变量进行测量和分析，从而验证预定的假设，以证明事物因果关系的方法。货币银行是一个复杂的系统现象，在其运动过程中会产生大量的数量关系；现代计算机技术的发展，使运用数量方法分析日趋复杂的经济数量关系和处理大量的经济统计数据成为可能。货币银行学应当依据自身的学科特点，适当运用现代数学和计算机技术的新方法和新成果，增强学科研究的准确性。

在实际研究过程中，定性分析与定量分析需要相互结合，不可偏废。从作用上来看，定性是定量的依据，定量是定性的具体化，二者结合起来灵活运用才能取得最佳效果。只有定性与定量紧密结合，分析才会客观可靠，才会获得令人信服的结果。

（三）理论联系实际的方法

理论联系实际的方法，体现了认识与实践相统一、矛盾的普遍性和矛盾的特殊性相联系的科学认识论和辩证法。货币银行学研究许多重大的货币、信用、银行理论问题，也研究政策、业务和管理问题。因此，在研究过程中应注重理论联系实际，突出反映货币银行理论与实践的前沿发展，将现代货币银行理论与中国的具体实践有机结合起来，从而形成一个既反映现代货币银行理论的优秀成果，又具有中国特色的货币银行学体系。

## 三、货币银行学的基本范畴及其主要内容

范畴是反映事物本质属性和普遍联系的基本概念，是人类进行理性思维的逻辑形式。范畴是主观与客观的辩证统一，各门学科都有各自的范畴。作为经济学学科之一的货币银行学同样有自己的范畴。货币银行学包括货币与信用、利息与利率、储蓄与投资、金融、金融机构与金融市场、中央银行与货币政策等基本范畴。围绕这些范畴，货币银行学将重点讨论下述内容。

（一）货币的职能和运动规律

自从直接的物物交换转变为以货币为媒介的商品流通之后，统一的商品世界就分成了两个既相互联系又相互区别的子系统：一般商品系统和特殊商品系统（即货币系统）。货币脱身于商品世界又积极影响着商品经济乃至市场经济的运行：第一，货币的数量直接影响着商品的市场价格并进一步影响到商品生产和商品交换；第二，货币直接影响着投资，成为经济发展的第一推动力；第三，货币直接影响着消费，成为抑制或刺激消费的重要手段；第四，货币也直接影响着商品经济运行的秩序。若货币数量过多，往往发生物价上涨及经济行为的异常现象，使经济运行产生动荡；若货币数量过少，又会产生物价下跌、资金奇缺，生产循环中断、投资行为紧缩、消费受抑制等现象，也不利于经济的平稳运行。显然，货币在商品经济发展中有着自己独特的职能和运行规律；货币机制对经济运行和经济发展有着十分重要的影响。研究货币运动的规律性是货币银行学的中心内容。

（二）银行信用

货币运动及其规律性是同信用活动密不可分的。经济范畴中的信用主要指借贷活动，表示的是债权人和债务人之间发生的债权债务关系，是以偿还为条件的价值单方面让渡。在商品货币经济条件下，不同经济主体之间的货币余缺的调剂使信用关系的产生成为必然。各种信用关系、信用工具的发展，都对货币机制及其运行起到了推进作用。每一种信用关系的形成都有特定的条件，每一种信用工具也都有各自的利弊。如何根据具体条件形成趋利避害的信用关系，选择适当的信用工具，取长补短，协调运用各种信用工具，就成为货币资金融通必须重视的问题。

现代信用的两种最基本形式是商业信用和银行信用，但最重要的是银行信用。银行是信用活动最基本的中介机构，如何正确认识和发挥银行在货币流通中的重要作用，如何正确处理银行与非银行金融机构的关系，同样也是货币银行研究的重要内容。因此，货币银行学对货币运动及其规律性的研究是同对信用活动规律、银行等金融机构运行规律的研究密切结合在一起的，是对作为三者统一的整个货币信用活动及其规律的综合性研究。

（三）利息与利率

利息是借贷关系中由借入方支付给贷出方的报酬。它是与信用关系紧密联系的范畴，也是信用关系的基础。而利率则是一定时期内利息额同贷出资本额之间的比率，也就是资金的使用价格。利率是少数几个既能在宏观经济领域发挥作用，又能在微观经济活动中充当杠杆的经济调控工具。在宏观经济中，利率一方面能够调节社会资本供给，另一方面还可以调节投资，进而调节社会总供求。在微观经济活动中，利率能够促进企业加强经济核算，提高经济效益以及影响家庭或个人的储蓄行为和金融资产选择。在现代经济中，一国中央银行对经济的调控主要是通过利率工具进行的，因此，货币银行学对利息与利率、利率的期限结构、利率调整对宏微观经济的作用机制等内容的研究具有极为重要的理论与现实意义。

（四）储蓄与投资

储蓄与投资是现代经济中左右经济运行的两大决定性宏观经济变量。储蓄与投资是密切相关的，储蓄可作为投资的资本，可以让资本累积。即期不消费的收入即是储蓄；即期不消费改作未来才消费的是投资。换言之，储蓄是现在的收入不消费节余下来的，投资是今天余下来用作明天的消费。二者在量上相等但时间维度不同。因为投资需要一段时间，储蓄的出借需要回报，于是出现利息。利息既是投资的回报，也是提前消费所付出的代价。因此，二者需要平衡。一国如果储蓄过多会使消费减弱导致经济疲弱及失业；投资可增强经济活力，但投资过度也可能导致通货膨胀、产能过剩等不良后果。因此，如何使得一国经济的意愿储蓄量与意愿投资量达到合意均衡便成为现代宏观经济调控的核心问题。在现代经济中，资金需求双方是通过金融市场上长短期债务工具（信用工具）的选择与使用来实现储蓄与投资相匹配的，因而，货币银行学研究储蓄与投资的转化与平衡必须纳入金融市场债务工具的研究。

（五）金融资产与负债

金融资产与负债是以价值形态存在的经济资产和负债，是经济行为主体（个人、企业、政府机构）经济资源来源与运用的价值表现形式。金融资产是指一切代表未来收益或资产合法要求权的凭证，包括股权和投资基金份额、债务工具、金融衍生产品和雇员认股权，以及货币黄金[①]。金融资产包括金融债权，金融债权是一个有对应负债的金融工具[②]。金融负债是指价值形态表现的法定支付义务，主要包括短期借款、应付票据、应付债券、长期借款等。经济主体金融资产与负债规模与结构的变化反映着金融活动水平和质量，其总体规模与结构标志着宏观经济资源配置好坏与优劣的状况。因此，货币银行学作为一门金融资源宏观配置的专门学科自然需要研究金融资产与负债的相关内容。

（六）金融、金融机构与金融市场

金融是信用货币出现以后形成的一个经济范畴，金融的本意是指在银行信用的基础上通过多种金融工具所实现的货币资金的融通。然而，随着市场经济的高度化发展，金融活动逐步超出了单纯货币资金的融通范围，各种因金融资产风险收益匹配所引起的资产配置活动以及因金融资产价格波动而引起的各种风险交易活动也成为金融活动不可分割的重要内容。与此同时，也发展了与这些活动相匹配的各类金融机构和与之相对应的不同部门的金融市场。在此基础上，形成了一个由复杂的金融工具、金融机构和金融市场综合而成的金融体系，这个体系的全部活动都可以称为金融。这个广义上的金融就是现代货币金融学的研究对象。但就金融、金融机构与金融市场的核心而言，仍然离不开商业银行的货币信用创造功能，而现代中央银行对整个金融活动的影响和控制仍然是通过商业银行的货币信用渠道发挥功能的，因此，货币银行学的研究不能脱离金融、金融市场与金融机构单独进行，而必须有所兼顾，但其研究的重心仍须专注于货币信用活动及其规律方面，否则，难免失之宽泛而背离对货币金融现象本质的关注。

（七）中央银行与货币政策

货币银行学研究货币信用活动及其规律的目的，在于为正确制定和执行货币政策，促进

① 联合国，欧盟委员会，经济合作与发展组织等．2008年国民账户体系[M]．中国国家统计局国民经济核算司，中国人民大学国民经济核算研究所，译．北京：中国统计出版社，2012：175．

② 指在金融市场中可交易的金融资产。参见IFRS《国际财务报告准则第9号》。

经济发展服务。货币政策是一国货币当局（中央银行）为实现既定的目标，运用各种工具调节货币供应量进而调节市场利率，通过市场利率的变化影响民间的资本投资和总需求来调控宏观经济运行的各种方针措施。在现代经济中，作为货币政策的制定者和执行者，中央银行的货币政策姿态及其工具运用与政策操作的时机选择对货币金融运行状态有着强大而广泛的影响，进而作用于宏微观经济的各个方面，因此，货币银行学研究的最重要内容就是中央银行与货币政策。

此外，货币政策的形成要以一定的货币理论为指导。不同的货币理论有着不同的政策主张。因此，研究货币政策不仅要了解经济金融活动的现实状态及运行规律，还必须讨论相关的货币理论。并且，在现代开放经济条件下，一国的经济金融活动不可能与国际经济金融活动相分离，因此，货币银行学对一国货币政策的研究，还离不开对国际金融环境以及汇率政策等问题的研究。

综上所述，尽管货币银行学的研究内容相当丰富，研究范围相当广泛，涉及的关系十分复杂，但是，我们可将其研究对象概括为货币信用活动及其与经济运行的关系。其基本任务就是揭示货币信用活动的规律性，为宏观经济的货币调控服务，制定和贯彻符合客观经济实际需要的货币政策，从而促进经济的平稳健康发展。

## 第三节　货币银行学的学科发展概况

学习一门学科，了解该学科的发展轮廓是很有帮助的。学科发展轮廓有助于扼要地了解一门学科的历史和现状，从而有利于学习时更清楚目标和方向。

### 一、货币银行学的整体发展阶段

与其他任何一门学科一样，货币银行学不是一门静止不变的学科，自萌芽状态到正式诞生之日起，一直都在不断地发生变化。货币银行学的发展大致可以分为四个阶段。

#### （一）初始阶段

初始阶段是指 16 世纪以前，资本主义生产方式形成前期阶段。在这一时期，货币银行学远未成形，自然也不是一门独立的学科。在西方，关于货币信用的观点主要散见于如柏拉图（公元前 427—前 347 年）、亚里士多德（公元前 384—前 322 年）、阿奎那（1225—1274 年）等个别学者的论述中。在中国，关于“财货”问题的各种典籍如《管子》、司马迁《史记 · 平准书》和《史记 · 货殖列传》等也包含一些货币信用观点。东西方的古圣先贤都有蕴含着金融真知的至理名言。古代思想家对货币信用问题的见解在货币金融思想史中具有开端的意义。但由于后来经济社会长期停滞，后人有关货币现象的认知止步于前人水平，这段时期未能形成系统的货币理论。

#### （二）形成阶段

作为一门独立的学科，货币银行学最早形成于西方，这与资本主义生产方式的发展密不可分。

15—16 世纪资本主义生产方式开始在封建主义内部出现，货币信用也有了初步的发展。但此时，现代意义上的银行信用还未正式形成。货币以及货币流通在银行信用尚未出现的时期，其运行规模、速度和方式都受到很大的限制，很难实现全社会范围的货币资金的广泛融通。此时，形成一门以货币信用为专门研究对象的学科条件还不具备。随着银行制度的形成和发展，货币运动与信用活动紧密结合并高度发展，全社会范围的货币资金融通随之出现，日趋复杂。这样一来，以货币信用活动及其规律为研究对象的货币银行学开始得以建立和完善。

西方在走出中世纪之后，伴随着现代经济的萌生，逐步形成了服务于现代经济的经济学。19 世纪后半叶，货币论、银行论从经济学中独立出来。19 世纪末 20 世纪初，货币银行学成为一门重要的课程走入大学讲堂①。

从涉及的内容看，这一时期，货币银行学的研究主要包括货币、信用、银行等方面。其中，在货币理论方面，研究的主要内容有货币的起源、币材、价值形式，货币的性质与职能，铸币与可兑换银行券，货币发行权、货币流通与货币制度，货币与财富的关系，货币数量与商品价格的关系等；在信用理论方面，有信用的起源、信用形式，利息的本质、利息率的决定以及高利贷问题等；在银行方面，有银行的产生、职能，银行在经济中的作用，银行信用与商业信用的关系等；在国际经济关系方面，有汇率的决定、国际收支的平衡等。

（三）发展完成阶段

20 世纪，世界各国经济发展的特征之一是货币金融在经济中的重要性日益增强，货币金融理论研究更加服务于现实这一特点基本上贯穿于整个 20 世纪。在 20 世纪结束之时，除极少数国家之外，金融已成为经济运行和发展的一种重要支配力量，货币金融领域研究的重点亦随之向现实政策转移，对货币问题的研究逐步成为整个经济学理论体系和框架结构的一个重要支柱，货币银行学作为经济学的一个分支学科已经奠定了其相对独立的发展基础，确立了重要的学科地位，建立了相对完善的研究体系和基本框架，指导着现实的经济运行。

（四）转折变化阶段

21 世纪至今，西方货币金融理论发展日趋多样化。2008 年国际金融危机的发生从根本上改变了全球金融的既有格局，同时也对现代金融学理论体系形成了爆炸性冲击。包括货币金融理论在内的西方主流经济学遭遇前所未有的挑战。以实验经济学、行为经济学、演化经济学、计算经济学和神经经济学为代表的新兴经济学在经验实证的基础上对“理性人假设”的质疑与批判，也在从根本上动摇着现代经济学的体系根基，这预示着经济学基础理论将会发生深刻的变革与重大创新。一个新的、具有替代性和颠覆性的、超越新古典传统的经济学理论体系或将展现于世人眼前，货币金融理论在经历痛苦和迷茫之后也会走向一个新的高度。

## 二、货币银行学在中国的发展

近代中国的货币银行学是从西方引入的，包含了从古典经济学到现代经济学的各派货币银行学说。我国学者把引进金融理论作为传播先进文明的重点，并做了大量工作。在抗日战

① 黄达．中国的金融学科建设之路[N]．第一财经日报，2011-06-02：A04.

争之前的二三十年间，西方有关经济学科、金融学科的进展，在出现一两年、两三年之后，就会在中国的大学讲堂上讲授，甚至出现编译或翻译版本。而结合中国实际的研究，则反映着中国学者在世界金融学科建设史上作出的努力。

20 世纪 50 年代末期以后，“货币信用学”这一名称逐渐被广泛采用。这时，学者们开始注意对资本主义和社会主义两种社会制度下的金融问题进行综合分析，并结合中国实际提出了一些理论问题加以探讨，如人民币的性质问题，货币流通规律问题，社会主义银行的作用问题，财政收支、信贷收支和物资供求平衡问题等。不过，总的看来，在此期间货币银行学没有得到应有的重视。

自 20 世纪 70 年代末以来，中国的货币银行学建设进入了新阶段，一方面结合实际重新研究和阐明马克思主义的货币银行学说，另一方面则扭转了完全排斥西方当代货币银行学说的倾向，并展开了对它们的研究和评价。同时，随着经济生活中货币信用活动作用的日益增强，金融学科受到了广泛的重视，这就为以中国实际为背景的货币银行学的迅速发展创造了有利条件。

20 世纪 90 年代中期，现代金融学理论开始被系统地引入中国。随着中国经济和金融日益与国际衔接，西方包含货币银行学在内的内容更丰富、范围更广泛的金融学科被纳入我国的金融学科建设当中。

当今，中国元素在国际经济、国际金融的舞台上已然有着越来越难以忽视的权重。在这样的背景下，中国的货币金融学科也会取得独特的发展，将为世界金融学科的建设作出应有的贡献。

# 本章小结

（1）货币银行学是关于现代经济中货币信用活动与经济运行关系的学科；学习货币银行学有助于形成对货币信用活动规律性的认识。

（2）经济体是指对某个区域的经济组成的统称和划分。狭义上，经济体是指一个具有相对独立行政司法体系并编制国民经济账户的经济主体。

（3）现代经济为四部门经济：四部门经济=三部门经济+国外部门（进出口部门）。四部门经济是开放经济。

（4）开放经济的经济流量循环包括实体部门和金融部门两个部门的循环。实体经济部门的循环与金融经济部门的循环有机结合，共同构成一国的完整经济循环。

（5）货币是储蓄投资循环的价值载体，现代意义上的经济循环离不开货币，货币的作用至关重要。

（6）开放经济的宏观经济调控目标为在物价稳定基础上实现充分就业的可持续经济增长；可以用通货膨胀、GDP、失业率、贸易差额四大指标来衡量。

（7）货币银行学的研究方法是经济学研究方法在货币银行学领域的延伸和运用。主要包括历史与逻辑相统一的方法、定性与定量相结合的方法、理论联系实际的方法。

（8）货币银行学的研究范畴主要包括货币与信用、利息与利率、储蓄与投资、金融、金融机构与金融市场、中央银行与货币政策等。

# 关键概念

| | | | |
|---|---|---|---|
| 经济体 | 开放经济 | 实体经济部门 | 金融部门 |
| 实体经济循环 | 金融经济循环 | 通货膨胀 | 经济增长 |
| 失业率 | 国际收支平衡 | 范畴 | 信用 |
| 利息 | 储蓄 | 投资 | 金融资产 |
| 金融负债 | 金融 | | |

# 复习思考题

## 一、简答题

1．学习货币银行学的意义何在？
2．开放经济的宏观经济调控目标是什么？可以用哪些指标表示？
3．为什么说现代意义上的经济循环离不开货币？
4．货币银行学的研究对象是什么？为什么？
5．货币银行学的主要研究方法有哪些？
6．货币银行学的主要内容有哪些？

## 二、论述题

1．简述我国货币银行学的发展阶段。
2．您认为货币银行学可否有中国特色？为什么？

# 数据资料与相关链接

1．可汗学院公开课——货币银行学：http://open.163.com/special/Khan/bankingandmoney.
2．中央电大货币银行学视频教程：http://www.21edu8.com/university/caikuai/23715.
3．货币银行学视频教程 43 讲（北大）：http://v.ku6.com/show/TGjxPk48GHviebR2EZv2GQ...html?from=my.

# 延伸阅读

国民经济统计与收入流量循环（一）（二）：http://video.chaoxing.com/play_400005855_54704.shtml.

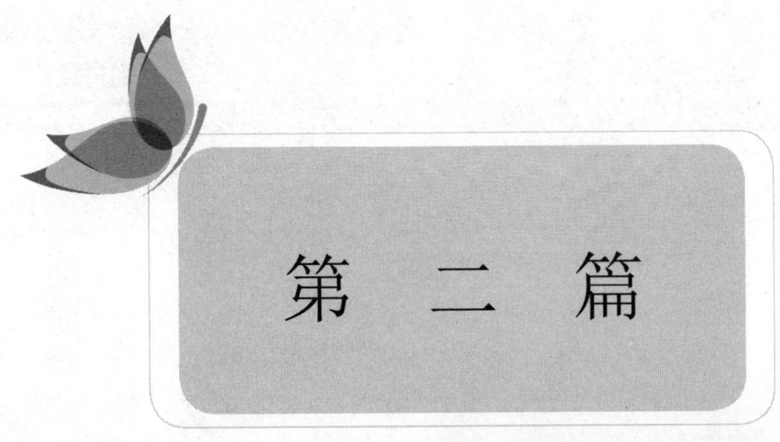

# 第二篇

# 货币与信用

货币与信用是货币银行学的一对核心范畴，历史上早已存在。然而，直到近代货币与商品经济已然十分发达时，这对范畴才正式进入经济学家的视野。传统上，人们习惯于将货币同黄金捆绑在一起，而从黄金本位过渡为主权国家的信用本位，却是20世纪70年代之事。其间，从最初的物品货币到金属货币，再到本身无内在价值的纸币，货币的形式已然迥异，下一步的发展将是完全虚拟的数字货币。那么，货币的本质变了吗？货币的职能究竟有哪些？货币会因数字货币的出现而完全消失吗？这些问题就是本章要探讨的内容。

# 第二章

# 货币与货币制度

货币是人类社会发展到一定阶段的产物；货币是一般等价物，其基本职能是提供交易的便利；货币可以是物质形式也可以是非物质形式；现代货币的典型形式是信用货币；货币的本质是一种信用关系，数字货币的出现不会令货币消失；在统计上，货币可以有不同的层次。

## 本章主要内容

本章首先讨论货币的产生和发展，然后讨论货币的本质和职能以及货币的统计概念，最后讨论货币制度及其演变。

## 知识与技能目标

通过本章的学习，学生应当掌握货币信用的基本概念，认识货币的本质和职能，了解货币及货币与财富、收入的区别，掌握货币的统计概念，了解货币制度及其演变。

## 引导案例

**津巴布韦大妈怀抱3万亿买公交票**

**案例导读：**本案例描述了一个信用货币极端滥发而导致货币崩盘的情景。迄今为止，人类货币的演变经历了三个阶段：从原初的物品货币演化到以黄金为基础的金属货币再到当今盛行的以国家信用为基础的信用货币。信用货币使得各国货币当局脱离黄金储备①的天然束缚而获得了可以任意发行货币的权力，然而，货币当局在享受这种奇妙权力的同时也可能遭遇货币崩溃的风险。

非洲南部的津巴布韦共和国是全世界恶性通货膨胀最严重的国家。在首都哈雷拉，一位大妈抱着总值3万亿津巴布韦元的钞票搭公车，只为支付约合3.5元人民币的车费。更有意思的是，司机大叔根本懒得清点，直接收下。

为了抑制犹如脱缰野马的通货膨胀，津巴布韦政府在4月正式废掉国币，宣布以美元

① 黄金储备是各国中央银行所持有的黄金资产，在以黄金为基础发行货币的制度（即金本位制度）下，黄金储备的多寡决定了一国发行货币能力的强弱。

和南非币为流通货币，不过旧津巴布韦元还是在民间继续流通。

在津巴布韦，一旦出了大都市，强势货币一文难求。城市的巴士司机有小额美元或南非币可找零，乡村商店只能给顾客糖果、巧克力等作为找零，或是在收据上注明下次消费可享折扣。

乡村商店还出现许多顾客拿羊肉、鸡和玉米来交换物品的场面，以物易物的方式又重新出现了。有人甚至连乘车都拎着两只活鸡充当车费，苦中作乐的津巴布韦人开玩笑说，如果鸡在车上下蛋，那就当成司机找的零钱吧。

津巴布韦储备银行是津巴布韦的中央银行，因接连发行超大面额钞票闻名世界。2008年，津巴布韦已发行面值为 1 000 万亿的钞票，经过币制改革后仍然没能抑制住通货膨胀。

（资料来源：http://www.China.com.cn/international/txt/2009_08/17/content_18350024.htm.）

# 第一节 货币的产生与发展

货币是现代经济循环的必要载体，离开了货币就没有现代意义上的经济循环，因此货币的作用至关重要。那么，什么是货币？货币从何而来？其间如何演变？它最终又将往何处而去？这些是我们学习货币银行学首先要了解的问题。

## 一、货币的定义

现代人的衣食住行都离不开钱，也就是经济学讲的货币。自有文字记载的历史以来，人们就用货币来买卖商品，交换劳务，也用货币来了结各种各样的债权债务关系。因此，从功能属性的视角来看，货币就是指普遍用于商品与劳务交易以及债务清偿的手段。由此可见，货币的属性有三：一是充当交易媒介，二是充当支付工具，三是普遍接受。所谓交易媒介，是指在商品与劳务的交易中充当买卖双方交接的工具，商品与劳务的让渡均以货币的换手为条件，买方必须交付一定数量货币给卖方才能获得所需的商品与劳务，同样，卖方也只有得到一定数量的货币才会出让商品与劳务的所有权。所谓支付工具，是指充当了结债权债务关系的载体：债权人以获得一定数量的货币为条件，解除对债务人的债务约束；而债务人则以偿付一定数量的货币为前提获得债务解约，由此，经由货币的作用，终结一笔债权债务关系。而普遍接受则是指在特定范围（即经济体，通常指国家、地区或国家共同体）内，得到人们的共同认可，无须任何第三方的介入，无论是商品和服务的买卖双方或债权债务双方都有乐于承认或乐于使用的意愿。凡同时具备此三类属性者即为货币，否则，就不能成为货币。例如，流行于娱乐世界的游戏币就不是货币：第一，游戏币只存在于某款游戏虚拟世界的特定狭小范围而不是经济体内。游戏币五花八门，取决于游戏本身，不同游戏的游戏币基本不通用。第二，游戏币只能在游戏中产生买卖行为，买卖对象一般为武器、装备、宝物、宠物、技能等，而不是一般意义上的商品和劳务。第三，它只是存在于游戏世界中的虚拟的游戏数据，仅限于在游戏中交易。与现实货币不同，游戏币既不能购买普通商品和服务，更不能用于债权债务关系的了结。

在更高范畴上，货币是指充当一般等价物的手段。一般等价物已经不再是普通的商品，它有两个重要特征：第一，一般等价物不再是消费的对象，而成了交换的媒介。第二，一般等价物不是用其自然的使用价值，而是用由社会赋予它的使用价值——直接与其他商品交换的能力——来表现商品的价值。货币作为交易媒介或支付工具的共同特征就是一般等价物：作为交易媒介，货币用于给商品和服务定价；作为支付工具，则是用于对债权债务计价。它说明，商品价值的表现形式完全可以脱离商品本身，采取任意形式。货币作为一般等价物，视其不同的货币形式，自身可以有内在价值，也可以无任何内在价值，还可以是外在设定价值。例如，人类货币史上曾经出现并存在相当长时期的物品货币和金属货币，其本身就具有内在价值；而之后发展起来的信用货币本身则没有什么内在价值；而未来将会进一步发展的数字货币（专栏 2-1）本身就全无任何内在价值。信用货币和数字货币为何能够充当一般等价物来给商品服务和债权债务计价？原因就是它们也代表一定的价值，但这个价值是社会赋予它的价值，具体说就是由国家信用所赋予的价值。如果一国的国家信用比较好，比较可靠，那它所发行的货币，无论是纸币还是数字货币，其代表的价值就比较稳定，可以为商品和债务的交易计价；反之，如果一国的国家信用较差，它所发行的货币就代表不了价值，这样的货币就不稳定，无法给商品和债务的交易计价。在后一种情形，就会产生货币替代现象，或用他国货币替代本国货币，或者重返物物交易的原始交易方式。在本章的引导案例中，津巴布韦最后不得不放弃自己的货币而使用美元，便是这种情形的一个典型案例。

**专栏 2-1**

**比特币是货币吗**

比特币是一种 P2P（点对点网络）上的虚拟数字货币。点对点的传输意味着一个去中心化的支付系统。

与大多数货币不同，比特币不依靠特定货币机构发行，它依据特定算法，通过大量的计算产生。比特币经济使用由整个 P2P 网络中众多节点构成的分布式数据库来确认并记录所有的交易行为，并使用密码学的设计来确保货币流通各个环节的安全性。P2P 的去中心化特性与算法本身可以确保无法通过大量制造比特币来人为操控币值。基于密码学的设计可以使比特币只能被真实的拥有者转移或支付。这同样确保了货币所有权与流通交易的匿名性。比特币与其他虚拟货币最大的不同是其总数量非常有限，具有极强的稀缺性。该货币系统曾在 4 年内只有不超过 1 050 万个，之后的总数量将被永久限制在 2 100 万个。

（资料来源：http://www.woygo.com/fengsuchangshi/2013/0509/154.html; http://digi.163.com/14/0227/06/9wl2QROSH00162out.html.）

## 二、货币的起源与货币形式的演变

货币是一个与交换相联系的范畴。货币的出现与商品交换紧密相连，是伴随着商品交换的发展自然而然地产生的。商品交换都经过两个阶段：先是物物直接交换，然后是通过媒介即以货币为交易媒介的交换。人类货币的演变大致经历了三个阶段：从原初的物品货币，演化到以黄金为基础的金属货币，再到当今盛行的以国家信用为基础的信用货币。

### （一）货币的起源

寻求便利与效率是人类经济技术发展的原初动力，货币的起源也是如此。货币是一个与交换相联系的范畴，人类社会最早的交换形式是物物交换。物物交换出现在原始社会后期，这时的交换具有偶然的性质，交易的对象仅限于氏族的物产。“各地区氏族部落之间既然有不同的经济特点和文化面貌，因而在彼此接触过程中，就产生了偶然性的物物交换。那时的交换是氏族的事情，是以氏族为独立的经济单位在相互间进行的。交换的物品主要是氏族的土特产。”①

物物交换是一种不以货币为媒介的交换。人们使用以物易物的方式，交换自己所需要的物品，如一头羊换一把石斧，即物品所有者以自己的物品直接和他所需要的另一种物品相交换。这种交换方式的缺陷主要是不经济，它要求交换双方要符合所谓双重需求偶合(Double Coincidence of Wants)，它要满足的条件是：双方都需要对方的物品，并且在数量和比例上都一致。例如，A 拥有羊，想交换斧子；B 拥有斧子，想交换羊，这种情况就是双重偶合。如果 B 拥有斧子，但不想交换羊，这个交换就不能成立。也就是说，四个条件中只要有一项不成立，交易就不成立，所以双重偶合的要求是很高的。推而广之，如果有斧头的人未必正好需要一头羊，可能需要的是一头牛，而拥有一头牛的人，也正好不需要一头羊，而需要一袋小麦，而拥有一袋小麦的人才需要一头羊……这样，需要经过多次的中间交易的转换，才能最终实现羊与斧头的交易。一般地，若有 $n$ 种物品参加交换，需要交易的次数将达到 $n(n-1)/2$，若交换的只有少数两三种物品，问题还不是很大，如果是多种物品，如超过 5 种，那要实现一次符合双方需求的交易将经过 20 次中间交易，这显然是很不经济的。寻找贸易伙伴要付很大的代价，并且多数货品都是不可分割的，这意味着，即使交易双方彼此的需求正好耦合，但若数量和比例不一致，也很难成交。例如，假设不是一头羊换一把斧子，而是一把斧子换半头牛，而交易的发起方只有一把斧子，这种情形，即使斧子的所有者恰好找到了有牛也需要斧子的人，也无法实现交易。因此，物物交换是一种很不经济的交易方式,它会带来很高的交易成本，一是人们为了寻找交易对象而发生的搜寻成本，二是将资源用于迂回交易过程时所失去的其他方面利用的机会成本。没有货币的交换——物物交换，要经过许多中间环节，要靠以物易物来实现在现代社会分工条件下的交换，几乎是不可能的，物物交换不经济的情形如图 2-1 所示。

图 2-1　没有货币的交换——物物交换

物物交换是与当时低下的生产力水平相适应的，随着生产力的进步和交换范围的不断扩大，这种缺乏效率的交易方式必然要被新的更有效率的方式替代，这种新的方式就是以货币为媒介的交易。

原始社会末期，社会生产力有了一定的发展，开始从自给自足的生存模式向专业化和劳

① 郭沫若．中国史稿（第一册）[M]．北京：人民出版社，1976.

动分工进行转换，这就不可避免地造成不同物产之间交易的不断增加。也就是说，专业化和劳动分工通过降低自给自足程度，迫使人们在更大的范围内进行更多的商品交易，从而催生了对于交易媒介的需求。各地的人们相约在某地交换自己需要的物品。因为各人所需不同，而各人所有的可供交换的物品又不同。为了方便大家交换，而临时约定一种物品为交换中的“等价物”。这种“等价物”就是最初形式的货币。在漫长的历史进程中，随着交换的不断发展，当某一种商品从经常充当等价物的几种商品中分离出来，固定地充当一般等价物、充当商品交换的媒介时，货币就产生了。

货币的出现解决了物物交易过程中需求的双重耦合难题。尽管这个时候充当“等价物”的东西还不稳定，时常会发生变化，但在性质上已经具备了“等价物”这个货币的基本属性。当人们想要交换某件物品，而物品所有者又需要其他物品时，物品所有者可以先把手中的物品换成一个大家都需要的物品，以降低对其他需求物品的搜寻成本，然后再成功交换自己所需的物品。而为大家所需求的物品就是人们对其他需求物品的交易媒介：等价物——货币。

货币的出现，一方面，简化了交换方式，能够把所有的商品或劳务交换都简化成买与卖，这就大大降低了交易成本；另一方面，提高了交换效率，能够使商品交换跨越时间和空间进行，从而解决了持有一种商品来等待另一种商品的不经济和低效率问题。自货币出现以后，物物交换这种不经济的交换方式就逐渐消失，不过，人类文明的历史具有复杂性，在特定条件下，某些落后的历史现象可能重现，如专栏 2-2 所讲的故事，反映的就是这样的历史现象。

**专栏 2-2**

### 希腊现金稀缺退回物物交换时代

现在，希腊的经济情况变得非常糟糕，希腊正在向物物交换的经济模式退化。有关于这方面的消息，路透社有更多报道。

上个月一家银行关停，对于希腊棉农 Mimis Tsakanikal 而言，最大的困境是缺少现金支付供应商，而他的顾客也没钱付给他。在各方都出现资金短缺的情况下，这个 41 岁的农民开始实行非正式的物物交换来解决现金短缺的问题。现在，他用农作物支付工人报酬，并与其他农民交换着使用农机设备，而非去购买或租赁。越来越多的希腊民众开始采用这种物物交换的经济模式。

2015 年 7 月，Tsakanikal 新租了一块田地，他同意用农作物支付租金。“这简直是一场噩梦。我欠了很多人的钱——加油站、农机服务公司等。每天我都要去一趟银行，但取出来的钱根本不够。”Tsakanikas 说，在他的 148 英亩（约 60 公顷）田地上，种植着蔬菜和玉米。“我开始用物物交换的形式开展经济活动——它存在于古代，但如今却在希腊流行开来——时间真的很残酷，我们只能靠亲戚朋友间互相帮助来渡过难关。”

希腊，曾是西方文明和民主治理的发源地，如今却在开历史倒车。现在，希腊不得不使用三叶草、干稻草和奶酪进行交易。

在希腊的拉米亚，棉花、花生和橄榄等作物点缀着黄绿交杂的田野。那儿的民众除了使用网上交易平台，物物交易也在以一种非正式的方式蓬勃发展。Kostas Zavlagas 从事棉花、小麦和三叶草种植，他讲述自己如何因为没有现金，转而用成捆的干草和机器零部件向另一位农民支付报酬。

“他会以某种形式用农产品向我支付，这得是他有能力生产出的产品，也许是奶酪。”

是的，也许是奶酪，但肯定不是欧元。希腊上一次大规模使用物物交易的年代，是纳粹的统治时期。

（资料来源：http://finance.ifeng.com/a/20150731/13880867_0.shtm_fron_rulated.）

（二）货币形式的演变

货币形式的演变是随着社会经济技术的进步而演变的。在商品交换的长期发展过程中产生的最初的货币形式，是商品间接交换的一般价值形态的表现，最初被固定在某些特定种类的商品上。历史上，各种商品如米、布、木材、贝壳、家畜等，都曾在不同时期内扮演过货币的角色。具体而言，货币的演变大致有过以下四种形式。

1. 实物货币

实物货币是最早的货币。根据历史记载和考古发现，最早出现的是实物货币，在古波斯、古印度、古代意大利，都有用牛、羊充当货币的记载。《荷马史诗》[①]中，经常用牛标示物品的价值。除了牲畜，埃塞俄比亚也曾用盐作为货币；在美洲，古代曾经充当货币的有蜂蜡、烟草、可可豆等。距今约 3 000 年的中国古代最早的货币是贝。此外，日本、东印度群岛以及美洲、非洲的一些地方也有用贝作货币的历史。毛皮在历史上也曾经作为货币广泛存在于多个国家和地区。中国汉代就曾经用白鹿皮作为货币，南美的部分部落用浣熊皮做通货，而在北美大陆，印第安人以海狸皮作为货币。除了以上提到的实物外，还有很多物品扮演过货币的角色，如冰岛的干鳕鱼、苏格兰的钉子、摩洛哥的象牙、锡瓦（现属于埃及）绿洲的椰枣、塞纳的玻璃珠和亚细亚高原的砖茶等。总之，在漫长的原始社会末期和奴隶制社会，牲畜、盐、稀有的贝壳、珍稀鸟类羽毛、宝石、沙金、石头等不容易大量获取的物品都曾经作为货币使用过，如图 2-2 所示。

（a）

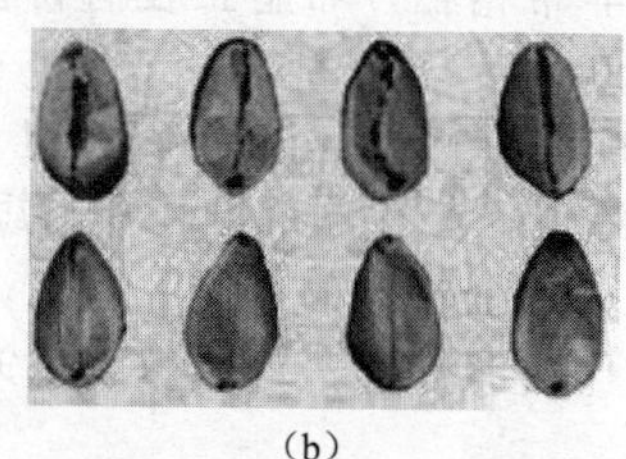
（b）

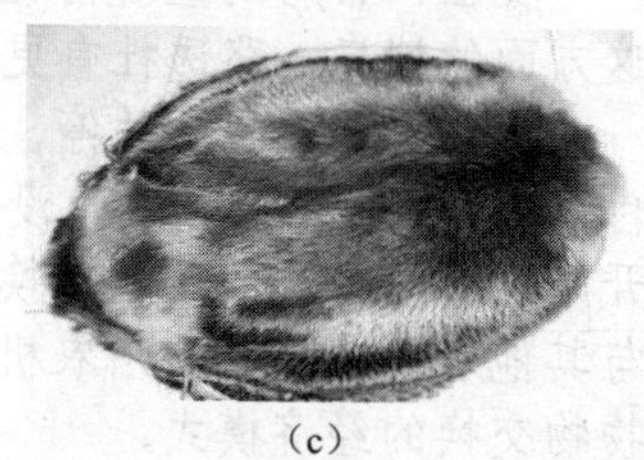
（c）

图 2-2 实物货币示例

（a）牛；（b）贝壳；（c）兽皮

在中国，以贝壳为载体的贝币是使用时间最早而且延续时间最长的一种实物货币，直到明朝末期和清朝初期，云南少数民族地区还在沿用这种货币。

实物货币的特点是，它作为货币用途的价值与作为非货币用途的价值相等，即实物货币是以货币商品本身的价值为基础的。也就是说，货币商品本身包含的社会必要劳动时间，既决定了货币商品的价值，又决定了实物货币的价值。但是，实物货币存在着不少缺点，如有些实物货币体积太大，不便携带；有的质地不均匀，不易分割；有的质量很不稳定，不易保

① 古希腊长篇史诗《伊利亚特》和《奥德赛》的统称，相传由盲诗人荷马创作。

存等。所以，随着商品交换的进一步发展，实物货币逐渐被金属货币所代替。

2. 金属货币

在实物货币之后，出现了金属货币。金属货币替代实物货币是交换规模进一步发展的必然结果。“金银天然不是货币，而货币天然是金银[①]”。随着更大规模的交换经济的出现，原先只在某一区域使用的“货币”不再适用，如印第安人的毛皮对于热带地区的原住民可能就没有任何价值。在这种情况下，金属货币便应运而生。使用金属货币的好处是质地均匀，可以分割或铸造为标准单位，质量稳定、易于携带、容易储存等。经过长年的自然淘汰，数量稀少的金、银和冶炼困难的铜逐渐成为主要的货币材质。

考古发掘发现，从早期开始，人们就开始用金属作为交换媒介。但直至公元前 6 世纪铸币形式出现时，人们才将货币的价值固定下来，并加附印章来保证货币的价值。早期的金属货币是块状的，使用时需要先用试金石测试成色，同时还要称量质量。随着人类文明的发展，逐渐出现了标准化的铸币。古代希腊人、罗马人和波斯人铸造重量、成色统一的硬币。这样，在使用货币的时候，既不需要称量质量，也不需要测试成色，无疑方便得多。这些硬币上面带有国王或皇帝的头像、复杂的纹章和印玺图案，以免伪造。古代波斯铸币如图 2-3 所示。

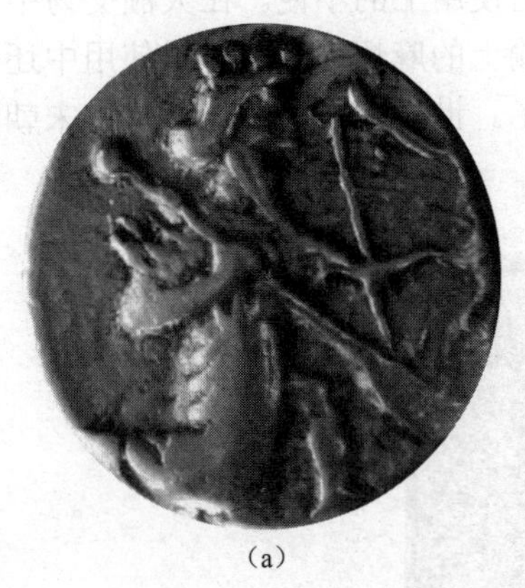

（a）

（b）

图 2-3　古代波斯帝国的金属货币

（a）大流士金币；（b）银币

图 2-3（a）为波斯帝国第三代君主大流士一世（公元前 522—前 486 年）大流士金币，图 2-3（b）为银币。金、银币年代分别大约为公元前 490 年、公元前 379—374 年。

西方国家的主币为金币和银币，辅币以铜、铜合金制造。从 16 世纪开始，大量来自美洲的黄金和白银通过西班牙流入欧洲，为其后欧洲的资本主义经济发展创造了起步的条件。

中国最早的金属货币是商朝的“铜贝”，铜贝出土于河南安阳和山西保德等地的商代晚期墓葬中，年代约为公元前 14 至前 11 世纪，商代铜贝是目前发现的世界上最早的金属铸币。“铜贝”一般仿货贝之形，早期者与天然贝形制相近，春秋以后南方楚国地区又铸造出有文字的“铜贝”，是为有文铜贝。它的外形有的像蚂蚁爬鼻，有的像鬼脸的样子，所以俗称“蚁鼻

① 马克思.《资本论》第 13 卷[M]. 北京: 人民出版社, 2004: 145.

钱”或“鬼脸钱”。其面文多达 10 余种，但形制却比较一致，均为上广下尖的瓜子形。面有文字，背部平整，它广泛行用于南方地区。“蚁鼻钱”铸行于战国早期（公元前 5 世纪），“鬼脸钱”则铸行于战国中晚期，是当时比较先进的货币形态之一，如图 2-4 所示。

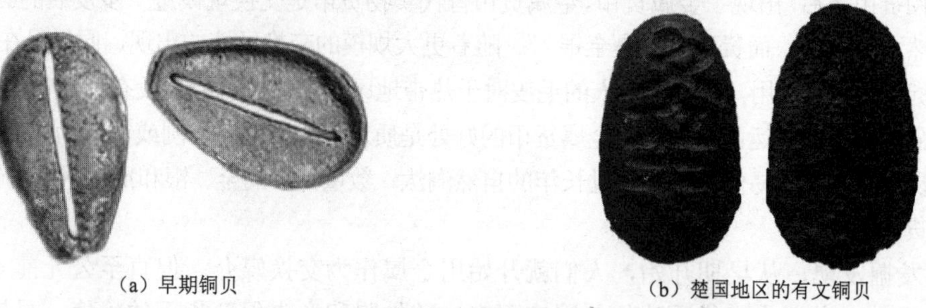

（a）早期铜贝　　（b）楚国地区的有文铜贝

图 2-4　中国春秋战国时期楚国“铜贝”

（a）早期铜贝；（b）楚国地区的有文铜贝

3. 纸币

随着社会经济的进一步发展，金属货币同样显示出使用上的不便。在大额交易中需要使用大量的金属硬币，其重量和体积带来诸多保险、运输上的麻烦。金属货币使用中还会出现磨损的问题。于是作为金属货币象征符号的纸币出现了。世界上最早的纸币是在宋朝年间于中国四川地区出现的交子，如图 2-5 所示。

图 2-5　世界上最早的纸币——中国宋代的交子

纸币是一种法定货币，称为法币。法币是政府强制流通的货币。纸币发行的基本权力为政府所有，具体由中央银行掌握。中央银行发行纸币的方式是通过信贷①程序进行的，所以纸币实际上是一种信用货币。

在中央银行发行纸币的同时，国家也发行少量金属铸币作为辅币（即硬币）流通，纸币和硬币的总和称为通货或现金。

4. 电子货币

电子货币亦称数字货币。电子货币是指利用电子计算机处理的电子存款和信用支付工具。电子货币的出现，是现代商品经济高度发达和银行支付清算技术不断进步的产物，在实际经济活动中，运用起来较传统货币更为快捷、便利。

电子货币目前主要有两种形式：塑料卡式电子货币与数字货币。前者指以各种塑料卡形式存在，具有多种用途的收付卡；后者指使用特定软件，允许货币资金通过诸如互联网、移动通信等电子网络发生转移。随着全球数字经济的迅速发展，目前世界上不少国家的中央银行已经在研发试点法定数字货币（专栏 2-3）

专栏 2-3

**中央银行数字货币**

中央银行数字货币（Central Bank Digital Currency，CBDC），是中央银行货币的电子形式，家庭和企业都可以使用它进行付款和储值。

中国版数字人民币，由人民银行发行，由指定运营机构参与运营并向公众兑换，以广义账户体系为基础，支持银行账户松耦合功能，与纸钞和硬币等价，并具有价值特征和法偿性的可控匿名的支付工具。

国际清算中心与支付和市场基础设施委员会两个权威国际组织联手在 2018 年和 2019 年对全球 60 多家中央银行进行了两次问卷调查。问卷调查内容包括各国央行在数字货币上的工作进展、研究数字货币的动机及发行数字货币的可能性。70%的央行表示正在参与（或将要参与）数字货币的研究。

目前，已有诸多国家在“央行数字货币”研发上取得实质性进展或有意发行“央行数字货币”，包括法国、瑞典、沙特、泰国、土耳其、巴哈马、巴巴多斯、乌拉圭等。数字人民币已在中国若干城市试点测试。

资料来源：百度百科。

综合上述内容，不难看出，货币形式的演变基于货币职能的发展而来，形式的多样化源于职能的多样化。在人类文明发展的每个新阶段，在应对日益增长的需求下，货币的功能变得多样化，更有效地解决了各种问题。在今天，货币已成为在贸易、储蓄、贷款、投资、税收、监管等领域的主要工具。国家发行货币也已成为国家内外部经济管理的一个关键机制。历史上的贵金属货币仅是货币的一种形态。实际上，货币采用了商品货币、金属货币、纸币、信用货币等不同形式，这些不同的形式有利于货币职能的更好

① 信贷是资金所有者将资金使用权以一定条件让渡给资金需求者的行为。

发挥，以适应人类文明的不同阶段。不久的将来，数字货币还将进一步上升为信用货币的主要角色。货币形式的演变如图 2-6 所示。

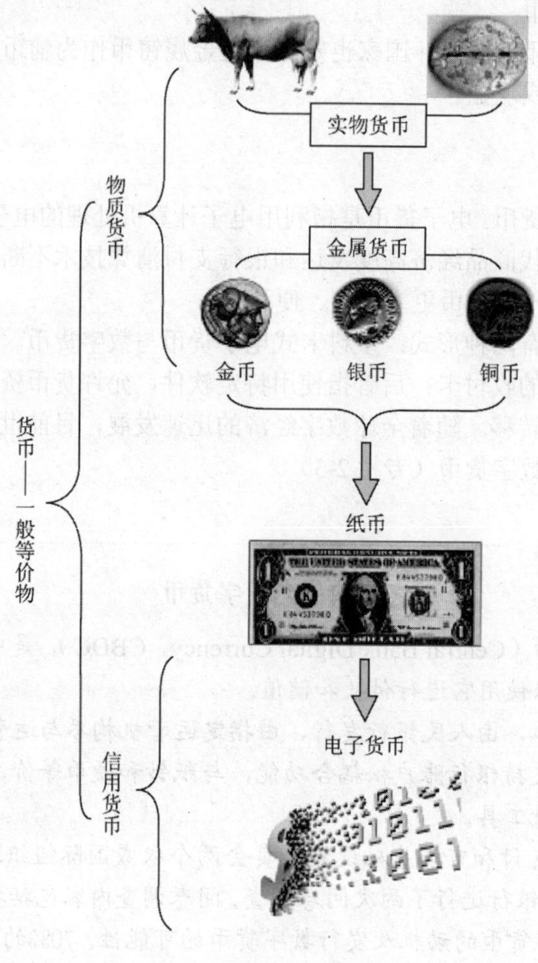


图 2-6　货币形式的演变

## 第二节　货币的本质与职能

货币是具有交换手段和支付手段职能的特殊工具。要理解货币，必须理解货币的职能。一般来讲，货币具有交换中介、价值尺度、价值贮藏和支付手段等职能。

### 一、货币的本质

在对货币定义的讨论中曾经指出，货币是指充当一般等价物的工具。这就是货币的本质。根据我们对货币形式演变的讨论，无论是何种形式的货币，不管是实物货币、金属货币、纸质货币还是电子货币，其共同的特征就是为待交易的对象定价，以交易媒介或支付工具的身份帮助交易完成。美国著名经济学家米什金的《货币金融学》指出：“货币或货币供给是任何在商品或劳务的支付或在偿还债务时被普遍接受的东西。"这一定义是符合实际的，我们对货币本质的认识不应停留在金属货币形态上固定不变，而应根据实际变化了的情况发展对货币本质的认识。纸币乃至电子货币能为世界范围内不同国家和地区的社会所共同接受，其最基本的根据来自信用。在现代意义上，这个信用就是指货币发行背后的国家或政府信用，因此，货币的本质归根结底是一种信任关系，是一种民众对政府的信任关系，这种信任赋予了信用货币以价值，使之成为一般等价物。

## 二、货币的职能

一般而言，货币的基本职能就是充当一般等价物。具体而言，货币具有交换媒介、价值尺度、价值贮藏、支付手段等职能，其中最基本的职能是交换媒介和价值尺度。

### （一）交换媒介

交换媒介又称交易媒介、交易手段。货币充当交换媒介就是帮助实现商品与服务的交换。货币的这种职能亦称流通手段。以货币为媒介的商品交换称为商品流通。在商品流通中，所有的商品和服务之间的交换，都以货币为媒介，先与货币相交换，再与其他商品和服务相交换。用公式表示为：商品—货币—商品。

货币作为交换媒介的显著优点是克服了物物交换双重需求耦合问题，从而可以将物物交换中用于搜寻的时间和资源更多地用于生产，促进商品经济的发展。

货币充当交换媒介职能的最重要条件是要被广泛接受，并有相对稳定的购买力（价值）。因此，它应具备以下特征：稳定性；保存低成本性；易转移性；易分割性；相对于体积与重量的高价值性；易识别性以及防伪性等。

### （二）价值尺度

价值尺度是指以货币的价值作为尺度来表现和衡量其他一切商品价值的大小。作为计算价值的标准，以此表明价格；或者是用作记账单位记录反映企业、个人或机构行为人的经济交易。货币在执行价值尺度的职能时，并不需要有现实的货币，只需要观念上的货币。例如，1 辆自行车值 1 000 元人民币，只要贴上个标签就可以了。当人们在做这种价值估量的时候，只要在他的头脑中有货币的观念就行了。商品的价值用一定数量的货币表现出来，就是商品的价格。价值是价格的基础，价格是价值的货币表现。货币作为价值尺度的职能，就是根据各种商品的价值大小，把它表现为各种各样的价格。例如，1 个面包值 3 元，在这里 3 元就是 1 个面包的价格。

货币之所以能作为价值尺度，是因为货币本身也有价值。用来衡量商品价值的货币虽然只是观念上的货币，但是这种观念上的货币仍然要以货币的价值为基础。在实物货币与金属货币阶段，货币的价值就是货币本身所具有的价值，即内在价值；在信用货币阶段，货币的价值是社会赋予的，为外生价值，信用货币的价值是由货币的购买力（即单位货币购买货品和服务的能力）决定的。例如，单位美元与单位人民币的价值不同，原因就在于二者的购买力不同。人们不能任意给商品定价，因为在货币的价值同其他商品之间存在着客观的比例。

在商品价值量一定和供求关系一定的条件下，商品价值的高低取决于货币购买力的大小。

货币充当价值尺度的职能是它作为流通手段职能的前提，而货币的流通手段职能是价值尺度职能的进一步发展。

### （三）价值贮藏

价值贮藏是指货币退出流通领域充当独立的价值形式和社会财富的一般代表而储存起来的一种职能。货币能够执行价值贮藏的职能，是因为它是一般等价形式，可以用来获得一切商品，贮藏货币就等于贮藏财富，因而就有了货币贮藏的必要。

货币作为贮藏手段是随着商品生产和商品流通的发展而不断发展的。在商品流通的初期，有些人把多余的产品换成货币保存起来，贮藏财富被看成是富裕的表现，这是一种简单的货币贮藏形式。随着商品生产的连续进行，商品生产者要不断地买进生产资料和生活资料，但生产和出卖自己的商品要花费时间，并且能否卖掉也没有把握。这样，人们为了能够不断地买进，就必须把前次出卖商品所得的货币贮藏起来，这是商品生产者的货币贮藏。随着商品流通的扩展，货币的权力日益增大，几乎所有的东西都可以用货币来买卖，货币交换扩展到一切经济生活领域。谁占有更多的货币，谁的权力就更大，贮藏货币的欲望也就变得更加强烈，这是一种社会权力的货币贮藏。货币的这种价值贮藏功能，慢慢使其成为财富的象征，人们所有的财富都以货币来表现。货币与财富的这层关系引发了货币拜物教，又称拜金主义，即把货币当作神一样来崇拜，马克思在《资本论》中对此进行过深入阐述。拜金主义信仰“金钱至上”“有钱能使鬼推磨”这类的信条，其本质是金钱交易关系在意识形态中绝对化的表现，把金钱看成是万能的，从而把人变成了金钱的附属物，变成获取金钱的工具。拜金主义泛滥将会导致社会道德滑坡和文化低俗化，毁掉一个民族的道德文化根基。

货币要成为价值贮藏手段需要稳定的价值。特别是在现代信用货币条件下，当货币秩序紊乱，物价上涨剧烈时，货币的价值贮藏职能将受到严重损害，以致货币收支间隙极为缩短，价值无法保存。

### （四）支付手段

支付手段[①]是指货币充当债务清偿的职能。支付手段是随着商品赊账买卖的产生而出现的。在赊购赊销中，货币被用来支付欠款。后来，它又被用来支付地租、利息、税款、工资等。支付手段所需的特征与交易媒介是相似的，在商品的赊购者用货币对赊销者清偿债务时，货币所执行的就是支付手段的职能。

支付手段是价值的单方面转移。它和流通手段的区别在于货币发生转移的时候没有商品的转移，反之亦然。如果此时既有货币的转移，又有商品的转移，那么此时货币就是在执行流通手段的职能。

相对于价值尺度和流通手段而言，支付手段虽不是货币的基本职能，但随着商品货币经

① 借贷与偿还过程中财物都是单方向转移的，这种单向的财物转移称为支付。用于支付的财富形式称为支付手段。在经济生活中，支付手段不仅限于货币，还有其他形式，如延期服务的提供也是一种对债务的清偿手段。在此，我们仅讨论货币作为支付手段的功能。

济的发展，货币在人们经济生活中所起的作用越来越广泛，货币执行支付手段的职能也越来越普遍。支付手段一方面使商品交换出现赊购、赊销，促进商品经济的发展，但另一方面又在形式上加大了经济危机的可能性。

货币的几大职能既相互联系又相互区别，其共性就是一般等价物，而流通手段、支付手段等都是一般等价物这个基本属性的派生职能。如果货币失去了这个属性，也就不再是货币，不可能再履行货币的其他职能。

## 三、货币同收入与财富的区别和联系

明确了货币的本质和职能，有助于理解货币同财富与收入的区别和联系。货币是用于购买产品和服务与债务偿还的抽象价值形态，不同于收入和财富。

货币在通常意义上被理解为金钱。对普通人来讲，金钱、收入和财富是一组类似的概念，很少有人区分这三者有什么不同。这并不奇怪，因为收入和财富通常都是以货币形式来表现，即用“金钱”来代表的。所以，平常说某人很有钱，也包含了这个人收入高、富有的意思。然而，货币、收入和财富是一组在性质上完全不同的概念，无论是在内涵上还是在外延上，都有着明显的差异。

日常生活中，常听到这样的话：“某人有一份好工作，能挣大钱。”在这里，货币一词被当作收入。但货币并不等同于收入本身。收入（Income）又称所得，是指某一经济行为主体（个人、住户、企业或政府机构）在特定时间段内获得的总收入。从来源上看，收入指要素收入，即行为人从提供生产要素（土地、劳动、资本、技术、服务等）所获得的回报（收益），其形式包括租金收入、劳动产生的工资、资本创造的利息和创业企业的利润、政府提供公共物品和服务所获的税收等。从收入表现形式看，收入可分货币收入和非货币收入，前者指以货币形式得到的收入；后者指货币形式以外的收入，如存货、固定资产、无形资产、股权投资、不准备持有至到期的债券投资、劳务及有关权益等。但是，在现代经济中，非货币收入也是按货币计价的，这意味着，收入总是用一定金额的货币来表现。因此，收入就是个体或单位通过工作、生产产品或服务、投资资本抑或其他来源而获得的金钱。然而，货币并非收入本身，例如，在欧洲封建时代实物地租时期，租户按租约交给地主的是谷物。

货币不同于收入的另一个区别是二者代表了不同的经济学变量。收入是一个与特定时间段相关的量，在经济学上称为流量，这意味着收入具有附加的时间单位，例如，说“我赚了1 000 元”是没有什么意义的，因为每天赚 1 000 元和每年赚 1 000 元之间存在巨大差异，收入总是附有时间单位。而货币（包括财富）都是某一个时点上的量，经济学上称为存量，货币为存量而非流量。对存量和流量的区分，在经济学和货币银行学的分析中十分重要，经济活动总是表现为一定时期的经济流量，以及作为活动结果的经济存量，即从存量开始，经过经济流量，达到新的存量，形成周而复始的经济循环。

货币是财富的一般代表，但货币也并非财富的同义词。当人们说“某人非常富有，他有很多钱”，言下之意可能是某人不仅有很多现金和存款，以及股票、债券等金融资产，还有汽车、住房等实物资产。可见，货币与财富不同。经济学上的财富是指用于价值储藏的各项财产综合，不仅包括货币，还包括债券、股票、艺术品、土地、家具、汽车和房屋。可见，货币只是财富表现的一种形式，而财富是货币与其他形式财产的集合。

货币、收入与财富的关系还可以通过建立流量存量关系进一步了解。收入几乎是每个家庭、每个人最关心的问题之一。人们关心收入，主要是因为收入意味着财富的增加。众多家庭将部分收入储存，这部分暂时不用的收入就是储蓄，过去储蓄加上利息、股息和资本收益（或损失）的积累称为财富增加。财富随着额外储蓄（增加财富的流量）、利息、股息和资本收益（也增加财富的流量）而增加。财富随着财富的支出（减少财富的流动）而减少。财富和储蓄之间的关系可表示如下：

$$W_t=W_{t-1}+S_t-D_t$$

式中，$W_t$代表某年年底的财富；$W_{t-1}$代表年初的财富；$S_t$是当年的储蓄，包括利息、股息等；$D_t$是财富的支出，即当年从财富中提取的金额。这是典型的存量—流量关系。式中的储蓄包括任何可能的资本损失。

以上就是货币、收入和财富之间的关系。简而言之，货币是用来购买商品和服务以及偿付债务的。虽然收入和财富以货币单位计价，但这是它们与货币的唯一关系。收入是流量，货币与财富是存量。大多数人通过将劳动力出租给企业或政府机构赚取收入。财富是过去储蓄（收入的一部分）积累的累计值。

## 第三节　货币的统计概念

前面从价值形式的角度讨论了货币的本质概念，本节将初步讨论货币的统计概念。货币的统计概念是各国央行货币政策的操作概念，各国央行货币估计口径不完全一致，但划分的基本依据是一致的，即流动性大小。

### 一、货币的统计概念

在各国央行宏观经济调控的政策实践中，需要对货币进行统计，这就引发货币的统计定义问题。在概念上，统计意义上的货币指的是货币供应量。货币供应量是从货币供给的角度考察的，侧重货币计量的范围。为了统计货币供应量，首先需要明确货币统计口径、货币层次的划分等基础性问题。

货币供应量即货币存量，指一国在某一时点承担流通手段和支付手段的货币总额，一般表现为金融机构的存款、流通中现金等负债。

世界各国中央银行货币统计口径不完全一致，但划分的基本依据是一致的，即流动性大小。所谓流动性，是指一种资产[①]随时可以变为现金的难易程度。变现越容易，流动性就越强；反之，则越弱。在所有资产中现金的流动性最强，具有100%的流动性，如图 2-7 所示。货币的流动性程度不同，在流通中的周转次数[②]就不同，形成的货币购买力及其对整个社会经济活动的影响也不一样。

① 资产是指经济行为人所拥有或控制的可以为之带来收益的资源。

② 货币周转次数是指单位货币在执行交易媒介职能时在一定时间内实现交易的次数。

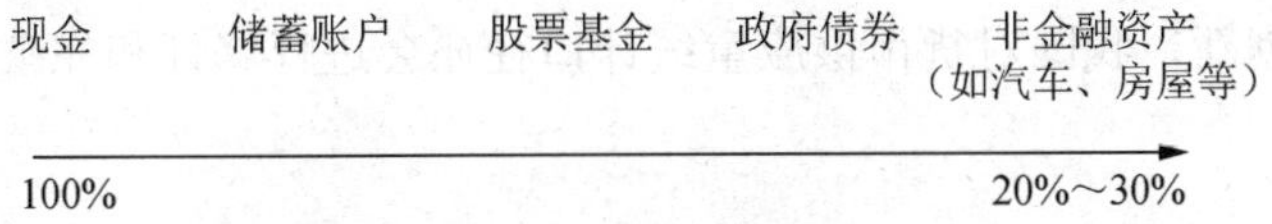

图 2-7 不同资产的流动性强弱比较

根据流动性的不同，可以把货币划分为不同的层次，对应不同的货币层次，从而形成不同的货币供应量口径。但在具体货币供应量的概念及口径上，目前世界各国并无一致性标准。针对这种情况，国际货币基金组织（International Monetary Fund，IMF）给出了一个指导性概念：货币是指具有交换媒介、价值储藏、核算单位（即价值尺度），延期支付标准（即支付手段）功能的金融工具[①]。

原则上，凡是同时具备流通手段和支付职能的金融工具，如金属货币、纸币，以及在当今互联网金融背景下的各种形式的电子货币等，都应纳入货币供应量统计范围。因此，在现实经济活动中，现金、能够据以转为即时支付的各种存款[②]都属于货币的范畴。

## 二、不同层次货币的统计构成

由于许多金融工具都具有货币的职能，因此，货币供应量也有狭义和广义之分。一般地，如果货币仅指流通中的现金，则称之为 $M_0$，$M_0$=流通中的现金，即流通于银行体系之外的现金。狭义货币供应量（$M_1$）= $M_0$+活期存款；广义货币供应量（$M_2$）= $M_1$+准货币（定期存款+储蓄存款+其他存款）[③]。

除了上面 $M_0$、$M_1$、$M_2$ 的划分外，还有 $M_3$，$M_3$= $M_2$+其他短期流动资产（如国库券、银行承兑汇票、商业票据等）。有的经济体（如美国、英国、印度等）还有 $M_4$ 的指标。不过，经济学上所说的货币通常是指 $M_2$，我们在后面的讨论中如未加特别说明，也是使用 $M_2$ 的概念。

另外，在不同层次货币供应量的划分中，还有基础货币的概念，因为这一概念涉及商业银行的存款准备概念，我们将在第八章介绍商业银行存款准备制度之后再予以讨论。

我国对货币层次的划分如下：

$M_0$=流通中的现金； (2-1)

狭义货币（$M_1$）=$M_0$+企业活期存款； (2-2)

广义货币（$M_2$）=$M_1$+准货币（定期存款+居民储蓄存款+其他存款）； (2-3)

$M_3$=$M_2$+金融债券+商业票据+大额可转让定期存单等。 (2-4)

其中，$M_1$ 是通常所说的狭义货币量，流动性较强，反映着经济中的现实购买力；$M_2$ 是广义货币量，不仅反映现实的购买力，还反映潜在的购买力；$M_2$ 与 $M_1$ 的差额是准货币，流动性较弱；$M_3$ 是考虑到金融创新的现状而设立的，暂未测算。

货币供应量统计口径是随着社会经济环境及金融市场的改变而不断调整的。在我国，自 1994 年中国人民银行（即中国央行，简称人民银行）正式向社会公布货币供应量统计数据以来，货币供应量统计口径已分别于 2001 年、2002 年、2011 年经历了三次调整。随着金融市

① 参见国际货币基金组织《货币与金融统计和编制指南》（MFSMCG）第二章。

② 各类存款概念的讨论详见本书第三章第二节、第七章第二节。

③ 准货币指存款人在保留所有权的条件下，把使用权暂时转让给银行的资金或货币。

场发展和金融工具创新，我国对货币供应量统计口径还会进行修订和完善。

## 第四节 货币制度及其演变

货币制度是国家对货币的有关要素、货币流通的组织与管理等加以规定所形成的制度，在现代经济中，货币制度在一国经济中占有极为重要的地位，了解货币制度可以帮助我们更系统地掌握货币的概念。

### 一、货币制度的概念

货币制度又称币制，是一国法律规定的货币流通的结构和组织形式，是国家对货币的有关要素、货币流通的组织与管理等加以规定所形成的制度。货币制度对任何一个国家或者地区都是至关重要的，完善的货币制度能够保证货币的稳定；不恰当的货币制度会带来潜在的货币危机。典型的货币制度包括以下六个方面的内容。

#### （一）确定货币材料

货币制度的基础条件之一是要有确定的币材，即确定用何种材料作为货币。确定的货币材料不同，就有不同的货币本位制度。例如，以白银作为货币材料就是银本位制度，以黄金作为货币材料即为金本位制度，以纸质作为货币材料即为纸币本位制度等。成为货币材料的四个条件：①价值较高；②易于分割；③易于保存；④便于携带。

#### （二）规定货币单位

货币单位表现为法定的货币名称。在金属货币时期，需要确定货币单位名称和每一货币单位所包含的金属含量。规定了货币单位及等分，就有了统一的价格标准，从而使货币行使计价流通的职能。在信用货币条件下，货币单位一般沿袭了金属货币时期的货币单位，基本货币单位是元，其他的货币单位都以元的倍数计算，基本货币单位价值的确定根据是货币的购买力。

#### （三）规定货币铸造发行

货币铸造发行主要分为金属货币的自由铸造与限制铸造、信用货币的分散发行与集中垄断发行。自由铸造指公民有权用法定的货币材料，按照法定的货币单位在国家造币厂铸造铸币，一般而言主币可以自由铸造；限制铸造指只能由国家铸造，辅币为限制铸造。信用货币分散发行指各商业银行可以自主发行，早期信用货币是分散发行，随着国家干预的加大，现在各国信用货币的发行权都集中于中央银行或指定机构。

#### （四）规定流通中货币的种类

这主要指规定主币和辅币，主币是一国的基本通货和法定价格标准，辅币是主币的等分，是小面额货币，主要用于小额交易支付（专栏 2-4）。金属货币制度下主币是用法定的货币材料按照法定的货币单位铸造的货币，本位币的面值与实际金属价值一致，是足值货币；辅币用贱金属并由国家垄断铸造，其包含的实际价值低于名义价值，辅币可与主币自由兑换。在现代信用货币制度下，主币和辅币的发行权都集中于中央银行或政府指定机构。

（五）规定货币的法定偿付能力

偿付能力又叫法偿能力，指货币所具有的法定支付能力。分为有限法偿和无限法偿两种情况。所谓无限法偿，是指不论支付数额多大，不论属于任何形式的支付，对方都不能拒绝接受。一般来说，本位币都具有无限法偿能力，而辅币则可能是有限法偿的。一国在制定货币制度时要规定一国的本币和辅币，同时还要规定本币和辅币的支付能力。

（六）货币发行的准备制度

货币发行准备制度是为约束货币发行规模维护货币信用而制定的，要求货币发行者在发行货币时必须以某种金属或资产作为发行准备。在金属货币制度下，货币发行以法律规定的贵金属作为发行准备；在现代信用货币制度下，各国货币发行准备制度的内容比较复杂，一般包括现金准备和证券准备两大类。建立发行准备制度是为了稳定货币。准备金主要有三个方面的用途：①用作国际支付；②调节国内货币流通；③支付存款和兑换银行券。

专栏 2-4

**分币还有存在必要吗**

分币是我国的法定货币，但在现实生活中却遇到麻烦。记者走访发现，分币在便利店、菜市场已几乎不再被使用；在大型超市卖场，即使商品价格精确到分，收银时也会采取“四舍五入”或直接免掉的方式；在商业银行，想要兑换分币也往往难以实现。

1. 退交通卡：“3 分钱你还要啊”

读者蔡先生手中有好几张交通卡空卡，日前，他到九江路上的交通卡退卡点打算将这些空卡退掉。“用机器查后发现，卡里还有几角、几分钱的剩余。”蔡先生说，这些分币应该是之前用交通卡加油时产生的。经过结算，他退卡的总金额应该是 105.23 元。

“给，退你 105.2 元。”蔡先生看着工作人员退回的零钱，蔡先生纳闷道：“不是 105.23 元吗？3 分钱为什么不给？”工作人员听后似乎也是满脸不解：“3 分钱你还要啊？我们这里没有分币，要不再给你 1 角钱吧。”说完，她就又从窗口递出来 1 毛钱。

这 1 角钱顿时让蔡先生觉得很尴尬。他当时只是奇怪交通卡公司为什么会在退卡时自动将分币省略，可工作人员的说辞却让人感觉他是要“占便宜”，这让蔡先生感觉不舒服。

2. 便利店：10 个 1 分钱当场被扔掉

“我忘了这 1 角钱是哪里来的，反正都是钱，我也没怎么在意。”葛小姐说，她拿到的 1 角钱，是将 10 个 1 分硬币用透明胶粘在一起组成的，因为体积大、携带不方便，她就想将这 1 角钱尽早用出去。这天葛小姐在便利店购物时，拿出了这 1 角钱。不想，当班的营业员看到后直接说：“这 1 毛钱我们不收的。”营业员表示，店里不收分币。后经葛小姐的坚持，营业员勉强收下了这一角钱，但接下去的一幕却让葛小姐傻眼了，“营业员拿到这个特殊的 1 角钱后，竟顺手就扔进了边上的垃圾箱里，随后又从自己兜里掏出 1 角钱放入收银机。”

3. 超市收银台：碰到分币电脑自动清除

在大润发杨浦店内，记者发现不少水果和蔬菜的标价都带有分。散装的糕点和糖果的价格也会产生分。但碰到有分币的情况，电脑会自动清除。迪亚天天超市采用四舍五入的方法结算。

除去超市，交通卡退卡点、小菜场、杂货店是最有可能使用到分币的场所。然而记者走访后发现，分币在这些地方已近乎绝迹。即便是代收水电煤等公用事业费用，账单上也都是采用“结转零头”来收取整数。

4. 银行兑换：“这个……可能没办法”

“兑换分币？这个……我们这里没有兑换业务，可能没办法兑给你。”得知记者要兑换分币，山西中路上一家深圳发展银行的大堂经理面露难色。记者随后又来到附近的其他银行，面对记者提出的兑换分币的“非常规要求”，银行工作人员均表示没有这项兑换业务，但可以到柜台试着兑换，能否换到全看运气。一名银行工作人员私下里透露。“现在哪里还需要用到分币啊？我只看到募捐箱里有不少分币，都是找的零钱，有人觉得没什么用，就直接投进募捐箱了。”

日常生活中，分币越来越难觅其踪，分币究竟还有没有存在的必要？对此，央行上海总部的答复是：“分币仍不可替代。分币是我国法定货币的一种，分币的流通受法律保护。任何单位和个人拒收分币的行为属违法行为。”

（资料来源：http://news.cnool.net/article/124075440.html.）

## 二、货币制度的演变

货币制度是随着商品经济的发展而逐步产生和发展的，到近代形成比较规范的制度。与货币形式的演变相对应，历史上分别出现过不同形式的货币制度。

### （一）货币制度的主要类型

从货币本位看，迄今为止，人类文明发展过程中曾经出现过的货币制度可以分为金属货币本位与纸币本位两类。

金属货币本位可分单本位制和复本位制：前者可分为银本位制和金本位制，其中金本位制又可分为金币本位制、金块本位制和金汇兑本位制；后者指金银复本位制。金银复本位制有三种具体形式：平行本位制、双本位制和跛行本位制。在平行本位制下，金币和银币之间不规定比价，按照各自所包含的金和银的实际价值流通，金币和银币的比价就是市场上生金和生银的比价；在双本位制下，国家规定金币和银币的比价，两种货币按法定的比价流通；跛行本位制是由复本位制向金本位制过渡的一种形式。在该制度下，金币、银币都是一国的本位货币，但银币仅起辅助作用，故称跛行本位制。

纸币本位制是指以不能与金银相兑换的纸币作为本位币，即作为价格标准和最后支付手段的货币制度。其特点是国家不规定纸币的含金量，也不允许纸币与金银兑换，纸币作为主币流通，具有无限法偿能力。

按货币本位划分的各国货币制度的演进如图 2-8 所示。

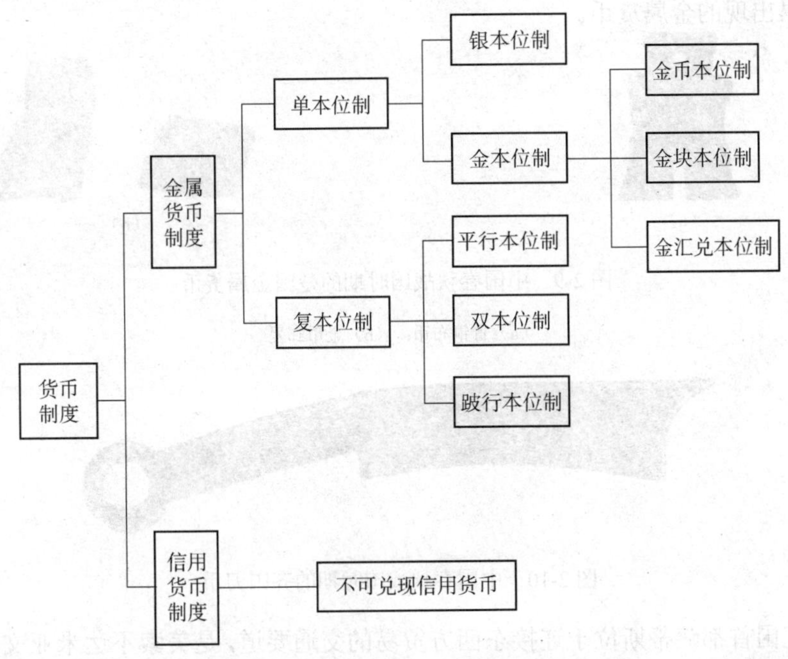


图 2-8　按货币本位划分的各国货币制度的演进

（二）货币制度的演变

历史上依次出现的货币制度：古代至中世纪[①]末期的金属货币本位制；中世纪之后的银本位制、金银复本位制以及后来的单一金本位制；20 世纪 30 年代以后，各国逐渐取消金本位制。第二次世界大战后，资本主义国家普遍实行以美元为主要储备货币的金汇兑本位制。在当代，世界各国实行的都是不兑现的信用货币制度，即不兑现本位制。

1. 金属货币本位制

金属货币本位制是人类史上一种自然演进的货币制度，有着十分复杂的内容，大致可分为古代至中世纪末期的金属货币本位制和与在此之后的金属货币本位制。

1）古代至中世纪末期的金属货币本位制

这一时期的金属货币本位制的典型特征是缺乏一个世界范围的主导范式，呈现出各个不同国家、区域文明发展的多样性特征。因此，我们将较多地借助实物图片来展现古代金属货币的发展轨迹。

考古发掘发现，从非常早期开始，人们就开始用金属作为交换媒介。但直至公元前 6 世纪铸币形式出现时，人们才将货币的价值固定下来，并加附印章来保证货币的价值。世界上最早的铸币是由吕底亚[②]人和中国的周人分别发明的。吕底亚狮币是迄今为止发现的最早人工铸造的货币，发现年代最早的金银币是公元前 640 年。中国的春秋战国时期也产生了刀币和

① 中世纪又称中世或中古时代，一般以约公元 476 年西罗马帝国灭亡至 1640 年英国资产阶级革命爆发为时限。

② 吕底亚（Lydia），小亚细亚中西部一古国（公元前 1300 年或更早—前 546 年），濒临爱琴海，位于今天土耳其的西北部。

布币[①]以及金币郢爰[②]，如图 2-9、图 2-10 所示。不过，根据出土文物的考证，吕底亚金银币仍被视为最早出现的金属货币。

（a）　　　　　　（b）

图 2-9　中国春秋战国时期的楚国金属货币

（a）青铜布币；（b）金币郢爰

图 2-10　中国春秋战国时期的齐国刀币

吕底亚王国首都萨蒂斯位于连接东西方贸易的交通要道，是美索不达米亚文明的发源地。吕底亚王国河流金砂密集分布，银金矿储藏丰富。吕底亚人在安纳托利亚[③]这块丰饶的土地上开发了各种矿藏，其中尤以银金矿为主。银金矿是一种金和银混合的矿物，被称为“白色的金子”。吕底亚人用这种“白色的金子”制造了世界上最早的钱币。

公元前 560 年，吕底亚王国开始将流通广泛的金银币标准化，在此基础上形成了早期的金本位。吕底亚狮币由金银合金铸成，由于货币上经常出现一只狮子的头像，因此称为狮币，如图 2-11 所示。狮币含金量为 45%～55%，其余为银，重量为 4.7 克。由于采用标准重量和成色的块金为币，质量稳定，所以此类铸币很快随着吕底亚的扩张扩散到波斯[④]乃至整个地中海沿岸，大大便利了吕底亚与希腊城邦国家的贸易往来，吕底亚因此成为西亚地区的强国，积累了巨大财富并建立了阿提密斯神殿[⑤]。

公元前 6 世纪，波斯王居鲁士（Cyrus）靠他的军事才能和政治手腕征服了巴比伦[⑥]。到了公元前 5 世纪初大流士（Darius）在位的时候，波斯的领土已经包括了现代的伊朗、两河流域、小亚细亚、东南欧一隅、埃及与巴勒斯坦，成为有史以来最大的帝国。在货币方面，大流士一世发明了标准的金币，并以他自己的名字将其命名为达利克。大流士规定帝国流通

① 刀币是一种中国古代的铜币名，由生产工具的刀演变而成，流通于春秋战国时期的齐、燕、赵等国；布币是对古代中国春秋战国时期铸行的空首布、平首布等铲状货币的总称。铲状工具曾是民间交易的媒介，故最早出现的铸币铸成铲状。

② “郢”乃是楚国国都（今湖北江陵），“爰”则是重量单位或楚国金币的专有名称。

③ 安纳托利亚（Anatolia），又名小亚细亚或西亚美尼亚，是亚洲西南部的一个半岛，大部分领土属土耳其。

④ 波斯的本意为“骑士”和“马夫”，原是对善于骑射以及操印欧语的剽悍民族的称呼，当他们进入伊朗高原并最终在以拦（Elam，亚洲西南部的古老国家，在今天伊朗的西南部，波斯湾北部，底格里斯河东部，现称胡齐斯坦）东部安善（Anshan）地区定居下来的时候，波斯人成为对他们相对固定的称呼，因他们的存在，这一地区也开始称为波斯。

⑤ 古代世界七大奇迹之一。阿提密斯神殿大约兴建于公元前 550 年，公元 5 世纪前期被东罗马帝国皇帝奥德修斯二世摧毁。遗址估计位于古城爱菲索斯（Ephesus）中，约在土耳其的 Izmir（Smyrna）南面 50 公里。

⑥ 指古巴比伦帝国（约公元前 30 世纪—前 729 年），位于美索不达米亚平原，大致在当今的伊拉克共和国版图内。

三种合法铸币，金币只能由国王铸造，各行省可铸造银币，各自治市可铸造铜币。金币全国流通，银币和铜币在一定地区内流通。这样大流士时期的波斯币制便是早期的金银铜三种金属货币同时流通但流通范围有差别的复本位制。古代波斯帝国的金属货币如图 2-12 所示。

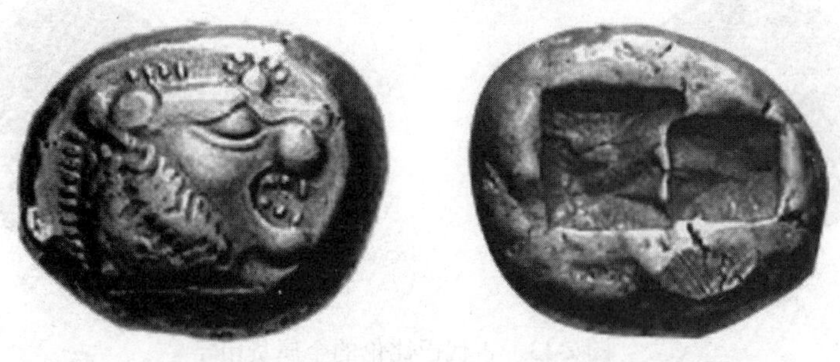

图 2-11　公元前 640 年面值为 1/3 施塔特的吕底亚金银合金狮币

（a）　（b）　（c）

图 2-12　古代波斯帝国的金属货币

（a）大流士金币（公元前 490 年）；（b）波斯银币（公元前 379—前 374 年）；（c）波斯铜币

伴随人类文明的进一步发展，金属货币在世界范围内得到愈来愈多的使用，在东西方文明中都成了占主导地位的交易媒介。除古埃及、古巴比伦、古代中国、古印度外，稍后的古希腊、罗马共和国①、阿拉伯帝国②等也都使用金、银、铜等金属货币。

图 2-13 为古巴比伦银币，重 10.06 克。图 2-13（a）为银币正面，印有古代腓尼基人信奉

① 罗马共和国是古罗马在公元前 509—前 27 年的政体，其正式名称是“元老院与罗马人民”。

② 阿拉伯帝国是中世纪时地处阿拉伯半岛的阿拉伯人所建立的伊斯兰帝国，唐代以来的中国史书均称之为大食，而西欧则习惯将其称作萨拉森帝国。

的太阳神巴尔图像；图 2-13（b）为银币背面，背面为狮子图像。巴比伦王国事实上在公元前 538 年已被位于伊朗高原的波斯所灭。古代两河流域文明作为一个独立的整体便告结束。古巴比伦银币继承了吕底亚传统，实际为波斯帝国时期货币，铸造年代在公元前 331—前 328 年。

（a）

（b）

图 2-13　古代巴比伦的金属货币

（a）银币正面；（b）银币背面

图 2-14 从左至右，依次为古印度笈多王朝（Gupta Empire）旃陀罗笈多二世 （Chandra Gupta Ⅱ，375—415 年）金币、孔雀王朝帝国（the Maurya Empire）银币（正反面）。金、银币年代分别大约为公元 400 年与公元 300 年。左边第一枚金币面上印痕为印度宗教中的信奉的吉兆神 Chhatra，第二枚金币印痕为弓箭手；右边银币正面印痕为车轮与大象图案，分别象征着印度信仰中的轮回与守护神；背面为箭镞图形。

图 2-14　古代印度的金属货币

图 2-15 为两枚古埃及托勒密王朝

时期的青铜币。图 2-15（a）为同一枚青铜币的正反面，正面印有亚历山大大帝的头像，背面为一只站立在闪电上的鹰的图像，铜币铸造年代约为公元前 271 年；图 2-15（b）为托勒密王朝末代时期铸币，年代在公元前 51—前 29 年，铸币正面为女王克利奥帕特拉（即后世所熟知的埃及艳后）“头像”，背面同样为一只站立在闪电上的鹰的图像。

（a）　（b）

图 2-15　古埃及托勒密王朝时期的金属货币

（a）青铜币的正反面；（b）托勒密王朝末代时期铸币

图 2-16 为古希腊时期金、银、青铜三枚铸币的正面。图 2-16（a）为铸造于公元前 312—281 年的 8.5 克金币，币面为希腊神话中的雅典娜女神头像；图 2-16（b）为塞琉西（Seleukid）王朝时期银币，铸造年代为公元前 310—前 290 年，币面为塞琉古一世（公元前 312—前 294 年）头像；图 2-16（c）为铜币，铸造年代在公元前 3 世纪左右，币面为一只猫头鹰图像。

（a）

（b）

（c）

图 2-16　古希腊时期的金属货币

（a）8.5 克金币；（b）塞琉西（Seleukid）王朝时期银币；（c）铜币

图 2-17 为罗马共和国军事统帅恺撒（公元前 100—前 44 年）时期的金、银币。图 2-17（a）为恺撒金币的正面；图 2-17（b）为恺撒金币的背面；图 2-17（c）为恺撒银币的正面，图 2-17（d）为恺撒银币的背面。铸币年代约在公元前 44 年。

（a）

（b）

（c）

（d）

图 2-17　罗马共和国时期的金属货币

（a）恺撒金币的正面；（b）恺撒金币的背面；（c）恺撒银币的正面；（d）恺撒银币的背面

图 2-18 为阿拉伯帝国倭马亚王朝时期的铸币。其中，图 2-18（a）为印有王朝统治者第五代哈里发阿布杜勒·马利克（公元 646—705 年）图像的金币，铸造年代为公元 696—697 年；图 2-18（b）为银币，银币正反面都有阿拉伯文字符号，铸造年代为公元 720—724 年；图 2-18（c）为铜币，铸造年代为公元 685—692 年，铜币正面为倭马亚王朝雅兹迪二世胸像，背面为字母 m 图样。

2）资本主义上升与发展时期的金属本位制阶段

（1）银本位制阶段。银本位制是指以白银为本位货币的货币制度。银本位制产生的时间较早，在古希腊和古罗马帝国就有银币流通，但在货币史上，白银本位的盛行却是 16 世纪的事。16 世纪中叶，在现今南美洲玻利维亚中南部海拔 5 000 米的波托西山发现储量丰富的大银矿，大量的白银被当时的海上霸主、南美殖民主义大国西班牙运回欧洲本土。白银的高贵身份不仅体现在皇室消费上，西班牙还用来铸造了大量银币，广泛用于贸易，成了名副其实的硬通货。大量的白银还经欧洲运往亚洲，在贸易结算中使用，亚洲主要国家中国、日本也相继采用了银本位制，银本位制由此得以盛行，银币在世界范围内成为贸易结算货币，一直持续到 19 世纪。

图 2-18　阿拉伯帝国时期的金属货币

（a）阿布杜勒·马利克图像的金币；（b）银币；（c）铜币

银本位可分为银币本位和银两本位。前者是将银铸成特定形状的本位币，实行银币流通的货币制度；后者则是以银的重量单位——“两”作为价格标准，实行银块流通的货币制度。银本位制下，本位币可以自由铸造与熔化，具有无限法偿效力，并可以自由输出入。

（2）金银复本位制。19 世纪，西方国家随着经济的发展，银本位制过渡到金银复本位制。金银复本位制即货币发行同时以白银和黄金为基础的货币制度。金银复本位制于 17 世纪中期始于英国，随后流行于欧洲。根据金币和银币在流通中的作用，可以分为平行本位制、双本位制和跛行本位制。

① 平行本位制：两种金属货币均按其所含金属的实际价值流通，其价值比例由市场决定，国家不予规定。缺点是经常造成流通的混乱。

② 双本位制：由国家规定两种金属货币的比率，按法定比率流通。两种货币都是无限法偿货币，可以自由铸造。缺点是劣币充斥市场，良币退出流通，即劣币驱逐良币或格雷欣法则。

③ 跛行本位制：两种金属货币同为本位币，并由国家规定固定的比率，并规定只有金币可以自由铸造，银币演化为金币的代符号。它是事实上的金本位制。

（3）金本位制。金本位制是以黄金作为货币发行基础的货币制度。到了 19 世纪末，随着白银采掘业劳动生产率的提高，白银价值不断降低，金银之间的比价大幅度波动，复本位制的不稳定性等缺陷日益突出，到 19 世纪初便开始了由金银复本位制向金本位制的过渡。英国首先于 1816 年实行金单本位制；至 19 世纪 80 年代，随着资本主义生产方式的确立和世界市场的形成，世界主要资本主义国家相继采用了以黄金为本位货币的制度，黄金成了这一时期占世界主导地位的货币本位。世界进入了真正意义上的贵金属——黄金本位制时期。

金本位制有三种实现形式：金币本位制、金块本位制、金汇兑本位制。其中，金币本位制是典型的金本位制。

① 金币本位制。在金币本位制下，以黄金作为货币发行的唯一准备金，货币价值由货币面值所代表的黄金数量决定，每一货币单位具法定的黄金比价；金币可以自由铸造，具有无

限法偿能力；辅币和银行券可以自由兑换金币或等量黄金；国际结算也使用黄金，黄金可以自由输出入；各国货币汇率由货币的黄金比价决定。

② 金块本位制和金汇兑本位制。这两种制度虽然都规定以黄金为货币本位，但只规定货币单位的含金量，而不铸造金币，实行银行券流通。在金块本位制下，银行券可按规定的含金量在国内兑换金块，但有数额和用途等方面的限制（如英国 1925 年规定在 1 700 英镑以上、法国 1928 年规定在 215 000 法郎以上方可兑换），黄金集中存储于本国政府。而在金汇兑本位制下，银行券在国内不兑换金块，只规定与其他金本位制国家货币的兑换比率，先兑换外汇（主要是英镑和美元），再以外汇在国外（如伦敦、纽约）兑换黄金。这实际上是把黄金存于国外，国内中央银行以外汇作为准备金发行纸币流通。但一般人们难以直接到国外用外汇去兑换黄金，故又称为虚金本位制。

但无论何种形式，其共同的特征是货币以黄金为本位，流通中货币可以自由或有限制兑换为黄金。金本位制时期流通中的部分国家的货币如图 2-19 所示。

图 2-19　金本位制时期欧美主要国家发行的金币

（a）英国维多利亚女王头像金币（1893—1901 年）；（b）瑞士 20 法郎金币（1897—1935 年）；（c）荷兰 10 基尔金币（1875—1889 年）；（d）美国 20 美元自由女神头像金币（1850—1907 年）；（e）德国 20 马克金币（1871—1913 年）；（f）法国 20 法郎金币（1878—1913 年）；（g）意大利 20 里拉金币（1861—1874 年）；（h）墨西哥 20 比索金币（1917—1921 年）

在金本位制下，流通中的货币不仅限于金币，除铜镍等各种金属辅币外，还存在大量的银行券，如图 2-20 所示。金本位制后期，流通中的货币演变为纸币为主。

第二次世界大战结束以后的国际货币体系——布雷顿森林体系[①]也是金汇兑本位制。在布雷顿森林体系下，美元同黄金按固定比价挂钩，各会员国货币与美元挂钩制定兑换比率，使各国货币与黄金间接挂钩。在这种体系安排下，美元相对于其他成员国的货币处在等价于黄金的关键地位。所以，这种制度又称为以美元为中心的国际货币制度。

### 2. 纸币本位制

纸币本位制是在 20 世纪 30 年代金本位制完全崩溃以后在世界各国普遍实行的。纸币本

① 布雷顿森林体系指第二次世界大战后以美元为中心的国际货币体系。1944 年 7 月，48 个国家的代表在联合国国际货币金融会议上确立了该体系，因为此次会议是在美国新罕布什尔州布雷顿森林举行的，所以称为布雷顿森林体系。

位又称为信用本位。1929—1933 年世界经济危机期间及以后，各国先后放弃了金本位制，实行不兑现的信用货币制度。不兑现信用货币的典型形式是纸币本位。纸币本位制又可以细分为两类：自由的纸币本位制和管制的纸币本位制。前者指纸币本位制的国际流通与汇率[①]不受本国政府的干预，后者则无这两方面的自由。当今世界各国的货币制度几乎都是纸币本位制。1973 年布雷顿森林体系终结后一直到现在的国际货币体系——牙买加体系[②]就是一个以信用货币——美元为核心的美元本位制度。

（a）

（b）

（c）

（d）

图 2-20　金本位制时期各国发行的银行券

（a）英格兰银行于 1889 年发行的 5 英镑银行券（可兑换等值金币）；（b）美国于 1922 年发行的 100 美元金元券[③]；（c）德国于 1923 年发行的面值为 100 亿马克的银行券；（d）日本于 1916 年发行的面值为 1 日元的银行券

纸币本位制突破了因币材不足造成的对生产力发展的限制，并节约了贵金属。在金本位或银本位制条件下，一国的货币供给量取决于它的贵金属存量，而贵金属存量又取决于贵金属的勘探和开采情况，所以货币供给量不能适应经济变化和发展的需要。而在不兑现本位制条件下，纸币不能兑换黄金，货币发行也不以金银做担保，因而发行数量不受金银储备数量限制，政府可以决定货币供给量。因此，不兑现本位制更便于政府对经济的调节，货币通过信贷程序进入流通领域，通过银行的信用活动调节流通中的货币量。

不过纸币发行要受经济发展状况的制约，如果纸币发行超过经济发展的需要，将会导致货币失控，引发通货膨胀。

## 三、中国的货币制度

中国货币文化灿烂辉煌，是世界文明史上最早使用货币的国家之一，拥有 3 500 多年的货币发展史，在中国的不同货币发展阶段上也相应产生了内容丰富的货币制度。在今天，中

① 汇率是指一种货币换取另一种货币的比率。

② 牙买加体系是指根据 1976 年 1 月国际货币基金组织金斯敦（牙买加首都）会议达成的“牙买加协议”所形成的国际货币体系。

③ 金元券在美国 1882—1933 年用作纸币，可以自由兑换成金币，兑换比例为 20.67 美元等值 1 盎司黄金。

国境内实行的是人民币制度，香港、澳门特别行政区实行的是“一国两制”的地区性货币制度，台湾地区是台币制度。

（一）中国货币制度的演进

中国货币文化源远流长。中国古代货币在形成和发展的过程中，先后经历了五次重大的演变：自然货币向人工货币的演变，由杂乱形状向统一形状的演变，由地方铸币向中央铸币的演变，由文书重量向通宝、元宝的演变，金属货币向纸币“交子”的演变。中国从春秋时期进入金属铸币阶段到战国时期已确立布币、刀货、蚁鼻钱、环钱四大货币体系。以后又经历了秦、汉、魏晋南北朝、隋、唐等朝代，直到 1948 年 12 月 1 日，中国人民银行成立并发行第一套人民币。

图 2-21　秦半两钱

战国时期，各诸侯国各自为政，自己铸行货币，齐有法化刀，楚有爰金和蚁鼻钱，燕有明刀，韩有方足布，赵有尖足布，魏有桥足布，秦有圜钱等。钱币形状各异，轻重不一，并且有优有劣，换算困难，给当时的商品流通造成了极大的困难。公元前 210 年秦统一了全国的币制，秦始皇下令废除原各国的旧币，以秦币为基础推行新的货币制度，如图 2-21 所示。秦行铢两制，半两为 12 铢，每铢约为今 0.6 克。钱币以衡制命名始于秦。两为加倍意，车有双轮为两（辆），重量以两为钱名，源于车轮。

自秦始皇统一币制以来，外圆内方的铜币历经朝代更迭，占据本位货币宝座长达一千多年。中国从宋代开始，铜银并行，直到 1933 年南京国民政府才施行银本位制，但不久就废止了。之所以如此，原因在于中国金银矿藏相对贫乏。

中国历史上一直是一个黄金贫乏的国家①。虽然与世界其他民族一样，黄金在我国历史上也是财富的计量单位和拥有财富象征，地位非同一般。但事实上，由于中国黄金总量上的缺乏，黄金很难成为中国商品流通中介的主角。在中国近代历史上承担流通货币功能主角的是白银。中国“贫金”的现实一直延续到 21 世纪的今天。

白银方面，虽然早在汉武帝元狩四年（公元前 119 年）就铸行了白金币，但白银一直未能摆脱辅币地位，甚或主要用于贮藏。根据明、清史籍所载银课收入数字计算，自明弘治十三年（1500 年）以来百余年间，中国白银年产量一直徘徊在 10 万两左右，清代前期约 20 万两左右。且中国白银矿含量很低，开采成本甚至高于白银价值。我国当代著名经济史学家梁方仲就此指出：“中国向来是一个产银不多的国家。自近代与欧洲各国通商以来，银的供给，大部分依赖外国的来源；本国产量，殊不重要。”②

由于金银不足，自唐宋以降，史中常有流通中货币不足的记载。为补钱币之不足，政府只得以谷、帛等其他商品充当流通媒介，实际上实行了钱币、谷帛的平行本位制，金银主要

① 管同伟. 国际金融：基于宏观视角的分析框架[M]. 北京：北京大学出版社，2015.

② 梁方仲. 明清赋税与社会经济[M]. 北京：中华书局，2008.

用于贮藏。但由于钱重物轻，民间交易优先使用钱币，政府又不得不出面强制推广代用货币。仅在唐朝，玄宗开元二十年（732 年）和二十二年（734 年）、德宗贞元二十年（804 年）、宪宗元和六年（811 年）、文宗大和四年（830 年）和八年（834 年）曾先后多次下诏禁止交易只用钱币。宋朝则三令五申，并在边境设卡，严禁铜钱外流。宋代纸币制度的出现，一定程度上是为了克服硬币不足的困难，满足商品流通的客观需要。元代虽然名义上以白银作为价值尺度，但从元世祖至元二十四年（1287 年）发行至元宝钞以来就一直使用不兑现纸币，实行了全世界第一个纸币本位制度，如图 2-22（a）所示。然而古代纸币制度终因货币滥发而在元末崩溃，虽明太祖洪武八年（1375 年）发行了大明宝钞，但也因货币贬值过快，不久就名存实亡，如图 2-22（b）所示。

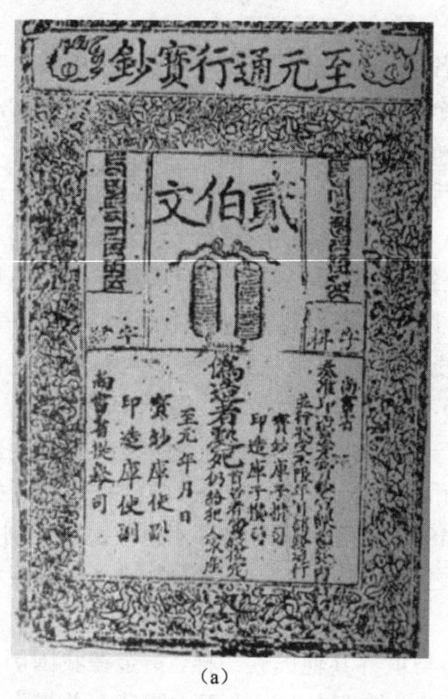


（a）

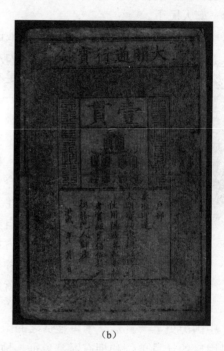

（b）

图 2-22　中国元、明时期的纸币

（a）元代面值二百文至元宝钞；（b）面值一贯的明代大明宝钞

**专栏 2-5**

### “大明宝钞”70 年内贬值几何

朱元璋当皇帝之后，开始向元代学习，推行纸币。洪武八年（1375 年）三月，明朝第一套纸币正式发行。明朝的纸币被称为“大明宝钞”，每张大约长 34 厘米、宽 20 厘米，中间写着“一贯”“五百文”等面值，外侧是一圈龙纹的花栏，宝钞背面印着“大明宝钞，通行天下”八个篆体大字。纸币最初是由中书省发行的，中书省撤销后，改由户部负责。宝钞与以前的金属货币是怎样一种兑换关系呢？朱元璋规定：大明宝钞一贯等同于白银一两、铜钱一千，黄金 0.25 两，还可以折换米一石（明制，一石相当于 120 斤）。

发行纸币应该算是社会进步的标志，然而，发行纸币是需要准备金的，通俗地说，就是每发行一贯纸币，国库里就得有一两银子存在那儿，这样，纸币才不会贬值。

朱元璋的经济学常识等于零，发行纸币的时候，他脑子里根本没有“准备金”这个概念。加上政权初创，用钱的地方也多，大肆印钞票。洪武时期发行大明宝钞的24年，平均每年都要发行515万锭，洪武二十三年（1390年），大明宝钞更是发行到了1 500万锭。而元代发行的纸币最初只有20万锭，后来虽然有所增加，也大多控制在150万锭之下。两相对比，我们可以知道明初的纸币超发到了什么程度。纸币超发必然带来贬值，洪武三十年（1397年），一两白银可以买四石米，如果用宝钞买，却要十贯。朱元璋死后，大明宝钞的贬值程度日甚一日，到明宣宗的时候，一石米、一匹棉居然要宝钞五十贯。

正统九年（1444年），一石米已经需要一百贯，从此大明宝钞兑换铜钱，一贯基本上没有超过两文。不过70年间，“大明宝钞”贬值达到了100倍，结果自然是无人愿意接受，不得不退出历史舞台。

（资料来源：游宇明．“大明宝钞”的贬值[N]．学习时报，2014-08-04：A9.）

明代中叶以后，中国商品生产和交换取得了长足的进展，商品经济发展与钱币短缺的矛盾日益尖锐。16世纪中叶之后，随着西方白银源源流入中国，消除了国内银矿资源贫乏的制约，这一矛盾最终得以化解。明代白银实现了货币化，中国真正成为用银之国。不过，虽然也通行铜钱和纸币，但实行的是银两制，以金属的重量计值，属于称量货币制度，尚非典型的铸币制度，如图2-23（a）所示。宣统二年（1910年），清政府颁行《币制则例》，正式采用银本位，以“元”为货币单位，重量为库平七钱二分，成色是90%，名为大清银币，如图2-23（b）所示。但市面上银元和银两仍然并用。辛亥革命后，北洋政府于1913年公布《国币条例》，正式规定重量七钱二分、成色89%的银元为中国的货币单位。但银元和银两仍然并用。1933年3月8日，南京国民政府公布的《银本位币铸造条例》规定，银本位币定名为“元”，总重26.697 1克，银八八、铜一二，即含纯银23.493 448克。银本位币每元重量及成色，与法定重量、成色相比之下公差不得超过0.3%，并规定一切公私交易用银本位币授受，其用数每次均无限制。同年4月，南京国民政府实行“废两改元”，发行全国统一的银币——“孙中山头像”银元，如图2-23（c）所示。1935年，南京国民政府又实行所谓币制改革，宣布废止银本位。

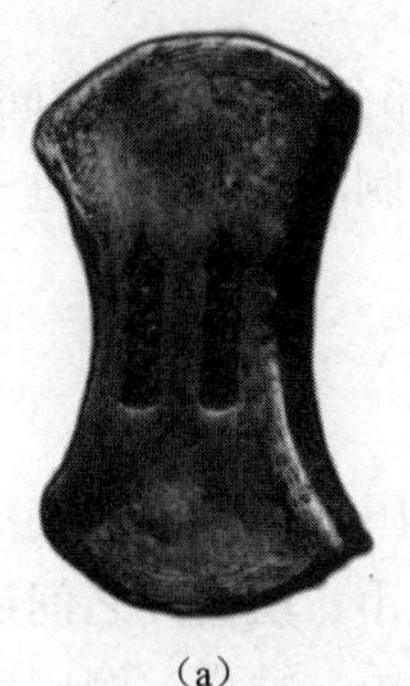

（a）

（b）

（c）

图2-23 中国银（锭）币

（a）明代用于税粮折收的金花银锭[①]；（b）清代宣统大清银币；（c）“孙中山头像”银元（1934年）

① 金花银锭，意为足色而有金花的上好银两，又色折色银或京库折银。

### （二）当代中国的货币制度

当代中国的货币制度分别由中国境内的人民币制度，香港、澳门特别行政区的港币、澳门元制度，以及台湾地区的台币制度共同组成。

#### 1. 中国境内的人民币制度

中国人民币制度的建立是以 1948 年 12 月 1 日的人民币发行为标志的。人民币是在合并与收兑时各个革命根据地和解放区的货币的基础上建立起来的，它是中国境内现行的唯一合法货币，属于纸币本位制。

1948 年 12 月 1 日，中国人民银行成立，同时正式发行人民币作为全国统一的货币。人民币发行后，在逐步收兑、统一解放区货币的基础上，又迅速收兑了国民政府发行的伪法币、金圆券乃至银行券，并排除了当时尚有流通的金银外币等，从而建立了以人民币为唯一合法货币的、统一的货币制度。

人民币制度从产生以来，随着我国经济和金融的不断发展而逐步趋于完善。人民币制度的主要内容包括，以下一些。

（1）人民币主币单位为“元”，辅币单位为“角”和“分”；1 元等于 10 角，1 角等于 10 分。

（2）人民币没有含金量规定，属于不兑现信用货币。人民币的发行保证是国家拥有的商品物资，黄金外汇储备主要是作为国际收支的官方储备。

（3）人民币是我国唯一合法的货币，严禁伪造、变造和破坏国家货币。

（4）中国人民银行是人民币唯一合法的发行机构并集中管理货币发行基金。人民币发行基金指人民银行的人民币发行库所保存的未进入流通的人民币。发行基金的调拨则是指人民银行根据国家现金投放计划和各地区经济发展的需要，以行政命令的形式在发行库之间进行发行基金调度的业务行为。

（5）人民币对外国货币的汇率，改革开放以前是严格的管制汇率，汇率由国家外汇当局制定，各金融机构严格遵守。自 1994 年以来，中国实行“以市场供求为基础的、单一的、有管理的浮动汇率制度”。人民币汇率的改革目标是实现人民币汇率自由化。人民币汇率采用直接标价法（即以本币表示外币价格的方法，详见第五章第四节）。

我国的人民币制度已具有相当稳定的经济基础和社会基础，人民币的国际地位不断提高。随着我国经济体制改革的不断深入和对外开放的进一步发展，人民币制度还有待于进一步改进和完善，以与一个新兴的国际大国货币地位相匹配。

#### 2. “一国两制”条件下的地区性货币制度

香港和澳门分别于 1997 年 7 月 1 日、1999 年 12 月 20 日回归祖国后，出现了人民币、港币、澳门元“一国三币”的特有历史现象。目前为止，人民币、港币、澳门元之间还不能完全自由兑换，但总体运行机制良好，待人民币汇率自由化后，人民币、港币、澳门元之间将实现完全自由兑换。

1）香港货币制度

香港货币制度是香港特别行政区依法规定的货币流通的结构和组织形式。香港特别行政区政府负责维持货币及银行体系稳定的机构为香港金融管理局（简称金管局）。金管局的主要职能：在联系汇率制度的框架内维持货币稳定，协助巩固香港的国际金融中心地位，包括维持与发展香港的金融基建以及管理外汇基金。

港币发行的基础是香港外汇基金。香港外汇基金设立于1935年，根据《货币条例》（今《外汇基金条例》）设立。基金持有支持香港纸币发行的储备。

香港货币体制采用货币发行局模式，规定港元货币基础由外汇基金持有的美元储备按7.80港元兑1美元的固定汇率提供最少百分百的支持；而港元货币基础的任何变动亦要百分百与该等美元储备的相应变动配合。

香港政府通过金管局授权三家商业银行在香港发行银行纸币，这三家银行分别为香港上海汇丰银行有限公司、中国银行（香港）有限公司和渣打银行（香港）有限公司。发钞银行发行银行纸币时必须按照联系汇率制度以指定的汇率，即1美元兑7.80港元，向外汇基金交出美元；赎回已发行银行纸币时也必须以相同汇率从外汇基金取回相应美元。发钞银行发行的银行纸币都是由香港印钞有限公司在香港印制。

目前，流通的港元纸币面额分为10元、20元、50元、100元、500元和1 000元。

2）澳门货币制度

澳门行政当局于1980年设立澳门发行机构，负责发行本地货币，即澳门元，并管理官方的外汇储备，实际上扮演着准中央银行及货币发行局的角色。1999年12月20日，澳门回归祖国，澳门特别行政区正式成立，澳门发行机构易名为澳门金融管理局，原有的职能和权责全部维持不变。此外，自2004年4月1日起，澳门金融管理局受特别行政区政府委托，为其管理储备基金。此外，澳门金融管理局还负责对澳门元的对外清偿能力进行监控，并确保其完全自由兑换。

（1）纸币发行。澳门特别行政区政府授权两家商业银行在澳门发行银行纸币，这两家银行分别为大西洋银行及中国银行澳门分行。两家发钞行发行纸币时必须按照联系汇率制度以指定的汇率，即1港元兑1.03澳门元，向澳门金融管理局交出港元。两家发钞行发行的流通纸币面额包括10元、20元、50元、100元、500元及1 000元。按澳门《刑法典》的规定，制造或行使假货币为刑事罪行，一经定罪最高刑罚是监禁12年。任何人发现伪造货币，应报案。

（2）硬币发行。澳门特别行政区政府发行面额分别为1角、2角、5角、1元、2元、5元及10元的硬币，以作流通之用。

3）台湾货币制度

台湾是中国领土不可分割的一部分，因此，台湾和祖国大陆尽管现在还未实现统一，但台湾货币制度也是中国货币制度的一个组成部分，应当纳入中国货币制度的研究框架。

台湾现在的货币是新台币。新台币的前身为台币，又称为旧台币，1946年5月22日开始发行。当初旧台币被定位为一种过渡时期的货币，台湾日据时期台湾总督府发行的台湾银行券，与国民政府发行的台币1∶1兑换。

1949年6月15日，中国台湾省政府公布《台湾省币制改革方案》和《新台币发行办法》，正式发行新台币，明定40 000元旧台币兑换1元新台币。1950年6月21日，台湾行政部门发布命令，保留银元本位，而记账单位自1950年7月1日起改为新台币，银元与新台币以1949年12月29日最后牌告汇率固定，为1银元兑换新台币3元。

在2000年之前，新台币由台湾银行发行。2000年，台湾发行新台币新钞，发行权由货币当局收回。

新台币汇率经历了法定汇率、有管理浮动汇率及自由浮动汇率三种制度，现在汇率完全自由浮动。

# 本 章 小 结

（1）货币是普遍用于商品与劳务交易以及债务清偿的手段。货币的属性：一是充当交易媒介，二是充当支付工具，三是普遍接受。

（2）货币作为交易媒介或支付工具的共同特征就是一般等价物：作为交易媒介，货币用于给商品和服务定价；作为支付工具，则是用于对债权债务计价。

（3）货币作为一般等价物，视其不同的货币形式，自身可以有内在价值，也可以无任何内在价值。

（4）货币是一个与交换相联系的范畴。它的演变大致经历了三个阶段：物品货币；金属货币；信用货币。

（5）物物交换是一种不以货币为媒介的交换。这种交换方式的缺陷主要是双重耦合难题，它要求交换双方都需要对方的物品，并且在数量和比例上都一致。

（6）货币的出现解决了物物交易过程中需求的双重耦合难题，提高了交换的效率。

（7）货币形式的演变是随着社会经济技术的进步而演变的。货币的演变大致有过以下四种形式：实物货币、金属货币、纸币和电子货币。

（8）纸币亦称法币。法币是政府强制流通的货币。纸币是一种信用货币。

（9）货币的本质是一般等价物，归根结底是一种信任关系。

（10）货币的基本职能就是充当一般等价物。具体而言，货币具有交换媒介、价值尺度、支付手段、价值贮藏等职能。其中最基本的职能是价值尺度和交换媒介。

（11）货币是收入、财富的价值表现形式，但货币不等同于收入与财富。

（12）货币的统计概念是各国央行货币政策的操作概念。统计意义上的货币指的是货币供应量。

（13）狭义货币供应量（$M_1$）=流通中的现金（$M_0$）+活期存款；广义货币供应量（$M_2$）=$M_1$+准货币（定期存款+储蓄存款+其他存款）

（14）货币制度是国家对货币的有关要素、货币流通的组织与管理等加以规定所形成的制度。一般包括六个方面的内容：①确定货币材料；②规定货币单位；③规定货币铸造发行；④规定流通中货币的种类；⑤规定货币的法定偿付能力；⑥货币发行的准备制度。

（15）人类文明发展过程中曾经出现过的货币制度可以分为金属货币本位与纸币本位两类。

（16）金属货币本位可分单本位制和复本位制：前者可分为银本位制和金本位制，其中金本位制又可分为金币本位制、金汇兑本位制和金块本位制。

（17）纸币本位制是指以不能与金银相兑换的纸币作为本位币的货币制度。国家不规定纸币的含金量，也不允许纸币与金银兑换，纸币作为主币流通，具有无限法偿能力。

（18）中国是世界文明史上最早使用货币的国家之一，拥有 3 500 多年的货币发展史。当代中国的货币制度分别由中国境内的人民币制度，香港、澳门特别行政区的港币、澳门元制度，以及台湾地区的台币制度共同组成。

# 关键概念

| | | | |
|---|---|---|---|
| 货币 | 一般等价物 | 交易媒介 | 支付工具 |
| 普遍接受 | 物物交换 | 双重耦合 | 实物货币 |
| 金属货币 | 纸币 | 电子货币 | 价值尺度 |
| 价值贮藏 | 货币供应量 | 狭义货币供应量 | 广义货币供应量 |
| 货币制度 | 货币发行准备 | 金本位制 | 金汇兑本位制 |
| 纸币本位制 | 人民币制度 | | |

# 复习思考题

## 一、简答题

1. 什么是货币？货币的基本属性有哪些？
2. 一般等价物有哪两个特征？
3. 货币有几种基本职能？分别是什么？
4. 为什么说货币作为交换媒介和支付工具的共同特征就是一般等价物？
5. 人类历史上的货币采取过几种基本形式？分别是什么？
6. 什么是金本位制？它有哪几种基本形式？
7. 什么是纸币本位制？
8. 什么是数字货币？
9. 什么是货币供应量？货币供应量的基本作用是什么？
10. 什么是准货币？准货币包含哪些内容？
11. 什么是人民币制度？人民币制度包含哪些基本内容？

## 二、论述题

1. 您认为互联网时代人类将重返物物交换吗？理由何在？
2. 数字货币是一般等价物吗？为什么？
3. 认真阅读专栏 2-1，您认为央行官员的回答令人满意吗？试谈您自己对人民币分币存废的看法。
4. 大明宝钞发行不久即名存实亡，其根本原因何在？给我们有什么样的启示？

# 数据资料与相关链接

1．可汗学院公开课——货币银行学：http://open.163.com/special/Khan/bankingandmoney.

2．中央电大货币银行学视频教程：http://www.21edu8.com/university/caikuai/23715.

3．货币银行学视频教程 43 讲（北大）：http://v.ku6.com/show/TGjxPk48GHviebR2EZv2GQ...html?from=my.

# 延 伸 阅 读

1．黄达，张杰．金融学 [M]．5 版．北京：中国人民大学出版社，2020．

2．[美] 托马斯·梅耶．货币、银行与经济 [M]．3 版．洪文金，林志军，译．上海：上海人民出版社，2007．

3．[美] 弗雷德里克·S．米什金．货币金融学 [M]．12 版．王芳，译．北京：中国人民大学出版社，2021．

# 第三章

# 信用与信用工具

信用是指经济行为人之间在交易过程中形成的一种相互信任、履行承诺的关系，即债权债务人之间发生的借贷关系。借贷资本是当代金融资本的主要形式。借贷行为的基础是借贷方的声誉或信誉。信用工具为借贷资本的不同表现形式。从债权债务的角度看，货币也是一种信用关系。

## 本章主要内容

本章首先讨论信用的产生和发展，然后讨论信用工具及其主要类型，之后阐述信用对经济的影响，最后介绍中国信用体系。

## 知识与技能目标

通过本章的学习，学生应当掌握信用的基本概念，区分并认识信用工具的基本类型，理解信用对经济的影响，了解中国信用体系的现状和问题。

**引导案例**

### 中国民间借贷：从实物借贷到货币借贷

**案例导读：**信贷起源于商品经济的发展。由于买卖与收支盈缺在时间和空间上的不一致，产生了信贷的需要。与世界范围信贷形式一般发展类似，中国民间借贷也经历了从实物借贷到货币借贷的演变。无论实物借贷还是货币借贷，二者反映的都是借贷双方的一种信任关系。这种信任关系的载体就是债务合约，通常采取契据的形式，这就是当代信用工具的原型。本案例介绍的情况可以帮助我们了解货币借贷的起源，展开对本章内容的学习。

民间借贷作为一种常见的经济现象，在我国已经有至少 3 000 年的历史。实际上，早在战国时期，放款取息已非常普遍。公元前 300 年，孟尝君在自己的封邑薛地放债取息，作为奉养三千门客的财源。有一年，薛地歉收，很多人没交利息①，他派人催收，仍“得息钱十万”，可见他放债的规模已经相当大。

① 利息，指借入人向借出人所付的补偿性费用。

早期的借贷活动表现为实物借贷，如中国古代粮食借贷极为盛行。随着生产发展，社会分工扩大，剩余产品出现，产生商品交换，贸易、商业活动开始繁荣起来，货币应运而生。借贷活动遂以货币作为中介，货币借贷行为逐渐多起来，实物借贷活动则逐渐式微，这一趋势延续至今。

唐朝作为一个强盛的王朝，国内商业和对外贸易都很发达。随着商业的繁荣，都城长安的西市形成了中国最早的金融市场。西市面积约 1 平方千米，遍布各种店铺和作坊，其中借贷机构提供各种借贷服务，有提供抵押[①]借贷的质库，有提供普通借贷的公廨，有收受存款或提供保管便利的柜坊。现代的借贷业务形式，在当时都已经产生。

在唐朝放款大致可以分为两种：信用放款和抵押放款。信用放款是南北朝时开始出现的举贷，至于抵押放款最常见的则是当铺，唐朝时被称为质库。唐代对于借贷活动的利率[②]有所限制，对于复利[③]始终是禁止的。

敦煌、吐鲁番等地曾出土唐朝大批借贷契据的文书，真实地展现了古代民间借贷的原貌。唐朝的银钱有息借贷的标准契约当数《唐乾封三年（688 年）张善举钱契》。这一契约的核心部分是“举取银钱贰拾文，月别生利银钱贰文”，意思是，月利率为 10%，即年利率为 120%。同时，契约中还规定：“到月满张即须送利。”众所周知，每月送利和到期一次性还本付息，其实际收益是有差别的，且这种差率随借贷额高低而相应浮动。我国民间的私人借贷，尤其是在江浙一带，至今仍保留这种按月送利方式，可为古代信用借贷之印证。另外，契约没有写明还贷期限，而是规定“到左须钱之日，张并须本利酬还”。这个条件也是颇为苛刻的，因对债务人来说面临着无法预料的须立即还贷的风险。大致来看，银钱借契的利率条款均由上述两条组成。这一契约，尾部还有一条颇有意思的补充条款：“左共折生钱，日别与左菜五尺园，到菜干日。”即除付息外，每日尚须将五尺大小的菜地上所种之菜卖于债主。这样算来，唐朝时的民间借贷利率不止 10%。

（资料来源：http://finance.ifeng.com/news/region/20120409/5891462.shtml.）

## 第一节　信用的概念及其产生与发展

信用是一种债权债务关系。贷出方为债权人，借入方为债务人，信用关系是债权债务关系的统一。信用是商品生产与交换发展到一定阶段的产物。信用形式经历了商业信用与货币信用两个不同阶段；在现代经济中，货币信用占主导地位。

### 一、信用的概念

在广义上，信用是指人们相互信任、履行承诺的关系。信用是文明社会的基石。狭义上，货币银行学所研究的信用，则是指以偿还本金和支付利息为条件暂时让渡商品或货币的借贷

① 抵押，指借入人或第三人对借出人以一定财产作为清偿借款担保的法律行为。

② 利率又叫利息率，是衡量利息高低的指标。

③ 复利是将当期利息加入原借出金额，计算下期的利息，即以利生利。

行为。以下，我们将在狭义上讨论信用的概念。

首先，信用不是物，而是建立在人们之间相互信任基础上的一种债权债务关系，即债的关系。

债的关系是一种法律上的财产关系。债务是指由过去交易事项形成的，由债务主体（债务人）承担的未尽义务，包括各种借款、应付及预收款项等。债权是得请求他人（债务人）为履行义务的应享权利。本于权利义务相对原则，相对于债权者为债务，即必须为一定行为（作为或不作为）的民法上义务。因此，债之关系本质上为一民法上的债权债务关系，债权和债务都不能单独存在。

在债的关系中有义务按约定的条件向另一方（债权人）承担为或不为一定行为的当事人为债务人。债务人是特定的，只有债务人才必须向债权人承担交付财产、提供劳务和为或不为一定行为的义务。债务人可以是公民，可以是法人，国家作为民事主体出现时也可以具备债务人的资格。而享有要求债务人履行义务权利的当事人为债权人。债权人亦可以是公民、法人或国家。

债权债务关系的形成基础是债权债务人之间的相互信任，离开了相互信任就没有任何具有经济效率意义的债权债务关系可言。这种相互信任关系的表现形式就是具有法律约束效力的各种形式的债务合约。债务合约可以是口头承诺，也可以是书面凭证，在现代经济中，债务合约的主要形式是正式或标准的书面或电子凭证。

信用与债务是同时发生的，是借贷活动这同一事物的两个方面。在借贷活动中，当事人一方为债权人，另一方为债务人。债权人将商品或货币借出，称为授信；债务人接受商品或货币，称为受信；债务人遵守承诺按期偿还商品或货币，称为守信。借贷活动中，债务人承担的这种在将来偿还商品或货币的义务，就是债务。任何时期内的债务总额总是等于信用总额。

信用关系及其要素构成如图 3-1 所示。

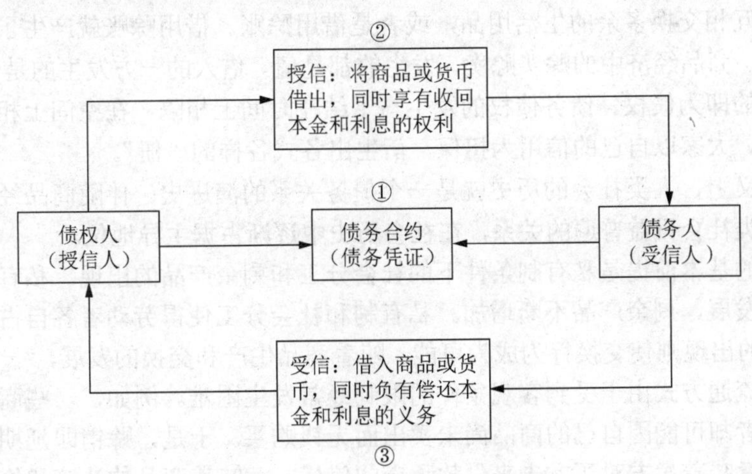


图 3-1　信用关系及其要素构成

其次，信用是一种跨期交易。人们的交易行为，无论是直接交换还是间接交换都可用下述两种方式之一进行：一是双方在同一时间履行契约的义务；二是在不同时间履行契约义务。前者可称为现金交易；后者可称为信用交易。现金交易是现场当即完成的交易，其典型形式是“一手交钱，一手交货”；信用交易是以现在的资产来交换未来的资产，是一个现在发生，而在未来某一时间才能了结的交易。信用交易这种跨期交易的性质必然要求赊欠或借款的一方以届时履行承诺为条件，否则，交易就不可能发生。

再次，货币是一种信用关系，但信用不等于货币。货币与信用是一对相互联系而又相互区别的范畴。货币的基础是信用，但信用的发生却不必以货币为条件。货币的基本职能之一是充当计价单位，但信用本身不能充当计价单位。然而，在现代社会中，信用通常以货币来计价。

在当代信用货币制度下，信用和货币不可分割地联系在一起，整个货币制度是建立在信用制度基础上的。从本质上看，货币形式所反映的不外是一种信用关系（参见第二章第一节、第三节），货币是通过信用程序[①]发行和流通的，任何信用活动都会导致货币供应量的变动。信用的扩张会增加货币供给，信用紧缩将减少货币供给；信用资金的调剂将影响货币流通速度（指单位货币在一定时期内实现交换的次数）和货币供给的结构。这样，当货币的运动和信用的活动不可分割地联系在一起时，由此就形成了一个新范畴——金融。因此，金融是货币运动和信用活动的有机统一。不言而喻，在金融范畴出现以后，货币和信用这两个范畴依然存在。

无论在何种社会制度下，只要存在着较为发达的商品货币关系，就必然存在信用关系。从信用关系中的各经济部门来分析，任何经济部门都离不开信用关系。不管是个人、企业、政府、金融机构，还是国外部门都概莫能外。这说明信用关系成了社会生活中最基本和最普遍的关系。

## 二、信用的产生与发展

信用是一个古老的经济范畴，信用概念在物物交换经济中即已存在。人类学研究发现，早在货币出现之前，人类就已经有了债务[②]。在人类社会的初期阶段，最早的经济活动非常单纯，相邻部落互相交换多余的生活用品，或者是借用赊账。借用赊账就产生了债。自然经济中的先借后还、商品经济中的赊买赊卖，发生的都是债。借入的一方发生的是债务，借（贷）出的一方形成的即为债权。债务债权的发生与了结在时间上相隔，在空间上相错，由此形成债权债务关系。大家以自己的信用为担保，衍生出各式各样的“债”。

在一定意义上，人类社会的历史就是一个债务关系的演进史。伴随商品经济的发展，债的关系成为人类社会日益普遍的关系，在社会历史中逐渐占据主导地位。

信用产生的基本前提是私有制条件下的社会分工和剩余产品的出现。私有制出现以后，社会分工不断发展，剩余产品不断增加。私有制和社会分工使得劳动者各自占有不同劳动产品，剩余产品的出现则使交换行为成为可能。随着商品生产和交换的发展，“一手交钱、一手交货”的商品流通方式由于受到客观条件的限制经常发生困难。例如，一些商品生产者出售商品时，购买者却可能因自己的商品尚未卖出而无钱购买。于是，赊销即延期支付的方式应运而生。赊销意味着卖方对买方未来付款承诺的信任，意味着商品的让渡和价值实现发生时间上的分离。这样，买卖双方除了商品交换关系之外，又形成了一种债权债务关系，即信用关系。当赊销到期、支付货款时，货币不再发挥其流通手段的职能而只充当支付手段。这种

① 信用程序即商业银行的信贷程序，本段下文的信用活动亦指信贷活动。

② 大卫·格雷伯．债的历史：从文明的初始到全球负债时代[M]．罗育兴，林晓钦，译．台北：商周出版社，2013.

支付是价值的单方面转移。正是由于货币作为支付手段的职能，使商品能够在早已让渡之后独立地完成价值的实现，从而确保信用的兑现。整个过程实质上就是一种区别于实物交易和现金交易的交易形式，即信用交易。

在信用发展史上，高利贷信用是最古老的信用形态。高利贷是通过贷放货币或实物以收取高额利息为目的的一种信用关系。在奴隶社会和封建社会，高利贷信用是占主导地位的信用形式。高利贷借者除了小生产者以外，也有一些破落的奴隶主和封建主，他们借贷是为了维持奢侈的生活，利息最终要转嫁到小生产者身上。高利贷的债权人主要是商人，特别是货币经营商人、奴隶主和地主。高利贷信用促进了自给自足的自然经济的解体和商品货币关系的发展。资本主义信用方式确立之后，高利贷日渐式微，只能作为一种非主流形式，在特定范围内存在。

信用关系可以表现为不同的信贷形式。历史上，出现过两种不同的借贷形式：实物借贷与货币借贷。实物借贷是指以实物为标的①进行的借贷活动，即贷者把一定的实物贷给借者，借者到期以实物形式归还本金，并以实物形式支付利息。在商品货币关系还不普及、自然经济占主导地位的前资本主义社会，实物借贷是一种很普遍的借贷方式。货币借贷是指以货币为标的进行的借贷活动，即贷者把一定数额的货币贷给借者，借者到期用货币归还本金，并用货币支付利息。在时间顺序上，实物借贷的出现要先于货币借贷。后来，信用交易超出了商品买卖的范围，作为支付手段的货币本身也加入了交易过程，出现了货币借贷活动。货币在经济生活中的广泛存在形成了信用扩展的条件，货币借贷日益成为借贷的主要形式。从此，货币的运动和信用关系联结在一起，并由此催生了现代金融。现代金融业正是信用关系发展的产物。现代市场经济就是建立在错综复杂的信用关系之上的信用经济。

## 第二节 信用形式

信用形式是信用关系的具体表现，按照信用主体的不同，现代经济生活中的基本信用形式包括商业信用、银行信用、国家信用、消费信用以及国际信用。其中，商业信用和银行信用是两种最基本的信用形式。

### 一、商业信用

商业信用是以赊账方式出售商品与服务时买卖双方之间相互提供的信用。以这种方式买卖商品，在商品易手时，买方不立即支付现金，而是承诺在一定时期后再支付。这样，双方形成一种债务关系，卖方是债权人，买方是债务人。卖方所提供的商业信用，相当于把一笔资本贷给买方，因而买方要支付利息。赊销的商品价格一般要高于现金买卖商品的价格，其差额就形成赊购者向赊销者支付的利息。

商业信用的主要特点：①其对象是处在产业资本和商业资本循环一定阶段上的商品资本，它的主体是工商企业；②商业信用主要是职能资本在商品买卖时相互提供的信用，它的客体主要是商品资本，是一种实物信用；③商业信用的发展程度直接依存于商品生产和流通

① 标的，合同当事人双方权利和义务所共同指向的对象。

的状况。

商业信用在简单商品经济条件下，就已经产生，其得到广泛发展则是在高度发达的商品经济中实现的。这是因为：①产业资本的循环和周转需要商业信用；②商业资本的存在和发展需要商业信用。商业信用源于产业资本循环和周转的需要，以及商业资本存在和发展的需要。

商业信用是社会信用体系的重要组成部分，在调节企业之间的资金余缺、提高资金使用效益、节约交易费用、加速商品流通等方面发挥着巨大作用。在现代经济条件下，商业信用得到广泛发展，成为普遍的、大量的社会经济现象，几乎所有的工商企业都是商业信用的参与者。对于商业信用的提供者来说，其作用主要表现在能够稳定供需关系；对于商业信用的接受者来说，其主要作用表现为缓解资金短缺的困难。

商业信用的主要局限在于：①商业信用严格受商品流向的限制；②商业信用是以产业资本的规模为基础的，受到产业资本的规模限制；③商业信用是由工商企业相互提供的，如果某一环节因债务人经营不善而中断，就有可能导致整个债务链条断裂，引起债务危机；④商业信用的期限较短，如果取得现金折扣[①]，则时间更短；如果放弃现金折扣，则须付出很高的筹资成本。由于这些局限，商业信用具有分散性、盲目性的特点，无法成为现代信用的主导方式。

## 二、银行信用

银行信用有广义和狭义之分。广义的银行信用是银行或其他金融机构以货币形态提供的信用。狭义的银行信用专指银行提供的信用，主要包括两个方面：一是以吸收存款等形式动员各方面的闲散资金；二是通过贷款等形式运用这些资金。本节讨论狭义银行信用概念。

银行信用是伴随着现代银行产生，在商业信用的基础上发展起来的。在市场经济发展初期，市场行为的主体大多以延期付款的形式相互提供信用，即商业信用；在市场经济较发达时期，随着现代银行的出现和发展，银行信用逐步在规模、范围、期限上都超越了商业信用，成为现代经济活动中最重要的信用形式。

与商业信用不同，银行信用属于间接信用。在银行信用中，银行充当了信用媒介。银行信用是银行或货币资本所有者向职能资本家提供贷款而形成的借贷关系。正如马克思所说："银行一方面代表货币资本的集中，贷出者的集中，另一方面代表借入者的集中。""银行家成了货币资本的总管理人。"[②]银行信用是间接信用，是存款人与贷款人的中介。但银行作为中介人与一般商业经纪人、证券经纪人不同，存款人除按期取得利息外，对银行如何运用存入资金无权过问，正因如此，银行在资本主义经济中由简单的中介人逐步发展成"万能的垄断者""支配着所有资本家和小业主的几乎全部的货币资本，以及本国和许多国家的大部分生产资料和原料来源"[③]。

银行信用是适应产业资本循环周转或再生产运动的需要而产生的。在再生产过程中，各个企业之间会出现货币资本（资金）余缺不均的状况。为了保证社会再生产正常进行，需要

① 现金折扣又称销售折扣，是为敦促客户尽早付清货款而提供的一种价格优惠。

② 马克思，恩格斯. 马克思恩格斯全集（25 卷）[M]. 北京：人民出版社，1974：453.

③ 列宁. 帝国主义是资本主义的最高阶段[M]. 北京：人民出版社，2004：23.

企业之间进行资金余缺的调剂。银行通过借贷关系，将再生产中游离出来的闲置资金和社会上的闲置资金集中起来，再把它们贷给需要资金的企业，由此形成银行信用。

银行信用与商业信用相比具有以下特点：①银行信用是以货币形态提供的。银行贷放出去的已不是在产业资本循环过程中的商品资本，而是从产业资本循环过程中分离出来的暂时闲置的货币资本。②银行信用的借贷双方是货币资本家和职能资本家。由于提供信用的形式是货币，这就克服了商业信用在使用方向上的局限性。③银行能把社会上各种闲置资金集中起来，形成银行资本，因此，银行信用不受个别资本的数量和周转的限制。④银行信用的实质是银行作为中介使货币资本所有者通过银行和职能资本之间发生的信用关系。银行信用的债务人是职能资本即工商及农业企业，债权人是银行。

银行信用和商业信用之间具有非常密切的联系。商业信用是指工商企业之间以商品形态提供的信用，是企业间的直接信用。银行信用是银行或其他金融机构以货币形态提供的信用，是在商业信用基础上发展起来的一种间接信用。商业信用始终是银行信用的基础，银行信用的产生又反过来促使商业信用进一步发展与完善。在资本主义社会，银行信用是主体，但商业信用是整个信用制度的基础。因为银行贷款一般是针对商业票据①进行抵押或贴现，银行直接对企业发放的不要任何担保品的信用贷款只占一定比重。从直接信用和间接信用的关系来看，直接信用是基础，间接信用是后盾。没有银行信用的支持，商业票据就不能转化为银行信用，商业信用等直接信用的运用和发展就会受到极大削弱。由此可见，商业信用与银行信用各具特点，各有其独特的作用。二者之间是相互促进的关系，并不存在相互替代的问题。各种信用形式都有其存在的合理性，银行信用不能取代其他信用形式。

## 三、国家信用

国家信用是指国家直接向公众进行的借贷活动。国家在这种信用关系中处于债务人的地位。国家信用在国内的基本形式是国债，它通常以发行公债券和国库券的形式来实现。公债券是由政府发行的一种长期债券，发行公债筹措的资金，主要用于弥补财政赤字和其他非生产性开支。国库券是由国库直接发行的一种短期公债，主要是为了解决短期的国库开支急需。

与国家信用密切关联的概念是主权信用。主权信用是指一国政府作为债务人履行偿债责任的信用意愿与信用能力。主权信用的高低可以用主权信用评级指标②来度量。在当今国际金融市场中，主权信用评级对一国的对外发债成本有着很大的影响。

**专栏 3-1**

### 美国主权信用评级下调

主权信用评级是信用评级机构进行的对一国政府作为债务人履行偿债责任的信用意愿与信用能力的评判。目前涉及主权信用评级业务的主要是国际三大评级机构：惠誉评级、标准普尔和穆迪。

北京时间 2011 年 8 月 6 日上午，国际三大评级公司之一的标准普尔宣布下调美国主权

① 商业票据是债权人为了确保自己的债权，要求债务者出据的书面债权凭证。

② 主权信用评级一般从高到低排列，分为 AAA、AA、A、BBB、BB、B、CCC、CC、C。AAA 为最高级，C 为最低级。AA 级至 CCC 级可用+号和−号，分别表示强弱。

信用评级，由 AAA 调降到 AA+，评级展望负面，这在近百年来尚属首次。这也是美国历史上第一次丧失 3A 主权信用评级。

标准普尔表示，维持评级前景展望“负面”意味着在未来 12 个月到 18 个月内仍有下调美国信用评级的可能。

标准普尔是三大评级机构中第一家下调美国主权信用评级的评级机构。目前穆迪投资者服务公司和惠誉公司都维持对美国的 AAA 评级，但评级前景展望为“负面”。

（资料来源：http://news.xiuhuanet.com/mrdx/2011-08/07/c_131034118.htm.）

## 四、消费信用

消费信用亦称消费信贷，指的是工商企业、银行或其他信用机构向消费者提供信贷的活动。根据消费信贷的合约安排，受信者可以凭信用先取得商品使用权，然后按期归还货款以购买商品。消费信贷的历史由来已久。中华人民共和国成立前，有些商店平时赊销，逢年过节收账，这也是消费信贷。第二次世界大战结束以来，由于生产迅速发展，许多商品供过于求，消费信贷在西方各国开始盛行。由于消费信贷具有刺激消费、拉动内需、促进经济增长的作用，改革开放以来，消费信贷在我国经济中的作用也变得越来越大。

**专栏 3-2**

### 中国消费信贷规模达 13 万亿元

2015 年 6 月 10 日，国务院常务会议决定，放开消费金融的市场准入，将原来 16 个城市开展的消费金融公司试点扩大至全国，增加消费对经济的拉动力，大力发展消费金融，重点服务中低收入人群，释放消费潜力，促进消费升级。

根据艾瑞咨询公布的数据：2013 年中国消费信贷规模达到 13 万亿元，2017 年将超过 27 万亿元。而波士顿咨询公司[①]则发布报告称，截至 2014 年，中国个人消费贷款余额大约是 7.7 万亿元，这一数字将于 2018 年增长至 17.5 万亿元。

消费金融的火热，不仅源于政府政策引导，也源于银行业自身转型和互联网金融的崛起。随着中国经济向消费拉动型转变，消费金融未来的发展也成为蓝海。

消费金融“开闸”有利于进一步释放中国的消费潜力，为消费者提供无抵押、无担保小额信贷，规范经营、防范风险，使消费金融公司与商业银行错位竞争、互补发展。

（资料来源：http://www.Chinanews.com/ci/2015/07-02/7379197.shtml.）

消费信用的形式主要包括赊账、分期付款和消费信贷等。

1. 赊账

赊账是利用结账信用卡，凭信用卡先购买再延后支付。

① 艾瑞咨询、波士顿咨询公司是两家提供数据产品服务和研究咨询服务的著名专业机构。

2. 分期付款

分期付款是消费者购买商品后，先支付部分现款，然后根据签订的合同，分期加息支付余下的贷款。在贷款付清前，商品所有权属于卖者。赊账、分期付款都属于商业信用. 范畴。

3. 消费信贷

根据受贷的对象不同，消费信贷可分成两种不同的类型：买方信贷与卖方信贷。买方信贷是银行直接对商品消费者发放贷款；卖方信贷是银行对销售商品的企业发放贷款。

消费信贷是推销商品、扩大销路的一种手段。它虽然在一定时期内，可以刺激消费和促进生产发展，暂时缓解生产过剩的矛盾，但是消费信用使消费者提前动用了未来的收入，会使将来的购买力缩小，也可能加深生产与消费的矛盾。

## 五、国际信用

国际信用指一个国家的政府、银行及其他自然人或法人对别国的政府、银行及其他自然人或法人所提供的信用。国际信用与国内信用不同，国内信用表示国内借贷关系，国际信用表示国际的借贷关系，债权人与债务人是不同国家的法人，直接表现资本在国际的流动。

国际信用是国际货币资金的借贷行为。现代国际金融领域内的各种活动几乎都同国际信用有着紧密联系。没有国际借贷资金不停的周转运动，国际经济、贸易往来就无法顺利进行。

国际信用可分为贸易信用和金融信用两大类。

1. 贸易信用

贸易信用是以各种形式与对外贸易业务联系在一起的信用。信用的提供以外贸合同的签订为条件，它只能用于为合同规定的商品交易供应资金。这种商业信用又可分为公司信用（即出口商以延期支付的方式出售商品，向进口商提供信用）和银行信用（银行向进口商或出口商提供贷款）。

2. 金融信用

金融信用没有预先规定的具体运用方向，可用于任何目的，包括偿还债务、进行证券投资等。金融信用可以银行借贷与发行债券方式进行。

综上所述，现代商品经济的信用体系，包括商业信用、银行信用、国家信用、消费信用、国际信用等信用形式。其中，商业信用和银行信用是基本的信用形式。银行信用在信用体系中居主导地位，商业信用是银行信用的基础。几种信用形式各有特点，相互促进、相互补充，共同推动了现代信用体系的发展和进步。

# 第三节 信用工具

信用工具是信用形式的具体表现，有着多种不同的类型，其基本功能是充当储蓄向投资转化的媒介，部分信用工具也起着支付功能的作用。

## 一、信用工具概述

### （一）信用工具的含义

信用工具是指以书面形式发行和流通，借以保证债权人或投资人权利，用来证明债权债务关系的各种合法凭证。信用工具也叫金融工具[①]。狭义上，信用工具仅包括债权债务凭证（票据、债券等），以及所有权凭证（股票），它们是金融市场上交易的对象。广义上，信用工具还包括吸收存款类机构的各类存款与贷款。下面从广义角度讨论信用工具。

### （二）信用工具的构成要素

一般来说，信用工具由五大要素构成。

（1）面值，即凭证的票面价值，包括币种和金额。

（2）到期日，即债务人必须向债权人偿还本金的最后日期，其中本金即贷款在计算利息之前的原始金额。

（3）期限，即债权债务关系持续的时间。每种信用工具在发行时通常都有明确的期限，但也有例外，如股票只支付股息，始终不偿还本金（除非发行股票的公司倒闭清偿，才有可能偿还本金）。

（4）利率，即债权人获得的收益水平，为所获利息与本金之比率。其中，利息是指借款人（债务人）因使用借入货币或资本而支付给贷款人（债权人）的报酬；本金是指不含利息在内的借贷金额。

（5）利息的支付方式，主要包括定期支付与到期支付两种基本类型。

### （三）信用工具的特性

信用工具具有下述特性。

（1）收益性。信用工具能为它的权属方（债权人）带来定期或不定期收益，这是信用的目的。信用工具的收益有三种：一种为固定收益，是投资者按事先规定好的利率获得的收益，如债务凭证到期时，投资者即可领取约定利息。固定收益一般指名义收益，是信用工具票面收益与本金的比例。另一种是即期收益，又称为当期收益，就是按市场价格出卖时所获得的收益，如债务凭证买卖价格之差即为一种即期收益。还有一种是实际收益，指名义收益或当期收益扣除因物价变动而引起的货币购买力下降后的真实收益。在现实生活中，实际收益并不真实存在，而必须通过再计算。投资者所能接触到的是名义收益和当期收益。

（2）流动性。金融工具可以买卖和交易，可以换得货币，此即为具有变现力或流动性。在短期内，在不遭受明显损失的情况下，能够迅速出卖并换回货币，称为流动性强；反之，则称为流动性差。

（3）偿还性。这是指信用工具的发行者或债务人按期归还全部本金和利息的特性。信用工具一般都注明期限，债务人到期必须偿还信用凭证上所记载的应偿付的债务。

① 金融工具是指形成一个企业的金融资产，并形成其他单位的金融负债或权益工具的合同。参见中华人民共和国财政部《企业会计准则第 22 号——金融工具确认和计量》（2006 年）。

（4）风险性。风险性是指信用工具的本金和收益是否会遭到损失的风险。信用工具的风险有三类：①违约风险，即债务人不履行合约义务的风险；②市场风险，即因信用工具市场价格升降而产生的风险；③购买力风险，即由于通货膨胀使货币购买力下降所带来的风险。例如，在证券投资中收回的本金和赚取的收益，都是以货币来实现的，而货币的价值受通货膨胀的影响会降低。通常，风险性与偿还期成正相关，与流动性成负相关，即偿还期越长，风险就越大；流动性越大，风险就越小。

## 二、信用工具的基本类型

信用工具五花八门，可以按不同的方法进行分类。除了与前面介绍的信用形式相对应的信用工具，即商业、银行、政府信用工具外，根据债券债务关系的不同，信用工具又可分为直接信用工具和间接信用工具。根据信用工具的期限不同，信用工具可以分为短期信用工具和中长期信用工具。此外，信用工具还可分为基础信用工具和衍生信用工具。为与后面章节的融资方式相衔接，下面将侧重介绍以债务关系进行的分类，对其他分类则仅作简单介绍。

### （一）商业信用工具、银行信用工具与政府信用工具

#### 1. 商业信用工具

商业信用工具是以工商企业为主体的信用工具，其主要形式是商业票据。

#### 2. 银行信用工具

银行信用工具是以商业银行与非银行金融机构为主体的间接信用工具。

#### 3. 政府信用工具

政府信用工具以一国中央政府与地方政府发行的各类长短期债券为主。当一国政府以本国政府信用对外发行债券或借款时就形成国际信用工具。

### （二）直接信用工具与间接信用工具

#### 1. 直接信用工具

直接信用工具又称直接融资工具，是指在直接融资活动中所使用的工具，即非金融机构为筹集资金直接在市场上发行或签署的各种信用凭证，如商业票据、股票、公司债券、公债、国库券、抵押借款契约、借款合同等。其特点是可以流通转让，有明确的、合乎法规的书面形式。

1）商业票据

商业票据是在商业信用中，表明债务人有按照约定期限无条件向债权人偿付债务的义务的合法凭证。商业票据有商业本票和商业汇票两种。

（1）商业本票又称商业期票，是由债务人向债权人发出的，承诺在一定时期内支付一定款项的债务凭证。它有两个当事人，一是出票人（即债务人），二是收款人（即债权人）。

（2）商业汇票是由债权人发给债务人，命令他在一定时期内向指定的收款人或持票人支付一定款项的支付命令书。它一般有三个当事人：一是出票人（即债权人）；二是付款人（债

务人）；三是持票人或收款人（债权人或债权人的债权人）。根据付款期限，汇票又可分为即期汇票和定期汇票。即期汇票是见票即付的汇票，这种汇票大多没有利息，因而又称为无息汇票；定期汇票是注明付款期限，到期时付款人才予以付款的汇票。这种汇票一般是有利息的，因此又称为有息汇票。

商业汇票必须经过付款人承兑才能生效。承兑是指汇票的付款人在汇票上签名，用以表示到期付款意愿的行为。凡是由商业企业承兑的称为商业汇票，凡是由银行承兑的称为银行承兑汇票（银行承兑汇票属间接信用工具）。

商业票据可以经过背书等手续在一定范围内流通，一般由持票人提请银行贴现，以取得现款。贴现是银行办理放款业务的一种方式。当商业票据的持有人需要现金时，可将未到期的票据卖给银行，银行则按市场贴现率扣除自贴现日至票据到期日的利息后，将票面余额支付给持票人。市场贴现率（简称贴现率）是指商业银行办理贴现时预扣的利息与票面金额的比率。其计算方法为

$$\text{市场贴现率}=\text{预扣贴现利息}\div\text{票面金额} \tag{3-1}$$

2）债券

债券是由债务人按照法定程序发行的融资工具，证明债权人有按约定的条件取得利息和收回本金的权利凭证。债券可以流通，是现代经济中一种十分重要的融资工具，按发行主体的不同可分为政府债券、公司债券、企业债券和金融债券。

（1）政府债券的发行主体是政府，可分为中央政府债券和地方政府债券。

中央政府发行的债券称为国债。一般将一年以内的中央政府债券称为国库券，是政府为解决财政收支季节性和临时性的资金需要，调节国库收支而发行的短期融资工具。国库券是流动性很强、安全性很高的信用工具，可以作为中央银行实施货币政策的有效工具。一年期以上的中央政府债券称为公债券，是国家为弥补财政赤字和筹集公共设施或建设项目资金而发行的。与其他发债主体相较，国债具有最高的信用等级。其中，短期国债往往被称为无风险债券，又称金边债券，意为以政府信用担保的无违约债券。

地方政府债券，是指地方政府为地方性建设项目筹集资金而发行的债券，一般为中长期债券。与国债相比，地方政府债券风险相对较高，因此，发债成本亦较高，须以较高的利息来补偿投资者担负的信用风险。

（2）公司债券，是指公司[①]依照法定程序发行、约定在一定期限还本付息的有价证券。公司债券募集资金的主要用途包括固定资产投资、技术更新改造、改善公司资金来源的结构、调整公司资产结构、降低公司财务成本、支持公司并购和资产重组等。由于各家公司财务状况不尽相同，所以，公司债券有不同的信用等级，与此对应，各家公司的债券价格和发债成本有着明显差异。

（3）企业债券，是企业为筹集经营所需的资金而向社会发行的借款凭证。企业债券以中长期居多。在我国的企业债券中，发债资金的用途主要限制在固定资产投资和技术革新改造方面，并与政府部门审批的项目直接相联。

① 公司指股份有限公司或有限责任公司。根据《中华人民共和国公司法》，两者都是独立的企业法人，均须以其全部财产对公司的债务承担责任。二者的区别是，有限责任公司的股东以其认缴的出资额为限对公司承担责任，股份有限公司的股东以其认购的股份为限对公司承担责任。

（4）金融债券，是银行和其他非银行金融机构为了筹集资金而发行的债券。银行和非银行金融机构可以通过发行金融债券来改变资产负债结构，增加资金来源，相对于存款来说是一种主动负债。金融债券以中长期为主，风险比一般企业债券的风险小，这是因为金融机构具有较高的信用。

3）股票

股票是股份公司发给股东的，证明其所拥有的股权，并取得股息收入的凭证。

股票的发行主体是股份公司，股票持有者是股份公司的股东。股票是股份公司通过资本市场筹集资金的信用工具。股票一经购买就不能退还本金，而且股息和红利也会随企业经营状况而变动，这一点是股票同其他融资工具的主要区别。由于股票可以在证券市场上转让流通，因此流动性较强。

股票的收益包括两个方面，一是股息收入，取决于公司的利润；二是资本利得，即投资者通过股票市场的买卖获得差价的收入。由于公司的经营受多方面因素影响，股票的市场价格也受多方面因素影响，所以对投资者来说股票是一种高风险、高收益的金融工具。

按股东权益的不同，可将股票分为普通股和优先股两种。普通股是最主要的股票类型，持有者享有对公司经营的参与权、盈余分配权和资产分配权、优先认股权等，其收益在发行时不限定，而是按公司经营业绩来确定。优先股是指股东拥有优先于普通股股东进行分红和资产清偿的权利，其股息一般是事先固定的，但对公司没有经营参与权和投票权。

4）借款合同

借款合同（又称借贷合同）是借款人向贷款人借款，到期返还借款并支付利息的合同。其中，提供款项的一方称贷款人，受领款项的一方称借款人。按合同的期限不同，可以分为定期借贷合同、不定期借贷合同、短期借贷合同、中期借贷合同、长期借贷合同。

在我国，借贷活动受到国家的严格管理，只有合法金融机构才能发放贷款，但随着市场经济的发展，民间借贷活动也逐渐得到认可。因此，在我国，借贷合同多指民间借贷合同。

抵押借款契约是债权债务双方以书面形式订立的抵押资产和利息支付的契约。根据契约，抵押人（债务人）不转移抵押财产的占有，将该财产作为债权的担保；当债务人不履行债务时，债权人有权依法以该财产折价或者以拍卖、变卖该财产的价款优先受偿。抵押借款契约样本示例（专栏 3-3）如下。

**专栏 3-3**

**抵押借款契约书**

立抵押契约人_________（以下简称甲方）、_________（以下简称乙方），因抵押借款事宜，双方议定条款如下：

一、乙方将坐落于_________面积_________平方米土地及其地上建筑物即_________号平房一栋，设定抵押权与甲方，向甲方借款人民币（大写）_________万元。

二、利息按月利率_________分计算，于每月一日支付。

三、本借款期限二年，即自_________年_________月_________日起，至_________年_________月_________日止，期满应一次还清。但如果乙方不按第二款规定按时付息累积达两期的，甲方于期限届满前，可请求返还借款。

四、本契约签订之日，乙方应将抵押物有关的所有权书及其他有关文件交付甲方收执，并协同办理抵押权登记。

五、抵押期限内抵押物应付的一切税捐，应由乙方依法按期缴纳。

六、本契约自签订时生效，双方各执一份为凭。

甲方（签字）：________ 乙方（签字）：________

住　　址：________ 住　　址：________

身份证号码：________ 身份证号码：________

____年____月____日 ____年____月____日

2. 间接信用工具

间接信用工具又称间接融资工具，是指在间接融资活动中所使用的工具，即银行和其他金融机构所发行或签署的各种信用凭证，如银行票据、信用卡、银行债券、银行发出的大额可转让定期存单，以及人寿保险单、投资基金证券等。

1）银行票据

银行票据指由银行签发或由银行承担付款义务的票据，主要包括银行券、银行本票、银行汇票、银行签发的支票等。

银行券俗称钞票，是由银行（尤指中央银行）发行、用来代替私人票据、具有不定期性质并随时保证兑现的债务凭证。早期的银行券是由私人银行发行的，其实就是一种银行本票。19 世纪中叶以后，资本主义国家的银行券发行逐渐由私人银行改由中央银行或其指定的银行发行。

银行本票是由银行签发，也由银行付款的票据，可以代替现金流通。

银行汇票是指由银行签发的汇款凭证，它由银行发出，交由汇款人自带或由银行寄给异地收款人，凭此向指定银行兑取款项。

银行承诺到期付款的汇票称为银行承兑汇票。银行承兑汇票是由在承兑银行开立存款账户的存款人出票，向开户银行申请并经银行审查同意承兑的，保证在指定日期无条件支付确定的金额给收款人或持票人的票据。对出票人签发的商业汇票进行承兑是银行基于对出票人资信的认可而给予的信用支持。

支票是指在金融机构有活期（即无期限限定）存款的存户，委托其存款银行于见票时无条件按票面金额支付给收款人或持票人的支付凭证。支票有记名支票、不记名支票、现金支票（可支取现金）、转账支票（又称划线支票，专用于转账）和保付支票（银行确认兑付）等多种形式。

支票的付款人是银行，比商业票据有更大的信用保证，因而它的流通范围比较广泛。借助于支票，银行可以超越自有资本和吸收资本的总量扩大信用。当支票被存款人用来提取现款时，只作为一种普通信用凭证发挥职能。但是，当被存款人用来向第三者履行支付义务时，就成为代替货币发挥流通与支付手段职能的信用流通工具了。支票流通在节省现金方面起着巨大作用，由此推动了非现金结算制度的形成和票据交换所的出现。随着互联网信息技术的进步，在今天，电子支票正在全面替代纸质支票，票据交换所也将被电子结算所替代（专栏 3-4）。

专栏 3-4

### 美支票结算变法

大多数人在开支票时，除了考量账户中的钱是否足够支付，不会再想其他。但是今后几个月内，开支票时要考量的事就多了。

从10月28日起，银行将被允许使用新的、更快的支票结算程序。这种新的程序每年可为银行业节省约30亿美元甚至更多。这对银行显然是一件好事，但如果开支票时不谨慎，就可能遭受损失。

《联邦二十一世纪支票结算法》（Check Clearing for the 21st Century Act，Check 21）允许银行改变处理和结算支票的方式。在这项新法实施之前，银行必须对堆放的支票进行手工分类，并用卡车、火车或飞机运输至不同的支付银行进行处理。

支票的运输是一项繁重的工作，银行之间运输的支票每天达10 100万张，总重量163吨。

而根据Check 21，当一家银行收到支票时，它可以生成一份支票的电子版本，称为“替代支票”（Substitute Check），作为支付一方的银行会立即送出资金，并记入开票人账户的借方。另外，银行也不要求将支票原件归还开票人，支票原件很可能会被销毁。

支持Check 21的人说，这种新的支票处理程序更可靠、更安全。他们还声称，支票处理速度的加快，使得银行有时间检查假支票并很快抓获开假票的罪犯。

消费者权益倡导人士则认为，虽然银行处理支票的速度加快，但钱款存入客户账户的速度并未加快，这样银行便成了唯一的受益者。他们还指出，支付方银行加快资金结算将导致退票（Bounced Check）数量的上升，因而使退票收费上升20%之多。

最后，许多人担心，新的支票处理程序实行之初会与旧程序产生矛盾，引起某些支付错误或重复支付等问题。

大多数银行打算今年秋季就着手采用新的支票处理程序。

（资料来源：Martin R．Check 21：开支票不能马虎了[OL/EB]．l[2016-12-20]http://finance.sina.com.cn/c/20040929/23271057569.shtm.）

2）信用卡

信用卡是指由发卡机构向客户提供的具有消费信用、转账结算、存取现金等功能的信用支付工具。持卡人可依据发卡机构给予的消费信贷额度，凭卡在特约商户直接消费或在其指定的机构、地点存取款及转账，在规定的时间内向发卡机构偿还消费贷款本息。

信用卡分为贷记卡和准贷记卡两类，贷记卡是指发卡机构给予持卡人一定的信用额度，持卡人可在信用额度内先消费、后还款的信用卡。准贷记卡是指持卡人须先按发卡机构的要求交存一定金额的备用金，当备用金账户余额不足支付时，可在发卡银行规定的信用额度内透支的信用卡。

信用卡消费信贷具有下述特点。

（1）循环信用额度。持卡人的信用额度根据信用状况核定，持卡人可以享有一定天数的免息期。我国发卡银行一般给予持卡人60天左右的免息期。

（2）具有无抵押无担保贷款性质。

（3）一般有最低还款额要求。我国银行规定的最低还款额一般是应还金额的10%。

（4）通常是短期、小额、无指定用途的信用。

（5）信用卡除具有信用借款外，还有存取现金、转账、支付结算、代收代付、通存通兑、额度提现、网上购物等功能。

信用卡是消费信用的一种形式，具有先消费、后付款的特点。作为一种新的支付工具，信用卡既可为银行和商店带来大量业务收入，又为消费者提供了方便，因而被社会广泛接受。

3）银行债券

银行债券是指银行发行的债券。如银行用发行债券集中的资金发放贷款或购入企业债券，就是一种有银行介入的间接信用活动。银行发行债券，就像是吸收存款。购买银行债券的人（即资金提供方）先是把钱借给银行，银行用发行债券募集到的资金再贷给企业（即资金使用方），属于间接融资性质。因此，银行债券是间接信用工具。

4）大额可转让定期存单

大额可转让定期存单，是银行发行的到期之前可转让的定期存款凭证。大额可转让定期存单的期限一般为 14 天到一年，金额较大。发行者多是大银行。存单发行对象可以是个人，也可以是企事业单位。大额可转让定期存单通常不记名，不能提前支取，可以在二级市场上转让。

5）人寿保险单

人寿保险单又称人寿保单，是指保险人与投保人之间订立人身保险合同的书面文件，是投保人与保险人履行义务、享有权利的依据。

人寿保险具有储蓄的一般特征，即资金返还性及收益性，人寿保险单具有现金价值。

6）投资基金证券

投资基金证券是由基金发起人向社会公开发行的表示持有人按其所持份额享有资产所有权、收益分配权和剩余资产分配权的凭证。

发行投资基金证券是一种间接融资方式。中小投资者可以通过购入投资基金证券，将资金交给专业的基金管理人，按照法律、法规、基金契约规定的投资原则和投资组合的原理进行规模化投资。

广义上间接信用工具还包括银行存款和贷款。

7）存款

存款是由存款凭证或记录所代表的、各类组织机构（包括各类企事业单位、机关、团体）和个人对银行的债权，可以按照约定的条件支取或转账，从银行的角度看则是对存款人的一种债务。

按不同的划分标准，存款种类有多种。在我国，通常按照以下两种标准区分不同形式的存款。按存款人不同，存款分为个人存款和单位存款。其中，个人存款又称储蓄[①]存款，单位存款又称对公存款。

按业务品种不同，存款可分为活期储蓄存款、定期储蓄存款、通知存款等品种。活期储蓄存款是指不约定期限、可随时转账和支取并按期给付利息的个人存款。定期储蓄存款是约定存期、利率，到期支取本息的个人存款。根据不同的存取方式，定期存款分为四种，其中整存整取最为常见，是定期存款的典型代表。通知存款是开户时不约定存期，预先确定品种，支取时提前一定时间通知银行，约定支取日期及金额的存款。

① 储蓄指货币所有者（居民个人）以保值、取得收益和调剂生活为目的，把自己结余的或暂时闲置的货币存入储蓄机构的一种信用行为。

8）贷款

贷款是银行将资金直接贷给债务人所形成的债权。广义的贷款是指贷款、贴现、透支等出贷资金的总称。

贷款的还款方式由借贷双方在合同中约定，一般采用一次性还本付息、定期付息到期还本、等额本息还款法、等额本金还款法、滞后等额本息还款法、滞后等额本金还款法等多种还款方式。

银行贷款按照贷款主体可分为工商业贷款、个人贷款。工商业贷款是用于补充工业和商业企业的流动资金的贷款，一般为短期贷款，通常为9个月，最多不超过一年，但也有少量中长期贷款。这类贷款是商业银行贷款的主要组成部分，一般占贷款总额的1/3以上。个人贷款是指银行或其他金融机构向符合贷款条件的自然人发放的用于个人消费、生产经营等用途的本、外币贷款。贷款人发放个人住房贷款时，借款人必须提供担保。借款人到期不能偿还贷款本息的，贷款人有权依法处理其抵押物或质物，或由保证人承担偿还本息的连带责任。

银行贷款按贷款使用期限可分为短期、中期贷款与长期贷款。短期贷款指贷款期限在1年以内（含1年）的贷款，主要有6个月、1年等期限档次的短期贷款。这种贷款也称为流动资金贷款，在整个贷款业务中所占比重很大，是金融机构最主要的业务之一。中期贷款指贷款期限在1年以上（不含1年）5年以下（含5年）的贷款。长期贷款，指贷款期限在5年（不含5年）以上的贷款。人民币中、长期贷款包括固定资产贷款和专项贷款。

银行贷款按担保方式分为信用贷款、保证贷款、抵押贷款、质押贷款。信用贷款是指以借款人的信誉发放的贷款，借款人不需要提供担保。保证贷款指贷款人以第三人承诺在借款人不能偿还贷款本息时，按规定承担连带责任而发放的贷款。抵押贷款指借款者以一定的抵押品作为物品保证向银行取得的贷款。抵押品主要为债务人或第三人提供担保的不动产。但是，在我国，动产也可以用作抵押权。贷款到期，借款者必须如数归还，否则银行有权处理抵押品，作为一种补偿。质押贷款是以债务人动产或权利作为债权的担保发放的贷款。在我国，可作为质押的质物包括国库券、国家重点建设债券、金融债券、优先级企业债券、储蓄存单等有价证券。

### （三）短期与中长期信用工具

根据期限不同，信用工具可以分为短期信用工具与中长期信用工具。这也是经济学最常见的分类。在投资上，不同期限的信用工具具有不同的风险收益特征，对债权债务双方都具有很重要的意义。上面讨论的信用工具凡期限在一年以下的即为短期信用工具，一年以上的可归为中长期信用工具。短期信用工具一般可在金融市场中的货币市场上进行交易；中长期信用工具则可在资本市场上进行交易。

#### 1. 短期信用工具

短期信用工具主要有商业票据、银行本票、汇票、支票和信用卡、国库券，以及一年期以下存、贷款等。

#### 2. 中长期信用工具

中长期信用工具是信用期限在一年以上的各种信用凭证，主要是各种证券，如股票和长期债券，以及中长期贷款等。

### （四）基础信用工具和衍生信用工具

此外，信用工具还可分为基础信用工具和衍生信用工具。基础信用工具的主要职能是充当储蓄向投资转化的媒介或者债权债务清偿工具，如股票和债券。衍生信用工具是基础信用工具派生出来的信用工具，包括远期合约、期货、期权、互换合约等，它们的价值取决于相关基础信用工具的价格，主要功能是管理与基础工具相关的风险。

显然，以上信用工具的划分只是相对的，各种类型互有交叉和重叠，同一种信用工具可以同时分属不同的类型。这在我们后面的学习中要适当注意。为便于理解记忆，除衍生信用工具外，各类信用工具的关系如表 3-1 所示。

**表 3-1　信用工具的关系**

<table>
<tr><th colspan="2">项目</th><th>短期信用工具</th><th>长期信用工具</th></tr>
<tr><td rowspan="2">直接信用</td><td>商业信用</td><td>商业票据：本票、汇票</td><td>股票、长期债券</td></tr>
<tr><td>政府信用</td><td>国库券</td><td>公债券</td></tr>
<tr><td rowspan="2">间接信用</td><td rowspan="2">银行信用（广义）</td><td rowspan="2">银行票据（本票、汇票、支票）、信用卡、短期存贷款、大额可转让定期存单</td><td>中长期存贷款、金融债券</td></tr>
<tr><td>人寿保险单、投资基金证券</td></tr>
</table>

## 第四节　信用对经济的影响

现代经济是信用经济，信用在商品经济中的作用极为重要，如果一国的信用运行出现问题，轻则引起经济增速下降，重则会引起经济衰退甚至危机。总体上，一国信用对经济的影响既有积极的一面，也有消极的一面。研究货币信用问题的根本目的就是要研究信用膨胀和收缩的机制，发挥信用的积极作用，削弱其负面影响。

### 一、信用的积极影响

信用对商品经济的发展有促进作用。信用制度加速了资本的积聚和集中，使许多大型企业得以建立和发展；信用制度节省了流通费用，商业信用与银行信用使非现金结算发展起来，大批交易可以不使用现金支付，既节省了流通中的现金货币量，也加速了货币投放和回笼的速度；信用制度促进了资本在不同部门之间的分配和利润率的平均化；信用有效地调整着国民经济，国家可以利用各种信用杠杆来改变信用规模及其运动趋势，从而调整国民经济；信用还可以促进国际贸易的发展和世界市场的形成与扩大。

### 二、信用的消极影响

信用会加深商品经济的内在矛盾。首先，信用的发展有可能造成虚假繁荣，加深生产与消费的矛盾，加速生产过剩危机的爆发。其次，信用还会引发货币信用危机。当信用造成生产与消费的矛盾尖锐化并发生生产过剩危机时，货币流通与信用关系也会发生混乱。因为生产过剩、商品销售困难，使商业信用引发的债务得不到偿还，商业信用急剧萎缩，银行贷款难以收回，势必造成货币流通和信用的严重混乱，发生货币信用危机（见专栏3-5）。

专栏 3-5

**次贷危机**

次贷危机是美国次级贷款危机（Subprime Crisis）的简称，又称次级房贷危机，也译为次债危机。它是指一场发生在美国，因次级抵押贷款机构破产、投资基金被迫关闭、股市剧烈震荡引起的金融风暴。它导致全球主要金融市场出现流动性不足的危机。美国次贷危机从2006年春季开始逐步显现，2007年8月开始席卷美国、欧盟和日本等世界主要金融市场，最后引发了自20世纪30年代以来全球最大的一场金融危机。

这次危机首先由担保业大量存在的糟糕做法引起。危机造成的损失在复杂的传导链条中的各个环节被层层放大，起初是发放了一笔有风险的住房贷款，这笔贷款后来成为资产担保证券，紧接着这种证券又成了按信用等级出售给投资者的债务抵押债券（Collateralized Debt Obligation，CDO）的一部分。

向收入较低或信用等级较低的借款申请人提供贷款无可厚非。但谨慎起见，放款人必须控制风险，这就需要更加仔细地对借款申请人进行评估、给抵押物设置更高的标准、根据风险等级相应调高利率。

然而，许多次级抵押贷款都是"Ninja"贷款，即借款者没有收入、没有工作、没有资产。更有甚者，这些贷款起初以很低的"诱惑性"利率或其他条件发放，如只需支付利息或负的摊销支付方式，使这些贷款对于借款者来说似乎容易承担。这让借款人刚开始能够申请到很多抵押贷款，但当具有诱惑力的利率到期后或开始偿还本金时，借款人就要面临很大的支付困境。

自20世纪30年代以来，美国房价就持续攀升，如果借款人到期无法还款，那么房屋的增值可以利用其再次融资，或者即便房屋被没收并将之拍卖，房屋增值也足以支付该笔贷款、累计利息和罚金。在"房价持续走高，贷款额与抵押物价值比率持续下降"的假设下，一切都相安无事。

但是最后房价跌了，一路走低，于是凡是与次级贷款有关联的信用资产价格都跟着垮塌了，最终导致金融市场的全面崩盘。

（资料来源：Dodd R，Mills P．爆发：美国次货危机蔓延[J]．金融与发展，2008，45（2）：14-18.）

# 第五节　中国的信用体系

社会信用体系是社会主义市场经济体制和社会治理体制的重要组成部分，要发挥货币信用的积极作用、限制其消极作用，就必须以社会信用体系的发展和完善为前提。营造优良信用环境，对促进社会发展与文明进步具有重要意义。

## 一、中国信用体系的发展状况

改革开放以来，伴随着社会主义市场经济体制的逐步建立和生产力水平的不断提高，信用交易规模和信用交易环境发生了质的变化。人们对信用交易的需求不断增大，信用交易的方式和手段日益增多，社会信用服务行业实现了从无到有的突破。改革开放的实践证明，市场化程度越发达，人们对社会信用体系健全程度的期待和要求就越高。

与此同时，中国社会信用体系建设也取得积极进展。中国社会信用体系建设试点工作于 2003 年 10 月底启动。2005 年 3 月，原劳动和社会保障部将信用管理师定为新职业，并颁布了《信用管理师的行业标准》。2007 年 4 月，国务院建立社会信用体系建设部际联席会议制度统筹推进信用体系建设，公布实施《征信业管理条例》，一批信用体系建设的规章和标准相继出台。2006 年，全国集中统一的金融信用信息基础数据库（企业和个人征信系统）建成；目前，小微企业和农村信用体系建设积极推进；各政府部门推动信用信息公开，开展行业信用评价，实施信用分类监管；各行业积极开展诚信宣传教育和诚信自律活动；各地区探索建立综合性信用信息共享平台，促进本地区各部门、各单位的信用信息整合应用；社会对信用服务产品的需求日益上升，信用服务市场规模不断扩大。目前，中国有各类信用调查机构 100 多家，资信评级机构近 500 家，信用担保机构 2 000 多家。中国已经建立了全球规模最大的征信系统。数据显示，截至 2019 年 6 月，征信系统累计收录 9.9 亿自然人、2 591 万户企业和其他组织的有关信息，个人和企业信用报告日均查询量分别达 550 万次和 30 万次。我国社会信用体系建设的进步极大地促进了社会信用活动的正常开展，对社会经济发展作出了积极贡献。

## 二、中国信用体系的完善

中国社会信用体系建设虽然取得一定进展，但与经济发展水平和社会发展阶段不匹配、不协调、不适应的矛盾仍然突出，极大地妨碍了市场在资源配置中的决定性作用的发挥，扭曲并降低了我国社会主义市场经济的资源配置功能和效率，须花大力气完善。

根据《社会信用体系建设规划纲要（2014—2020 年）》[①]，中国社会信用体系建设的总体要求是以法律、法规、标准和契约为依据，以健全覆盖社会成员的信用记录和信用基础设施网络为基础，以信用信息合规应用和信用服务体系为支撑，以树立诚信文化理念、弘扬诚信传统美德为内在要求，以守信激励和失信约束为奖惩机制，目的是提高全社会的诚信意识和信用水平。

围绕上述要求，中国将在政务、商务、社会和司法等领域全面加强信用与公信建设，当前一个时期的重点是要建立健全社会征信体系，褒扬诚信，惩戒失信。

完善的征信体系是开展正常货币信用活动的基础，完善的征信体系有三个层面的要求：第一，信用主体的历史信用记录要完整全面。第二，要有一个连续性的信用评估模型。第三，信用评估机构要相互竞争。应制定完善的法律，让企业和个人自觉主动地去申报自己的个人信用记录，将征信上升到法律层面，引导企业和个人如实上报自己的信息。

具体就金融领域信用建设方面，将着重加强下述内容：创新金融信用产品，改善金融服务，维护金融消费者个人信息安全，保护金融消费者合法权益；加大对金融欺诈、恶意逃废

① 《国务院关于印发社会信用体系建设规划纲要（2014—2020 年）的通知》（国发〔2014〕21 号）。

银行债务、内幕交易、制售假保单、骗保骗赔、披露虚假信息、非法集资、逃套骗汇等金融失信行为的惩戒力度，规范金融市场秩序；加强金融信用信息基础设施建设，进一步扩大信用记录的覆盖面，强化金融业对守信者的激励作用和对失信者的约束作用。

总之，加快社会信用体系建设是完善社会主义市场经济体制、加强和创新社会治理的重要手段，对增强社会成员诚信意识，营造优良信用环境，提升国家整体竞争力，促进社会发展与文明进步具有重要意义。社会信用体系的进一步发展和完善是信用活动优化资源配置的基础性条件。

## 本章小结

（1）信用是一种债权债务关系。信用与债务是同时发生的，是借贷活动的两个方面。在借贷活动中，当事人一方为债权人，另一方为债务人。

（2）信用是商品生产与交换发展到一定阶段的产物。

（3）货币的基础是信用，但信用的发生却不必以货币为条件。

（4）高利贷是通过贷放货币或实物以收取高额利息为目的的一种信用关系。

（5）实物借贷是指以实物为标的进行的借贷活动。货币借贷是指以货币为标的进行的借贷活动。

（6）现代经济生活中的基本信用形式包括商业信用、银行信用、国家信用、消费信用和国际信用。其中，商业信用和银行信用是两种最基本的信用形式。

（7）信用工具是指债权债务关系的各种合法凭证。信用工具也称为金融工具。

（8）信用工具的基本类型包括商业信用工具、银行信用工具、政府信用工具；直接信用工具和间接信用工具；短期信用工具与中长期信用工具；基础信用工具和衍生信用工具。

（9）信用在现代经济中的作用极为重要，如果一国的信用运行出现问题，轻则引起经济增速下降，重则会引起经济衰退甚至危机。

（10）社会信用体系是社会主义市场经济体制和社会治理体制的重要组成部分，营造优良信用环境，对促进社会发展与文明进步具有重要意义。

## 关键概念

| | | | |
|---|---|---|---|
| 商业信用 | 银行信用 | 商业信用工具 | 政府信用工具 |
| 商业票据 | 银行票据 | 银行汇票 | 支票 |
| 背书 | 承兑 | 贴现 | 贴现率 |
| 国库券 | 公债券 | 直接信用工具 | 间接信用工具 |
| 股票 | 债券 | 投资基金证券 | 信用卡 |
| 存款 | 贷款 | 大额可转让定期存单 | 银行券 |

# 复习思考题

## 一、简答题

1．什么是信用？信用是人们之间的何种关系？

2．什么是实物借贷？什么是货币借贷？

3．什么是高利贷？

4．什么是银行信用？

5．什么是信用工具？它有哪些基本类型？

6．什么是短期信用工具？它有哪些形式？

7．什么是中长期信用工具？它有哪些形式？

8．衍生信用工具的基本职能是什么？

9．直接信用工具和间接信用工具划分依据是什么？这样划分的目的是什么？

## 二、论述题

1．信用工具的一般构成要素有哪些？试分述之。

2．信用工具有哪些主要属性？试分述之。

3．为什么说贴现是银行的一种放款业务？

4．银行信用与商业信用相比具有哪些特点？

5．中国为何必须加快社会信用体系建设？中国在金融领域信用建设的主要内容是什么？

# 数据资料与相关链接

1．可汗学院公开课——货币银行学：http://open.163.com/special/Khan/bankingandmoney.

2．中央电大货币银行学视频教程：http://www.21edu8.com/university/caikuai/23715.

3．货币银行学视频教程 43 讲（北大）：http://v.ku6.com/show/TGjxPk48GHviebR2EZv2GQ...html?from=my.

# 延 伸 阅 读

1．黄达，张杰．金融学[M]．5 版．北京：中国人民大学出版社，2020．

2．易纲，吴有昌．货币银行学[M]．上海：上海人民出版社，2006．

3．［美］弗雷德里克 · S．米什金．货币金融学[M]．12 版．王芳，译．北京：中国人民大学出版社，2021．

# 第三篇

# 金融体系

通过前面章节的学习，我们已经知道现代经济是信用经济，现代经济循环离不开货币信用活动，任何社会的货币信用活动总是在一个特定的系统中进行的。那么，这样一个信用活动赖以发生的系统有哪些构成要素？这些要素又是如何组合在一起共同支持信用活动进行的？信用活动有哪些基本类型？政府的监管框架、中央银行与金融基础设施为什么也是这个系统中不可分割的组成部分？支付结算体系又是如何帮助信用活动最终完成的？寻求对这些问题的答案就是学习本篇要完成的任务。

# 第四章

# 金融体系概述

金融体系是信用活动赖以发生的系统，它是一个由信用活动的载体——信用工具，信用工具的使用场所——金融市场，信用工具的使用者——金融市场参与者、组织者，以及交易方式等各种要素构成的综合体，而政府的监管框架、中央银行与金融基础设施也是金融体系中不可缺少的组成部分。

本章首先讨论金融体系的基本结构，然后讨论金融市场的融资方式，之后介绍金融市场中的金融中介机构，最后讨论金融体系中的政府监管机构与中央银行以及金融基础设施。

## 知识与技能目标

通过本章的学习，学生应当掌握金融体系的基本概念，识别不同类型的金融市场与融资方式，理解金融市场、金融机构、政府监管机构和中央银行在金融体系中的地位和作用，明白金融体系的支付结算功能。

## 引导案例

### 四川推出全面创新改革试验的“金融对接清单”

**案例导读：**金融市场、金融体系的基本功能就是通过不同类型的金融中介机构利用不同的信用（金融）工具实现资金从储蓄者向资金需求者或使用者的转移，使一国经济中的资金供给与资金需求相匹配。这就是本案例所说的“金融对接”，案例中的金融对接是要解决我国地方（四川省）科技型企业创新难、融资成本高的问题。研究金融体系和金融市场，根本目的也就是提高金融资源的配置效率。本案例反映的情况具有普遍性，尤其在我国更有突出的现实意义，这也正是本章要探讨的主题所在。

四川省全面创新改革试验工作领导小组办公室 2016 年 9 月 12 日举行新闻通气会，介绍了四川省近推出的全面创新改革试验的“金融对接清单”，其中，银行机构与贷款企业对接包括 232 家企业，贷款需求 888 亿余元。

此次四川省梳理出的对接清单包括银行机构与贷款企业、资本市场拟上市挂牌企业、企业债券发行、金融与扶贫开发项目、四川省与中央金融机构战略合作等。"金融对接清单"聚焦金融对创新支持的短板，着力破解科技型企业融资难、融资贵问题，进一步激发创新活力。

其中，银行机构与贷款企业对接清单包括 232 家企业，总投资 2 354.85 亿元，贷款需求 888.52 亿元。资本市场拟上市挂牌企业对接清单包括 379 家企业。

同时，企业债券发行对接清单包括 39 只债券，融资需求共计 406.9 亿元。金融与扶贫开发项目对接清单包括总投资 700 亿元、需银行贷款 458 亿元的易地扶贫搬迁项目和总额度为 60 亿元的扶贫小额信贷项目。

（资料来源：http://news.xinhuanet.com/fortune/2016-09/12/C_1119553889.htm.）

## 第一节　金融体系的基本结构

现代金融体系是一个内容庞杂的复杂动态系统，随着货币信用活动规模的不断扩大，其复杂程度日益提高，由于发展条件的不同，世界各国金融体系存在较大差异，但又有着相似的基本结构。

### 一、金融体系的概念

#### （一）金融体系的含义

金融体系是一个经济体中资金流动的基本框架。它是由信用工具[①]、金融机构和监管协调机构，按照法律、经济习惯等在一定经济体制中形成的。现代金融体系主要包括金融调控与金融监管体系、金融组织体系和金融市场体系。

金融体系产生于经济体系，又相对独立发展，它能影响经济体系的发展及其结构。一国金融体系的形成取决于多种因素，其中主要是社会经济制度和经济发展程度。金融是货币资金的借贷和融通（把资金从供给者手中转移到需求者手中的过程），是在经济发展到一定程度后出现的。金融业务也是随着经济的发展而不断发展起来的。商品经济的发展不断对金融提出新的要求，促使金融体系从简单向复杂发展。但是，金融体系并不是完全被动地决定于经济，它对决定社会经济发展的社会经济结构的形成有极大的影响。一个健全的金融体系对于经济发展至关重要。

#### （二）金融体系的功能

一般认为，金融体系具有以下六大基本功能[②]。

（1）清算和支付功能，即金融体系提供了便利商品、劳务和资产交易的清算支付手段。

① 因信用工具与金融工具为同一概念，可互换使用，为简便以及为与其他教科书介绍金融体系的用法一致起见，下称"金融工具"。

② [美]兹维·博迪，[美]罗伯特·C.莫顿．金融学[M]．伊志宏，译．北京：中国人民大学出版社，2000：23-31.

金融体系的一项重要职能是提供有效率的支付系统，使千千万万家庭和企业不必为了购买商品而耗费时间。历史上，支付系统不断提高效率的典型形式就是用纸币替代了黄金。而支票、信用卡和电子资金转移支付手段的出现又进一步提高了支付系统的效率。

（2）融通资金和股权细化功能，即金融体系通过提供各种机制，汇聚资金并导向大规模的无法分割的投资项目或大型企业。在现代经济中，经营一家公司所需的最低投资，往往超过个人或家庭的能力。金融体系通过金融市场和银行体系，聚集家庭的闲余资金，形成大笔资本用于办公司。一户户家庭的资金也可以通过金融体系集中起来投资于公司股票或债券，以及各类贷款，这也为普通投资者提供了参与投资的机会。

（3）金融体系在不同时间、地区和行业之间提供经济资源转移的途径。金融体系中的资金流动，涉及资源的跨期转移：或者是今天的储蓄换取未来的消费，或者是未来的收入换取现在的投资。学生贷款、借款购买房屋、储存养老金和投资于生产设备，都是资源的这一类跨期转移活动。金融系统有助于资源的跨期转移。例如，如果没有机会获得学生贷款，许多年轻人将不得不放弃接受高等教育的机会；如果得不到风险资本的投资，许多公司会无法开业。

金融体系也可以帮助实现资源的跨地区、跨行业转移。资金的本性是要流向高成长、高效率的经济区域和行业，发达的金融体系可以帮助资金迅速地流向最具潜力的区域和行业，从而带动不同区域经济和行业的高度化发展。

经济越复杂，金融体系为资源在时间和空间上的转移提供高效率的手段的角色就越重要。当今以复杂市场和中介网络为特点的全球金融系统，可以使资本迅速跨境转移。

（4）风险管理功能，即金融体系提供了应对不测和控制风险的手段及途径。金融体系的再一个功能是提供风险转移机制。例如，保险公司就是主要进行风险转移的金融中介机构。保险公司从希望转移风险的客户那里取得保费，然后将其转移给那些愿意承担风险并获得收益的投资者，并从中得到收益。如第三章所述，衍生金融工具的主要功能就是转移风险而不是转移资金。保险单、担保契约是如此，期货、互换合约以及期权等工具也是如此。

（5）信息提供功能，即金融体系通过提供价格信号，帮助协调不同经济部门的非集中化决策。世界各地的财经媒体发布全球主要股票价格指数、利率等金融市场价格信息。这些信息，不仅可以帮助家庭和个人进行储蓄投资决策，也可以帮助企业选择投资项目和融资安排，以获得有利的融资条件。

（6）解决激励问题，即金融体系有助于解决在金融交易双方拥有不对称信息及现代企业中所有权和控制权分离所产生的委托代理行为中的激励问题。

信息不对称是指在商品和服务、金融资产与负债的买卖中，交易双方拥有的信息总是不对等的，拥有信息优势一方可以凭其信息优势在交易中获取不当收益。信息不对称还有可能引发利用信息优势牟取非正当私利的代理人问题、道德风险和逆向选择等。例如，公司经理可能将公司发行股票募集的资金用于非指定项目用途如发放个人奖金或购买高档办公设备；在金融市场上获得贷款的人可能是一个高风险偏好者，而真正的谨慎者反而得不到贷款；贷款人在取得贷款后，故意逃避偿还债务等。

一个比较完善的金融体系有助于解决上述问题。例如，发放贷款时所要求抵押资产，抵押减少了放款者监督借款者的成本，放款者只要注意用于抵押的资产的市值足够补偿贷款的到期本金和利息即可。委托代理问题也可以通过金融系统得到缓解，金融市场的员工股票期权[①]就是解决这方面问题的一个有效工具。

### （三）金融体系的形式

为适应高度发达的市场经济的要求，世界主要经济体都拥有一个规模庞大、职能齐全的金融体系，但体系设置形式和具体内容不尽相同，代表性的有两类：一是以英国、美国为代表的市场主导型金融体系；二是以法国、德国、日本为代表的银行主导型金融体系。以银行资产与股票市值对 GDP 的比率衡量，在美国，银行资产对 GDP 的比重仅及德国的 1/3；而美国股票市值对 GDP 的比重比德国约高 3 倍。事实上，金融市场数据显示，2021 年 2 月 9 日，整个美国股市市值为 41.847 万亿美元，而 IMF 的《世界经济展望》估计，2020 年美国 GDP 为 20.807 万亿美元。其结果是股市市值达到了 GDP 的两倍。因此，美国这类的金融体系常常称为市场主导型，而德国一类的金融体系则称为银行主导型。

在我国，金融体系经历了从国家银行高度垄断的单一银行体系，发展到建立以中央银行为领导，有特定经营范围和提供专门性金融服务的专业银行为主体的体系，再发展到开放金融市场、银行商业化改革、各种金融机构并立的多元金融体系这一过程。但从金融体系的结构看，中国仍然是以银行为主导的金融体系。目前，中国银行业总资产远远超过包括保险、养老金在内的非银行金融机构，银行业的主导力量甚至延伸到了资本市场——债券市场，银行是最大的债券持有机构。

## 二、金融市场

### （一）金融市场的概念

金融市场是指实现货币借贷，办理各种票据和债券股票等有价证券买卖的场所。其基本经济功能是帮助人们进行资金融通，使资金从多余者向短缺者手中转移。金融市场可以引导社会闲置资金转入生产性用途，也可以使人们借用未来的收入变成现在的消费，可以增进投资、刺激消费、提高经济效率。

金融市场与其他市场一样，基本要素包括交易主体、交易对象和交易价格。交易主体是构成金融市场的第一要素，包括企业、个人、金融机构、经纪人、证券公司及政府机构；金融市场的交易对象是货币或货币资本及各种信用工具（参见第三章），如金银、外汇、商业票据、政府债券、公司债券、银行承兑汇票、可转让大额定期存单及股票等。

金融市场上交易的资产价格的变化反映着市场资金供求的平衡状况，是宏微观经济活动的重要观察指标。

金融市场是资金融通的场所，通过金融市场的交易可以确定金融资产[②]合理的价格，即资产收益率。资产收益率在金融机构之间进行短期借贷的同业拆借市场上表现为拆借利率，在票据市场表现为贴现率，在债券市场上表现为债券收益率，在股票市场上表现为股票收益率。金融市场上的产品及其相关信息都是公开的，投资者可以找到自己需要的产品，并根据所得

① 股票期权是公司授予员工在一定时间内（通常是 10 年）按照固定的期权价格购买一定份额的公司股票的权利，具有长期激励的功能。参见[美]Allen L.The Encyclopedia of Money [M]. Santa Barbara：ABC-CLIO，LLC，2009。

② 根据《国际财务报告准则第 9 号》，在金融市场上，金融资产是一个与金融工具相等同的概念，故可交替使用，以下不再说明。

的公开信息作出买卖决策，由此形成的资产收益率是市场信息的综合体现，作为价格信号能够及时反映市场供求情况，进而引导资金的流向与跨市场流动。金融资产的价格波动具有超前性，在金融市场中，由于价格的波动能够迅速反映经济运行的状态及其信息，所以能帮助宏观经济管理部门对经济未来走势进行合理预判。例如，同业拆借市场的利率变化可以及时地反映金融系统资金头寸（投资者拥有或借用的资金数量）和短期资金供求变化；票据业务量的变化能够反映全社会商品劳务交易结算情况；国债市场收益率的变动能反映中长期资金供求情况；股票市场则能够反映企业经营状况经济景气指标等。

概言之，金融市场的主要功能包括价格发现、提供流动性、减少搜寻成本和信息成本；实现储蓄—投资转化、风险转移、资源配置和宏观调控。

### （二）金融市场的组织结构

#### 1. 按组织形式分类

在组织形式上，现代金融市场有有形和无形之分。有形金融市场指有固定地点、有工作设施的金融交易市场，即有形的交易场所。有形金融市场亦称场内交易市场，简称场内市场，如美国的纽约证券交易所，我国的上海和深圳证券交易所等。无形金融市场指没有固定场所而是由交易者利用电讯手段进行联系、洽谈，以完成交易的市场。无形金融市场亦称场外市场（Over the Counter，OTC），如美国纳斯达克、伦敦外汇市场等。

图 4-1（a）为有形交易所：纽约证券交易所。交易所有物理意义的空间场地，场地内分为一个个的交易席位，交易席位有专门的交易员，凡在纽约证券交易所挂牌上市企业的股票交易都要通过场内席位进行。

图 4-1（b）为无形交易所：纳斯达克。纳斯达克没有物理意义上的空间场地，仅有一块电子显示屏幕，屏幕上显示的是在纳斯达克挂牌上市的股票行情，股票的交易由买卖双方通过电讯手段直接进行。一直以来，纳斯达克都被看作是科技公司的上市首选，苹果、微软、谷歌、亚马逊是在纳斯达克上市的，中国的迅雷、网易等科技公司选择的也是纳斯达克。除了上市门槛低，经由纳斯达克而完成化茧成蝶的是其另一个吸引点。

（a）

（b）

图 4-1　纽约证券交易所与纳斯达克

（a）纽约证券交易所；（b）纳斯达克

#### 2. 按交易功能分类

在交易功能上，金融市场可分为发行市场和流通市场。

发行市场也称初级市场或一级市场，是新发行证券首次向公众发售或销售的市场。在一级市场上，资金需求者可以通过发行股票、债券取得资金。在发行过程中，发行者一般不直接同普通投资者进行交易，而是通过投资银行即证券承销商（在我国称为综合性证券公司，即券商）进行。投资银行的作用是承销证券，确保发行公司证券能够按照某一价格向特定对象销售出去，之后再向公众推销。所以，一级市场又是证券商市场。一级市场的主要功能是为资金需求者提供筹措资金的渠道。

流通市场也称二级市场，是已发行证券或票据等金融工具买卖交易的场所。二级市场的作用是提供流动性。保持有价证券的流动性，使证券持有者随时可以卖掉手中的证券，得以变现。二级市场的交易可以发现证券的投资价值，为投资者提供买卖信号。

3. 按交割方式分类

在交割方式上，可分为即期买卖的现货市场和远期交货的期货市场。现货市场是当天成交，当天或3天内进行交割，即一方支付款项，另一方交付证券。期货市场是款项和证券的交割放在成交后的某一约定时间进行，如1个月、2个月、3个月或半年。

4. 按区域分类

在区域范围上，金融市场可分为地方性金融市场、全国性金融市场、区域性金融市场和国际性金融市场。今天的金融系统是全球性的。金融市场和中介结构通过互联网通信系统连接在一起，使资金的支付和证券的交易可以24小时不停地进行。例如，如果我国的某一家创新科技公司打算为一项新的投资项目筹集资金，既可以考虑在境内股票交易所上市，也可以考虑到境外交易所上市，就像阿里巴巴那样（见专栏4-1）。

**专栏4-1**

### 阿里巴巴纽约股票交易所上市

北京时间2014年9月19日，阿里巴巴正式登陆纽约股票交易所，股票代码BABA。开盘价92.7美元，较发行价上涨36.3%，市值2 285亿美元，一举超越Facebook、亚马逊、腾讯和eBay，成为仅次于谷歌的全球第二大互联网公司。

阿里巴巴于9月18日正式确定了发行价为68美元，以此价格计算，此次IPO（Initial Public Offerings，首次公开募股）将募集资金218亿美元，超越VISA上市所创造的197亿美元的融资额纪录，成为美股最大规模IPO。如果承销商行使超额配售权，阿里巴巴融资额将达到250亿美元，超越农行A+H股上市时所创造的221亿美元的融资纪录，成为全球最大规模IPO。

阿里巴巴IPO交易的承销商为瑞士信贷集团、德意志银行、高盛集团、摩根大通和摩根士丹利。此外，花旗集团也经手这项交易。

（资料来源：http://usstock.jrj.com.cn/2014/09/19214218045915.shtml.）

### （三）金融机构

#### 1. 金融机构的含义与功能

金融机构亦称金融中介，指那些主要业务是提供金融服务和产品（工具）的企业，包括商业银行[①]、证券公司、保险公司、信托投资公司和基金管理公司等。它们的产品涵盖几乎所有的信用工具，包括各类存款账户、工商业贷款、抵押贷款、共同基金，以及保险单。

金融机构通常提供以下一种或多种金融服务。

（1）在市场上筹资从而获得货币资金，将其改变并构建成不同种类的更易接受的金融资产，这类业务形成金融机构的负债和资产。这是金融机构的基本功能，行使这一功能的金融机构是最重要的金融机构类型。

（2）代表客户交易金融资产，提供金融交易的结算服务。

（3）自营交易金融资产，满足客户对不同金融资产的需求。

（4）帮助客户创造金融资产，并把这些金融资产出售给其他市场参与者。

（5）为客户提供投资建议，保管金融资产，管理客户的投资组合。

上述第一种服务涉及金融机构接受存款的功能；第二种和第三种服务是金融机构的经纪和交易功能；第四种服务被称为承销功能，提供承销的金融机构一般也提供经纪或交易服务；第五种服务则属于咨询和信托功能。

金融中介机构在金融市场中扮演着中心枢纽的角色，在金融市场上具有双重身份，即参与者或投资主体，充当交易中介。它帮助把资金从那些原本不会将其投入生产性用途的人们手中转到那些会投入生产用途的人们手中。由此，金融中介机构可以促进经济发展，使经济更有效率、更具活力。

#### 2. 金融机构的类型

根据在资金融通中担负职能的不同，金融机构可分为银行金融机构和非银行金融机构两类。

1）银行金融机构

银行金融机构是接受公众存款和提供贷款的金融企业，其最重要特征是吸收公众存款。银行金融机构不仅包括人们日常印象中的商业银行，还包括其他具有银行功能的金融企业组织。例如，在美国，银行包括普通的商业银行、银行控股公司、储蓄贷款协会、互助储蓄银行和信贷协会等；在我国，银行金融机构包括商业银行、城市信用合作社、农村信用合作社等吸收公众存款的金融机构以及政策性银行[②]。虽然各国银行金融机构的口径不尽一致，但均不是所有的金融机构都可以吸收公众存款。例如，在我国，保险公司、信托金融机构以及各类证券公司、财务公司等就不得吸收公众存款。因此，银行金融机构也可以称为存款机构。

银行金融机构的首要类型是商业银行，其主要业务活动包括吸收存款、发放贷款以及办理支付结算等。银行主要通过存款形式向公众举债而获得其资金来源，用于向个人和企业的放贷活动，成为储蓄变为投资的渠道。当人们乐于对企业提供一笔贷款时，通常不会直接将

① 以下，如无特殊说明，“商业银行”与“银行”两词可以交替使用，表达同一个含义。

② 参见《中华人民共和国银行业监督管理法》。

资金交给企业，而是通过银行来间接地向企业提供贷款。当人们需要贷款去购买住房或汽车时，则通常会从当地银行得到这些贷款。

日常生活中，银行是人们与之发生关系最多的金融中介机构。大多数成年人以银行支票账户、储蓄账户或其他种类银行存款的方式保有自己的大部分金融财富。根据世界银行对全球 148 个经济体的调查，2011 年，全球 50%的成年人拥有自己的银行账户。发达经济体中拥有银行账户的成年人比例为 89%，发展中国家为 41%。中国的账户普及率相当高，与发达国家接近。世界银行的抽样调查显示，2016 年，中国成年人拥有银行账户的比例达到了 79%。

银行金融机构的另一种重要类型是信用合作社。信用合作社是一种互助合作型金融组织，一般是在特定行业或特定范围内发展，如农村信用合作社、城市信用合作社、手工业信用合作社、建筑业信用合作社等。信用合作社规模有限，资金主要来源于合作社成员缴纳的股金和吸收的存款，资金主要用于向合作社成员发放生产性贷款和消费贷款。

政策性银行主要是指由政府创立或担保、以贯彻国家产业政策和区域发展政策为目的、具有特殊的融资原则、不以营利为目标的金融机构。政策性银行有其特定的资金来源，主要依靠发行金融债券或向中央银行举债，一般不面向公众吸收存款。

在货币银行学的研究中，银行金融机构占有核心的位置，因为它们是货币信用供给的一个重要环节——货币创造过程的直接参与者，而其他金融机构尽管也很重要，但并不直接参与货币创造过程。在后面相关章节，我们将更详细地讨论银行的业务，并进而讨论银行的信用创造过程以及银行信用创造与货币政策的关系，而这也正是本书的最重要内容之一。

2）非银行金融机构

非银行金融机构是指除银行金融机构以外的所有金融机构，主要包括保险公司、证券公司、养老基金和退休基金、信托投资公司、信用合作社、融资租赁公司以及财务公司等。

（1）保险公司。保险公司是依法设立的专门从事商业保险业务的企业。虽然保险业务本身不直接涉及融资活动，但是保险公司的保险费收入大大超出保险费支出，其超出部分形成了保险公司的稳定货币资金来源，保险公司就用这笔资金从事投资与贷款业务活动，因而保险公司也是重要的金融企业。保险公司是现代国家中最重要的非银行金融机构。在我国，保险公司也占有突出的地位，其组织形式有股份有限公司和国有独资公司两种。

（2）证券公司。证券公司是指依法设立的专门经营证券业务的金融企业。它具有证券交易所的会员资格，可以承销发行、自营买卖或自营兼代理买卖证券。普通投资人的证券买卖都要通过证券公司来进行。在不同的国家，证券公司有不同的称谓。在美国，称为投资银行或者证券经纪商；在英国，称为商人银行；在欧洲（以德国为代表），由于一直沿用混业经营制度，投资银行仅是全能银行的一个部门；在亚洲，一般称为证券公司，如在我国和日本都叫证券公司。证券公司通过证券的承销发行使股票和债券的发行企业融得所需资金；投资者通过购买证券公司承销发行的股票，把储蓄变为投资，获得投资机会。因此，证券公司是资本市场，也是直接融资方式中的最重要中介机构。

（3）养老基金与退休基金。养老基金是一种向参加养老计划的人以年金的形式提供退休收入的金融机构。养老基金的资金一是来自职工工资的一定比例扣除和雇主缴纳的相应比例的款额，二是积聚资金的投资收益。由于职工和雇主每月缴纳的款额远远超过养老基金支付的养老金，因而其大量的多余资金可用于稳定的投资。

退休基金是指包括政府、企业、工会或其他组织为了支付员工退休金每年所提取拨备的基金。退休基金可分为公务人员退休基金、劳工退休基金以及劳工保险老年给付。退休基金可交由专业的资产管理公司负责操作，作用于稳健型投资，以获取稳定回报。

（4）信托投资公司。信托投资公司简称信托公司或投资公司、基金公司等，主要通过发行股票、债券、投资收益凭证来筹集资金，然后用筹集到的资金投资于其他公司的股票、债券及各种产业项目上。信托公司也可用它购入的证券作为担保，发行新的信托投资证券以筹集更多的资金。但它不从事工商企业贷款。信托公司汇集中小投资者的资金，分散地投资于不同国家、不同地区、不同类型行业的各种证券上，以此分散投资风险，获得稳定的投资收益，因而它对中小投资者具有很强的吸引力，成为商业银行吸收存款的强劲竞争对手。

（5）融资租赁公司。融资租赁公司又称金融租赁公司，是以经营融资租赁业务为主的非银行金融机构。金融租赁公司以发行金融债券、向金融机构借款、外汇借款等作为长期资金来源渠道；在资金运用方面，主要从事金融租赁及其相关业务。这样，金融租赁公司成为兼有融资、投资和促销多种功能，以金融租赁业务为主的非银行金融机构。金融租赁在发达国家已经成为设备投资中仅次于银行信贷的第二大融资方式。从长远来看，金融租赁公司在中国同样有着广阔前景。

（6）财务公司。财务公司是通过发行商业票据、债券、股票来获得资金，并把资金主要用于特定消费者贷款和工商企业贷款的金融企业。它不吸收存款，融资方式多为大额借入、小额贷出，主要从事汽车、家电等耐用消费品的分期付款贷款。

非银行金融机构是资金融通业务需求多样化、专业化的产物，金融业的竞争日趋激烈，金融创新的发展又促进了非银行金融机构的发展。早期的非银行金融机构大多同商业银行有着密切的联系。第二次世界大战后，非银行金融机构逐步形成独立的体系。20世纪七八十年代，金融创新活动不断涌现，非银行金融机构起了主要作用，它有力地推动了金融业务的多元化和证券化，加之各国金融管理当局的金融业管制不断放松，使各类金融机构的业务日益综合化，银行机构与非银行金融机构的界限不再那么清楚，非银行金融机构自身的业务分类也日趋融合，金融机构间的业务交叉现象或经营综合化现象不断增多。

为简明起见，我们把银行与非银行金融机构的主要负债（资金来源）与主要资产（资金运用）进行简单比较，如表4-1所示。

表4-1　银行与非银行金融机构的资金来源（负债）与运用（资产）

| 项目 | 金融机构类型 | 主要负债（资金来源） | 主要资产（资金运用） |
|---|---|---|---|
| 银行金融机构 | 商业银行 | 存款 | 各类贷款、政府债券 |
| | 信用合作社 | 股金、存款 | 生产性贷款、消费者贷款 |
| | 政策性银行 | 金融债券 | 政策性贷款 |
| 非银行金融机构 | 保险公司 | 保险单的保费 | 证券投资与贷款 |
| | 证券公司 | 股票、债券 | 股票、债券 |
| | 养老基金与退休基金 | 企事业单位、政府机关与员工的缴款 | 债券与股票 |
| | 信托投资公司 | 股票、债券、投资收益凭证 | 证券投资 |
| | 融资租赁公司 | 金融债券、金融机构借款、外汇借款 | 成套设备、交通工具、专用机械租赁 |
| | 财务公司 | 商业票据、股票、债券 | 特定消费者贷款和工商企业贷款 |

## 三、金融体系中的融资方式

任何一种金融体系都有一定的融资方式。根据借贷双方债权债务关系的不同，可以把一国的社会资金融通划分为直接融资与间接融资两种不同的方式。

### （一）直接融资

直接融资是以商业票据、股票、债券为主要金融工具的一种融资机制。在这种融资方式下，在一定时期内，资金盈余单位（个人、企业、政府机构）通过直接与资金需求单位（个人、企业、政府机构）协议，或在金融市场上购买资金需求单位所发行的有价证券（股票、债券等），将货币资金提供给需求单位使用。

直接融资是资金供求双方通过一定的金融工具直接形成债权债务关系的融资形式。商业信用、企业发行股票和债券，以及企业之间、个人之间的直接借贷，均属于直接融资。企业发行债券融资，企业是债务人，债券的购买人或投资者是直接债权人，这就是直接融资，因为双方发生了直接的债券债务关系；发行股票也与之类似，如把股票视同无到期日、无固定利息的债券，则很好理解，股票发行企业与购买了企业发行股票的股东之间同样是一种债权债务关系。

与下面要介绍的间接融资相比，直接融资的优势在于能大范围吸收社会游资，直接投资于企业生产经营之中，或增加企业的长期资本，从而弥补了间接融资的不足。在直接融资方式下，投融资双方都有较多的选择自由，有票据、债券、股票等多种金融工具供双方选择。并且，对投资者来说可以获得较高的收益，对筹资者来说成本比较低。但由于筹资人资信程度不一样，债权人承担的风险程度并不相同，且部分直接融资（股票融资）不负偿还责任，风险较大。

### （二）间接融资

间接融资是通过银行金融机构的融资方式。对于工商企业来说，间接融资比直接融资更为重要，因为间接融资可以为企业提供持续可得的资金来源，而直接融资往往是一次性融资，并且融资程序要相对复杂。

在间接融资方式下，储蓄者与储蓄的最终借用者之间不发生直接的债权债务关系，而是各自与第三方（银行金融机构）发生债权债务关系。资金盈余单位（储蓄者）把闲置的货币资金存入在自己的银行账户，便成为银行的债权人，而银行接受储蓄者的存款，便成为存款客户的债务人；银行接受存款后，根据对资金需求单位（借款人）的选择发放贷款，由此成为借款人的债权人，而借款人则成为银行的债务人。这就是所谓的间接融资方式，在间接融资中，储蓄者与储蓄的最终借用者之间不发生直接的债权债务关系，而只是与第三方（银行）发生债权债务关系。

### （三）两种融资方式的关系

以上就是两种融资方式的概念及其特征。还应指出，虽然直接融资与间接融资是两种不同的融资方式，但这两种方式不是截然分开的。这两种方式各有优劣，却又相互补充，共同充当着社会资金流动的桥梁和渠道，使资金从盈余者一方流往需求者一方，实现了储蓄向投资的转化。

另外，也不宜把直接融资理解为是一种没有金融中介机构介入的资金融通方式。因为在今天的金融市场上，直接融资与间接融资一样离不开金融中介机构的参与。从前面对金融中介的讨论与表 4-1 的总结可以清楚地看到，储蓄者提供的资金要转变为投资都有不同的金融机构居中调停。以保险活动为例，投保人把保费交给保险公司投保，这实际上是一种以备未来不测之需的储蓄形式。而保险公司集中保费后再用于购买其他公司、企业发行的债券和发放贷款，通过这样的方式又把保费变成了投资。因此，即使保险这种风险转移活动衍生而来的资金融通也是通过中介机构——保险公司来进行的。由此可见，直接融资与间接融资的差别并不在于有无中介机构参与，而在于储蓄者与储蓄的借用者双方是否发生直接的债权债务关系。若双方发生了直接的债权债务关系就是直接融资；若双方不发生直接的债权债务关系，则是间接融资。

## 四、金融体系的金融循环

基于前面的讨论，现在我们可以用图 4-2 来直观表示一个经济体资金流动的完整循环。

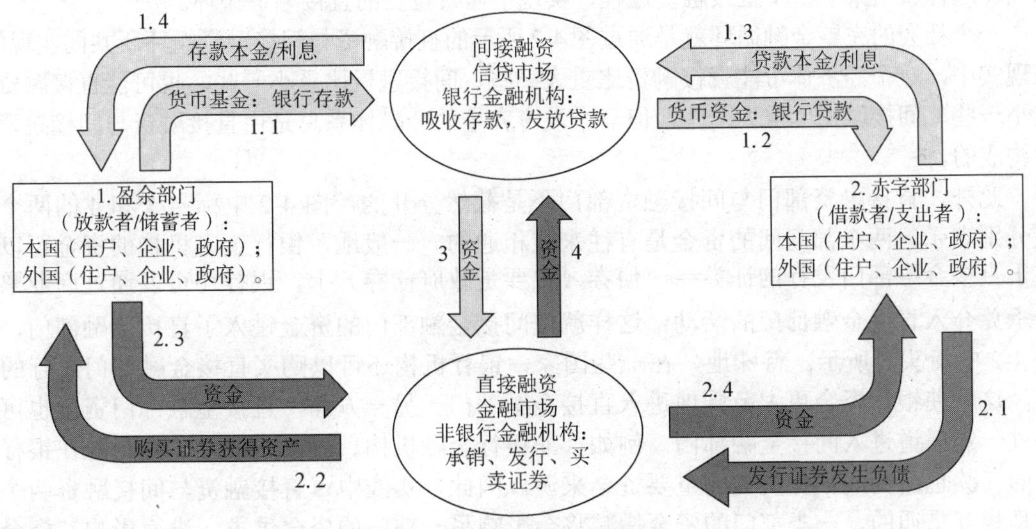


图 4-2　一个经济体资金流动循环

图 4-2 较为完整地展现了金融体系中的市场参与主体、融资方式、资金流动方向的关系。图形的上半部分是间接融资，下半部分为直接融资。金融体系的市场参与主体包括：①图形左边方框代表经济中的盈余部门（标号 1）。盈余部门为社会有闲置资金的部门，盈余部门既是储蓄者又是最终放款者，他们的身份可以是个人、住户、企业，也可以是政府机构，外国的个人、企业和政府机构（如财政部）。②图形的右边方框代表经济中的赤字部门（标号 2）。赤字部门为资金短缺部门，赤字部门既是资金支出者也是最终借款者，同样，他们的身份可以是个人、住户、企业，也可以是政府机构，外国的个人、企业和政府机构。③图形上部的椭圆代表间接融资部门。间接融资部门即信贷市场，其间的主体金融中介机构是银行金融机构，银行机构的主要业务是吸收存款、发放贷款。④图形下部的椭圆代表直接融资部门，直接融资部门即狭义的金融市场，其间的金融中介机构为非银行金融机构，非银行金融机构的主要业务是证券的承销、发行和买卖。

在间接融资方式下，盈余部门将闲余资金存入银行机构，标号 1.1 的箭头显示货币资金以银行存款形式进入银行；银行机构吸收存款后向赤字部门中的住户、企业或政府机构提供贷款，箭头 1.2 显示货币资金以银行贷款的形式流往赤字部门；赤字部门借用贷款必须付出代价，这个代价就是银行贷款必须支付的利息，箭头 1.3 显示赤字部门向银行归还贷款本金和支付利息；银行收取赤字部门的利息后，扣除因提供贷款服务应得的一部分利息作为自己的收入，其余部分利息要支付给存款客户（即盈余部门），箭头 1.4 显示银行偿还盈余部门的存款本金和支付利息流向。至此，金融体系中的一个间接融资过程就全部完成。

在直接融资方式下，赤字部门不是向银行机构举借资金而是通过发行有价证券的方式筹集资金，箭头 2.1 显示赤字部门以发行证券方式获得资金来源，即发生负债；赤字部门发行证券要通过金融市场出售，具体是经过金融市场的非银行金融机构进行承销，再卖给经济中的盈余部门；箭头 2.2 显示，盈余部门向非银行金融机构购买证券获得资产；箭头 2.3 表示盈余部门将购买证券须付出的对价资金支付给非银行金融机构；箭头 2.4 显示非银行金融机构获得投资者购买证券支付的资金后，扣除自己的应得部分收入，将其余资金支付给赤字融资部门。这样就结束了一个直接融资过程，实现了储蓄投资的直接融资循环。

一个社会的完整金融循环就是通过图 4-2 所示的直接融资与间接融资循环所共同实现的。在现实中，一个经济体可能直接融资比重大一些、间接融资比重小一些，也可能直接融资比重小一些、间接融资比重大一些，但一个发育齐全的金融体系总是由直接融资与间接融资共同构成的。

此外，直接融资部门与间接融资部门不是截然分开的，图 4-2 中标号 3 和 4 的两个箭头分别表示，两个部门间的资金是有往来或相通的。一般地，银行金融机构的资金可以配置于直接金融部门发行的证券——债券（主要是政府债券）上，银行还可以通过商业票据的承兑介入直接金融部门的活动，这样就使间接金融部门的资金进入了直接金融部门，如图 4-2 中箭头 3 所示。特殊地，在一些国家，银行机构还可以购买直接金融部门发行的股票，这就使银行资金更大范围地进入直接金融部门。另一方面，直接金融部门资金也可以通过一定渠道进入间接金融部门。例如，非银行金融机构、股票、债券发行企业在银行机构的存款也会构成银行机构的重要资金来源。因此，实践中，直接融资与间接融资两个部门是相互贯通的。一类部门的资金增减将会影响另一部门的资金供求，进而影响其资金存量。中央银行可以利用这一原理，对金融体系的资金流动进行调控，实现货币政策的调控目标。

## 第二节　金融体系中的政府部门

本章第一节侧重从金融体系的基本构成要素——市场交易主体与交易对象的角度讨论金融体系的基本结构，并在此基础上直观地描绘了一个经济体的资金循环。然而，除非是在鲁滨逊式的孤岛经济里，这样的讨论显然是不完整的，因为其中尚未涉及现代金融体系中的另一基本构成要素——政府部门：政府行业监管部门与中央银行。因此，本节将对一国金融体系中的政府部门进行简要的讨论，首先讨论金融体系中政府部门（包括中央银行）存在的必要性，继而讨论政府部门及其与金融体系的关系，最后给出一国金融体系的完整框架。

## 一、金融体系中政府部门存在的必要性

现实世界中，任何一国的金融体系都有政府部门介入，没有政府部门的金融体系尚不存在。政府部门存在的意义有二：一是实施行业监管；二是对金融体系的货币信用活动进行宏观调控。由此衍生出两大政府部门：行业监管部门与中央银行。其中，行业监管部门的主要职责是针对不同的市场交易主体（主要是金融机构和企业）进行监管；中央银行的主要职责则是金融宏观调控，同时也对金融机构负相关监管职能。那么，市场中的金融机构与企业为何需要政府部门进行监管？同时，一国的金融体系为何又需要中央银行进行调控？对这两个问题的解答就是金融体系中政府部门存在的意义。

### （一）市场失灵与信息不对称

市场中政府部门存在的必要性源自市场失灵。市场失灵主要表现为公共产品的供给不足、外部性和市场本身存在的“不完全竞争”和“不完全信息”。市场失灵的纠正必须借助政府对市场的干预。

金融市场也会失灵。金融市场失灵的危害非常严重，2008年发生的全球金融危机就是金融市场失灵的典型表现。事实证明，一个自由的完全由市场交易主体构成的金融市场不会以一个稳定的方式来提供良好和充足的金融产品和服务。所以，政府对金融体系的监管就十分必要。

造成金融市场失灵的一大重要原因是信息不对称。例如，出售金融产品的一方往往比买方的信息更加灵通。又如，在贷款市场中，银行向哪些企业提供贷款？提供贷款后，哪些企业能够按期还款？哪些企业不能按期还款甚至永远也还不了这笔账？银行事前并不知道。信息不对称现象又导致出现逆向选择和道德风险问题。

金融市场上的逆向选择，是指市场上那些最有可能造成不利（逆向）结果（即造成违约风险）的融资者，往往就是那些寻求资金最积极而且最有可能得到资金的人。逆向选择有多种表现形式。在直接融资市场上，股票、债券的发行人可能是最不具有偿付能力的公司或企业；股票、债券的承销金融机构也很可能乐于推荐资质不良的公司发行上市，因为这样会获得较高的服务收入。

在间接融资市场中，那些最可能造成信用违约风险的借款者，寻求贷款最积极。对于贷款方，那些行事风格比较稳健、成功率比较高因而还款能力也较强的企业，自然是优先贷款的对象。然而对于借贷方，这样的企业往往不愿付较高利息借款；反而是那些平时比较喜欢冒险而冒险就有可能失误甚至连本钱也赔光因而无法还款的企业，更愿意出高价到银行贷款。另一方面，银行也存在利用自身地位滥发贷款的行为动机。越是贸然扩张的机构，贷款规模就扩张得越快，规模越大，结果导致的不良贷款就越多，对社会造成的损失就越大。这就是信贷市场的逆向选择。

逆向选择的存在，使贷款损失的可能性增大，从而使贷款风险增大。放款者认识到这一点后，即使市场上存在风险较低的贷款机会，也不会轻易决定放款，而很可能决定不发放任何贷款。所以，逆向选择导致信贷市场活动水平下降甚至陷入停顿。

道德风险指的是人们享有自己行为的收益，而将成本转嫁给别人，从而造成他人损失的可能性。金融市场中的道德风险，同样有多种表现形式。在信贷市场中，它是指贷

款者把资金放贷给借款者以后，借款者可能会从事那些为贷款者所不希望的风险活动，这些活动很可能导致贷款不能（如期）归还。在股票市场中，则表现为公司掩盖信息并可能从事对股票购买者不利的活动。资金融通中的金融中介机构亦有可能利用国家政策担保来为自己牟取不当收益。例如，在国家提供存款保护的情况下，商业银行扩大信贷规模，社会承担的风险相应扩大，但是，商业银行承担的部分仍然不变，差额部分则由国家承担（专栏4-2）。

专栏4-2

**储蓄与贷款协会为什么捅出了这么大的娄子**

从资产份额上来说，储蓄与贷款协会（Savings and Loans Associations，S&L）（简称“储贷协会”）在20世纪80年代是美国仅次于商业银行和人寿保险公司的第三大金融机构。

储贷协会是在政府支持和监管下专门从事储蓄业务和住房抵押贷款的非银行金融机构。到1980年，储贷协会资产中有6 000亿美元的房产抵押贷款，占美国所有房产抵押贷款的50%。鼎盛时期全美国共有4 700家储贷协会。

储贷协会快速发展起来是在20世纪70年代。它和商业银行的最大区别是只向参加储蓄的会员发放定息的住房按揭贷款。没有谁会想到，这样保守的金融机构能产生大面积的亏损，最后差点演变成一场金融危机。

进入20世纪70年代末期，美国利率环境变化，众多储贷协会被迫高息揽储，大多数储贷协会出现了亏损。

储贷协会是民间组织，但一直被政府照顾，手中又握有大量选票。于是通过代理人开始给国会施压。1980年，国会提高了储贷协会支付存款利息的上限。一年的时间里，存款利率从1979年年底的13%飙升到1980年的20%。新来的钱成本越来越高，而从按揭贷款人身上只能收取原来的利息。

在储贷协会的压力下，国会在1982年通过了一项彻底放松针对储贷协会管制的法律，允许它们向住房之外的投资项目提供贷款。于是无知无畏的储贷协会工作人员开始像商业银行一样四处放款了。从马场到鱼塘，从赛车跑道到风力发电厂，从在拉斯维加斯开赌场到开辟空中航线以及各种莫名其妙、匪夷所思的项目都成为他们的放贷对象。

然而，长期处于政府保护下只做简单业务的储贷协会，既缺乏专业人才，又不具备银行的风控体系，加上政府监管乏力、内部管理混乱，很快，宽松的政策带来了大量的坏账、投资亏损和欺诈行为。事实上，一些储贷协会的经营已经走向了“庞氏骗局”的不归路。

大量的储贷协会在亏损的泥潭里越陷越深。1982—1985年，有25%的储贷协会持续亏损，10%的储贷协会事实上已经破产。尤其是在美国西南地区，几乎所有的储贷协会都濒于破产。到1989年，一直苦苦支撑着储贷协会的联邦储蓄信贷保险公司终于宣布破产。同年8月，联邦住房贷款银行管理委员会被解散，其职能由一个新成立的机构取代。与此同时，司法部也专门组织力量起诉储贷协会中的犯罪分子。

政府最后还是成了这场危机的买单人。1989年2月，刚刚上任的老布什总统公布了救援计划。随后的几年时间，最终用纳税人的钱填补了这个大窟窿。据权威机构测算，截至1995年风暴彻底平息时止，为挽救储贷协会，美国共花费了1 530亿美元，其中纳税人付出1 240亿美元，储贷行业本身承担了余下的290亿美元。

（资料来源：刘戈．储蓄与贷款协会为什么捅出了这么大的娄子？[J]．商业价值，2015（7）：152-153．）

就公司与机构法人治理结构而言，道德风险问题产生的根源在于业主与代理人之间的矛盾。我们知道，股权是股东对公司的出资份额，也代表着对公司盈利和资产进行分享的要求权。因此，拥有公司多数股权的股东，理当是公司的业主。当公司经理最多只拥有公司的少数股权时，经理就只能是业主的代理人。这就形成所有权与控制权分离问题：公司所有权掌握在业主手里，而公司的控制权则掌握在代理人手中。两权分离产生道德风险：代理人和业主各自掌握的公司信息是不对称的，掌握控制权的代理人（ 经理人）比掌握所有权的业主更加了解公司情况；代理人没有业主那么大的利润最大化动机，他可能会按照自己的利益而不是业主的利益来行事。

由于业主和经理之间始终存在着信息不对称问题，经理对公司经营活动拥有比股东们更多的信息，公司中许多事情都是股东们无法知道的。因此，所有权与控制权的分离，必然会引起业主与代理人矛盾，出现道德风险问题（专栏4-3）。

专栏4-3

**安然公司破产案震动美国政坛**

安然公司是美国能源业巨头，成立于1985年，总部设在得克萨斯州的休斯敦。该公司曾是世界上最大的天然气交易商和最大的电力交易商，鼎盛时期年收入达1 000亿美元，雇用2万多员工，其业务遍布欧洲、亚洲和世界其他地区。2001年年底，安然公司在经营方面存在的问题终于暴露了出来，其利用复杂的财务合伙形式，虚报盈余，掩盖巨额债务。该公司的29名高级主管在股价崩跌之前已出售173万股股票，获得11亿美元的巨额利润。而该公司的2万名员工却被禁止出售大幅贬值的股票，使他们投资于该公司股票的退休储蓄金全部泡汤，损失高达数十亿美元。

（资料来源：http://www.cctv.com/special/363/0/32577.html.）

道德风险的危害，在于它对公司通过发行股票来筹集资金构成了极大障碍，道德风险的存在也降低了贷款归还的可能性，而公司治理结构中的委托代理问题导致的道德风险也会使金融机构偏离正轨、违规经营，这些问题都会影响金融市场的有效运作，降低金融体系的资源配置效率。

针对信息不对称、逆向选择，以及道德风险导致的金融市场失灵，固然有一些市场化方法可供解决。例如，对于逆向选择导致的贷款违约风险可以利用前面提到过的资产抵押的方法、商业借款，公司债券发行和其他银行贷款都可以使用抵押；也可以借助债务合约条款对融资者行为施加严格的限制，如个人住房抵押贷款和汽车贷款合约都可列入限制性条款；制定严格的公司章程来减少委托代理导致的道德风险问题等。但是，面对市场失灵，仅仅凭借单纯的市场化方法是远远不够的，因为这些工具无法解决金融产品的外部性、金融发展、金融体系的制度安排等更具有根本性、全局性的问题。这些方面正是政府部门能够发挥作用的领域。只有政府部门的作用发挥好了，才能保证金融体系的稳定健康发展和正常运行。

（二）金融体系的宏观调控

金融调控是宏观经济调控的重要组成部分。金融体系的基本功能是为社会提供充足的货币信用。金融体系的直接融资和间接融资活动涉及的金融机构包括银行、证券公司、保险公司等，涉及的市场包括信贷市场、债券市场、股票市场、保险市场以及中间业务市场等，涉及社会的方方面面，影响极为广泛。这些活动在满足个人和企事业单位投融资需要的同时，也构成社会的投融资总量规模，它的发展变化在很大程度上影响甚至决定着一国的宏观经济运行状态和发展方向。因此，一国政府的宏观经济调控都包括金融调控的内容。

金融调控是指国家综合运用经济、法律和行政手段，调节金融市场，保证金融体系稳定运行，实现物价稳定和国际收支平衡。在现代经济生活中，金融调控职能主要由中央银行来履行。中央银行通过货币政策来调控货币总量及其结构，通过保持货币供求总量和结构的平衡来促进社会总需求与总供给的均衡。金融调控与其他宏观调控的途径和手段互相联系，互相配合，共同的目标是促进经济增长，增加就业，稳定物价，保持国际收支平衡。相对而言，金融调控侧重于国民经济的总量和近期目标，但是为宏观经济内在的规律所决定，其作用也必然影响到结构和长远目标。

## 二、金融监管部门与中央银行

金融监管是金融监督和金融管理的总称。金融监管部门是依法对一国金融体系进行监督管理的机构。其职责包括按照规定监督管理金融市场，发布有关金融监督管理和业务的命令和规章，从外部监督管理金融机构的规范运作等。

（一）金融监管机构

1. 监管机构

世界各国的金融体系各有差异，与之相对应的政府监管部门的设置也各具特点。监管机构设立的类型主要有分业监管与综合监管两种类型。分业监管是根据金融业内不同的机构主体及其业务范围的划分而分别进行监管的体制。各国的分业监管体制通常由多个金融监管机构共同承担监管责任，一般银行业由中央银行负责监管；证券业由证券监督管理委员会负责监管；保险业由保险监督管理委员会负责监管。各监管机构既分工负责，又协调配合，共同组成一个国家的金融监管组织体制。

美国、欧洲、日本总体上属于金融混业监管并据以设立相应机构权限，但又不尽相同。美国的监管体系是一种典型的“双重多头”监管体制，“双重”是指联邦政府和各州政府均有金融监管权力，“多头”是指有多个部门负有监管职责。英国金融监管模式则由其中央银行（英格兰银行）负责全面监管责任。英格兰银行金融政策委员会负责对英国金融业进行全面监管，并下设审慎监管局与金融行为管理局，分别负责宏观金融稳定与微观机构规范。德国实行的是综合监管模式。德国联邦金融监管局集银行监管、保险监管、证券监管于一身，统一监管境内银行、金融服务机构和保险机构。日本的金融监管由金融厅独家对银行业、证券业、保险业及非金融机构进行全面监管。

无论实行何种监管模式，中央银行在各国的监管体系中都处于中心的位置。国家成立中央银行，并让它代表国家对全国金融体系进行监督管理，目的就是督促和引导银行与其他金融机构沿着健康、健全的轨道开展业务活动，维护金融体系和金融市场的稳定。

中央银行维护金融体系稳定，是通过发挥其最终贷款人作用来防止金融恐慌。中央银行维护金融市场稳定的做法是保持利率稳定。利率的波动会给金融机构带来很大的不确定性，利率上升会造成长期债券和抵押资产的大量资本损失，这些损失可能导致持有这些资产的金融机构倒闭。因此，利率稳定对于金融市场的稳定十分重要。

#### 2. 我国的金融监管机构

我国实行国务院统一领导下的分业监管模式，金融监管权力集中于中央政府，由中央政府设立的金融主管部门分别履行金融监管职能。目前的金融监管机构包括“一行两会”，即中国人民银行、中国银行保险监督管理委员会（简称中国银保监会）、中国证券监督管理委员会（简称中国证监会），分别监管银行、证券、保险机构及市场。

在这种分业监管体制中，中国人民银行处于核心地位，是全国金融业的最高主管机关。它负责监督管理银行间同业拆借市场、银行间债券市场、银行间票据市场、银行间外汇市场和黄金市场及上述市场的有关衍生产品交易；负责会同其他金融监管部门制定金融控股公司的监管规则和交叉性金融业务的标准、规范，负责金融控股公司和交叉性金融工具的监测；负责对因化解金融风险而使用中央银行资金机构的行为进行检查监督。此外，它还要从宏观上对证券业和保险业的监管予以指导，以保证整个金融业的健康发展。

中国银保监会的主要职责是依照法律法规统一监督管理银行业和保险业，维护银行业和保险业合法、稳健运行，防范和化解金融风险，保护金融消费者合法权益，维护金融稳定。中国银保监会成立于 2018 年，为国务院直属事业单位，由此前分别成立于 2003 年 4 月的中国银行业监督管理委员会和 1998 年 11 月的中国保险监督管理委员会撤销重组而成。

中国证监会成立于 1992 年 10 月，为国务院直属正部级事业单位，依照法律、法规和国务院授权，负责统一监督管理全国证券期货市场，维护证券期货市场秩序，保障其合法运行。

除了上述政府监管之外，我国法律还规定了金融业的自律监管和社会监管作为辅助监管。自律监管包括金融机构自我监管和行业自律监管，社会监管主要是指中介机构的监管。

### （二）金融调控机构

金融调控的主要机构是中央银行。在世界各经济体金融体系中，中央银行的组织形式与称谓尽管相互有别，如表 4-2 所示，但其金融调控的基本职能却大致相同，都是根据国家法律赋予的权限，作为最高的货币金融管理组织机构，制定和执行货币政策，通过货币金融调控促进国民经济的平稳增长与稳健运行。

表 4-2 世界部分经济体中央银行称谓

| 经济体（国家、地区） | 称谓 |
| --- | --- |
| 阿富汗 | 阿富汗银行 |
| 阿尔巴尼亚 | 阿尔巴尼亚国家银行 |
| 阿尔及利亚 | 阿尔及利亚中央银行 |
| 澳大利亚 | 澳大利亚储备银行 |
| 孟加拉国 | 孟加拉国银行 |
| 缅甸 | 缅甸联邦银行 |
| 加拿大 | 加拿大银行 |
| 中华人民共和国 | 中国人民银行 |
| 斐济 | 斐济中央金融局 |
| 法国 | 法兰西银行 |
| 德国 | 德意志联邦银行 |
| 沙特阿拉伯 | 沙特阿拉伯金融管理局 |
| 欧元区 | 欧洲中央银行 |
| 英国 | 英格兰银行 |
| 日本 | 日本银行 |
| 美国 | 美国联邦储备系统（美联储） |

（资料来源：据世界银行资料整理.）

中央银行金融调控与同属国家经济管理关系的金融监管的区别在于，前者为金融主管机关着眼于遵循客观经济规律，运用利率、存款准备金比率（指存款机构吸收的存款缴存中央银行账户的比率）等金融杠杆和金融工具对金融市场进行宏观调控，引导金融经济总量指标达到政策目标的过程；而后者则是金融主管机关运用金融法律、法规和行政措施，直接规范各经济活动主体的过程，采取命令、禁止、准许、倡导、协调、奖励或制裁等手段，属微观经济管理性质。

中央银行主要通过对影响金融机构资金成本——利率与资金可得性的调节来实施金融调控，其调控操作首先作用于银行金融机构主导的信贷市场，再作用于非银行金融机构主导的资本市场，进而作用于整个实体经济，最后完成央行货币调控的整个传导过程。

### （三）引进金融监管部门与中央银行后的金融体系框架

根据上面的讨论，我们知道，一个发育成熟的现代金融体系离不开政府的金融监管部门与负责金融调控的中央银行的存在。引进金融监管部门和中央银行之后，就可以绘出现代金融体系的完整结构框架，如图 4-3 所示。

与图 4-2 相比，图 4-3 中的金融体系增加了中央银行和其他政府部门，中央银行在金融体系中扮演全面监管与调控的角色；政府的其他行业监管部门分别对间接融资市场中的银行金融机构与直接融资市场中的非银行金融机构进行监管。

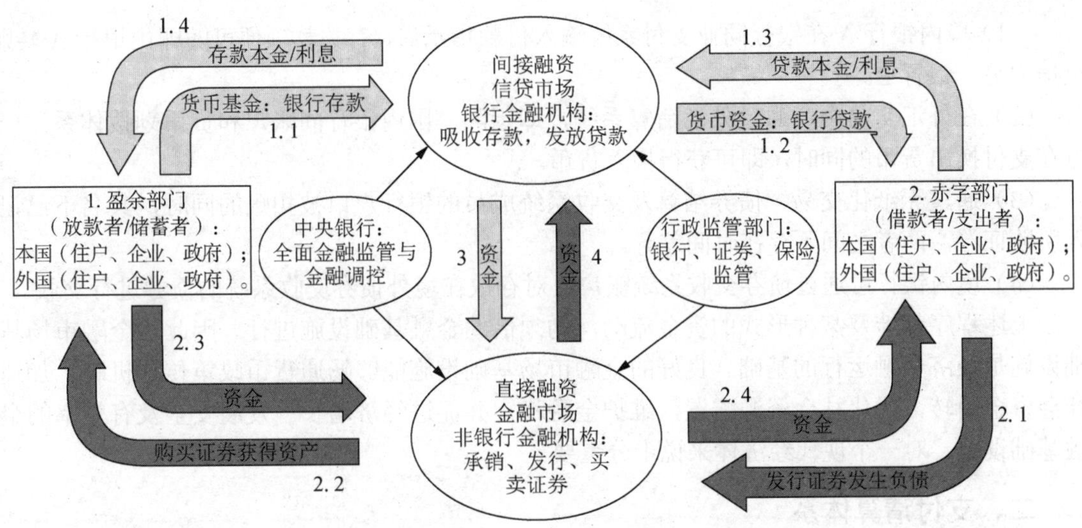


图 4-3　现代金融体系的基本结构

于是，我们得到了现代金融体系的完整结构框架。现代经济中的金融体系框架是由政府监管部门与中央银行、金融市场的交易主体、银行体系和非银行金融体系共同构成的。其中，金融市场的交易主体是市场资金供求的基本主体，他们通过金融工具的使用所进行的投融资活动产生了金融中介机构的需要；金融中介机构在金融市场体系中扮演着资金融通渠道的角色；政府部门则发挥金融监管与金融调控的主导功能。这样，市场的交易对象、交易主体、金融中介机构与政府部门便通过各自的功能有机地联系起来，成为一个不可分割的整体，共同促成了当代经济中的金融循环，为实体部门的经济资源循环带来源源不断的资金来源。

# 第三节　金融基础设施

金融基础设施是指金融运行的硬件设施和制度安排。有效的金融基础设施建设能够促进居民储蓄转化为生产资本，提升资本配置效率，从而推动经济的可持续增长。

## 一、金融基础设施的概念

金融基础设施①是指处理金融机构之间交易的支付及结算系统，以及这些系统之间的联网。在我国，金融市场基础设施是指参与机构（包括系统运行机构）之间，用于清算、结算或记录支付、证券、衍生品或其他金融交易的多边系统②。

金融基础设施是促成金融交易的平台，借此让资金在经济体系内运转。以下例证说明高效率的金融基础设施是如何有助完成某些金融程序的。

① 在金融学上，对金融基础设施概念有不同的理解。狭义的金融基础设施主要指支持货币资金流通的支付清算体系；广义的金融基础设施还包括金融市场运作所需要的法律、规则、标准、系统、平台等。这里使用狭义上的金融基础设施概念，因为它与资金流通直接相关。

② 参见中国人民银行《关于印发〈支付结算办法〉的通知》（1997 年 9 月 19 日）。

（1）境内银行 A 在银行同业支付系统输入付款指示后，有关款项便可随即由银行 A 转账至境内另一银行 B。

（2）在外汇交易中，通过外汇清算系统，即国际、国内银行间账户和货币划拨体系，一方在支付换出货币的同时，即可获得换入货币。

（3）通过无纸化交易，债券结算及交收系统成员的银行户口被扣账的同时，其名下已记入所购证券，两者之间不存在时间差异。

（4）境内银行可通过债券交收系统账户，对存放在境外债券交收系统的债券进行交收。

上述程序都涉及某种形式的资金流动，均须借助金融基础设施进行。因此，金融市场基础设施是经济金融运行的基础。良好的金融市场基础设施能够畅通货币政策传导机制，加速社会资金周转，优化社会资源配置，维护金融稳定并促进经济增长。发展安全及有效率的金融基础设施，对一个现代经济体来说十分重要。

## 二、支付清算体系

支付清算系统（Payment and Clearing System），也称支付系统（Payment System），是一个国家或地区对交易者之间、金融机构之间的债权债务关系进行清偿的系统。支付系统由提供支付清算服务的中介机构和实现支付指令传送及资金清算的专业技术手段共同组成。

### （一）支付系统的构成

根据中央银行与商业银行的职能，支付系统可以划分为两个不同的层次：下层系统与上层系统。

#### 1. 下层系统

下层系统是指商业银行面对广大银行客户，为社会提供支付服务的金融服务系统。它是银行与客户联系的窗口，是金融服务和管理信息的源头，是商业银行与客户之间的资金往来和结算系统。

商业银行与客户往来的结果必须进行银行间清算（见专栏 4-4）。银行间清算需要通过行间支付系统进行，行间支付系统即为银行自身和客户委托办理的结算事项提供资金清偿服务。资金清算过程包括两个基本程序，一是付款行通过支付系统向收款行发出支付信息；二是付款行和收款行之间实现资金划转。按照对转账资金的不同处理方式，银行同业间清算可分为差额清算系统与全额清算系统两种。差额清算系统将在一定时点上收到的各金融机构的转账金额总数减去发出的转账金额总数得出净余额，即净结算头寸；而全额清算系统对各金融机构的每笔转账业务进行一一对应结算，而不是在指定时点进行总的借贷方差额结算。

**专栏 4-4**

**当你在 ATM 取钱时，银行都做了什么**

我们先拿一个在 ATM（Automatic Teller Machine，自动取款机）取钱的例子来说明跨行业务的过程。

假如你拿着一张中国工商银行（简称“工行”）的卡去中国建设银行（简称“建行”）

的 ATM 取了 100 元，这时候就发生了跨行业务。

（1）建行系统告诉工行系统，有个工行用户要在我这儿取 100 元，能不能让他取？

（2）工行说，他的工行账户够扣 100 元，你先帮我给了吧！

（3）建行 ATM 就吐出 100 元。

于是，你拿到了现金，同时你的工行账户也减少了 100 元。对你而言，整个交易就已经结束了。但是，建行先替工行给了你 100 元，这里形成了一个银行间的债务关系：工行欠建行 100 元。这 100 元何时还？怎么还？

虽说是银行之间的事，但是只有等这 100 元还清了，银行才会把这笔交易当作是真的完结了。

可见，银行的一次跨行取款可以分为支付和清算两个步骤：从你插入卡片到 ATM 吐出钞票，这个过程称为支付（Payment）；工行还给建行 100 元，这个过程称为清算（Clearing）。

支付和清算就是信息流和资金流。

支付反映的是交易的信息流，一般都是实时的。当你在建行 ATM 取款时，工行层面只是在它内部账户做了一次记账而已，其资金并未减少。

但是建行和工行之间一定会发生实际的资金划转以清偿债权债务关系，所以清算反映的是交易的资金流。银行之间可能每天清算一次，也可能隔一段时间再清算，不过大多数情况下的清算是非实时的。

现代社会的几乎所有商业行为，最终都会产生交易。而所有的交易，除了物物交换，最终都体现在银行账户间的资金划拨上，因此一个国家的支付清算系统是最基础的工程。这个系统涉及两个问题：一是信息流如何传递，即建行和工行之间以什么方式通信；二是资金流如何清算，即工行什么时候以什么方式还给建行 100 元钱。

这两个问题的解决方案，就是支付清算系统。

（资料来源：http://mt.sohu.com/20160803/n462355807.shtml.）

2. 上层系统

上层系统是指中央银行为商业银行提供支付清算服务。它是完成商业银行之间支付和中央银行与商业银行之间支付活动的最终的资金清算与结算系统，并对联系各个金融和货币市场、实现货币政策传导机制的有效畅通有重要作用。

经济体系中的债务清算过程就是货币所有权的转移过程。现实经济中的支付货币有三种形式：流通中现金、银行存款和中央银行货币。与支付货币的三种形式相适应，经济体系中的支付系统也可以分为三个层次：现金支付、由商业银行帮助微观经济主体进行的存款支付、由市场参与者交易行为产生的债务关系以及商业银行本身在债务市场活动中产生的债务关系造成的商业银行之间的债权债务关系的清算支付。前两个层次的支付是不需要中央银行介入的，而第三层次的支付则必须由中央银行提供中央银行货币转移支付才能最终完成。

各国中央银行提供支付清算服务的方式与范围有所不同，但业务运行原理基本一致。为利用中央银行的支付清算服务，金融机构需要在中央银行开立往来账户，中央银行通常要求金融机构在账户中保持一定的备付金，以保证清偿的顺利进行。金融机构之间的债权债务和应收应付款项，通过中央银行账户进行划转清算。目前多数发达国家中央银行经营的支付系统是实时全额清算（Real Time Gross Settlement，RTGS）系统。

一国银行支付结算体系的基本构成如图 4-4 所示。

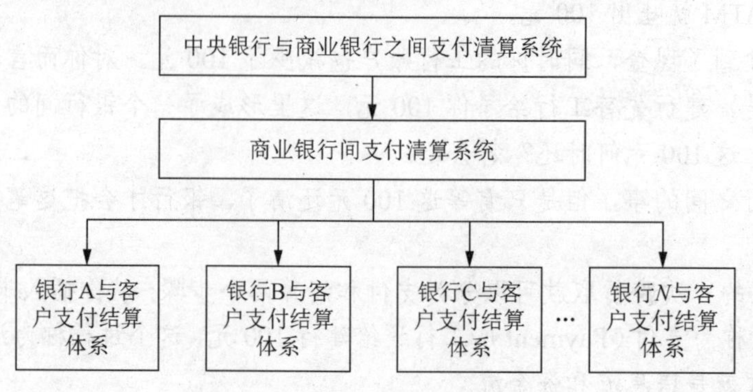


图 4-4　支付结算体系的基本构成

（二）支付方式的概念及其主要类型

支付结算是指单位、个人在社会经济活动中使用票据、信用卡和汇兑、托收承付、委托收款等结算方式进行货币给付及其资金清算的行为[①]，主要功能是完成资金从一方当事人向另一方当事人的转移。支付方式是与支付工具联系在一起的，什么样的支付工具往往决定了什么样的支付方式。广义的支付结算包括现金结算和银行转账结算，狭义的支付结算仅指银行转账结算。

1. 现金结算

现金结算是转账结算的对称，指在商品交易、劳务供应等经济往来中直接使用现金进行应收应付款结算的行为，是货币结算的形式之一。现金结算有两种渠道：一种是付款人直接将现金支付给收款人，不通过银行等中介机构；另一种是付款人委托银行和非银行金融机构或非金融机构（如邮局）将现金支付给收款人。

在我国，现金结算主要适用于单位与个人之间的款项收付以及单位之间在转账结算起点金额以下的零星小额收付。

2. 转账结算

转账结算（现金结算的对称）是指不使用现金，通过银行将款项从付款单位（或个人）的银行账户直接划转到收款单位（或个人）的银行账户的货币资金结算方式。这里的“账”，指的是各单位在银行开立的存款账户。银行接受客户委托代收代付，即从付款单位存款账户划出款项，转入收款单位存款账户，以此完成经济单位之间债权债务的清算或资金的调拨。由于转账结算不动用现金，所以又称为非现金结算或划拨清算，包含票据结算、银行卡结算及其他结算业务。其中，其他结算业务含贷记转账、直接借记、托收承付及国内信用证。具体又包括以下业务。

① 参见中国人民银行《关于印发〈支付结算办法〉的通知》（1997 年 9 月 19 日）。

1）票据结算

传统票据有本票、汇票、支票。在我国，票据是汇票（银行汇票和商业汇票）、支票及本票（银行本票）的统称，是我国企事业单位使用最广泛的非现金支付结算工具。

2）信用卡

信用卡付款是顾客自愿使用其信用卡通过网络即时向对方账户支付的一种方式，付款成功后，所支付的款项将立刻进入商家提供的账户。信用卡为银行客户和广大零售商提供了一种方便且安全的支付工具，因此深受欢迎，使用范围比较广。

信用卡支付有几种方式，第一种类似于直接银行转账，将款项从信用卡直接汇到对方提供的银行账户，这种方式在国内来说需要同时拥有信用卡银行的借记卡，转账额度和费率都比较高，且效率和安全性不高，一般使用这种方式的比较少；第二种是可以通过信用卡支付通道完成付款，目前国内拥有多家信用卡通道第三方支付公司，做法是将款项转到第三方支付公司的账户上，然后由第三方支付公司将款项汇至指定的账户中，这种方式是比较成熟的付款方式。

3）转账支付

转账支付（简称“转账”），分为贷记转账和借记转账两类。

贷记转账是指由付款人发出支付指令，指令其银行将一定金额转移到指定的收款人账户中去的转账支付。消费者可用这种方式支付房租、医疗保险、煤气费、水电费、电话费以及偿还银行的房屋贷款利息等。企业通常利用这种方式支付职员工资，政府支付给公民的社会福利金也广泛使用这种方式。

与贷记转账相反，借记转账是由收款人发出支付指令，指令对方银行将一事实上金额从对方银行客户的账户转移到收款人的银行账户中，债权人可用这种方式方法收取房租、水电费、保险费等。

贷记转账支付与借记转账支付都非常适合自动化处理。为了解决支票的退单问题，出现了贷记转账资金划转系统，如由德国邮局率先采用后被英国商业银行跟进的Giro系统。

4）汇兑、托收承付与委托收款

汇兑又称汇兑结算，是指汇款人委托银行将其款项支付给收款人的结算方式。单位和个人的各种款项的结算，均可使用汇兑结算方式。这种方式便于汇款人向异地的收款人主动付款，适用范围十分广泛。简言之，汇兑即委托银行作为付款人进行付款。

托收承付亦称异地托收承付，是指根据购销合同由收款人发货后委托银行向异地付款人收取款项，由付款人向银行承认付款的结算方式。

委托收款是指收款人委托银行向付款人收取款项的结算方式。委托收款分邮寄和电报划回两种，由收款人选用。前者是以邮寄方式由收款人开户银行向付款人开户银行转送委托收款凭证、提供收款依据的方式；后者则是以电报方式由收款人开户银行向付款人开户银行转送委托收款凭证、提供收款依据的方式。

5）国内信用证

国内信用证（简称信用证），是适用于国内贸易的一种支付结算方式，是开证银行依照申请人（购货方）的申请向受益人（销货方）开出的有一定金额、在一定期限内凭信用证规定的单据支付款项的书面承诺。

我国信用证为不可撤销、不可转让的跟单信用证。不可撤销是指信用证开具后在有效期内，非经信用证各有关当事人（即开证银行、开证申请人和受益人）的同意，开证银行不得修改或者撤销信用证；不可转让是指受益人不能将信用证的权利转让给他人。

信用证结算方式只适用于国内企业之间商品交易产生的货款结算，并且只能用于转款结算，不得支取现金。

6）电子支付

在前述支付方式基础上，互联网信息技术的进步推动了新支付方式的发展。电子支付系统是指由提供支付服务的中介机构、管理货币转移的法规以及实现支付的电子信息技术手段共同组成的，用来清偿经济活动参加者在获取实物资产或金融资产时所承担的债务，即把新型支付手段（包括电子现金、信用卡、借记卡、智能卡等）的支付信息通过网络安全传送到银行或相应的处理机构，来实现电子支付。

电子支付系统可以分为四类：大额支付系统、联机小额支付系统、脱机小额支付系统和电子货币。

（1）大额支付系统。大额支付系统是一个国家支付体系的核心应用系统，它通常由中央银行运行，采用 RTGS 模式。该系统主要处理银行间大额资金转账，通常支付的发起方和接收方都是商业银行或在中央银行开设账户的金融机构。也有由私营部门运行的大额支付系统，这类系统对支付交易虽然可做实时处理，但要在日终进行净额资金清算。大额系统处理的支付笔数较少，但资金额却很大。

（2）联机小额支付系统。联机小额支付系统指 POS（Point of Sales）机系统和 ATM 系统，其支付工具为银行卡（信用卡、借记卡或 ATM 卡等）。它的主要特点是金额小、业务量大，交易资金采用净额结算。

（3）脱机小额支付系统。脱机小额支付系统也被称为批量电子支付系统，即自动清算中心（Automatic Clearing House，ACH）。ACH 是由成员存款机构达成的成员机构间以电子借记或贷记方式进行支付的一种安排，一般用于小额交易支付，通常以净额结算的形式，对支付指令采取批量处理方式进行。主要处理预先授权的定期借记（如公共设施缴费）或定期贷记（如发放工资）。支付数据以磁介质或数据通信方式提交清算所。

（4）电子货币。目前，常用的电子货币有以下几种：①储值和信用卡型，如储蓄卡和信用卡；②智能卡型，如 IC 卡；③电子支票型，指启动支付过程后，计算机屏幕上出现的支票图像，出票人用电子方式做成支票并进行电子签名而出票；④数字现金型，指依靠互联网支持在网络上发行、购买、支付的数字现金（Digital Cash）。

支付结算工具种类与关系如图 4-5 所示。

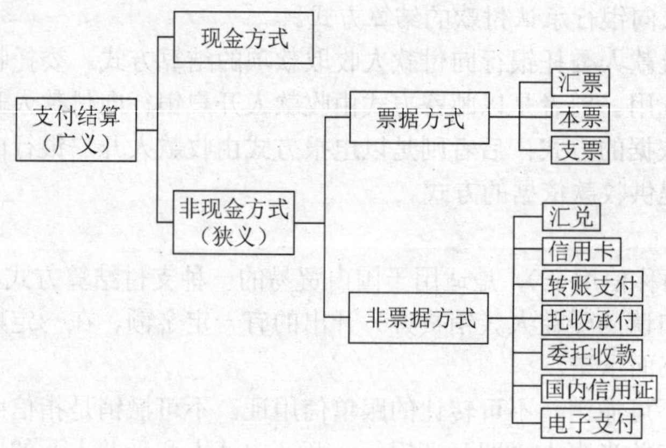


图 4-5　支付结算工具种类与关系

## 三、我国银行支付结算体系构成

### （一）我国银行支付清算体系结构

我国目前支付结算体系由中央银行和国有商业银行两大类系统、三条支付清算渠道构成。第一条渠道：中央银行支付清算系统，包括 2 000 多家同城清算所、全国手工联行系统和全国电子联行系统。第二条渠道：国有商业银行联行往来系统及其辖内（内部）往来系统，大约 2/3 的异地支付是通过这些系统进行清算的。第三条渠道：商业银行同业之间的异地跨系统资金划转，视汇出行或汇入行所在地区机构设置的特点，采用“先横后直”[①]“直横再直”的方式，对开账户，相互转汇。同地划转则采用对开账户，直接往来或单向开户往来方式。这种方式主要用于建立同城票据交换的小城镇或矿区。

支付清算体系由四部分组成：一是银行账户体系；二是支付结算工具体系；三是支付清算系统；四是支付结算管理体系。银行账户是办理支付结算业务的基础和门户；各种支付结算工具是转移资金的载体；支付清算系统是最终实现资金清算的渠道；统一的支付结算管理是我国支付结算体系正常运行的重要保障。支付结算体系的这四个组成部分是密不可分的有机整体。我国银行支付清算体系结构如图 4-6 所示。

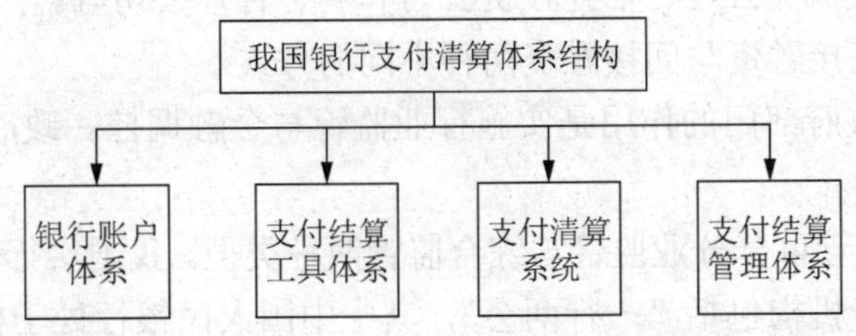


图 4-6　我国银行支付清算体系结构

### （二）我国支付清算系统

目前，我国已形成以中国现代化支付系统（China National Advanced Payment System，CNAPS）为核心，以商业银行行内系统为基础，票据交换系统和银行卡支付系统并存，支撑多种支付工具的应用并满足社会各种经济活动支付需要的中国支付清算体系。

CNAPS 是中国人民银行按照中国支付清算需要，并利用现代计算机技术和通信网络自主开发建设的，能够高效、安全处理各银行办理的异地、同城各种支付业务及其资金清算和货币市场交易的资金清算的应用系统。它是各银行和货币市场的公共支付清算平台，是中国人民银行发挥其金融服务职能的核心支持系统。

CNAPS 由中国人民银行建设和维护，主要包括大额实时支付系统、小额批量支付系统、网上支付跨行清算系统、同城清算系统、境内外币支付系统、全国支票影像交换系统、银行业金融机构行内支付系统、银行卡跨行支付系统、城市商业银行汇票处理系统和支付清算系

① “横”指不同银行之间的汇划往来，“直”指系统内联行的汇划往来，横直的不同顺序依赖于资金往来行之间本行和他行分支机构的不同设置。

统、农信银支付清算系统、人民币跨境支付系统。作为全社会资金流动的“大动脉”，CNAPS在中国经济金融运行中发挥着重要作用。

# 本 章 小 结

（1）金融体系是由金融工具、金融机构和监管协调机构构成的资金流动的基本框架。

（2）金融体系的主要功能包括支付清算、融通资金、资源转移、风险管理、信息提供、激励机制。

（3）金融体系有两大类型：市场主导型和银行主导型。

（4）金融市场是指实现货币借贷，办理各种票据和债券股票等有价证券买卖的场所。作用是帮助人们进行资金融通，使资金从多余者向短缺者手中转移。

（5）金融市场基本要素包括交易主体、交易对象和交易价格。

（6）金融市场价格是宏微观经济活动的重要观察指标。

（7）金融机构亦称金融中介，指那些主要业务是提供金融服务和产品（工具）的企业，包括银行、证券公司、保险公司、信托投资公司和基金管理公司等。

（8）资金融通有直接融资与间接融资两种不同的方式。

（9）金融体系中政府部门的作用是实施行业监管与金融调控。政府部门分专门的行业监管部门与中央银行。

（10）世界各国监管可分分业监管与综合监管两种类型。我国实行国务院统一领导下的分业监管模式，金融监管机构包括“一行两会”，其中中国人民银行处于核心地位。

（11）金融调控的部门是中央银行。中央银行主要通过利率与资金可得性的调节来实施金融调控。

（12）金融基础设施是指处理金融机构之间交易的支付及结算系统，以及这些系统之间的联网。

（13）支付清算系统又称支付系统，是一个国家或地区对交易者之间、金融机构之间的债权债务关系进行清偿的系统。

（14）支付结算是指单位、个人在社会经济活动中使用票据、信用卡和汇兑、托收承付、委托收款等结算方式进行货币给付及资金清算的行为，主要功能是完成资金从一方当事人向另一方当事人的转移。

# 关 键 概 念

| | | | |
|---|---|---|---|
| 有形市场 | 无形市场 | 发行市场 | 流通市场 |
| 银行金融机构 | 非银行金融机构 | 直接融资 | 间接融资 |
| 金融调控 | 金融监管 | 现金结算 | 非现金结算 |

| | | | |
|---|---|---|---|
| 票据结算 | 非票据结算 | 汇兑 | 托收承付 |
| 委托收款 | 贷记转账 | 借记转账 | 电子支付系统 |
| 大额支付系统 | 联机小额支付系统 | 脱机小额支付系统 | 中国现代化支付系统 |

# 复习思考题

## 一、简答题

1. 金融体系有哪些主要功能？试分述之。
2. 金融市场上的价格表现有哪些具体形式？
3. 为什么说商业银行是金融体系中最重要的机构？
4. 直接融资和间接融资各自的特点及其区别是什么？
5. 为什么不宜把直接融资理解为一种没有金融中介机构介入的资金融通方式？
6. 中央银行在金融体系中有哪些主要作用？
7. 什么是金融监管？金融监管的政府部门有哪几种类型？
8. 金融基础设施的基本功能有哪些？
9. 支付结算可以分为哪几种基本类型？
10. 什么是贷记转账？什么是借记转账？
11. 什么是银行间清算？
12. 什么是中国现代化支付系统？

## 二、论述题

1. 为什么说金融中介机构在金融市场中扮演着中心枢纽的角色？
2. 银行与非银行金融机构的资金来源和运用有何不同（列表加文字说明）？
3. 试用图形描绘由金融工具与市场主体构成的金融体系结构。
4. 金融体系没有政府部门的介入可以吗？为什么？
5. 政府行业监管部门与中央银行的区别何在？
6. 试用图形描绘现代金融体系的完整结构（不考虑金融基础设施）。
7. 试用图形描绘一国银行支付结算体系的基本构成。
8. 非现金结算的主要类型有哪些？

# 数据资料与相关链接

1. 可汗学院公开课——货币银行学：http://open.163.com/special/Khan/bankingandmoney.
2. 中央电大货币银行学视频教程：http://www.21edu8.com/university/caikuai/23715.

3．货币银行学视频教程 43 讲（北大）：http://v.ku6.com/show/TGjxPk48GHviebR2EZv2GQ...html?from=my.

## 延 伸 阅 读

1．黄达，张杰．金融学[M]．5 版．北京：中国人民大学出版社，2020．

2．易纲，吴有昌．货币银行学[M]．上海：上海人民出版社，2006．

3．[美] 弗雷德里克 · S．米什金．货币金融学[M]．12 版．王芳，译．北京：中国人民大学出版社，2021．

# 第五章

# 金融市场

第四章介绍了金融市场的基本概念，目的在于给出现代金融体系的完整框架，因此，仅就金融市场进行了概括性的介绍，对其具体类型和结构等内容并未展开讨论，原因是为了避免使金融体系框架的内容变得过于冗长、复杂，影响主题的展开。本章将对金融市场的类型和构成展开阐述，以为后续金融资产价格利率决定和形成的讨论提供基础。

本章首先讨论金融市场的基本类型，然后讨论不同类型金融市场的基本特征及其构成，最后讨论我国金融市场及其主要类型。

## 知识与技能目标

通过本章的学习，学生应能区分主要的金融市场类型，掌握货币市场与资本市场的区别和联系，清楚外汇市场的构成以及黄金市场的概念，了解我国金融市场体系及其主要类型。

## 引导案例

### 美国人为何不存钱

**案例导读**：美国人为何不存钱？是真穷还是另有缘由？本案例显示，美国人不存钱，原因之一是他们的钱可以有比简单储蓄更好的选择。储蓄还是货币基金？正是这种不同金融商品之间的竞争推动了不同层次金融市场的发展。

调查数据显示，超过62%的美国人，账户存款不足1 000美元。从1980年开始，美国的储蓄率就低于20%，在2010年甚至只有10%，而同时期中国超过50%。那么，美国人为何不存钱？美国货币基金的发展可能是一个答案。

我们闲置的金钱可以有多种不同的选择，其中最简单的方式就是存入银行，因为存入银行既方便又安全，可以随时提取也可以划款转账，但是美国人大多不会选择简单的储蓄，而会选择货币基金。

货币基金的全称是货币市场基金，是当前金融市场众多金融产品中的一种，投资者可根据自身需要选择不同的货币基金。

货币市场基金最早创设于 1972 年的美国。

货币市场基金一经面世便得到了市场的广泛认可，规模迅速发展，成为储蓄的替代品。1991 年货币市场基金规模达到 5 000 亿美元（储蓄存款 9 392 亿美元），1997 年首次突破 1 万亿美元（储蓄存款 1.5 万亿美元），2001 年达 2.285 3 万亿美元并第一次超越储蓄存款总规模。2008 年国际金融危机前，美国货币市场基金规模发展至 3.5 万亿美元（储蓄存款只有 1.68 万亿美元）。

持有货币市场基金，既具有活期储蓄的方便性，又有活期储蓄不可比拟的收益。过去 10 年的数据表明，美国货币市场基金的年平均收益率为 4.25%，而美国活期存款利率过去 10 年趋近于零。货币市场基金吸引了美国家庭的投资，1977—1993 年美国利率市场化过程中，货币基金规模年均复合增长达到 33%。2000 年年末，美国家庭短期资产的 22%是以货币市场基金的形式存在的，这一比例比 1990 年上升了一倍。

（资料来源：http://mt.sohu.com/20160707/n458204696.shtml;http://xueqiu.com/1975439667/24144038.）

## 第一节　金融市场的基本分类

金融市场是一个庞大的复杂系统，包括许多既相互独立又相互关联的市场，根据不同的标准，可以划分为不同的类型。了解这些类型，有助于我们理解金融市场的结构。

按照交易对象（即金融工具）的期限长短，金融市场可分为货币市场和资本市场。

按照交易对象的类型，金融市场可分为本币市场、外汇市场、黄金市场、证券市场、现货市场、期货市场。

按照交易的性质与方式，金融市场可分为借贷市场、租赁市场、证券市场、公开市场、议价市场。

按交易的区域，金融市场可分为国内金融市场与国际金融市场。

金融市场还可以按其他标准作进一步的分类，每一类市场还可以分为不同的子市场。

下面，我们将根据与货币信用创造与货币政策调节的紧密程度，重点讨论货币市场、资本市场与外汇市场三类市场。其中，货币市场既是货币信用创造的直接场所也是货币政策调节的首要对象；资本市场作为中长期资金的融通场所，与货币市场活动紧密关联，货币市场利率与资金供求的变化将对资本市场的活动产生直接影响；而外汇市场则是受本外币利率变化直接影响的市场，一国货币对他国货币的比率或价格（即汇率）的变化直接作用于一国的对外部门，是货币调控必须关注的重要变量，因此，外汇市场也是我们要重点讨论的对象。固然，金融市场是一个相互联系的有机整体，各个市场之间不能截然分开，一个市场活动水平的变化也会向其他市场传导并受到其他市场的影响。不过，这三大市场的作用是核心的，起支配性作用的，它们也是货币政策的关注重点，故须重点讨论。

## 第二节 货币市场

货币市场是指期限在一年以内、以短期金融工具为媒介进行资金融通和借贷的市场，是一年期以内的短期融资工具交易所形成的供求关系及其运行机制的总和。

除信贷市场外，货币市场是典型的以机构投资者为主体的市场。其活动的主要目的是保持资金的流动性：一方面满足资金需求者的短期资金需要，另一方面为资金充裕者的闲置资金提供盈利机会。

就结构而言，货币市场主要包括短期信贷市场、同业拆借市场、回购市场、大额可转让定期存单市场、票据市场等。

### 一、短期信贷市场

短期借贷市场是指一年之内的资金借贷市场，主要是通过银行进行的借贷，也有银行之外的借贷市场，如小额贷款公司提供的小额担保贷款等，但银行借贷是货币市场的主体。短期借贷分借、贷两个方面，同一笔资金对银行来说是贷，对借款人来说就是借。因此，从不同视角出发，短期借贷也称短期借款或短期贷款。

短期借款按照目的和用途可分为流动资金借款、临时借款、结算借款等；按照借款方式可分为保证借款、抵押借款、质押借款、信用借款。

对银行而言，短期信贷主要是流动资金贷款，它占了银行贷款的大部分，这是同银行资金来源相适应的。但是，并非所有的流动资金都是一年期之内的短期贷款。流动资金贷款，是指贷款人向企（事）业法人或国家规定可以作为借款人的其他组织发放的用于借款人日常生产经营周转的本外币贷款[①]。我国将流动资金贷款分为三类：①3 个月以内为临时贷款；②3 个月以上至 1 年之内，为季节性贷款；1 年以上到 3 年以内，为周转贷款。这样就扩大了流动资金期限范围，而将货币市场交易对象限定为前两类流动资金贷款。此外，1999 年以来倡导的消费信贷，其中有一部分也属于一年期之内的贷款或短期透支。流动资金贷款具有贷款期限短、手续简便、周转性较强、融资成本较低的特点。

临时贷款是银行等金融机构为解决工商企业季节性、临时性原因引起的资金不足，而发放的短期贷款。

结算借款是指在采用托收承付结算方式办理销售贷款结算的情况下，企业为解决商品发出后至收到托收贷款前所需要的在途资金而借入的款项。

保证贷款指贷款行以借款人提供的具有代为清偿能力的企业法人单位或第三方自然人作为保证人而向其发放贷款的方式。

抵押贷款指贷款行以借款人或者第三人提供的符合规定条件的房产作为抵押物而向借款人发放贷款的方式。

质押贷款是指贷款人按合法质押方式以借款人或第三人的动产或权利为质押物发放的贷款。质押是债务人或第三人将其动产或者权利移交债权人占有，将该动产作为债权的担保，当债务人不履行债务时，债权人有权依法就该动产卖得价金优先受偿。可作为质押的质押物

① 参见原中国银监会《流动资金贷款管理暂行办法》。

包括国库券、金融债券、优秀级企业债券、储蓄存单等有价证券。

信用借款是指企业凭借自己的信誉从银行取得的借款。这种借款无须以财产作为抵押。银行在对企业的财务报表、现金预算等数据分析的基础之上，决定是否向企业贷款。一般只有信誉好、规模大的公司才可能得到信用借款。信用借款对银行来说，风险较高，因此要求的利率较高。信用借款一般都带有一些限定条件，如信用额度、周转信用协议和补偿性余额等。

信贷额度又称信贷限额，是借款人与银行在协议中规定的允许借款人的最高限额。信贷额度是银企之间的一种协议，不具有法律效力。如果银行缺乏信贷资金或客户财务状况较差，银行可根据情况改变信用限额或拒绝提供贷款。

周转信用协议又称循环使用的信用协议，是银行正式承诺的最高贷款限额，需要企业提供额外的承诺费用。在协议有效期内，只要公司的借款总额未超过最高限额，银行必须满足公司任何时候提出的借款要求。周转信用协议的有效期一般为 1 年，但实际上，贷款每几个月发放一次，因此，它不仅可以满足公司季节性的资金需求，还可以满足一般流动资金的需求。

补偿性余额是银行要求借款人在银行中保持按贷款限额或实际借用额一定百分比（一般为 10%～20%）计算的最低存款余额。补偿性余额有助于银行降低贷款风险，补偿其可能遭受的风险；对借款企业来说，补偿性余额则提高了借款的实际利率，加重了企业的利息负担。

短期贷款的发放，要以法律为准绳，合同为依据：贷款人应和借款人及其他相关当事人签订书面借款合同及其他相关协议，需担保的应同时签订担保合同；贷款人应在借款合同中与借款人明确约定流动资金贷款的金额、期限、利率、用途、支付方式、还款方式等条款。

银行在短期借贷中要注意风险防范。由于贷款管理不善，短期贷款逾期不能归还，演变为不良贷款，对于贷款者来说，要承受资金周转不灵甚至资金损失的风险。

## 二、银行同业拆借市场

银行同业拆借市场（同业拆借市场）是银行之间运用存于中央银行的准备金而进行的余额调剂、融通短期资金的市场。所谓拆借，是一种按天计算的借款，又称拆放、拆款。通常以 1～2 天为限，多则 1～2 周，或事先约定期限，借款人可随时归还，放款人也可随时通知借款人归还，但最多一般不超过一个月。

拆借按日计息，称为拆息。拆息率（拆借利率）每天不同，甚至一天之内也有变化。拆息率的高低，灵敏地反映着资金市场供求状况。

同业拆借主要通过电信手段成交，交易的金额较大。日拆一般无抵押品，单凭银行的信誉，期限较长的拆借常以信用度较高的金融工具为抵押品。

交易方式以询价方式进行。询价交易是指交易双方以双边授信为基础，自行协商确定交易价格以及其他交易条件的交易方式，包括报价、格式化询价和确认成交三个步骤。

拆借有两种情况：一种是商业银行之间的相互拆借；另一种是商业银行对证券市场经纪人的拆借。

商业银行之间的拆借，主要是互相买卖它们在中央银行的超额准备金（指超过法定准备金部分的准备金，法定准备金为中央银行依法确定的银行吸收存款的缴存央行账户部分）存款余额：各金融机构在一天营业结束后，可能形成资金的多余或不足，不足者不能保证第二天正常营业，多余者资金闲置，因此有必要临时性资金调剂，即拆借。资金拆借的方式，一般由拆入资金的银行开给拆出资金的银行一张本票，拆出资金的银行则开给拆入资金的银行一张它在中央银行存款的支票（或用电话、电报通知），这样就可以将其超额准备金动用起来。归还时，从拆入者账户转账划给拆出者账户。由于银行同业间拆借资金具有灵活、及时的特点，可以减少整个准备金数额，提高资金使用效率。

商业银行对证券市场经纪人的拆借又称通知放款。这是一种无固定期限、可由借贷任何一方随时通知清偿的放款。通知放款盛行于证券市场，借款人大多是交易所经纪人或证券购买人。通知放款的利率较低，但须以证券或其他财产作为担保，如借款人无力偿还，银行有权处理担保品。通知放款的性质属于短期拆借，对于银行来说，具有较大的流动性，但不利于借款人有计划地使用资金。所以，工商企业一般很少借用这种放款。

在我国，同业拆借是指经中国人民银行批准进入全国银行间同业拆借市场的金融机构之间，通过全国统一的同业拆借网络进行的无担保资金融通行为。同业拆借交易以询价方式进行，自主谈判、逐笔成交；同业拆借利率由交易双方自行商定。

## 三、回购市场

回购市场指通过回购协议进行短期资金融通交易的市场，是货币市场的基本组成部分之一。作为债券市场最主要的交易品种，回购在中央银行货币调控及商业银行等机构流动性管理中起着重要作用。

债券回购交易是指债券买卖双方在成交的同时，约定于未来某一时间以某一价格双方再进行反向交易的行为。即债券持有人在卖出一笔债券的同时，与买方签订回购协议，约定在一定期限后按约定的价格购回所卖证券，从而获得即时可用资金的一种融资活动。其实质是交易双方进行以证券为权利质押的一种短期资金融通。

回购协议也称再回购协议，相对于资金融出方又称为反回购或逆回购协议。回购协议以短期为主，最长期限一般不超过一年。回购协议中的金融资产主要是高信用等级债券，即短期国债。回购协议的交易双方为防范风险，协议中可写明提供资金的数量与提供的证券市场价值之间保留一个差额——保证金。

一笔回购交易涉及两个交易主体（资金融入方与资金融出方，资金融入方称为正回购方，资金融出方称为逆回购方）、两次交易行为（初始交易和回购期满时的回购交易）和相应的两次清算。

根据回购方式的不同，回购交易可分正回购和逆回购两种。正回购是指回购协议的交易双方同意债券持有人卖出债券，并在约定的未来日期买回债券。逆回购是指资金持有方，暂时放弃相应资金的使用权，从而获得融资方的债券抵押权，并于回购期满时归还对方抵押的债券，收回融出资金并获得一定利息。该业务其实等同于短期贷款，即把钱借给对方，获得固定利息，并获得对方的债券抵押；对方则用债券作为抵押，到期还本付息。证券回购流程如图 5-1 所示。

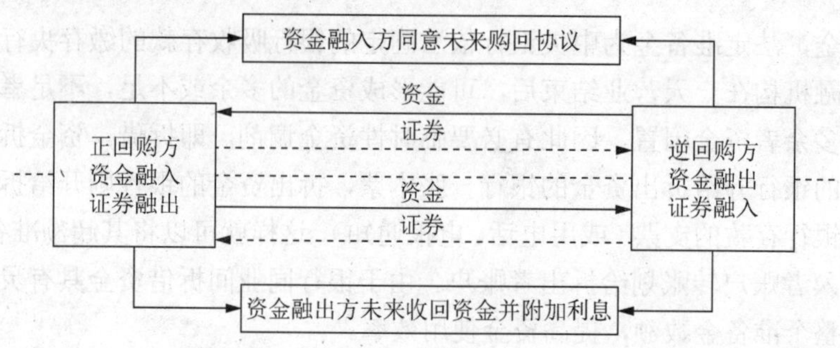


图 5-1　证券回购流程

回购市场的市场参与主体分为左右两方，左边方框代表正回购方，即资金融入方与证券融出方；右边方框代表逆回购方，即资金融出方与证券融入方。图形上部显示正回购交易流程，即证券回购的初始交易，正回购方与交易对手逆回购方达成回购协议，同意回购期满时按双方约定的条件购回所出售或抵押的债券；交易的结果是正回购方获得所需融入的资金（如实线箭头所示），而逆回购方资金融出方，得到资金融入方出售或抵押的债券（如虚线箭头所示）。图形下部显示逆回购交易流程，即证券回购期满时的交易，根据双方达成的回购协议，逆回购方同意回购期满时按双方约定的条件收回资金与附加利息；交易的结果是正回购方归还逆回购方初始交易所融出的资金并支付一定的利息（如实线箭头所示），而逆回购方则归还初始交易时正回购方融出的债券（如虚线箭头所示）。

回购协议的价格有两种，一种是证券的卖出与购回采用相同的价格，协议到期时以约定的收益率在本金外再支付费用；另一种是购回证券时的价格高于卖出时的价格，其差额就是资金融出方的合理收益率。回购协议的回购价格为售价另加利息，相当于普通贷款的偿付融资本息。

根据交易场所，回购可以分为场内回购和场外回购。场内回购是指在中心交易场所内的标准化回购业务。标准化回购对回购业务的券种、期限结构、回购合约标的金额、交易竞价方式、清算与结算等内容都有详细的规定。场外回购是指在交易所和交易中心之外的证券公司及同业之间进行的证券回购交易。

在成熟市场经济国家，证券回购通常是一个无形市场，而非中心交易场所交易，即通过电讯系统达成回购协议。

在我国，国债回购业务存在于交易所和银行间两大市场，其中交易所为场内交易市场，银行间属于场外交易市场。银行间国债回购市场采取场外交易的方式，标的国债[①]由中央国债登记结算有限责任公司托管，交易双方通过对标的国债进行询价、报价、协议成交和自主结算等完成交易。而交易所的国债回购交易属于场内交易，标的国债由中国证券登记结算有限责任公司托管，交易双方通过竞价系统对标准券[②]进行报价，由电脑自动撮合成交，并由中国证券登记结算有限责任公司进行集中结算。

## 四、大额可转让定期存单市场

大额可转让定期存单市场是以经营定期存款单为主的市场，简称存单市场。存款单是银

① 标的债券，标的债券指在银行间债券市场交易流通的债券。——百度百科。

② 标准券，是指在证券回购交易中，由证券交易所或同业拆借中心根据证券经营机构（债券回购融资方）证券账户的债券（国债或企业债）存量，按照不同的券种，根据各自的折合比率计算的，用于回购抵押的标准化国债券（综合债券）——百度百科。

行签发给存款人的存款凭证。定期存款单是约定存期、到期支取的一种存款。大额可转让定期存单（简称存单）是一种固定面额、固定期限、可以转让的大额存款凭证。与普通银行存款单不同，存单一是不记名，二是存单上金额固定且面额大，三是可以流通和转让。存单期限不能少于 14 天，一般都在 1 年以下，3～6 个月的居多。存单持有人到期可向银行提取本息；未到期时，如需现金，可以转让。这对企业或个人有闲置资金想贷出而又恐有临时需要者具有很大的吸引力。故存单成为货币市场重要交易对象之一。

大额可转让定期存单有助于银行吸收存款，克服定期存款不能周转的局限性，为投资者提供了一个流动性强、收益率相对较高的投资工具，丰富了货币市场金融工具的品种，为银行资产负债管理增添了新手段。

## 五、票据市场

票据市场是指在商品交易和资金往来过程中产生的以汇票、本票和支票的承兑、贴现、转贴现、再贴现来实现短期资金融通的市场。作为一个子市场，在整个货币市场中，票据市场是最基础、交易主体最广泛的基本组成部分。

在我国，票据市场是指由中国人民银行领导的，中国外汇交易中心与中国银行业资金拆借中心下辖发行“中央银行票据”和“企业短期融资券”的中心交易场所和各商业银行之间经常操作票据交易并交割的场所。在我国目前票据市场中，银行承兑汇票占据 95%左右，而商业承兑汇票仅占有 5%。银行承兑汇票占绝对统治地位。

票据市场资金融通的特点是期限短、数额小、交易灵活、参与者众多，是一个历史悠久、大众化、基础性的市场。

票据市场可以划分为票据承兑市场和票据贴现市场、票据转贴现市场、票据再贴现市场以及中央银行票据市场。

### （一）票据承兑市场

票据承兑市场是以经营承兑票据为业务，由银行及其他金融机构与票据经纪人买卖承兑票据而构成。承兑是指票据持有人要求债务人签字盖章承认到期兑付的行为，这里被承兑的票据是指汇票。承兑的性质就是承兑人对收款人无条件支付票款的保证。承兑后的票据称为承兑票据。由于承兑票据的承兑人已经保证在偿付期支付，因而投资者愿意在二级市场上购买或销售承兑票据，以调整流动性资产，从而形成承兑市场。

票据承兑市场的交易对象主要有银行承兑汇票和商业承兑汇票。与商业承兑汇票相比，银行承兑汇票由于有银行作为后盾，因而成为承兑市场的重要交易对象。

票据承兑市场的构成者主要有：①提供承兑票据的各类银行，它们为出口商或国内厂商提供票据承兑。②票据商。他们从出票人、承兑单位及持票者手中购进承兑票据，并以稍高的价格出售，从中获利。承兑票据的买主，主要有商业银行、中央银行、储蓄银行、保险公司及其他金融机构。其中，中央银行在承兑市场的买卖行为主要是稳定市场供求而非以营利为目标。

### （二）票据贴现市场

贴现是指票据的持票人在汇票到期日前，为了获得资金而贴付一定利息将票据权利转让给银行的票据行为，是银行向持票人融通资金的一种方式。贴现交易的工具是经过背书的汇票和本票以及政府国库券与短期债券。

商业银行购入票据，目的在于获取利润，一般情况下，会将购入票据保存到期，向承兑人收取票款。对工商企业而言，票据贴现可以使企业的资本从票据债权形式转化为现金形式，从而有利于资金周转，使资金循环顺利进行。票据贴现业务手续简便、贴现利率一般低于同期的流动性贷款、资金到账速度快，适用于中小生产流通企业的短期融资需求或大型企业的大宗货物卖出后的资金回流需求，能加速企业现金流转、降低融资成本。

商业票据贴现业务流程分为以下三个步骤。

（1）客户与买方签订商贸合同，收到下游企业（即买方企业）背书的商业汇票。

（2）客户向银行咨询贴现利率，达成一致意见后，签订贴现合同，由客户贴现背书后将票据实物交付给银行。

（3）银行审核真实贸易背景和票据真实性后，将扣除贴现利率后的资金划入客户账户。

### （三）票据转贴现市场

转贴现指金融机构为了取得资金，将未到期的已贴现商业汇票再以贴现方式向另一金融机构转让的票据行为，是金融机构间融通资金的一种方式。其中，转让票据权利的持票银行为转贴现行为的贴出行，接受持票行转让票据权利的银行为转贴现行为的购入行。

在我国，中国人民银行规定：商业汇票的贴现银行需要资金时，可持未到期的承兑汇票向其他银行转贴现；转贴现的期限从其贴现之日起至汇票到期日止；实付贴现金额按票面金额扣除贴现日至汇票到期前一日的利息计算；转贴现到期后，转贴现银行向申请贴现的银行收取票款。转贴现利率由交易双方自主商定。

### （四）票据再贴现市场

票据再贴现指金融机构为了取得资金，将未到期的已贴现商业汇票再以贴现方式向中央银行转让的票据行为，是商业银行以票据形式向中央银行的借款方式。

对中央银行而言，再贴现是买进票据，让渡资金；对商业银行而言，再贴现是卖出票据，获得资金。因此，再贴现是中央银行提供流动性、引导金融机构信贷投向、促进信贷结构调整的货币政策工具。中央银行可以通过提高或降低再贴现率来影响金融机构向中央银行借款的成本，从而影响货币供应量和其他经济变量。

在我国，商业银行进行票据贴现后，若其资金紧张，在贴现票据到期前，可持未到期的贴现票据，向中央银行申请再贴现。再贴现的期限最长不超过 4 个月；再贴现的利率由中央银行制定、发布和调整。因此，中国人民银行不仅可以利用再贴现来影响商业银行筹资成本，限制商业银行的信用扩张，控制货币供应总量，而且可以按国家产业政策的要求，有选择地对不同种类的票据进行融资，促进结构调整。

### （五）中央银行票据市场

中央银行票据简称央行票据，是中央银行为调节商业银行超额准备金，而向商业银行发行的短期债务凭证，其实质是中央银行债券。从世界范围看，总体上，央行票据大都是短期票据。因此，我们可以把央行票据纳入货币市场进行讨论。

世界上发行央行票据的经济体一般为发展中经济体，因为这些经济体金融市场发育程度不够，中央银行用于货币市场操作的国债不足，故只好通过中央银行直接发行票据来调节市场流动性。央行票据的发行对象主要是商业银行，发行方式以价格招标为主。根据国际货币基金组织的统计①，央行票据一般具有短期性的特点，期限大都在 1 年以内，虽然也有期限在 1 年以上的中长期票据，但数量较少。

在我国，已发行流通在市场上的央行票据期限包括 3 个月、6 个月和远期票据，其中以 1 年期以下为主。

央行票据由中国人民银行在银行间市场通过中国人民银行债券发行系统发行，发行对象是公开市场（指中央银行与指定交易商进行有价证券和外汇交易的市场）业务一级交易商，目前公开市场业务一级交易商有43家，均为商业银行。

发行央行票据，是一种向市场出售证券、回笼基础货币（即流通中现金与商业银行在中央银行的存款之和）的行为；央行票据到期，则体现为基础货币的投放。一般而言，央行票据发行后可在银行间债券市场上市流通交易，交易方式有现券交易和回购。现券交易分为现券买断和现券卖断两种：前者为央行直接从二级市场买入有价证券，一次性地投放基础货币；后者为央行直接卖出有价证券，一次性地回笼基础货币。回购交易则分为正回购和逆回购两种：正回购是央行向一级交易商卖出有价证券，并约定在未来特定日期买回的交易行为；逆回购的操作方向正好相反。现券卖断与正回购是中央银行从市场收回流动性的操作，受到中央银行实际持券量的影响。

除上述在公开市场交易的普通央行票据外，历史上，我国还发行过专项央行票据。专项央行票据主要用于置换商业银行和金融机构的不良资产（即偿付有问题的银行贷款），发行本身并不会改变市场上基础货币的供给水平。

## 第三节 资本市场

资本市场是以期限在 1 年以上的长期信用工具为交易对象的市场，其作用是满足中长期投资需求和政府弥补财政长期赤字的资金需要，包括长期借贷市场和证券市场。资本市场是长期资金市场，筹集资金大多用于扩大再生产的投资，融通资金期限长、流动性相对较差、风险较大而收益相对较高。

### 一、长期信贷市场

长期信贷市场是指经营 1 年以上的货币借贷业务市场。习惯上，1～5 年期的贷款为中期贷款，5 年期以上的贷款为长期贷款，也可统称为长期贷款。

长期贷款主要由商业银行、长期信用银行、人寿保险公司、信托银行等金融机构提供，其资金来源于储户和投保人的长期存款、保险金以及短期存款中的一部分，有的金融机构还有一些特定的资金来源。

长期贷款的需求者主要是工商企业、政府部门和国际金融机构等。长期贷款的特点是期限较长，利率较高，风险也较大。

① Nyawatao. Treasury Bills and/or Central Bank Bills for Absorbing Surplus Liquidity: The Main Considerations IMF Working Paper[J].Journal of International Commerce Economics & Policy, 2013, 4(2).

长期贷款的主要用途是形成实物资本。借款人的贷款目的主要是进行基本建设、技术改造等固定资产投资活动，或个人中长期消费贷款，如购买住房、汽车等消费活动。

长期贷款一般采用抵押放款的形式。抵押品主要是一些长期不动产（如土地、厂房、设备等实物资产），抵押的目的在于减少银行在发放长期贷款时所面临的风险。中国对国有大中型企业的长期贷款大多采用信用放款形式。

中长期贷款主要包括项目贷款、房地产开发贷款、银团贷款等类型。

项目贷款，是指银行发放的，用于借款人新建、扩建、改造、开发、购置固定资产投资项目的贷款。项目贷款主要有基本建设贷款、技术改造贷款等。

房地产开发贷款，是与房产或地产开发经营活动有关的贷款。房地产贷款的对象是注册的有房地产开发、经营权的国有企业、集体企业、外资企业和股份制企业。

银团贷款，是由一家或几家银行牵头，组织多家银行参加，在同一贷款协议中按商定的条件向同一借款人发放的贷款，又称辛迪加贷款。组织银团贷款的目的主要是增加银行资金供给能力，并减少单个银行的风险。

长期贷款的利率一般采用浮动利率。由于贷款期限较长，如采取固定利率方式，发生利率变化时，利率下降，对债权人不利，利率上升，对债务人不利。实践中，长期贷款往往是一次审批，多次发放，贷款利率一年一定。合同利率为贷款第一年利率，以后每年要根据市场利率变动进行调整。

长期贷款中的个人消费贷款是指银行向申请购买“合理用途的消费品或服务”的借款人发放的个人贷款，主要有个人住房、汽车、一般助学贷款等类型。

个人消费贷款期限一般在 1～5 年，最长不超过 5 年（中国工商银行对贷款用途为医疗和留学的贷款，贷款期限最长可为 8 年）；同时需提供贷款银行认可的财产抵押、质押或第三人保证方式（有些银行仅接受抵押或质押的方式）作为贷款担保条件；一般没有利率优惠。

## 二、证券市场

证券市场是证券发行和交易的场所。在现代经济中，证券市场是金融体系的重要组成部分，它不仅反映和调节货币资金的运动，而且对整个经济的运行具有重要影响。证券市场可分为股票市场、长期债券市场及证券投资基金三大类型。

### （一）股票市场

股票市场是股票发行和交易的场所，包括发行市场和流通市场。股份公司通过面向社会发行股票，迅速集中大量资金，实现生产的规模经营；而社会上分散的资金盈余者本着“利益共享、风险共担”的原则投资股份公司，谋求财富的增值。

股份公司通过股票市场发行股票来为公司筹集资本，将股票委托给证券承销商，证券承销商再在股票市场上出售给广大投资者。随着股票的发行，资本就从投资者手中流入股票发行公司。通过股票的发行，大量的资金流入发行股票的企业，促进了资本的集中。

股票流通市场即已发行股票的交易市场。在股票流通市场上，投资者可以根据自己的投资计划和市场变动情况，随时买卖股票。投资者通过股票流通市场的活动，可以在股票和现金之间随时转换，增强股票的流动性。

股票流通市场为股票的流通转让提供了基本的场所，一方面可以刺激人们购买股票的欲望，为股票市场的发行提供保证。另一方面，由于股市的交易价格能比较客观地反映出股票市场的供求关系，也能为一级市场股票的发行提供价格及数量等方面的参考依据。

可见，股票发行市场和流通市场是互为依存、相互促进的关系。一方面，股票的发行市场为流通市场提供交易对象——股票的原始供给，成为股市的源头活水；另一方面，股票流通市场又为发行市场提供了股票发行价格的依据和参考。二者相互依存、交互作用，共同决定着股市的繁荣和起落。

（二）长期债券市场

长期债券市场是发行和买卖长期债券的场所，是长期资金的融通市场。一般说来，期限在 1 年或 1 年以上、10 年以下（包括 10 年）的为中期债券，偿还期限在 10 年以上的为长期债券，合称长期债券。

长期债券的发行者主要是政府、金融机构和企业。发行长期债券是为了获得长期稳定的资金。依发行主体的不同，长期债券可划分为政府债券、金融债券、公司债券与企业债券。

长期债券的期限划分国际上大致相同。在欧美国家，1 年及以上、10 年及以下的债券为中期国家债券，10 年以上的债券为长期国家债券。1996 年之前，我国发行的债券主要是中期债券，集中在 3～5 年这段期限。1996 年，我国开始发行期限为 10 年的长期债券。在我国，企业偿还期限在 1 年以上 5 年以下的为中期企业债券，偿还期限在 5 年以上的为长期企业债券。

对投资者而言，投资长期债券的目的是保本求利，获取高于短期债券投资收益或同期银行储蓄存款利率的利息，并保证到期收回本金和利息，规避股票类证券的投资风险。

长期债券投资在取得时，应按取得时的实际成本作为初始投资成本。购入长期债券时，按购入价格与债券面值之间的差异可以分为平价购入、溢价购入和折价购入。其中，平价购入指按照债券的面值购入；溢价购入指按高于债券面值的价格购入；折价购入指按低于债券面值的价格购入。

债券投资折价、溢价是由债券的名义利率（或票面利率）与实际利率（或市场利率）不同引起的。债券溢价购入是为以后各期多得利息而事先付出的代价。债券折价购入是为以后各期少得利息而事先得到的补偿。长期债券投资折价、溢价可按下列公式计算：

长期债券投资折价、溢价=初始投资成本-相关费用-尚未到期的债券利息-债券面值　(5-1)

长期债券的价值波动较大，特别是票面利率高于市场利率的长期溢价债券，容易获取投资收益但安全性较低，风险较大。如果市场利率波动频繁，利用长期债券来储备现金显然是不明智的，将为较高的收益率而付出安全性的代价。

长期债券的定价有浮动利率和固定利率两种不同的方式。在国际金融市场上，长期债券的定价都采取浮动利率。但在选择基准利率时有两种常见做法。

（1）基准利率选择伦敦银行间同业拆借利率（London InterBank Offered Rate，Libor），其代表是浮动利率票据（Floating Rate Note，FRN）。FRN 是一种变动利率的欧洲债券。FRN 的利率每季度或每半年调整，调整的根据是 3 个或 6 个月的 Libor 加一个息差，到期归还本金，有一些 FRN 可以提前赎回。报价按照每 100 面值债券报价。FRN 的发行主体包括政府、银行、公司和其他储蓄机构等。

（2）基准利率选择国库券利率，美国的长期债券多采取这种方法。其利差经常与通货膨胀率联系在一起。在这里通货膨胀率以消费者物价指数（Consumer Price Index，CPI）来表示。每期长期债券的基本要素均包括发行日物价指数、付息日物价指数。

对于固定利率的选择，则参考国库券利率、到期收益率[①]、债券期限和债券的信用等级等因素确定。

### （三）证券投资基金

证券投资基金是指一种利益共享、风险共担的集合证券投资方式，即通过发行基金单位，集中投资者的资金，由基金托管人（一般是信誉卓著的银行）托管，由基金管理人（基金管理公司）管理和运用资金，从事股票、债券等金融工具投资，以获得投资收益和资本增值。

证券投资基金主要投资于有价证券，投资选择灵活多样，从而使基金的收益有可能高于债券，投资风险又可能小于股票。因此，基金能满足那些不能或不宜直接参与股票、债券投资的个人或机构的需要。

证券投资基金是一种长期投资工具，其主要功能是分散投资，降低投资单一证券所带来的风险。基金不同于银行储蓄和债券等能够提供固定收益预期的金融工具，投资人购买基金，既可能按其持有份额分享基金投资所产生的收益，也可能承担基金投资所带来的损失。

基金发行的凭证即基金券（或受益凭证、基金单位、基金股份），其与股票、债券一起构成有价证券的三大品种。投资者通过购买基金券完成投资行为，并据以分享基金的投资收益，承担相应的投资风险。

投资基金有不同的分类。

（1）依据运作方式的不同，可分为封闭式基金与开放式基金。封闭式基金是指基金份额在基金合同期限内固定不变，基金份额可以在依法设立的证券交易所交易，但基金份额持有人不得申请赎回的一种基金运作方式。开放式基金是指基金份额不固定，基金份额可以在基金合同约定的时间和场所进行申购和赎回的一种基金运作方式。

（2）依据投资对象的不同，可分为股票基金、债券基金、货币市场基金、混合基金。在我国，根据《证券投资基金运作管理办法》对基金类别的分类标准，60%以上的基金资产投资于股票的为股票基金；80%以上的基金资产投资于债券的为债券基金；仅投资于货币市场工具的为货币市场基金；投资于股票、债券和货币市场工具，股票投资和债券投资的比例不符合股票基金、债券基金规定的为混合基金。这些基金类别按收益和风险由高到低的顺序排列为股票基金、混合基金、债券基金、货币市场基金，即股票基金的风险和收益最高，货币市场基金的风险和收益最低。

（3）特殊类型基金。① 系列基金，又称伞型基金，是指多个基金共用一个基金合同，子基金独立运作，子基金之间可以进行相互转换的一种基金结构形式。② 保本基金，是指通过采用投资组合保险技术，保证投资者的投资目标是在锁定下跌风险的同时力争有机会获得潜在的高回报。③ 交易型开放式指数基金（Exchange Traded Funds，ETF）与上市开放式基金（Listed Open- ended Fund，LOF）。交易型开放式指数基金通常又被称为交易所交易基金，是一种在交易所上市交易的、基金份额可变的一种开放式基金。上市开放式基金是一种既可以

① 到期收益率又称最终收益率，是投资购买国债的内部收益率，即可以使投资购买国债获得的未来现金流量的现值等于债券当前市价的贴现率。

在场外市场进行基金份额申购赎回，又可以在交易所（场内市场）进行基金份额交易、申购或赎回的开放式基金。

（4）QDII（Qualified Domestic Institutional Investor）基金，是一种以境外证券市场为主要投资区域的证券投资基金，投资者可以用人民币或美元等外汇进行认购和申购，在承担境外市场相应投资风险的同时获取相应的投资收益。QDII 基金与普通证券投资基金的最大区别在于投资范围不同。

# 第四节　外汇市场

## 一、外汇市场的概念与特征

外汇市场是进行外汇买卖的场所，它是由外汇需求者、外汇供给者及买卖中介机构组成的外汇买卖场所或网络。外汇交易是买卖双方按商定的条件进行的货币交换行为。两国货币交易的比价称汇价或汇率。

外汇交易就是一国货币与另一国货币进行交换，也就是外汇买卖。外汇买卖是同时买入一对货币组合中的一种货币而卖出另外一种货币。外汇是以货币对形式交易，如欧元/美元（EUR/USD）、美元/日元（USD/JPY）、欧元/瑞士法郎（EUR/CHF）、英镑/美元（GBP/USD）、美元/加拿大元、澳大利亚元/美元（AUD/USD）、新西兰元/美元（NZD/USD）等，如表 5-1 所示。外汇市场交易币种主要为美元、欧元、英镑、日元、瑞士法郎、加拿大元和澳大利亚元，这些货币大约占每日全球外汇交易量的 85%。

表 5-1　国际外汇交易平台的 EBS 与Reuters交易

| EBS | Reuters |
|---|---|
| EUR/USD | GBP/USD |
| USD/JPY | USD/CAD |
| DUR/JPY | AUD/USD |
| EUR/CHF | NZD/USD |
| USD/CHF | NZD/USD |

（资料来源：http://internal.cn.reuters.com.）

外汇市场的作用是便利国际贸易与投资。国际上因贸易、投资、旅游等经济往来，都会产生货币收支关系。但各国货币制度不同，若要在国外支付，必须先以本国货币购买外币；另一方面，从国外收到外币支付凭证也必须兑换成本国货币才能在国内使用。这样就发生了本国货币与外国货币的兑换问题。无论是本币换外币还是外币换外币，都要通过交易才能实现，因此外汇市场就是进行外汇交易或买卖的场所。

外汇市场有狭义和广义之分。狭义的外汇市场是指银行间的外汇交易，包括同一市场各银行间的外汇交易、不同市场各银行间的外汇交易、中央银行与外汇银行之间以及各国中央银行之间的外汇交易活动，银行间市场实行会员管理，以银行具外汇清算交易资格的交易商为主，交易商的交易构成全部外汇交易中的最大份额。广义的外汇市场是指由各国中央银行、外汇银行、外汇经纪人及客户组成的外汇买卖、经营活动的总和。

外汇市场的场所不是指有形的实体市场，当代外汇市场的典型特征是一个全球外汇交易员经由电话、电传、互联网等各种电子通信设备连接的银行间交易系统。它没有实体的场所供交易进行，交易通过电话及经由计算机终端机在世界各地进行。国际外汇市场构成如图 5-2 所示。

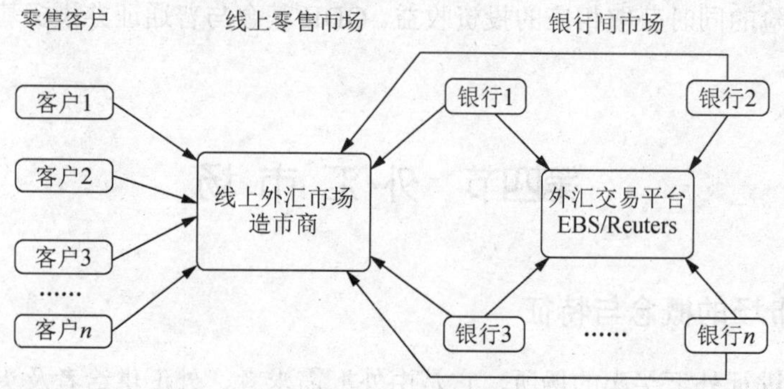


图 5-2　国际外汇市场构成

一个典型的外汇市场由零售市场与银行间市场构成。图形的左半部分为线上零售市场，零售客户的外汇买卖通过线上外汇造市商（指定的外汇买卖中间商）进行；图形的右半部分为银行间市场，各外汇银行的交易通过外汇交易平台 EBS 与 Reuters 进行。零售市场与银行间市场间的交易则通过线上外汇交易商与各外汇银行之间进行。

外汇市场是世界上交易数量最大的市场。国际清算银行调查显示，2011 年全球外汇日均交易量已达 4 万亿美元，相当于美国所有证券市场交易总和的 60 余倍。巨大的交易金额，使外汇市场成为最具流通性的市场。

外汇市场是一个连续交易的市场。世界上最主要的外汇市场包括伦敦外汇市场、纽约外汇市场、东京外汇市场、法兰克福外汇市场、新加坡外汇市场和中国香港外汇市场等。国际各主要外汇市场开盘收盘时间（北京时间）如表 5-2 所示。从表 5-2 看，全球外汇市场最早于东半球的新西兰惠灵顿开始，到新加坡结束前一小时，西半球伦敦外汇市场已经开始营业，再到纽约结束时，惠灵顿又开始新一天的营业。因此，全球外汇市场可以 24 小时连续进行交易。外汇交易投资者可以根据无论是白天或者晚上发生的经济、社会和政治事件而导致的外汇波动而随时反应。市场高度一体化，市场间价差很小，任何价差的出现都不可能持续，所以市场最具流动性。

**表 5-2　国际各主要外汇市场开盘收盘时间（北京时间）**

| 主要外汇市场 | 开盘收盘时间 |
|---|---|
| 新西兰惠灵顿外汇市场 | 4：00—13：00 |
| 澳大利亚悉尼外汇市场 | 6：00—14：00 |
| 日本东京外汇市场 | 8：00—15：30 |
| 新加坡外汇市场 | 9：00—16：00 |
| 德国法兰克福外汇市场 | 14：30—23：00 |
| 英国伦敦外汇市场 | 15：:30—（次日）00：0 |
| 美国纽约外汇市场 | 21：00—（次日）04：00 |

（资料来源：http://forex.cnfol.com）

## 二、外汇交易的主要类型

从交易目的看，外汇交易可以分为以下两大类：一是为满足客户真实的贸易、资本交易需求进行的基础外汇交易；二是在基础外汇交易之上，为规避和防范汇率风险或出于外汇投资、投机需求进行的外汇衍生工具交易。外汇市场每日交易额的 5%出于基础交易目的，即公司、个人以及政府机构在国外买卖产品和服务、进行证券投资，或者将在国外赚到的利润转换成本国货币而进行的交易；另外 95%的交易是为了规避汇率风险、赚取盈利或者投机。

从交易工具看，基础外汇交易主要是即期外汇交易，而外汇衍生工具交易则包括外汇远期交易、套汇交易、套利交易，以及外汇期货、外汇掉期、货币掉期交易、外汇期权等。

外汇的即期交易也称现汇交易或现汇买卖，是指外汇交易双方以约定的外汇币种、金额、汇率，在成交后两个营业日之内办理有关货币收付交割的外汇交易，包括本币外汇即期交易和外币对即期交易。外汇即期交易是外汇市场上最常见、最普遍的买卖形式。由于交割时间较短，所受的外汇风险较小。

外汇远期交易又称期汇交易，是指交易双方以约定的币种、金额、汇率，在约定的未来某一日期交割的外汇交易。远期外汇交易的期限按月计算，一般为 1～6 个月，也可以长达 1 年，通常为 3 个月。

套汇交易，是指利用不同的外汇市场、不同的货币种类、不同的交割时间以及一些货币汇率和利率上的差异，进行从低价一方买进、高价一方卖出，从中赚取汇差的外汇交易。

套利交易，是利用两国货币市场出现的利率差异，将资金从一个市场转移到另一个市场，以赚取利差的交易方式。

外汇期货，是指以汇率为标的物的期货合约。外汇期货合约为标准合约，每种货币都有标准的金额，确定的汇率和期限。外汇期货的买卖是在专门的期货市场进行的。外汇期货是套期保值和投机的重要工具。

外汇掉期，是指将币种相同但交易方向相反、交割日不同的两笔或者以上的外汇交易结合起来所进行的交易。

货币掉期又称“货币互换”，是一项常用的债务保值工具，主要用来控制中长期汇率风险，把以一种外币计价的债务或资产转换为以另一种外币计价的债务或资产，达到规避汇率风险、降低成本的目的。具体指在约定期限内交换约定数量两种货币本金，同时定期交换两种货币利息的交易。利息交换指交易双方定期向对方支付以换入货币计算的利息金额，交易双方可以按照固定利率计算利息，也可以按照浮动利率计算利息。

外汇期权，指交易双方以约定汇率，在约定的未来某一日期进行外汇交易的权利。期权买方以支付一定的费用（期权费）的方式拥有权利；期权卖方收取期权费，并在买方选择行权时履行义务。期权买方有权到期执行买卖合约，同时也有权不执行合约；但期权卖方在买方选择行权时必须履行合约义务。

## 三、汇率的概念与种类

汇率是指不同货币相互兑换的比率，即以一种货币表示另一种货币的价格。如果把外汇看作商品，那么汇率就是买卖外汇的价格，因此也称为汇价。例如，1 美元等于 6.66 元人民币，可记为 1∶6.66，在这里，美元的价格就是 6.66 元人民币，或者说美元对人民币的汇价为 6.66。

汇率的表示方法即汇率标价方法，也就是汇价如何表示的方法。常用的标价方法包括直接标价法、间接标价法、美元标价法。

（一）直接标价法

直接标价法，又称应付标价法，即以单位外币为标准（一、百、万等整数）折算应付若干单位本国货币的标价方法。在直接标价法下，基准货币为外币，标价货币为本币。上面示例中的 1 美元等于 6.66 元人民币就是直接标价法，其中单位外币为 1 美元，美元的价格用我国货币人民币表示为 6.66 元人民币。美元的买方若要获得 1 美元必须付出 6.66 元人民币。

采用这种方法，汇率越高，单位外币所能兑换的本国货币越多，表示外币升值而本币贬值；反之亦然。例如，上一个交易日的美元对人民币汇率为 6.66，本交易日变为 6.70，表示美元对人民币汇率上升，而人民币对美元下跌；反之，则表示美元对人民币汇率下跌。目前，包括中国在内的世界大多数国家采用直接标价法。

（二）间接标价法

间接标价法，又称应收标价法，指以单位本国货币为标准折算应收若干单位外币的标价方法。在间接标价法下，基准货币为本币，标价货币为外币。仍沿前例，若 1 美元等于 6.66 元人民币，则反过来 1 元人民币等于 0.150 2 美元，这里就是用美元来表示一单位人民币的价格。表示人民币的卖方每付出 1 元人民币能够得到 0.150 2 单位的美元，即 1∶0.150 2。

间接标价法与直接标价法是互为倒数的关系，两者的区别在于使用何种货币作为标准计价。在上例中，我们使用美元为单位货币，用本国货币人民币表示单位美元的价格，是为直接标价法；而本例则正好相反，是以人民币作为单位货币用美元来表示单位人民币的价格，是为间接标价法。

在间接标价法下，如果一定数额的本币能兑换的外币数额比前期少，这表明外币币值上升，本币币值下降，即外汇汇率下降；反之，如果一定数额的本币兑换的外币数额比前期多，则说明外币币值下降、本币币值上升，即外汇汇率上升。外币的价值和汇率的升跌成反比。例如，如果昨日汇价为 1∶0.150 2，今日为 1∶0.150 6，则表示每付出 1 元人民币可以比昨天多获得 0.004 美元，表示人民币兑美元汇价上升；反之则表示人民币汇价下跌。

在国际外汇市场上，欧元、英镑、澳大利亚元等均为间接标价法，如欧元 0.970 5 即 1 欧元兑 0.970 5 美元。

（三）美元标价法

美元标价法，又称纽约标价法，是指在纽约国际金融市场上，以一定单位的美元为标准来计算应兑换多少其他货币的汇率表示方法。在美元标价法下，基准货币是美元，标价货币是其他各国货币。

当人们需要了解美元之外的任何两种货币之间的兑换比例，就需要根据美元与这两种货币之间的汇率进行套算。所得汇率为套算汇率，又称交叉汇率。例如，如果 USD 1=JPY 105，USD 1=CAD 1.105 0，则 CAD 1.105 0=JPY 105，或 CAD 1=JPY 95.02（USD、JPY、CAD 分别代表美元、日元、加拿大元）。

美元标价法由美国在 1978 年 9 月 1 日采用，目前是国际金融市场上通行的标价法。美元标价法便于简化报价及比较各种货币的汇价。

## 四、经济分析中常用的汇率种类

从经济分析的角度看来，汇率不仅是一国对外经济活动的价格反映，也是一国货币政策的决定性变量，因此，了解经济分析中的汇率种类至关重要。经济分析中常用的汇率种类包括以下几种。

### （一）市场汇率与官方汇率

根据汇率管制的程度，汇率可分为官方汇率和市场汇率。

（1）市场汇率，指由外汇市场供求关系决定的汇率，亦即银行的外汇牌价。银行的外汇牌价包括买入价和卖出价：买入价即买入汇率，指银行买入外汇时标明的汇率；卖出价即卖出汇率，指银行卖出外汇时标明的汇率。买入汇率与卖出汇率的算术平均值称为中间汇率，中间汇率即经济分析中所指的市场汇率，它会随着市场供求关系的波动而频繁变动。

（2）官方汇率，又称法定汇率，指一国官方机构公布的汇率，它可能用于全部或局部的货币兑换，也可能仅为政府干预汇率提供一种标准。如果一个经济体同时拥有市场汇率与官方汇率，则称为双轨汇率或者双重汇率。

### （二）即期汇率和远期汇率

根据外汇的交割期限，汇率可分为即期汇率和远期汇率。

（1）即期汇率，是指在即期外汇交易中使用的汇率，通常是在两个营业日内办理交割的汇率。

（2）远期汇率，也称期汇汇率，是在远期外汇交易中达成的协议汇率，它的交割日通常为 1 个月、2 个月、3 个月、6 个月或 1 年。远期汇率是以即期汇率为基础约定的。当远期汇率高于即期汇率时，称为升水；当远期汇率低于即期汇率时，称为贴水；当远期汇率和即期汇率相等时，称为平价。汇率的升水、贴水或平价主要受利率差异、外汇供求关系以及汇率预期等因素的影响。

银行对远期汇率报价的方式有两种：一是直接报价，即直接将不同交割日期的远期汇率的买入价和卖出价表示出来；二是用远期差价或掉期率（即期汇率和远期汇率之间的差额）进行报价，银行在报出即期汇率的同时，也报出远期汇率与即期汇率的偏离值或点数。

在直接标价法下，远期汇率等于即期汇率加升水或者即期汇率减贴水；在间接标价法下，远期汇率等于即期汇率减升水或者即期汇率加贴水。

### （三）基本汇率和套算汇率

根据汇率的计算方法，汇率可分为基本汇率和套算汇率。

（1）基本汇率，指本国货币与关键货币之间的汇率。关键货币是指一国选择作为汇率基础的货币，通常是该国对外交往中使用最多的货币。许多国家选择美元作为关键货币。

（2）套算汇率，指根据基本汇率以及关键货币与其他货币的汇率套算出来的本国货币与其他货币的汇率。

（四）名义汇率和实际汇率

根据货币的购买力，汇率可分为名义汇率和实际汇率。

（1）名义汇率，即仅以一国货币的数量来表示的另一国货币的汇率。

（2）实际汇率，是反映两国货币购买力的汇率，即名义汇率基础上剔除了通货膨胀因素后的汇率。实际汇率反映的是两国货币的购买力对比，即商品的兑换比例关系。

（五）名义有效汇率和实际有效汇率

根据汇率的贸易权重关系，汇率可分为名义有效汇率和实际有效汇率。

（1）名义有效汇率，是指以一国对外贸易伙伴国与该国的贸易额在该国对外贸易总额中的比重为权数，将各贸易伙伴国的名义汇率进行加权平均而得到的汇率指数。由于名义有效汇率没有包括国内外价格水平的变化状况，因而不能反映一国相对于其贸易伙伴国的竞争力。

（2）实际有效汇率。一国的名义有效汇率等于其货币与所有贸易伙伴国货币双边名义汇率的加权平均数，如果剔除通货膨胀对各国货币购买力的影响，就可以得到实际有效汇率。实际有效汇率不仅考虑了所有双边名义汇率的相对变动情况，而且剔除了通货膨胀对货币本身价值变动的影响，能够综合反映本国货币的对外价值和相对购买力。

## 第五节　我国的金融市场体系

前述各节介绍了金融市场的主要类型，并在不同关联部分对相关国内市场进行了一定程度的介绍，本节详细介绍我国的金融机构体系中的金融市场体系。经过 40 多年的努力，我国已经基本建成与社会主义市场经济体制相适应的现代金融体系。我国现代金融体系主要包括金融调控与金融监管体系、金融机构体系和金融市场体系。其中，金融调控与金融监管体系的相关内容在第四章已介绍，这里不再赘述。

### 一、我国的金融机构体系

我国的金融机构体系是以人民银行为核心，政策性银行与商业性银行相分离，国有商业银行为主体，多种金融机构并存的现代金融体系，并且形成了严格分工、相互协作的格局。

（一）银行类金融机构体系

1. 政策性银行和国家开发银行

为促进相关产业的发展，促进进出口贸易，支持农业发展，并促进国家专业银行向商业银行的转化，1994 年，我国成立了国家开发银行、中国进出口银行和中国农业发展银行三家政策性银行，分别从事“两基一支”（基础设施、基础产业、支柱产业）、机电产品和成套设备出口、粮棉油收购融资等政策性业务。2008 年 12 月，国家开发银行改制为股份制银行。2015 年 3 月，国务院明确国家开发银行的定位为开发性金融机构。

2. 大型商业银行

改革开放以后，中国工商银行、中国农业银行、中国银行及中国建设银行得以逐步建立、恢复和发展，随着四家银行改制进程的不断深入，以及交通银行的发展壮大，从同质同类机构监管的角度，这五家银行统一归类为“国有及国有控股的大型商业银行”，并称为“大型商业银行”或“五大行”。

3. 股份制商业银行

在我国，股份制商业银行是大型商业银行以外的全国性股份制商业银行、区域性股份制商业银行的总称。例如，中信银行、招商银行、广发银行、兴业银行、中国光大银行、华夏银行、中国民生银行等属于全国性股份制商业银行。

4. 城市商业银行

城市商业银行是中国银行业的重要特殊群体，其前身是20世纪80年代设立的城市信用社，当时的业务定位是为中小企业提供金融支持，为地方经济搭桥铺路。从20世纪90年代中期，以城市信用社为基础，各地纷纷组建城市商业银行，至今全国城市商业银行已过百家。

5. 农村金融机构

农村金融机构主要包括农村信用社、农村商业银行、农村合作银行、村镇银行、农村资金互助社和贷款公司。

6. 中国邮政储蓄银行

中国邮政储蓄银行是在邮政储蓄的基础上组建的。中国邮政储蓄银行的市场定位是充分依托和发挥网络优势，完善城乡金融服务功能，以零售业务和中间业务为主，为城市社区和广大农村地区居民提供基础金融服务，与其他商业银行形成互补关系，支持社会主义新农村建设。

7. 外资银行

外资银行是指依照中华人民共和国有关法律、法规，经批准在中华人民共和国境内设立的下列机构：一家外国银行单独出资或者一家外国银行与其他金融机构共同出资设立的外商独资银行；外国金融机构与中国的公司、企业共同出资设立的中外合资银行；外国银行分行；外国银行代表处。

根据中国银保监会公开信息，截至2020年12月31日，我国银行业机构包括1家开发性金融机构、2家政策性银行、6家国有大型商业银行、12家股份制商业银行、5家金融资产管理公司，以及住房储蓄银行、城市商业银行、民营银行、农村商业银行、村镇银行、贷款公司、农村信用社、农村资金互助社、外资法人银行、信托公司、金融租赁公司、企业集团财务公司、汽车金融公司、消费金融公司、货币经纪公司，此外还包括金融资产投资公司、银行理财子公司等在内的其他金融机构等，共计4 601家。①

① 中国银保监会.银行业金融机构法人名单 https://www.cbirc.gov.cn/cn/view/pages/govermentDetail.html?docId=970966&itemId=863&generaltype=1。

### （二）非银行类金融机构体系

#### 1. 证券类机构

1）证券交易所

证券交易所是为证券集中交易提供场所和设施，组织和监督证券交易，实行自律管理的法人。目前，中国已注册成立的证券交易所有上海证券交易所、深圳证券交易所和北京证券交易所。证券交易所的设立和解散，由国务院决定。投资者应当与证券公司签订证券交易委托协议，并在证券公司开立证券交易账户，以书面、电话、互联网以及其他方式，委托该证券公司代其买卖证券。

2）证券公司

证券公司是指依照《中华人民共和国公司法》和《中华人民共和国证券法》的规定设立并经国务院证券监督管理机构审查批准而成立的专门经营证券业务，具有独立法人地位的有限责任公司或者股份有限公司。证券公司具有证券交易所的会员资格，可以承销发行、自营买卖或自营兼代理买卖证券。普通投资人的证券投资都要通过证券公司来进行。

3）证券服务机构

证券服务机构是指依法设立的，从事证券服务业务的法人机构。证券服务业务包括证券投资咨询；证券发行及交易的咨询、策划、财务顾问、法律顾问及其他配套服务；证券资信评估服务；证券集中保管；证券清算交割服务；证券登记过户服务；证券融资；经证券管理部门认定的其他业务。

4）期货公司

期货公司是指依法设立的、接受客户委托、按照客户的指令、以自己的名义为客户进行期货交易并收取交易手续费的中介组织，其交易结果由客户承担。期货公司是交易者与期货交易所之间的桥梁。

5）基金管理公司

基金管理公司是指依据有关法律法规设立的对基金的募集、基金份额的申购和赎回、基金财产的投资、收益分配等基金运作活动进行管理的公司。证券投资基金的依法募集由基金管理人承担。基金管理人由依法设立的基金管理公司担任。担任基金管理人应当经国务院证券监督管理机构核准。

#### 2. 保险类机构

1）保险公司

保险公司是指依照法律法规和国家政策设立的经营商业保险和政策性保险的金融机构。

2）保险中介机构

保险中介机构是介于保险人和被保险人之间，专门从事保险业务咨询与推销、风险管理与安排、保险价值评估、损失鉴定与理算等中间服务活动，并获取佣金或手续费的组织。

#### 3. 其他非银行类金融机构

1）金融资产管理公司

金融资产管理公司是指经国务院决定设立的收购国有银行不良贷款、管理和处置因收购国有银行不良贷款形成的资产的国有独资非银行金融机构。

2）信托公司

信托是指委托人基于对受托人的信任，将其财产权委托给受托人，由受托人按委托人的意愿以自己的名义，为受益人的利益或者特定目的，进行管理或者处分的行为。信托公司是指依法设立的，以营利和收取报酬为目的，以受托人身份承诺信托和处理信托事务的金融机构。

3）企业集团财务公司

企业集团财务公司是以加强企业集团资金集中管理和提高企业集团资金使用效率为目的，为企业集团成员单位提供财务管理服务的非银行金融机构。

4）金融租赁公司

金融租赁公司是指经国务院银行业监督管理机构批准，以经营融资租赁业务为主的非银行金融机构。融资租赁是指出租人根据承租人对租赁物和供货人的选择或认可，将其从供货人处取得的租赁物按合同约定出租给承租人占有、使用，向承租人收取租金的交易活动。

5）汽车金融公司

汽车金融公司是指经国务院银行业监督管理机构批准设立的，为中国境内的汽车购买者及销售者提供金融服务的非银行金融机构。

6）货币经纪公司

货币经纪公司是指经批准在中国境内设立的，通过电子技术或其他手段，专门从事促进金融机构间资金融通和外汇交易等经纪服务，并从中收取佣金的非银行金融机构。

7）消费金融公司

消费金融公司是指经国务院银行业监督管理机构批准，在中华人民共和国境内设立的，不吸收公众存款，以小额、分散为原则，为中国境内居民个人提供以消费为目的的贷款的非银行金融机构。

## 二、我国的金融市场体系

20 世纪 80 年代是我国金融市场体系建设的起步阶段，之后逐步发展形成了一个体系完整的金融市场体系。一般认为，我国金融市场体系主要由货币市场、资本市场、外汇市场和黄金市场四个部分组成。

### （一）货币市场

我国的货币市场主要包括同业拆借市场、银行间债券市场和票据市场。我国金融市场建设首先从货币市场开始，同业拆借市场、票据市场、国债回购市场先后得到发展。1996 年 1 月，我国建立全国统一的同业拆借市场，并第一次形成了全国统一的同业拆借市场利率（China Interbank Offered Rate，Chibor）。

1997 年 6 月，我国建立了银行间债券市场，允许商业银行等金融机构进行国债和政策性金融债的回购和现券买卖。目前，银行间债券市场已成为发展最快、规模最大的资金市场，并成为中央银行公开市场操作的重要平台。

我国的票据市场近年来在规范中稳步发展，正逐步成为企业短期融资和银行提高流动性管理、规避风险的重要途径，同时也为中央银行实施货币政策提供了传导机制。

（二）资本市场

我国从 1981 年开始恢复国债发行，资本市场的发展也逐渐起步。1990 年 10 月和 1991 年 4 月，上海证券交易所和深圳证券交易所先后成立。经过多年的改革和发展，我国已经形成以债券和股票为主体，多种证券形式并存，证券交易所、市场中介机构和监管机构初步健全的全国性资本市场体系，有关交易规则和监管办法也正在日益完善。

（三）外汇市场

1994 年 4 月，我国在上海建立了全国统一的银行间外汇市场。外汇市场是我国金融市场的重要组成部分，在完善汇率形成机制、推动人民币可兑换、服务金融机构、促进宏观调控方式的改变以及促进金融市场体系的完善等方面发挥着不可替代的作用。

我国的外汇市场包含两个层次：第一个层次是客户与外汇指定银行之间的零售市场，又称银行结售汇市场；第二个层次是银行之间买卖外汇的同业市场，又称银行间外汇市场。银行结售汇市场是我国的外汇零售市场。在结售汇制度下，办理结售汇业务的银行是外汇指定银行。外汇指定银行根据中国人民银行公布的基准汇率，在规定的幅度内制定挂牌汇率，办理对企业和个人的结售汇。银行间外汇市场以中国外汇交易中心负责管理的全国联网的外汇交易系统为载体，是汇率形成机制的核心。中国人民银行作为中央银行参与其间的交易，对汇率进行调控。因此，中国银行间外汇市场是一个以中国人民银行为主导、以中国外汇交易中心为核心、以银行为主体的市场。

在市场组织形式上，国家外汇管理局为外汇市场的监管部门，中国人民银行公开市场业务操作室为外汇市场调控部门，中国外汇交易中心负责外汇市场组织运行。

银行间外汇市场实行会员制管理，凡经中国人民银行批准设立，国家外汇管理局准许经营外汇业务的金融机构及其分支机构，经中国外汇交易中心审核批准后，均可成为外汇交易中心的会员。银行间外汇市场有近 300 家银行参与，并逐渐对保险公司和非银行类金融企业开放。

在交易方式上，中国外汇交易中心为银行间外汇市场提供统一、高效的电子交易系统。中国外汇交易系统提供集中竞价与双边询价两种交易模式，实行分别报价、撮合成交的交易方式，交易员报价后，由计算机系统按照价格优先、时间优先的原则对外汇买入和卖出报价的顺序进行组合，然后按照最低卖出价和最高买入价的顺序撮合成交。

根据中国外汇交易中心(CFETS)人民币外汇月度统计数据，目前中心已经开通 21 种货币对（美元/人民币、日元/人民币、英镑/人民币、新西兰元/人民币、瑞士法郎/人民币，人民币/马来西亚林吉特、人民币/南非兰特、人民币/阿联酋迪拉姆、人民币/匈牙利福林、人民币/丹麦克朗、人民币/挪威克朗、人民币/墨西哥比索，欧元/人民币、港元/人民币、澳元/人民币、新加坡元/人民币、加元/人民币，人民币/俄罗斯卢布、人民币/韩元、人民币/沙特里亚尔、人民币/波兰兹罗提、人民币/瑞典克朗、人民币/土耳其里拉、人民币/泰铢）的即期、外汇掉期、远期和期权交易。其中，最活跃的货币对交易为美元/人民币，截至 2021 年 12 月，中国外汇市场人民币兑美元即期、外汇掉期、远期和期权累计成交月增 8.1%，至 20.2 万亿元人民币，创出月度成交纪录新高；全年成交较上年增 15.6%，至 199 万亿元人民币，亦创下年度纪录新高。

外汇市场每场交易产生开盘价、收盘价和加权平均价，人民币兑美元的加权平均价由中国人民银行公布作为第二日人民币兑美元的基准汇价，银行据此公布人民币兑美元挂牌价。

2005 年，人民币汇率形成机制改革后，中国外汇交易中心根据中国人民银行授权，每个工作日 9 时 15 分发布人民币兑美元等主要外汇币种汇率中间价。

自 1994 年以来，中国一直实行“以市场供求为基础的、单一的、有管理的浮动汇率制度”。这种制度在银行外汇牌价形成过程中具体体现为美元、日元等几种主要货币的中间价是以银行间外汇市场的交易价格加权平均得到，这反映出“以市场供求为基础”；加权平均后的交易价格作为中国境内唯一的基准汇价，“单一”属性由此体现；中央银行为平衡外汇供求、保持汇率基本稳定，往往需要入市干预，因此人民币汇率是“有管理的”；而银行间外汇交易市场和客户与银行之间的汇率有一定的波动范围，说明汇率不是完全固定的，而是存在一定幅度的“浮动”。

中国人民银行对外汇市场进行宏观调控和管理。中国人民银行对外汇市场的干预手段主要包括以下几种。

（1）对外汇指定银行汇结算周转余额实行比例幅度管理。客户在外汇指定银行办理结售汇业务使银行的外汇头寸发生增减变化，若商业银行总行的外汇头寸超出国家外汇管理局核定的外汇周转头寸限额，则商业银行进入外汇交易中心进行卖出（多余外汇）或是买入（短缺外汇），中国外汇交易中心对各种交易进行撮合成交。由于商业银行的交易数量受结售汇周转头寸限额的约束，市场中会出现买卖数量与交易币种不匹配的状况，所以不同货币交易出现供求失衡。由于交易数量受到较严格的限制，价格（汇率）并不能充分起到调节供求的作用，而中国国际收支在多数年份呈现“双顺差”格局，因此必须由中国人民银行入市干预，与市场其他成员开展对手交易，以实现市场在稳定价格基础上的结清。

（2）公开市场操作。在实行外汇指定银行余额比例幅度管理的同时，中国人民银行通过公开市场操作、收购外汇抛售本币来稳定汇率。

（3）中国人民银行设定人民币汇率每日交易的参考水平。人民币仅能围绕参考水平上下按一定幅度（2014 年 3 月 17 日以来，波动幅度限定在 2%）浮动，故称为中间价。各外汇指定银行以人民银行计算的中间价为基础，在规定的汇价浮动幅度内自行制定次日外汇买入价、外汇卖出价以及现钞买入价和现钞卖出价，对外挂牌。因此，人民币的整体升贬值速度不是由日间交易决定的，而是由中间价的每日走势决定的。利用中间价，中国人民银行不必经常直接干涉市场。

此外，中国人民银行还可以通过调整本外币存款利率及信贷政策，以及公开声明等来影响外汇市场的融资成本，进而调节外汇供求，以使汇率回到合理水平。

### （四）黄金市场

黄金市场是集中进行黄金买卖的交易场所。黄金兼具金融和商品两种属性，发展黄金市场，有利于发挥黄金不同于其他金融资产的独特作用，形成与其他金融市场互补协调发展的局面。

我国的黄金市场包括上海黄金交易所黄金业务、商业银行黄金业务和上海期货交易所黄金期货业务。以下主要介绍上海黄金交易所市场。

上海黄金交易所是经国务院批准，由中国人民银行组建，在国家工商行政管理总局登记注册的，不以营利为目的，实行自律性管理的法人。交易所遵循公开、公平、公正和诚实信用的原则组织黄金、白银、铂等贵金属交易。

黄金交易所实行会员制组织形式，会员由在中华人民共和国境内注册登记，从事黄金业务的金融机构，从事黄金、白银、铂等贵金属及其制品的生产、冶炼、加工、批发、进出口贸易的企业法人，并具有良好资信的单位组成。现有会员 128 家，分散在全国 26 个省、自治区、直辖市；交易所会员依其业务范围分为金融类会员、综合类会员和自营会员。金融类会员可进行自营和代理业务及批准的其他业务，综合类会员可进行自营和代理业务，自营会员可进行自营业务。

目前会员中有金融类 16 家、综合类 100 家、自营类 12 家；据初步统计，会员单位年产金量约占全国的 75%，用金量占全国的 80%，冶炼能力占全国的 90%。

标准黄金、铂金交易通过交易所的集中竞价方式进行，实行价格优先、时间优先撮合成交。非标准品种通过询价等方式进行，实行自主报价、协商成交。会员可自行选择通过现场或远程方式进行交易。

交易所主要实行标准化撮合交易方式。目前，交易的商品有黄金、白银、铂，交易标的必须符合交易所规定的标准。黄金有 Au99.95、Au99.99 和 Au50g 三个现货实盘交易品种，以及 Au（T+5）与延期交收两个现货保证金交易品种；铂金有 Pt99.95 现货实盘交易品种，和 Pt（T+5）现货保证金交易品种；白银准备挂牌延期交收合约。

# 本章小结

（1）按照交易对象（即金融工具）的期限长短，金融市场可分为货币市场与资本市场。

（2）开放金融市场体系中最重要的三个市场分别是货币市场、资本市场与外汇市场。

（3）除信贷市场外，货币市场是典型的以机构投资者为主体的市场。货币市场主要包括短期信贷市场、同业拆借市场、回购市场、票据市场、大额可转让定期存单市场等。

（4）资本市场是以期限在 1 年以上的长期信用工具为交易对象的市场，包括长期借贷市场和证券市场。

（5）长期信贷市场是指经营 1 年以上的货币借贷业务市场。习惯上，1～5 年期的贷款为中期贷款，5 年期以上的贷款为长期贷款。

（6）证券市场是证券发行和交易的场所，分为股票市场、长期债券市场及证券投资基金。

（7）外汇市场是进行外汇买卖的场所，外汇交易是买卖双方商定的货币买卖合约。两国货币交易的比价称汇价或汇率。

（8）汇率的表示方法即汇率标价方法，也就是汇价如何表示的方法。常用的标价方法包括直接标价法、间接标价法、美元标价法。

（9）一般认为，我国的金融市场体系主要由货币市场、资本市场、外汇市场和黄金市场四个部分组成。

（10）黄金市场是集中进行黄金买卖的交易场所。我国黄金市场包括上海黄金交易所黄金业务、商业银行黄金业务和上海期货交易所黄金期货业务。

（11）中国外汇市场包含两个层次：第一个层次是客户与外汇指定银行之间的零售市场，又称银行结售汇市场；第二个层次是银行之间买卖外汇的同业市场，又称银行间外汇市场。

# 关键概念

| | | | |
|---|---|---|---|
| 短期信贷市场 | 银行同业拆借市场 | 回购市场 | 债券回购交易 |
| 回购协议 | 正回购 | 逆回购 | 质押式回购 |
| 买断式回购 | 大额可转让定期存单市场 | 票据市场 | 票据承兑市场 |
| 票据贴现市场 | 票据转贴现市场 | 票据再贴现市场 | 中央银行票据市场 |
| 长期贷款 | 个人消费贷款 | 股票市场 | 长期债券市场 |
| 证券投资基金 | 即期汇率 | 远期汇率 | 名义汇率 |
| 实际汇率 | 名义有效汇率 | 实际有效汇率 | 黄金市场 |

# 复习思考题

## 一、简答题

1. 短期借款有哪些主要类型？
2. 同业拆借市场的主要功能是什么？同业拆借有哪几种类型？
3. 回购市场的主要功能是什么？
4. 与银行定期存款相比，大额可转让定期存单的主要优点有哪些？
5. 什么是转贴现买断、转贴现卖断、转贴现融资？
6. 票据再贴现的主要功能是什么？
7. 什么是央行票据？央行票据的主要功能是什么？
8. 长期贷款的利率一般采用什么利率？为什么？
9. 股票发行市场和流通市场的主要功能是什么？
10. 什么是平价购入、溢价购入和折价购入？
11. 证券投资基金的主要功能是什么？
12. 什么是封闭式基金与开放式基金？
13. 经济分析中常用的汇率种类有哪些？

## 二、论述题

1. 为什么说开放金融市场体系中最重要的三个市场分别是货币市场、资本市场与外汇市场？
2. 为什么说股票的发行市场与流通市场既互相区别又相互联系、缺一不可？
3. 在国际金融市场上，长期债券定价有几种基准利率选择？分别是什么？
4. 试用图形描绘我国的金融体系结构。
5. 简述外汇交易的主要类型。
6. 人民币汇率制度的基本特征是什么？
7. 中国人民银行的外汇市场干预手段有几种？

# 数据资料与相关链接

1．可汗学院公开课——货币银行学：http://open.163.com/special/Khan/bankingandmoney.

2．中央电大货币银行学视频教程：http://www.21edu8.com/university/caikuai/23715.

3．货币银行学视频教程 43 讲（北大）：http://v.ku6.com/show/TGjxPk48GHviebR2EZv2GQ...html?from=my.

# 延 伸 阅 读

1．黄达，张杰．金融学[M]．5 版. 北京：中国人民大学出版社，2020.

2．易纲，吴有昌．货币银行学[M]．上海：上海人民出版社，2006.

3．［美］弗雷德里克·S．米什金．货币金融学[M]．12 版．王芳，译．北京：中国人民大学出版社，2021.

4．管同伟．国际金融：基于宏观视角的分析框架[M]．北京：北京大学出版社，2015.

# 第四篇

# 利率

第二篇和第三篇讨论了社会金融循环中的货币信用载体金融工具，以及金融工具得以在资金盈余者与资金需求者之间进行交易，以发生债权债务关系完成资金融通功能的空间场所金融市场体系。本篇将引进金融工具的价格——利率，并对其进行初步讨论。不同的金融工具有着不同的利率，不同金融工具的不同利率水平起着价格杠杆的作用，调节着市场的资金供求，以此使资金盈余者与资金需求者的不同需要在金融市场上得以对接，实现金融资源的市场配置。

# 第六章

# 利息与利率

本章将在前面章节介绍金融工具与金融市场的基础上，对所有金融活动最重要的范畴——利率进行讨论。利息是资金使用提供的回报。利率是利息与本金的比率，利率的高低决定着资金成本的贵贱。不同的金融工具有着不同的利率。

本章首先讨论利息与利率的概念，然后介绍利率的种类，最后讨论利率的影响及其作用和条件。

## 知识与技能目标

通过本章的学习，学生应当理解利息与利率的概念，能够区分不同的利率种类，清楚利率的经济功能。

## 引导案例

### 我们的钱该存哪里

**案例导读：**在今天这个不确定的世界里，我们的钱该存在哪里？这需要认真思考。本案例显示，在央行降息的基础上，银行存款将会是负收益。那么，什么是基准利率？什么是“银行利息跑不赢通胀”？什么是购买力？是本章需要解答的。

2015 年 10 月 24 日，央行再次降息！一年期存款基准利率下调 0.25 个百分点至 1.5%，这是中国央行今年第五次降息。

银行利息跑不赢通胀，钱会“越存越少”。

银行利率降至 1.5%，而 2015 年 8 月份 CPI 同比上涨 2.0%，也就是说，你把钱放银行是跑不赢通胀的，只会“越存越少”。

打个比方说，你存银行 10 000 元，一年后你本息收入是 10 150 元，物价若维持 2%的上涨，那么今天 10 000 元可以买到的商品一年后就需要 10 200 元，你存银行一年净亏 50 元！一年前的 10 000 元购买力仅相当于一年后的 9 950 元。

所以，如果你每月的收入还是乖乖地存到银行里，那么，一年之后缩水是必然的。因此，银行不靠谱！钱该放哪里？

（资料来源：http://www.aiweibang.com/yuedu/60684513.html.）

## 第一节　利息与利率的概念

我们在开篇曾指出，利息与利率是货币银行学的一对重要范畴。理论上，关于利息的来源与性质从来就是经济学一个富于争议的问题，而在现实经济生活中，利率更是备受关注的一个经济变量，它对经济运行有着重大影响。本节就来讨论利息与利率的概念、计算方法及其种类。

### 一、利息与利率

#### （一）利息

在经济学分析中，资本、劳动力、土地等生产要素提供服务都会得到一定的回报。利息就是指资本要素——资金提供的服务所得的回报。由于货币具有时间价值，从人类货币史的长期时间轴来看，今天的单位货币几乎总是要比明天（即未来）的同一单位货币更有价值。因此，当社会的资金盈余方向资金短缺方，无论是以直接提供货币资金还是以通过购买资金短缺方发行的证券形式间接贷放一笔资金时，放贷人即放弃货币的使用权而无法享有这笔资金现在所能购买到的消费福利，因此，放贷人会要求借贷人在未来提供一定的回报——商品、劳务或货币资金，作为放弃自己现在福利而延期享受的补偿，这个补偿就是利息。由于在借贷合约中，放贷人出借的资金称为本金，于是，利息就是指借款人在偿还借款时大于本金的那部分金额。尽管理论上，关于利息的来源和性质有着不同的解释，但利息是由借入方支付给贷出方的报酬却是一个无须争议的客观事实。由此，我们可以得到利息的技术定义，利息等于债务人必须支付给债权人的、超过债权人所提供款项的货币数额。

利息的作用是可以使社会闲余资金得到有效利用。一方面，对于借债方来说，利息是借钱的代价，债务到期必须归还本息，故形成对借款人的债务约束，使之珍惜借款资金的使用，设法提高资金的使用效率；另一方面，对于提供贷款或购买证券的投资者来说，利息可以部分抵销债务投资的信用风险和机会成本，使之乐意提供自己的闲余资金，满足借债方的资金需求。债务合约的如约履行，既满足了借款人的各种生产、消费需要，又满足了放款人的储蓄增值需要，这样，一个社会的储蓄就可以源源不断地向储蓄转化，形成可持续的金融循环，使经济得以顺利运行。

#### （二）利率

利率又称利息率，是指一笔借款一定时期内利息额与本金额的比率。利率一般有年利率、月利率和日利率三种表现形式，分别用百分比、千分比、万分比表示。我国习惯上将年息、月息、日息都以“厘”作单位，但实际含义却不同。若年息6厘、月息4厘、日息2厘，则分别是指年利率为6%、月利率为4‰、日利率为0.2‰。利率的计算公式为

$$利率=利息额/本金额 \tag{6-1}$$

借助式（6-1），可以很容易地计算利率和利息。例如，假设一笔一年期的 100 元借款，到期支付利息为 6 元，则该笔借款的利年率为 0.06 或 6%；反之，如果知道利率，也可以轻易计算出利息的金额。若年利率预定为 6%，借款本金为 100 元，则年末借款人应偿付利息 6（100×6%）元。

## 二、单利与复利

利息有单利和复利之分。目前，我国个人储蓄存款和国库券的利息就是以单利计算的，计息周期为“年”；定期存款在存款周期内以单利计息，到期后自动转存，按复利计算。

### （一）单利

单利就是不管存款、贷款期限的长短，仅按本金计算利息，所得利息不再加入本金重复计算利息。其计算公式为：

$$利息=本金\times利率\times时间 \tag{6-2}$$

式（6-2）也可以用字母表示为：

$$I = P \cdot i \cdot n \tag{6-3}$$

本息和可用字母表示为：

$$F = P(1 + i \cdot n) \tag{6-4}$$

式中，$I$ 为利息；$P$ 为本金；$i$ 为利率；$n$ 为与利率指标相对应的期限——年数；$F$ 为到期的本息额。例如，甲在银行有 3 年期定期存款，本金 100 元，年利率 4%，那么 3 年后甲可以收到利息 12（100×4%×3）元，到期本息和为 112[100×(1+4%×3)]元。

### （二）复利

复利不是高利贷，而是一种计息方式。它的计算方法与计息周期有关，区别于单利，复利不光本金要计算利息，本金所得利息在下一期内也要计算利息。我国房地产开发贷款和住房抵押贷款等都是按复利计息的。由于复利计息比较符合资金在社会再生产过程中运动的实际状况，所以在投资分析中，一般采用复利计息。复利的计算公式为

$$F = P \times (1 + i)^n \tag{6-5}$$

式中，$P$ 为本金；$i$ 为利率；$n$ 为持有期限。

$P$、$i$、$n$ 的含义与前面各公式相同，只是 $F$ 为复利的到期本息额。上例中，若计算复利，则 3 年后，甲的银行存款本息额为 112.5 ［$100 \times (1 + 4\%)^3$］元；所得利息为 12.5 元，比单利多 0.5 元。

# 第二节　利率的种类

利率可以按不同的标准划分为不同的类别。现实生活中的利率都是以某种具体形式存在的，如 3 个月贷款利率、1 年期存款利率、同业拆借利率、回购利率、贴现利率、再贴现利

率等。顺应金融市场的发展，新的融资工具不断被创造出来，利率的种类也不断增加。在一个现代经济中，利率的种类可以多达几十甚至上百种，各种利率之间既相互区别又相互交叉、相互联系，共同构成一个有机整体，从而形成一国的利率体系。其中，多种多样的利率按照不同的标准可以划分为不同的类别，货币银行学常见的分类如下所述。

## 一、名义利率和实际利率

名义利率和实际利率是一对与通货膨胀相联系的概念。由于现实经济生活中的物价水平总是不稳定的，始终存在通货膨胀或通货紧缩，多数情况是通货膨胀。在通货膨胀条件下，一笔借贷资金按合约条件所得到的利息能否真正补偿放款人在借款期限内放弃的购买力就成了问题。例如，假设 1 年期借款利率为 5%，则 100 元放贷的利息年收入是 5 元，而其间通货膨胀为 8%，则放款人实际利息收入非但没有得到任何真正的补偿，反而损失了 3 元本金。这就是所谓的负利息收入，显然，如果负利息持续下去，是没人愿意继续放贷的。反之，在通货紧缩条件下，会加重借款人的还款负担，同样不利于资金融通。例如，仍沿上例，其他条件相同，但通货膨胀为负，即发生了通货紧缩，假定通货膨胀率为-2%，则借款人的还款负担上升了 2%，其实际偿付给放款人的利息支付多出合同约定 2 元。显然，这种情形也不可能长期延续，否则会使资金市场的需求萎缩。尽管后一情形较前一情形要少见得多，但也是一种客观存在。因此，通货膨胀或通货紧缩的存在就引出了名义利率和实际利率的问题。将利率划分为名义利率和实际利率，正是为了使借贷双方有效规避因通货膨胀或通货紧缩而引起的实际利息风险，保证信用活动正常运行。因此，区分并认真计算名义利率和实际利率，对几乎每一个经济部门都有重要意义与实际作用。以下，我们仅就通货膨胀情景进行讨论，不过，其结论也可用于通货紧缩情景。

名义利率是未经通货膨胀调整的利率，即利息与本金的比率。一般银行的利率都是名义利率。例如，甲在银行存入 100 元的一年期存款，一年到期时获得 5 元利息，利率则为 5%，这个利率就是名义利率。名义利率可以用下式计算：

$$i = r + \pi \tag{6-6}$$

式中，$i$ 为名义利率；$r$ 为实际利率；$\pi$ 为通货膨胀率。

名义利率并不是投资者能够获得的真实收益，还与货币的购买力有关。如果发生通货膨胀，放款人或投资者所得的货币购买力会贬值，因此放款人投资者所获得的真实收益必须剔除通货膨胀的影响，这就是实际利率。

实际利率是包括补偿通货膨胀风险的利率。实际利率考虑了通货膨胀因素对真实利率水平的影响，考察的是货币的实际购买力。实际利率可以用下式近似计算：

$$r \approx i - \pi \tag{6-7}$$

式中，$r$ 为实际利率；$i$ 为名义利率；$\pi$ 为通货膨胀率。式（6-7）适用于低利率、短计息周期实际利率的近似计算。

对实际利率的计算会出现三种情况：①名义利率高于通货膨胀率时，实际利率为正利率；②名义利率等于通货膨胀率时，实际利率为零；③名义利率低于通货膨胀率时，实际利率为负利率。

在不同的利率状态下，借贷双方会有不同的经济行为。一般而言，只有适当的正利率才能保证资金融通的正常进行。例如，如果银行一年期存款利率为 2%，而同期通货膨胀率为 5%，则储户存入的资金实际购买力在贬值。因此，扣除通货膨胀成分后的实际利率才更具有实际意义。仍用上例，实际利率为-3%（2%-5%），也就是说，钱存在银行里是亏本的。在一国通货膨胀压力难以消化的长期格局下，很容易出现实际利率为负的情况，即便央行不断加息，也难以消除。所以，名义利率可能越来越高，但理性行为人却不会将主要资产以现金方式在银行储蓄，只有实际利率也为正时，资金才会从消费和投资逐步回流到储蓄。我国曾经有段时间实行的保值储蓄①（见专栏 6-1），就是为了让名义利率不低于通货膨胀率，以防出现储蓄贬值，防止银行挤兑情况的出现。

**专栏 6-1**

### 22 万元本息缩水为 8 400 元

一份本金为 1 000 元的银行保值储蓄业务，24 年后收益率超 100 倍，能兑现吗？

1989 年，盛忠奎与妻子陈永梅省吃俭用有一笔小小的积蓄。这年 9 月的一天，陈永梅路过某国有银行丹江口市支行迎宾路分理处时，得知有一份定期保值储蓄业务，24 年后可获得一笔巨额本息。

那个年代，在当地买一个商铺也只要 2 000 元，盛忠奎本来倾向于用积蓄买商铺，经陈永梅劝说后同意办保值储蓄。很快，陈永梅带着 2 000 元积蓄来到银行，分别以自己和儿子的名义办理了两张该行整存整取储蓄存单。按照存单上明文规定，此存款 24 年到期本息 22 万元，且存款利率、保值贴补率无论怎么调整，到期银行凭此据定额支付。

2013 年 9 月 21 日，是两张存单到期结算本息的日子。第二天，盛忠奎带着存单去银行兑现，不想当年的迎宾路分理处已查无此处。随后，盛忠奎拿着存单找到该行丹江口市支行，工作人员告诉他，二楼有专门人员接待。

当他亮出两张存单并提出结算本息时，一位接待的魏姓负责人却告诉他，这两张存单早已经不起效了。盛忠奎听后十分震惊，简直不敢相信自己的耳朵。

魏姓负责人提供一份 1989 年 9 月 18 日中国人民银行湖北省分行《对保值储蓄有关问题的紧急通知》的传真电报及中国人民银行丹江口市支行同年 10 月 7 日转发的通知。

当年的电报称：现行保值储蓄存款只有 3 年、5 年、8 年三种期限，各地没有增加档次或变相增加档次的权力。

人行丹江口支行通知称，各专业银行、邮电局如有开办“存款一千元，存二十四年后收益额为十一万元”保值储蓄业务的，从文到之日起立即停办，并严格按照 3 年、5 年、8 年三种保值储蓄存款期限档次执行，不得突破。

于是，按照通知后规定，盛忠奎的存款本息只能兑现 8 400 元，不是 22 万元。

让两位老人想不通的是，即便政策有变，24 年来银行为什么不告知储户。目前，他们正考虑通过司法程序讨一个说法。据了解，在该市办理了类似业务的储户有 70 多名。

（资料来源：http://news.sohu.com/20131007/n387665329.shtml.）

通常情况下，实际利率对经济发生实质性影响，但政策当局能够操作的多是名义利率。此外，名义利率与通货膨胀率之间的变化并不同步。由于人们对价格变化的预期往往滞后于

① 保值储蓄是指当物价上涨到一定幅度时，银行对储户的存款在规定的期限内给予一定保值补贴的储蓄方式。保值储蓄补贴的比率就是物价指数高于储蓄利息的部分。

通货膨胀率的变化，所以，相对于通货膨胀率的变化来说，名义利率的变化往往具有相对滞后的特点。这就需要通过对二者的密切监测和经验数据分析来加以矫正。

## 二、官定利率和市场利率

官定利率和市场利率是从资金价格决定的角度来分析利率形式的。官定利率体现政府对经济的管制或干预意向；市场利率则反映供求力量的消长和平衡。

市场利率是指资金市场上借贷双方互相竞争而形成的利率。市场利率因受到资金市场上的供求变化而经常变化。在市场机制发挥作用的情况下，由于自由竞争，信贷资金的供求会逐渐趋于平衡，经济学家将这种状态的市场利率称为均衡利率。

市场利率是市场资金借贷成本的真实反映。反映短期市场利率的指标有银行间同业拆借利率、国债回购利率等。新发行的债券利率一般也是按照当时的市场基准利率来设计的。一般来说，市场利率上升会引起债券类固定收益产品价格下降，股票价格下跌，房地产市场、外汇市场走低，但储蓄收益将增加。

与市场利率对应的是官定利率，官定利率是指国家通过中央银行而确定的各种利率。官定利率主要包括两种利率：一类是中央银行对商业银行的再贷款和再贴现利率、公开市场操作利率；另一类是中央银行对商业银行等金融机构的存贷款利率进行直接管制和对直接金融市场上债券利率直接管制所形成的利率。

官定利率产生的原因，是出自政府对经济进行管制的需要，中央银行控制利率就可以实现对信贷供求与信贷流向的管控。例如，官方可以通过长期使储蓄存款利率保持在低位为工业企业等提供廉价资金，以促进国家的工业化。但是，官定利率不能灵敏地反映资金市场的真实供求情况，往往会扭曲资金的价格，导致资源误配。因此，伴随经济市场化程度的提高，管制利率国家都会进行利率体制改革，逐步实现利率市场化。在改革开放政策实施前，中国的利率基本上是官定利率。经过数十年的改革开放，中国的利率市场化已经基本完成，无论是贷款还是存款利率管制都已经取消，金融机构都有了利率的自主定价权（见专栏 6-2）。

**专栏 6-2**

### 利率市场化已经基本完成

2016 年 3 月 20 日，中国人民银行行长周小川在 2016 中国发展高层论坛上发表演讲时表示，中国的利率市场化应该说在 2015 年年底之前基本上就已完成，金融机构都有自主决定利率的权力。当然还有很多需要完善的地方，但应该说利率市场化已有决定性的进展。

周小川表示，中国的利率市场化在 2015 年年底之前应该说基本上完成了，无论是贷款还是存款利率管制都已经取消，金融机构都有了利率的自主定价权。利率改革后续还有很多任务，如中央银行对利率指导的传导机制尚待健全。此外，周小川指出，利率形成机制还需在市场上不断磨合、逐渐完善，但总体上看利率市场化改革已经取得了决定性进展。

（资料来源：http://mt.sohu.com/20160321/n441282030.shtml.）

与官定利率相关联的一个概念是政策利率。政策利率也是官方利率，但又不同于官定利率。在已经完全实现利率市场化的市场经济国家，一国货币当局也会通过对利率体系的干预来实现对经济的调控意图，这种干预的主要形式就是政策利率。这是中央银行控制和调节市场利率以影响社会资金供求，进而间接控制货币信用规模的一项主要政策手段。虽然政策利率目标也由中央银行决定，但其形成基础却取决于市场预期，其实现机制也是通过中央银行与金融机构的市场交易行为来完成的。而官定利率则是由货币当局行政性规定的，并通过行政处罚措施而非市场力量强制执行。

在利率体系中，政策利率处于主导地位，起关键作用。制定政策利率的依据是货币政策目标，市场资金供求关系的变化是政策利率的重要参数。西方国家的中央银行一般是把短期利率作为货币政策的操作目标，通过调节货币市场上短期资金的供求关系来实现其政策利率的目标。关于政策利率，我们将在中央银行与货币政策部分进一步讨论。

## 三、基准利率和套算利率

按利率之间的不同地位关系，利率可以分为基准利率和套算利率。

基准利率也叫中心利率，是金融市场上具有普遍参照作用的利率，其他利率水平或金融资产价格均可根据这一基准利率水平来确定。在利率市场化条件下，基准利率是融资者衡量融资成本、投资者计算投资收益以及管理层调控宏观经济的主要参照依据。

在国际金融市场上，主要的基准利率有英国的伦敦同业拆放利率（Libor）、美国的美国联邦基金利率（FFR）、日本的东京同业拆借利率（Tokyo Interbank Offered Rate，Tibor）、欧盟的欧元银行同业拆借利率（Euro Interbank Offered Rate，Euribor）等。

在我国，基准利率是中国人民银行公布的利率，即存贷款基准利率。存贷款基准利率是指中国人民银行公布的利率标准，包括存款基准利率和贷款基准利率，银行和其他贷款机构实际执行的存贷款利率可以存贷款基准利率为标准上浮或者下调。

习惯上，我国普通民众一般把银行一年定期存款利率视为市场基准利率，银行则是把隔夜拆借利率即上海银行间同业拆放利率（Shibor）[①]作为市场基准利率。同业拆借利率是金融机构之间在临时性头寸融通时由资金供求所决定的短期利率，它是货币市场中最重要的利率品种之一。

套算利率是指银行根据基准利率和不同存贷款的特点而算出的利率。例如，金融机构规定，贷款 AAA 级、AA 级、A 级企业的利率，应分别在基准利率的基础上加 0.5%、1%、1.5%，加上不同上浮幅度计算所得的利率便是套算利率。又如，汽车贷款利率通常会执行基准利率上浮 30%左右，则以 30%计算，实际贷款利率=基准利率×(1+30%)，即 1.3 倍基准利率。再如，若购买第二套房最低贷款利率为基准利率上浮 10%，5 年期以上贷款基准利率为 6.55%，则上浮后的二套房贷款利率为 7.205%，即 6.55%×1.1。

## 四、固定利率和浮动利率

从利率变化的角度，利率可以分为固定利率和浮动利率。固定利率指在借贷合同期限内利率不随利率政策及资金供求状况等外部因素变动而变动的利率。浮动利率指在借贷合同期限内，根据约定在规定的时间依据利率政策或某种市场利率进行调整的利率。

① Shibor 是由信用等级较高的银行自主报出的人民币同业拆出利率计算确定的算术平均利率，是单利、无担保、批发性利率。目前，对社会公布的 Shibor 品种包括隔夜、1 周、2 周、1 个月、3 个月、6 个月、9 个月及 1 年。全国银行间同业拆借中心每个交易日于 9：30 对外发布。

固定利率的特点是不随市场利率的变化而变化，因而具有简便易行，易于计算借贷资金成本等优点，在借贷期间较短或市场利率变化不大的条件下，一般采用固定利率，但当借贷期间较长或市场利率变化较快时，借款人或贷款人利率变化风险增加，在这样的情况下，往往采用浮动利率。实行浮动利率，借款人在计算利息成本时要困难些，但利息负担与资金的供求状况紧密结合，借贷双方承担利率变化的风险损失相应减少，因而借贷双方都乐于接受，中长期贷款和外汇贷款多采用浮动利率。

浮动利率有利率上浮和利率下浮两种情况。高于基准利率而低于最高幅度（含最高幅度）为利率上浮，低于基准利率而高于最低幅度（含最低幅度）为利率下浮。现在，浮动利率已成为中国利率体系的重要组成部分。

## 五、存款利率与贷款利率

根据银行业务类型不同，利率可以分为存款利率与贷款利率。一般情况下，贷款利率要高于存款利率，两者之差是银行利润的主要来源。

### （一）存款利率

存款利率是指客户在银行存款所获得的利息与本金的比率。存款可按多种方式分类，如按产生方式可分为原始存款和派生存款，按期限可分为活期存款和定期存款等。对应着不同类型的存款，则有不同的存款利率。我国在 2015 年利率市场化基本完成之前，由中国人民银行决定存款基准利率，商业银行必须遵照执行。2015 年 10 月 24 日，中国人民银行利率调整后的银行存款利率类型如表 6-1 所示。

表 6-1　银行存款利率类型

| 利率项目 | 年利率 |
|---|---|
| 一、活期储蓄 | 0.35% |
| 二、定期存款 | |
| （一）整存整取 | |
| 3 个月定期存款 | 1.10% |
| 半年定期存款 | 1.30% |
| 1 年定期存款 | 1.50% |
| 2 年定期存款 | 2.10% |
| 3 年定期存款 | 2.75% |
| 5 年定期存款 | 2.75% |
| （二）零存整取、整存零取、存本取息 | |
| 1 年 | 1.10% |
| 3 年 | 1.30% |
| （三）定活两便 | 按一年以内定期整存整取同档次利率打六折执行 |
| （四）通知存款 | |
| 1 天通知存款 | 0.55% |
| 7 天通知存款 | 1.10% |

（资料来源：http://www.pbc.gov.cn.）

表 6-1 中所列除定期存款按期按固定利率计息外，其余活期与通知存款计息方式说明如下。

（1）活期储蓄是一种没有存取日期约束，随时可取、随时可存，也没有存取金额限制的储蓄存款，采用积数计息法，即按实际天数每日累计账户余额，以累计积数乘以日利率计算利息。

（2）定活两便是一种事先不约定存期，一次性存入，一次性支取的储蓄存款。

（3）通知存款是指不约定存期、支取时提前通知银行、约定支取日期和金额方能支取的存款，分为 1 天通知存款和 7 天通知存款。人民币通知存款最低起存、最低支取和最低留存金额均为 50 000 元。通知存款利率高于活期存款利率，但未进行 1 天或 7 天预先通知提取的，按活期储蓄利率计息。

### （二）贷款利率

贷款利率是指客户从银行贷款所支付的利息与本金的比率。贷款利率由以银行为出借人的借款合同所确定，贷款利率越高，则借款人还款利息越高；反之，则越低。与存款类似，银行贷款也可按多种方式分类，如按贷款使用期限划分，有短期贷款，中、长期贷款；按贷款主体分，有个人贷款、工商企业贷款、机构贷款等。对应着不同类型的贷款，则有不同的贷款利率。2015 年 10 月 24 日，中国人民银行利率调整后的银行贷款利率类型如表 6-2 所示。

**表 6-2 银行贷款利率类型**

| 各项贷款 | 年利率 |
| --- | --- |
| 6 个月 | 4.35% |
| 1 年 | 4.75% |
| 1～5 年 | 4.90% |
| 公积金贷款 | |
| 5 年以下（含 5 年） | 2.75% |
| 5 年以上 | 3.25% |

（资料来源：http://www.pbc.gov.cn.）

表 6-2 中，各项贷款主要包括企业贷款、本外币非金融企业及机关团体贷款、小微企业贷款、房地产贷款（含个人购房贷款）等类型；公积金贷款是指缴存住房公积金的职工享受的贷款，该贷款不能用于购买商业用房，只能用于购买住宅、装修、租房等。住房公积金贷款的类别有新房贷款、二手房贷款、自建住房贷款、住房装修贷款、商业性住房贷款转公积金贷款等。相对于商业住房贷款，住房公积金贷款具有利率较低、还款方式灵活、首付比例低的优点，缺点在于手续烦琐、审批时间长。

在我国，在 2015 年利率市场化基本完成之前，银行贷款利率参照中国人民银行制定的基准利率，实际合同利率可在基准利率基础上上下一定范围内浮动①。以银行等金融机构为出借人的借款合同的利率，当事人只能在中国人民银行规定的利率上下限范围内进行协商确定。

① 参见《中国人民银行关于人民币存贷款计结息问题的通知》（银发〔2005〕129 号）。

如果当事人约定的贷款利率高于中国人民银行规定利率的上限，则超出部分无效；如果当事人约定的利率低于中国人民银行规定的利率下限，则应当以中国人民银行规定的最低利率为准。此外，如果贷款人违反了中国人民银行规定，在计收利息之外收取任何其他费用的，应当由中国人民银行进行处罚。

实践中，伴随我国利率市场化的深入，商业银行除了参照中国人民银行的贷款基准利率之外，还有一种参照利率，即贷款基础利率（Loan Prime Rate，LPR）。贷款基础利率是商业银行对其优质客户执行的贷款利率，其他贷款利率可在此基础上加减点生成。贷款基础利率的集中报价和发布机制是在报价行自主报出本行贷款基础利率的基础上，指定发布人对报价进行加权平均计算，形成报价行的贷款基础利率报价平均利率并对外予以公布。运行初期向社会公布 1 年期贷款基础利率。LPR 报价银行团现由 9 家商业银行组成。

全国银行间同业拆借中心为贷款基础利率的指定发布人。每个交易日根据各报价行的报价，剔除最高、最低各 1 家报价，对其余报价进行加权平均计算后，得出贷款基础利率报价平均利率，并于 11:30 对外发布。

## 第三节　利率的影响及其作用条件

利率对于宏微观经济都有十分重要的作用，为了更好地发挥利率的积极作用，必须完善利率的市场环境和基础制度建设。

### 一、利率的影响

利率是计算利息额的依据。利率的高低对资金借出者来说，意味着收益的多少；对资金使用者来说，则意味着成本的高低。因此，利率对经济活动有着重要影响，是调节经济活动的重要杠杆。概括起来，利率的影响如下所示。

#### （一）对储蓄投资的影响

利率对经济的作用，主要体现在对储蓄和投资的影响上。

（1）利率变化对储蓄的作用。由于利率是储蓄者提供生息资产的收益率，当通货膨胀不变、货币利率较高时，生息资产的收益率提高，即期消费的机会成本增加，居民就会减少即期消费，增加储蓄；同时，也会减少手持现金量，增加生息资产的供给。也就是说，实际利率上升，居民减少即期消费而增加预期消费；收入的持有形式发生变化，资金从股市、汇市、房市上流入银行；同时，较高的利率也有利于吸引境外资金流入。这些都有利于银行存款的增加。反之，当利率较低时，储蓄的吸引力下降，居民就会减少储蓄增加消费。

（2）利率变化对投资的作用。利率是企业投资的成本，当企业预期资本收益率不变，利率越高，成本越大，生产和投资收益越低，导致厂商减少投资，压缩投资规模；同样条件下，低利率则会降低投资成本，提高资本收益率，诱使厂商增加投资，扩大投资规模。

（二）对金融市场的影响

人们在将收入转化为金融资产保存时，通常会考虑资产的安全性、流动性与收益性。在金融商品多样化的今天，在保证一定安全性与流动性的前提下，主要由利率决定的收益率的高低往往是人们选择时着重考虑的因素。在这种情况下，金融商品的利率差别成为引导人们选择金融资产的重要依据，而人们对金融资产的选择对于货币需求和金融结构具有决定性作用。同时，金融机构也会根据利率的变动调整自己的资产结构，从而使中央银行利用利率作用调控宏观经济成为可能。

（三）对国际收支的影响

在开放经济条件下，利率的变动通过贸易投资途径影响一国的国际收支平衡状况。当利率水平较高时，企业生产成本增加，产品价格提高，出口竞争能力下降，出口量减少，从而会引起一国对外贸易出现逆差。相反，降低利率会增强出口生产企业的竞争能力，改善一国对外贸易收支状况。从资本输出、输入看，在高利率的诱惑下，外国资本会迅速流入，特别是短期套利资本，这虽然可以暂时缓解一国国际收支的紧张状况，但在高利率情况下的外国资本注入也会带来许多不良后果，如输入通货膨胀、带来沉重的还本付息负担等，有可能造成国际收支状况的恶化。

正因为利率可以影响一国经济活动的内外部主要经济变量，各国政府也就利用利率来调节宏观经济。当通货膨胀加剧时，各国中央银行就会提高基准利率，以此影响商业银行提高贷款利率，抑制投资需求，从而使经济降温。当经济增长缓慢或衰退萧条时，中央银行往往降低基准利率，以此影响商业银行降低贷款利率，刺激社会投资，刺激经济发展。

总之，利率是金融资源的价格，无论是对微观经济还是对宏观经济，都有着重要的作用。

## 二、利率发挥作用的条件

利率发挥作用也需要一定的条件。利率在现代市场经济中要充分发挥作用，必须具备以下条件。

（一）市场化的利率决定机制

市场化的利率决定机制，即建立由市场供求关系决定的利率机制。利率不是由少数银行寡头协定或政府人为决定的，而是由市场供求决定的。市场上资金供不应求，利率就会上扬；资金供大于求，利率就会下降。因此，由市场因素决定的利率能够真实灵敏地反映社会资金供求状况，通过利率机制能够有效促使资金合理流动，缓解资金供求矛盾，发挥筹集资金、调剂余缺、调节经济的作用。

（二）市场化的企业制度

市场化的企业制度是指企业的资源配置按市场规则进行，企业的生产要素（资本、劳动、土地和企业家）和产品的获取、交易都由市场提供和决定。企业市场化能为企业带来利润最大化，降低政府配置资源的高昂成本，因此，各国都在积极推进企业的市场化改革，减少政府对企业的直接干预。

市场化的企业制度应包括各种类型的企业。中国改革多年来，国有企业从总体上讲已成为市场企业，政府基本不再对国有企业实施行政控制。不过，国有企业的改革离发挥市场在资源配置中起决定性作用的要求仍有相当的距离，只有进一步加大国有企业的改革力度，才能为市场利率提供真正发挥作用的场所。否则，如果占有国民最大比重资产的国有企业或国有控股企业对利率的变动不敏感，即使利率价格已经放开了，市场利率仍然起不到应有的作用。市场化的利率也只会徒具形式。

### （三）统一开放的金融市场

在一国经济中，如果资金流动受到各种限制，金融市场处于分割状态，不能成为有机的统一市场，利率体系各组成部分之间就失去了有机联系，整个利率体系就失去了弹性，作用的发挥就会受到很大的限制。

在开放条件下，汇率管制与利率市场化是不兼容的。在一国经济中，如果利率已经市场化，但政府仍然实行严格的外汇管制，限制汇率自由化所必需的资本的自由流出入，就会使一国的利率体系孤立起来，失去与世界利率体系的有机联系。在这种情况下，不仅利率体系会失去对汇率进而对国际收支产生的影响，也会使本国货币陷入被动调整的困局。

## 本章小结

（1）利息是资金提供的服务所得的回报，等于债务人必须支付给债权人的、超过债权人所提供款项的货币数额。

（2）利息的作用是可以使社会闲余资金得到有效利用。

（3）利率是指一笔借款一定时期内利息额与本金额的比率。

（4）名义利率是未经通货膨胀调整的利率。银行利率都是名义利率。

（5）实际利率是包括补偿通货膨胀风险的利率。实际利率对经济发生实质性影响，但政策当局能够操作的多是名义利率。

（6）市场利率是指资金市场上借贷双方互相竞争而形成的利率。

（7）官定利率是指国家通过中央银行而确定的各种利率。

（8）政策利率是中央银行控制和调节市场利率的一项主要政策手段。

（9）基准利率是金融市场上具有普遍参照作用的利率，其他利率水平或金融资产价格均可根据这一基准利率水平来确定。

（10）国际上，主要的基准利率有英国的伦敦同业拆放利率（Libor）、美国的美国联邦基金利率（FFR）、欧盟的欧元银行同业拆借利率（Euribor）等。

（11）习惯上，我国一般把银行一年定期存款利率视为市场基准利率，银行则是把上海银行间同业拆放利率（Shibor）作为市场基准利率。

（12）利率对于宏观和经济微观经济都有十分重要的作用，为了更好地发挥利率的积极作用，必须完善利率的市场环境和基础制度建设。

# 关 键 概 念

| | | | |
|---|---|---|---|
| 利息 | 利率 | 名义利率 | 实际利率 |
| 市场利率 | 官定利率 | 政策利率 | 基准利率 |
| 存款基准利率 | 贷款基准利率 | 存款利率 | 贷款利率 |
| 固定利率 | 浮动利率 | FFR | Shibor |

# 复习思考题

## 一、简答题

1．什么是单利？什么是复利？

2．固定利率的特点是什么？

3．什么是贷款基础利率？

4．利率对经济的主要作用有哪些？

5．利率对金融市场有什么样的影响？

6．利率通过哪些途径影响国际收支平衡？

7．利率发挥作用的必要条件有哪些？

## 二、论述题

1．市场利率充分发挥作用为什么要以建立市场化的企业制度为条件？

2．市场利率充分发挥作用为什么要以建立统一开放的金融市场为条件？

## 三、计算题

设年利率为12%，存款额为1 000元，期限为一年，分别以一年1次复利计息、一年4次按季利率计息、一年12次按月利率计息，则一年后的本利和分别是多少？要求列出公式计算，并回答下述问题：何种情形下实际利率与名义利率相等？何种情况下，实际利率大于名义利率？

# 数据资料与相关链接

1．可汗学院公开课——货币银行学：http://open.163.com/special/Khan/bankingandmoney.

2．中央电大货币银行学视频教程：http://www.21edu8.com/university/caikuai/23715.

3．货币银行学视频教程43讲（北大）：http://v.ku6.com/show/TGjxPk48GHviebR2EZv2GQ...html?from=my.

# 延伸阅读

1．黄达，张杰．金融学[M]．5 版．北京：中国人民大学出版社，2020．

2．易纲，吴有昌．货币银行学[M]．上海：上海人民出版社，2006．

3．[美] 弗雷德里克·S．米什金．货币金融学[M]．12 版．王芳，译．北京：中国人民大学出版社，2021．

# 第七章 利率与收益率

第六章讨论了利息与利率的概念，并侧重从银行存贷款这种债务工具的角度讨论了不同的利率类型。然而，在现代金融市场上，除银行存贷款之外，还存在其他类型的债务工具，如债券和股票[①]。这些不同债务工具之间有何内在联系？答案就是利率。本章将从收益率的角度讨论利率，把包括银行存贷款在内的金融市场债务工具的利率统一起来，形成构建在收益率基础上的利率概念，并讨论它们的统一框架——利率的期限结构。

## 本章主要内容

本章首先讨论债券市场基本工具的价格，然后介绍利率的期限结构，最后介绍人民币利率市场化。

## 知识与技能目标

通过本章的学习，学生应当理解并掌握到期收益率的概念，理解并掌握利率的期限结构，了解人民币利率市场化的现状与未来。

## 引导案例

### 股市因收益率加大导致美元坚挺下跌

**案例导读：**本案例选自 IB 美国盈透证券分析师 Andrew Wilkinson 在美联储加息预期上升背景下对美国股市的分析。其中所涉及的核心概念是国债收益率。国债收益率与美联储加息预期有何关系？国债收益率上升意味着什么？为何国债收益率上升会导致美元攀升？而这些问题又与美国股市有何内在关联？上述这些问题的解答都有赖于对收益率概念的理解。

美国股市在下午交易时段下跌了约 1%，而对这种股价回落的某些解释似乎有些牵强。美铝（Alcoa）开始了盈利季节公报，投资人对其结果不满意。美铝股价暴跌了 10%至 9 月低点。能源公司股票因原油涨势停滞不前走低。

① 广义上，股票也是债务融资工具，只不过不还本而已，在性质上，可视为不固定付息的永续债券。

似乎普遍引用的原因是大家慢慢地感觉利率将在 12 月份上调。市场参与人对此已有所预料，但要强调的是 2 年和 10 年国债收益率今天一直在上升，已达自 6 月来的高点。也许还有另外一个驱动债券上涨的因素，那可能是整个夏季寻求收益率的主导市场的逆转。

债券价格下降和收益率上升，导致了美元的攀升。油价的微弱回调似乎也削弱了股市的气氛，由此让美元兑加元更加强势。

看来尽管投资人本周初热衷于民主党选举获胜和限制世界原油生产的举措，但有更多推动股市情绪的因素。目前来看，继续有利于美元的扩大收益率差异可能是主要的推动力。

（资料来源：http://stock.hexun.com/2016-10-12/186376891.html.）

## 第一节　信贷与债券市场基本工具的价格

金融市场上不同债务工具的收益或现金偿付（现金流）有着不同的期限，因而有着不同的时间价值。因此，要比较不同债务工具的价值，需要引进现值的概念。借助现值就可以把不同债务工具的价值放在共同的基准上进行比较。

### 一、基本债务工具

基本债务工具不仅包括贷款，还包括债券。从本息偿付的方式看，基本债务工具有以下四种。

#### （一）普通贷款

普通贷款（Simple Loan），是指贷款人向借款人提供一定数量的资金（本金），借款人在到期后归还并支付一定的利息的贷款形式。例如，今天借入 100 元，如果借款利率为 10%，一年后偿还本金 100 元，另加 10 元的利息。部分个人与工商贷款属于普通贷款。

#### （二）等额本息贷款

等额本息贷款（Fixed-payment Loan），即借款人每月按相等的金额偿还贷款本息，其中每月贷款利息按月初剩余贷款本金计算并逐月结清。例如，今天借入 1 000 元，借款期限为 25 年，每年偿付 126 元。个人消费贷款中的汽车贷款和抵押贷款通常为等额本息贷款。

#### （三）息票债券

息票债券（Coupon Bond），是每年向持有人支付固定利息、到期偿还本金的债券。大多数公司债与政府财政部中长期债券即属息票债券。

“息票”一词，原指旧时的债券票面的一部分，债券持有人可将其剪下，在债券付息日携至债券发行人处要求兑付当期利息。现在发行的债券多采用电子化形式，但票面利率仍被用来表示债券的利率。息票一般每半年支付一次。图 7-1 为美国息票债券样本。

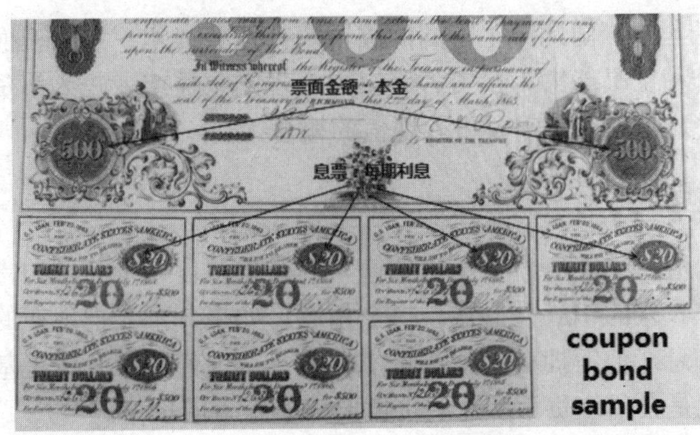


图 7-1　美国息票债券样本

如图 7-1 所示，息票样本的上半部分标记票面金额，即债券面值或本金，样本票面金额为 500 美元；下半部为息票，每一期息票利息为 20 美元，即息票利率为 8%。

（四）贴现债券

贴现债券（Discount Bond），是指在票面上不规定利率，发行时按某一折扣率，以低于票面金额的价格发行，期满时按面值偿付的债券。

贴现债券又称零息债券，但不能顾名思义，认为它是一种没有利息的债券。零息指的是在持有期没有利息，而在到期时一次还本付息，发行价与票面金额之差额相当于预先支付的利息。例如，票面金额 1 000 元的半年期债券，按照 900 元发行，半年后偿还 1 000 元，其中的 100 元就是债券半年的利息。债券的利率实际为 22.24%。

美国财政部短期国债就属于贴现债券。图 7-2 为美国纽约州政府发行的用于铁路建设的贴现债券样本，票面金额为 1 000 美元。按 900 美元发售，1 年后到期，投资者持有到期可获利 100 美元，折合利率为 11.12%。

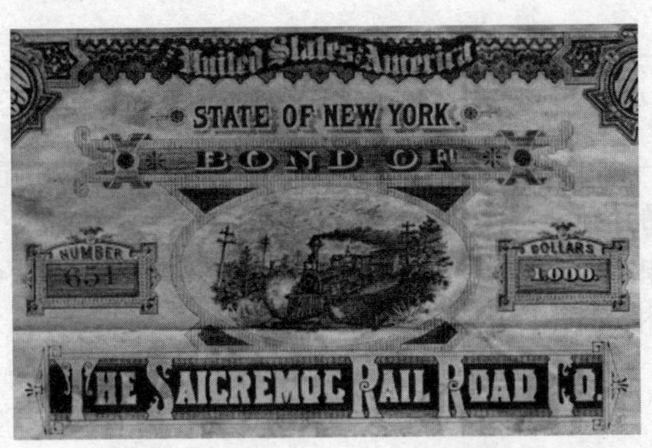


图 7-2　美国纽约州政府贴现债券

以上各类债务工具的偿付期限及要求都是不同的。对投资者或贷款人而言，不同类型的债务工具有着不同的收益率，即资金出借的补偿率或回报率；而对借款人而言，不同工具的不同收益率则意味着不同的借款与发行债券的成本，即债务成本。简单贷款和贴现债券是在到期日偿付，而定期定额贷款和息票债券到期前是定期付款。它们的利率也各不相同，有的是明示的，有的是暗含的，由此产生不同的收益率或债务成本。那么，面对这些不同的信用工具，如何判断哪一种工具能够为投资者带来更合理的收益或者是为筹资人带来更适合的债务成本呢？为了解决这个问题，需要引入现值的概念。

## 二、现值与贴现

现值（也称折现值、贴现值、资本化价值）的概念源自一个简单的常识：一年后人们收入的 100 元不如现在收入的 100 元值钱。换个角度，如果一个人把现在的 100 元存入银行，一年后，加上存款利息，他所拥有的就不止 100 元了。现值的概念就是基于这一常识而得出的。简言之，现值就是指单位货币现在的价值要大于未来的价值。

例如，银行发放 100 元的普通贷款，利率为 10%，则第一年年末，银行会得到 110 元，这可以表示为：

$$100\times(1+0.10)=110\text{（元）}$$

如果银行再把这 110 元贷放出去，第二年年末，银行可得：

$$110\times(1+0.10)=121\text{（元）}$$

上式等价于：

$$[100\times(1+0.10)]\times(1+0.10)=100\times(1+0.10)^2$$

继续发放这笔贷款，第三年年末，银行将获得：

$$121\times(1+0.10)^3=133.10\text{（元）}$$

类似地，在第 $n$ 年年末，银行的 100 元将会变为：

$$100\times(1+0.10)^n$$

这一过程可用图 7-3 表示：

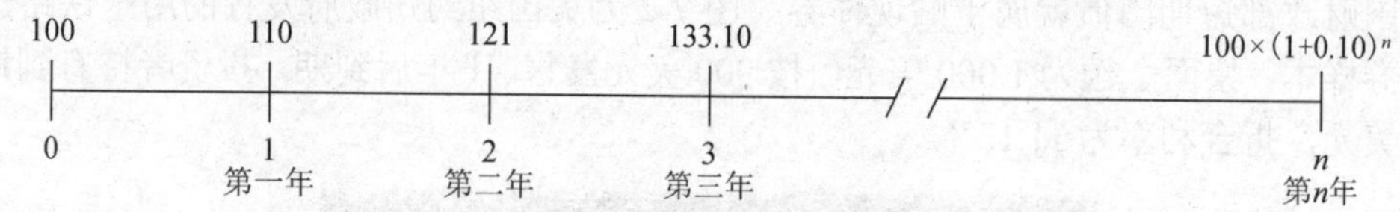


图 7-3　普通贷款的本息和

可以直观地看出，未来任何一年的本息和都要大于现在的 100 元，或者说现在 100 元的价值要大于未来 100 元的价值。

现在，考虑与上例相反的做法，即已知一年后银行一笔普通贷款得到的本息和为 110 元，利率 $i$=10%，那么，这相当于银行今天贷出的多少钱？

解：

$$110=100\times(1+i)\rightarrow 100=110/(1+i)$$

即一年后银行收到的本息和是 110 元，相当于银行今天放贷出去的 100 元。

类似地，可有

$$121=100\times(1+i)^2\rightarrow 100=121/(1+i)^2$$

即两年后银行收到的本息和 121 元，相当于银行今天贷放出去的 100 元。

$$133.10=100\times(1+i)^3\rightarrow 100=133.10/(1+i)^3$$

即三年后银行收到的本息和 133.10 元，相当于银行今天贷放出去的 100 元。

$$100\times(1+0.10)^n \rightarrow 100=[100\times(1+0.10)n]/(1+0.10)^n$$

即银行 $n$ 年后收到的本息和 $100\times(1+0.10)^n$ 元，等于今天贷出去的 100 元。

一般地，令投资于某项资产在 $n$ 年后可一次得到的总收入为 $CF$，利率为 $i$，那么把未来的总收入 $CF$ 换算成现在的价值即现值（$PV$）的计算公式为

$$PV=\frac{CF}{(1+i)^n} \tag{7-1}$$

式（7-1）称为简单贴现公式。这种把未来收入换算成在今天价值的过程，称为贴现。式中的 $CF$ 称为终值或未来值，即未来现金流之和（也常用字母 $FV$ 表示）。贴现是在给定利率水平下，未来的一笔收入折合到现在的价值，是货币时间价值的逆过程。现值的计算能告诉我们现在投资多少钱，将来才能获得你所想要的货币量。式（7-1）的含义是：

一笔与现在金额相等的货币资金，除非利率为零，其价值要小于同等数额的现在货币资金，年数或时间间隔愈大，其价值愈小；反之，同样一笔相同金额的货币，年数时间愈长，其未来价值就愈来愈大（见专栏 7-1）。

当我们计算未来值或终值时，是要回答：现在一笔货币资金，在给定利率水平下，在一定期限之后可以得到多少货币。例如，现在拥有 1 000 元，8%的利率，10 年后可以得到 2 159 元。

当若想知道，为在未来某一天获得一定量的货币，现在需要投资多少钱。例如，假定甲在 5 年后需要 150 万元来购买住房，现在需要投资多少钱呢？回答此类问题，实际上是要计算将来一定金额的现值。

金融中的贴现不同于普通商品买卖中的折扣。折扣是指为了销售更多货物而降低价格；而贴现是指计算将来一定金额货币的现值。为便于区分，现值的计算又称为现金流贴现（Discounted Cash Flow，DCF）分析。

**专栏 7-1**

### 葡萄酒的现值[①]

60 年前的葡萄酒现在值多少钱？让我们通过两张酒单算算这笔账。

先来看看下面的酒单。

| | | | | |
|---|---|---|---|---|
| 15 | *Heidsieck, Dry Monopole* | 1937 | 12.00 | |
| 6 | *Lanson* | 1943 | 12.00 | |
| 21 | *Louis Roederer. Brut* | 1943 | 12.50 | |
| 13 | *Mercier, Brut* | 1937 | 11.00 | |
| 17 | *Moet & Chandon, Whtte Seal* | | 10.00 | |
| 4 | *G. H. Mumm. Extra Dry* | | 10.00 | 20.00 |

看到一瓶香槟十几块的价格是不是很高兴？先别急着开心，其实是这是一份 60 多年前的酒单——这张 1950 年的酒单来自纽约华尔道夫酒店。

我们从酒单中找出一款为例：Louis Roederer Brut, 1943。当时，这一款年份香槟在酒

① 尽管专栏 7-1 谈论的对象是葡萄酒，但其实质仍然是货币的价值，因为无论是当初购买葡萄酒还是葡萄酒购买后的储藏成本都要以货币计价且以货币支付，葡萄酒价值的变化也就反映了货币价值的变化。

店里的售价为 12.5 美元，如果能找到同样一瓶香槟今天在同一家酒店的售价，那么这道数学题就可以瞬间解出。只可惜，华尔道夫酒店今天的酒单上并没有这一款 1943 年的路易王妃年份香槟。

再来看看另一张酒单。

| VINTAGE | |
|---|---|
| DOM PERIGNON ÉPERNAY 2003 | 405 |
| TAITTINGER ‘COMTES DE CHAMPAGNE’ BLANC DE BLANCS ÉPERNAY 1999 | 480 |
| PERRIER-JOUËT ‘BELE EPOGUE’ ÉPERNAY 2004 | 350 |
| LOUIS ROEDERER CRISTAL BRUT REIMS 2004 | 525 |
| PERRIER-JOUËT ‘FLEUR DE CHAMPAGNE 2002 | 510 |
| KRUG CHAMPAGNE REIMS 2000 | 720 |
| GOSSET ‘CHAMPAGNE CELEBRIS’ EXTRA BRUT, ÉPERNAY 1998 | 450 |

从上面这张酒单中，我们找到了一款路易王妃水晶香槟 2004 年份（Louis Roederer Cristal Brut），它在酒店的售价为 525 美元。搜索 Wine-Searcher.com 网站，得到这款香槟目前的不含税国际均价为 239 美元。

由此，我们可以推算（非常不严谨地）出来华尔道夫酒店的 2004 年份路易王妃水晶香槟售价与国际不含税均价之间的比例：525 美元/239 美元=2.2 倍。

得到这个数字之后，我们继续（更加不严谨地）推算出 1950 年时，那一瓶 1943 年路易王妃香槟的国际均价：12.5 美元/2.2=5.7 美元。

接下来，查到 Louis Roederer Burt（1943）这瓶香槟的国际均价为 793 美元。那么，经过了 64 年，这一瓶香槟的价格增长 139 倍（793 美元/5.7 美元）。

因此，我们得到结论，如果在 1950 年，你购入了价值 10 万美元的 1934 年份路易王妃香槟，到今天卖掉，你将会得到 1 390 万美元的现金！

当然，以上估算方法不够严谨，各种影响酒价变化的变量都忽略了。不过我们的确可以看到，经过 60 多年，酒单上的价格数字发生了一位数的变化。

所以，如果你拥有可靠的存酒条件，以及足够的钱，不如存一些值得收藏的好酒，可以防通胀、御泡沫、抗危机。前提是你不会一时酒瘾发作，好酒换了一夜宿醉。

（资料来源：http://mt.sohu.com/20150503/n412295540.shtml.）

## 三、不同债务工具利率的计量：到期收益率

前面我们讨论了四种债务工具，它们都有不同的利率。事实上，有多少种不同的债务工具，就有多少种利率，以至于我们无法直接比较它们的价值。有了现值的概念，就可以计量不同债务工具利率的共同标准——到期收益率了。

我们在第 5 章曾涉及到期收益率的概念。到期收益率是使债务工具的全部未来现金流量的现值等于债务工具（贷款、债券等）本金或现在价格的收益率[①]。现在，我们就来讨论前述四种不同债务工具的到期收益率。

① 到期收益率又称最终收益率或内部收益率。

（一）普通贷款的到期收益率

假设 100 元的普通贷款，利率为 10%，一年后收到的本息和为 110 元，则根据定义，该笔贷款的到期收益率必须满足 $PV=CF/(1+i)$，则 $100=110/(1+i)$，解 $i$ 得

$$100=110/(1+i)\rightarrow 100\times(1+i)=110\rightarrow$$
$$100+100\times i=110\rightarrow$$
$$100\times i=(110-100)\rightarrow$$
$$i=(110-100)/100$$
$$=10/100$$
$$=0.10=10\%$$

因此，10%的到期收益率正好使银行一年后收到的本息和等于银行年初发放的 100 元贷款本金。显然，这里的到期收益率 $i$ 就是普通贷款的单利率 $i$。对于普通贷款而言，单利率等于到期收益率。

（二）等额本息贷款的到期收益率

如前所述，等额本息贷款在还款期内，每月要偿还同等的金额。计算等额本息贷款的到期收益率所用方法与普通贷款相同，即令贷款本金等于它的全部未来收入的现值。由于等额本息贷款涉及的不只是一次支付的款项，因此，其现值应当等于全部未来支付的现值之和。

同前例，贷款额 1 000 元，借款期限为 25 年，每年偿付 126 元，计算到期收益率。运用普通贷款的现值公式，计算如下：

第一年年末所偿付的 126 元的现值为$[126/(1+i)]$元；第二年年末所偿付的 126 元的现值为$[126/(1+i)^2]$元；以此类推，第 25 年年末所偿付的 126 元的现值为$[126/(1+i)^{25}]$元。根据现值的定义必有：

$$1\,000=\frac{126}{1+i}+\frac{126}{(1+i)^2}+\frac{126}{(1+i)^3}+\cdots+\frac{126}{(1+i)^{25}}$$

一般地，对于任何一笔等额本息贷款，有

$$LV=\frac{FP}{1+i}+\frac{FP}{(1+i)^2}+\frac{FP}{(1+i)^3}+\cdots+\frac{FP}{(1+i)^n} \tag{7-2}$$

式中，$LV$ 为贷款余额；$FP$ 为每年的等额还款本息；$n$ 为贷款年限。

由于等额本息贷款每年的还款本息与贷款年限都是已知的，只有到期收益率为未知，故可从式（7-2）求得到期收益率 $i$。由于求解过程比较繁杂，因此一般用计算器求解。

式（7-2）称为定期定额贴现公式，其意义是，当前投资 $PV$ 元，按照利率 $i$，在今后 $n$ 年中，第 1 年收回 $FP$，第 2 年收回 $FP$ 元，……，第 $n$ 年就把投资全部收回。

式（7-2）可用求和符号表示为：

$$LV=\sum_{k=1}^{n}\frac{FP}{(1+i)^n} \tag{7-3}$$

（三）息票债券的到期收益率

设面值 1 000 元的息票债券，息票利息为 100 元（或息票利率为 10%），债券期限为 10

年，现在按票面价值出售。计算该息票债券的到期收益率。令息票的价格为 $P$，根据现值定义，该息票的现值必须满足以下条件：

$$P=\underbrace{\frac{100}{1+i}+\frac{100}{(1+i)^2}+\frac{100}{(1+i)^3}+\cdots+\frac{100}{(1+i)^{10}}}_{\text{前 10 年的息票利息的现值和}}+\underbrace{\frac{1\,000}{(1+i)^{10}}}_{\text{本金到期的现值}}$$

注意：在第 10 年终了时，投资者不仅获得到期的利息支付，还要收回本金，故有最末一项 1 000/（1+$i$）$^{10}$，这是期初购买债券的本金 1 000 元 10 年后的现值。

一般地，任何类型的息票债券到期收益率计算公式为

$$P=\underbrace{\frac{C}{1+i}+\frac{C}{(1+i)^2}+\frac{C}{(1+i)^3}+\cdots+\frac{C}{(1+i)^n}}_{\text{前 } n \text{ 年的息票利息的现值和}}+\underbrace{\frac{F}{(1+i)^n}}_{\text{本金到期的现值}} \tag{7-4}$$

式中，$P$ 为债券的现价；$C$ 为每年的息票利息；$F$ 为债券的面值；$n$ 为息票距到期前年数。

同样，在式（7-4）中，由于 $P$、$C$、$n$ 为已知，只有到期收益率 $i$ 为未知，故可从式（7-3）求得息票债券的到期收益率 $i$。由于计算过程复杂，一般也用计算器或 Excel 求解。

式（7-4）也可用求和符号表示为

$$P=\sum_{k=1}^{n}\frac{C}{1+i}+\frac{F}{(1+i)^n} \tag{7-5}$$

表 7-1 列举了对应于不同债券价格的到期收益率，从中可以得出以下三个结论。

（1）如果息票债券价格等于债券面值，到期收益率就等于息票利率。

（2）息票债券价格与到期收益率呈负相关。也就是说，到期收益率愈高，债券价格愈低；反之，到期收益率愈低，债券价格愈高。

（3）如果息票债券价格不等于债券面值，不是到期收益率低于息票利率，就是到期收益率高于息票利率。当债券价格高于其面值时，到期收益率要低于息票利率；反之，当债券价格低于其面值时，到期收益率要高于息票利率。

上述结论适应于所有的息票债券。这是到期收益率计算的原理使然。

**表 7-1　息票利率为 10%、10 年期息票债券的到期收益率**（面值 1 000 元）

| 债券价格/元 | 到期收益率/% |
|---|---|
| 1 200 | 7.13 |
| 1 100 | 8.88 |
| 1 000 | 10.00 |
| 900 | 11.75 |
| 800 | 13.81 |

此外，还有一种特殊的息票债券——永续债券。永续债券也称统一公债，是一种没有到期日，不必偿还本金，仅支付固定息票利息（$C$）的永久性债券。拿破仑战争时期，英国财政部曾经发行过这类债券，时至今日仍有交易。在中国，中国银行于 2019 年 1 月 25 日发行 2019 年第一期无固定期限资本债券，代表我国首单商业银行永续债落地。永续债券到期收益率的计算十分简单，计算公式为

$$P_{\mathrm{c}}=\frac{C}{i_{\mathrm{c}}} \tag{7-6}$$

式中，$P_c$ 为永续债券的价格；$C$ 为年息票利息；$i_c$ 为永续债券的到期收益率。

永续债券的一个突出特征是，$i_c$ 与债券价格的关系一目了然：$i_c$ 上升时，债券价格将下跌。例如，如果永续债券每年支付 100 英镑的年利息，利率是 10%，那么债券的价格就是 1 000 英镑，即 100/0.10。如果利率上升至 20%，债券的价格就会下跌到 500 英镑即 100/0.20。

（四）贴现债券的到期收益率

贴现债券到期收益率的计算与普通贷款类似。以一年期国库券的贴现债券为例，假定 1 年后按票面金额偿还 1 000 元，现在按照 900 元价格发行，求到期收益率。运用式（7-1），令债券价格等于 1 年后收到的 1 000 元的现值，可以得到 $900 = 1\,000 / (1+i)$，解 $i$ 得：

$$(1+i)\times 900 = 1\,000 \rightarrow$$
$$900\times i = 1\,000 - 900 \rightarrow$$
$$i = (1\,000 - 900) / 900 \rightarrow$$
$$i = 0.111 = 11.1\%$$

一般地，对于任何 1 年期的贴现债券，其到期收益率都可以写为：

$$i = \frac{F-P}{P} \tag{7-7}$$

式中，$F$ 为贴现债券的面值；$P$ 为贴现债券的现价。

换言之，贴现债券到期收益率等于 1 年内价格的增值部分（$F-P$）除以其初始价格 $P$。在通常情况下，投资者持有贴现债券的收益为正，因此贴现发行意味着债券的价格低于其面值。于是，（$F-P$）与到期收益率应当为正。

式（7-7）意味着，贴现债券的到期收益率与债券现价呈负相关关系。这与息票债券的结论是一致的。例如，根据式（7-7），当债券价格从 900 元上升到 950 元时，到期收益率则会从 11.1%下降到 5.3%；反之亦然。

就债券价格与到期收益率的关系而言，总结上述内容，可有以下共性：①债券价格与到期收益率呈反向关系；②到期期间愈长，债券价格对到期收益率的敏感性愈大；③债券价格对到期收益率敏感性的增加程度随到期期间延长而递减；④到期收益率下降使价格上涨的幅度，高于到期收益率上扬使价格下跌的幅度；⑤低票面利率债券的到期收益率敏感性高于高票面利率债券。

## 四、利率的其他计量指标

在所有的衡量利率指标中，到期收益率是最精确的，然而，在没有电子计算的年代，根据到期收益率来计算利率是相当困难的。为了避免计算过于复杂，人们找出了近似计算利率的两个指标：当期收益率和贴现收益率。前者适用于息票债券；后者适用于贴现债券。

（一）当期收益率

式（7-6）可以改写为

$$i_c = \frac{C}{P_c} \tag{7-8}$$

利用式（7-8）不仅可以直接计算前述永续债券的到期收益率，还可以近似地计算息票债券的到期收益率。如果息票债券存续期很长（如 20 年、30 年），就与永续债券十分近似了，这是因为 20 年以后的现金流折现值很低。因此，如果息票利率相等，长期息票债券的价值就与永续债券十分相近。于是，式（7-8）中的 $i_c$ 就近似等于长期债券的到期收益率。所以，$i_c$ 即年息票利息除以债券价格，也称当期收益率，常常用作长期债券利率的近似值。

息票债券到期收益率的计算原理，还可以用于股票收益率的计算。

（二）贴现收益率

如果财政年度按 360 天计，债券的实际期限按每年 365 天计。那么，一年期债券的利率就应该考虑比财政年度多 5 天，即：

债券面值-购买价格=债券利息=债券面值×债券利率×（365/360）

这种意义上的利率，称为债券的贴现收益率，用 $i_d$ 表示，即一年期债券的贴现收益率。其计算公式为：

$$i_d = \frac{\text{债券面值} - \text{购买价格}}{\text{债券面值}} \times \frac{365}{360} \tag{7-9}$$

一般地，用 $F$ 表示债券面值，$P$ 表示债券价格（购买价格），$T$ 表示债券离到期日天数，则债券的贴现收益率 $i_d$ 应为：

$$i_d = \frac{F - P}{F} \times \frac{365}{T} \tag{7-10}$$

这种计算利率的方法有两个显著特点：①它使用债券面值的百分比收益率 $(F-P)/F$，而不像计算贴现债券到期收益率那样使用债券价格的百分比收益率 $(F-P)/P$；②它按每年 360 天而不是 365 天来计算年度的收益率。这两个特点决定了贴现收益率低于到期收益率。以一年期国库券为例，假定面值为 100 元的国库券售价 90 元，则贴现收益率为：

$$i = \frac{100-90}{100} \times \frac{365}{360} = 0.101\ 4$$

而到期收益率为：

$$i = \frac{100-90}{90} = 0.111$$

可见，到期收益率大于贴现收益率。另外，债券期限越长，债券价格与债券面值之间的差额越大，因而贴现收益率与到期收益率之间的差别也就越大。

## 五、票面利率、到期收益率与债券收益率的区别

债务工具的票面利率是承诺的收益率。票面利率是固定不变的，并不反映真实的收益率。而到期收益率实际上反映的是债券的全部未来收益的贴现率，是债券购买后持有的到期的收益率，只与债券的买进价格有关，而与整个期间内的市场价格变化无关。但是，债券投资者并不都是购买债券后持有至到期，大多数投资者会在中途把持有的债券卖出，并且债券的市场价格始终是变动的，这样，到期收益率也无法反映真正的投资债券或其他债务工具的收益。能够真正反映投资收益的是债券的收益率或回报率。因此，认识票面利率、到期收益率与债券收益率的区别是十分重要的。

(一)收益率

收益率又称投资回报率或外部收益率，是指证券持有期间的利息收入与证券价格变动总和与证券买进价格之比。下面以债券为例进行讨论，其结论也适应于其他债务工具，包括股票。

债券持有者可以在债券到期日之前将债券按当时的市场价格出售。投资者从买进债券到卖出债券的这一段时期，称为债券的持有期。用 $P_t$ 表示债券的买进价格，用 $P_{t+1}$ 表示债券的卖出价格，用 $C$ 表示债券持有期间的利息收入，则投资者持有债券所得到的收益率 $R$ 为

$$R = \frac{C + P_{t+1} - P_t}{P_t} \tag{7-11}$$

依据式（7-11）计算出的收益率就是债券持有期间的收益率或回报率。

为简明起见，还可以把式（7-11）分解为前后两项，即：

$$R = \frac{C}{P_t} + \frac{P_{t+1} - P_t}{P_t}$$

第一项是当期收益率：

$$\frac{C}{P_t} = i_{\mathrm{c}}$$

第二项是资本利得率：

$$\frac{P_{t+1} - P_t}{P_t} = g$$

式中，$g$ 代表资本利得率。于是，式（7-11）可以改写为：

$$R = i_{\mathrm{c}} + g \tag{7-12}$$

式（7-12）表明，债券收益率是当期收益率与资本利得率之和。

由式（7-12）可知，除非持有期间债券价格全无变化，否则，债券收益率不会等于当期收益率。如果债券持有债券的后期价格大于前期价格，即 $P_{t+1} + 1 > p_t$，则资本利率 $g$ 为正值，收益率大于当期收益率；如果债券的后期价格低于前期价格，即 $p_{t+1} < P_t$，则资本利率 $g$ 变为负值，收益率将小于当期收益率。这是因为 $i_c$ 是根据前期价格 $P_t$ 计算的，所以债券持有期间的价格变化对计算当期收益率 $i_c$ 没有影响。

(二)利率风险

债券收益率与到期收益率之间的关系是以债券价格在持有期会变化为前提的。那么，持有期债券价格为何会出现变化？持有期间债券价格的变化是由市场利率的变动引起的。由于债券的票面利率是固定的，当市场利率上升时，新发债券票面利率随之提高，债券投资者会卖出持有的旧债券买进以新的更高利率发行的债券，这种行为导致旧债券价格下跌；反之，市场利率下降，则会导致投资者买进已经发行流通的债券，以获得较高的固定利息收益，这就使得市场已有的债券价格上升。两者之间的关系可简要概括为市场利率提高，债券价格下

跌；反之，市场利率降低，债券价格上涨。

而根据前面的讨论，债券价格的变化又影响着债券收益率的变化。债券价格同债券收益率呈负相关（见专栏 7-2）。利率上升意味着债券价格下降，从而收益率下降，甚至出现负的收益率。

以上这种由市场利率变化引起金融资产价格变化，进而引起的资产收益率不确定性，就是所谓的利率风险。

债券离到期日越远，价格波动越大，相应地利率波动也越大，而利率波动又导致收益率随之波动。所以，债券的期限越长，债券价格与利率的波动越剧烈，收益率波动也就越剧烈。相反，债券离到期日越近，债券价格越接近于债券面值，价格波动幅度就越小，相应地利率波动也就越小。如果债券已临近到期日，那么债券的价格就要接近于债券面值，价格波动极小，因而收益率接近于到期收益率，也就不存在什么利率风险。因此，对于金融投资而言，如何合理配置不同期限的资产，规避利率风险是很重要的。

专栏 7-2

### 美国国债收益率出现“闪电崩盘”

对全球经济日益增加的担忧情绪在 2014 年 10 月 15 日引发美国国债收益率出现“闪电崩盘”，与此同时，各股票市场纷纷下跌，又一批投资者似乎放弃了他们的看涨押注。

美国经济态势的关键晴雨表——10 年期美国国债收益率，在美联储 2013 年 5 月开始讨论停止货币刺激政策以来，第一次跌至 2%以下。

在有关方面发布疲弱的美国零售业销售数据后，10 年期美国国债收益率在 1 小时内从 2.19%降至 2%，此后即刻跌至 1.86%，晚些时候在纽约又回升至 1.95%。

在美国债券市场波动之前，欧洲股票价格暴跌。富时 Eurofirst 300 指数（FTSE Eurofirst 300）下跌了 3.2%，这是 2011 年年末以来该指数单日跌幅最大的一次。

纽约午盘时段，美国标普 500 指数（S&P 500）跌去 2.8%，至 1825 点。该指数已从 9 月峰值下跌 9.9%，与官方所称 10%回调幅度近在咫尺，抹去了 2014 年以来全部涨幅。在欧元区通缩、新兴市场疲软以及油价下跌引发担忧之际，投资者开始重估他们对全球增长的预期。

摩根大通资产管理（JPMorgan Asset Management）的固定收益投资组合经理伊恩•史泰利表示：“美联储的量化宽松[①]正在终结，全球增长与通胀预期正在下降，所以人们希望持有无风险资产，这意味着‘买美国国债’。”美国国债收益率呈现出了自 2009 年信贷危机最严重时以来的最大单日波幅。

“此等行情让我们感到震惊，”GMP 证券（GMP Securities）的固定收益策略总监亚德里安•米勒表示，“10 年期美国国债收益率达到如此水平，回到美联储谈论退出量化宽松之前的情形，真令人大跌眼镜。如果你还拥抱风险的话，你将无处可藏。”

（资料来源：http://www.ftchinese.com/story/001058645.）

① 量化宽松（Quantitative Easing，QE）指美联储向金融机构收购金融资产投放货币的政策行为。

## 六、名义利率与实际利率

在第六章，我们已经解释了名义利率和实际利率的概念，在此我们还要从收益率的角度做进一步的讨论。本章到此为止，我们对利率的讨论没有考虑通货膨胀因素，所以更准确地说，应该称为名义利率。从名义利率中减去预期通货膨胀率，就得到实际利率。这里之所以使用预期通货膨胀率，是因为名义利率所表示的收益是未来收益。用 $i$ 表示名义利率，$\pi^e$ 表示预期通货膨胀率，$i_r$ 表示实际利率，则有

$$i = i_r + \pi^e \qquad (7\text{-}13)$$

与名义利率相比，实际利率能够更好地反映资金借贷活动的动力，能更准确地说明金融市场银根的松紧。

**专栏 7-3**

**“赔本”的国债有人买**

2015 年 3 月 1 日，日本政府以-0.024%的平均收益率发售 2.2 万亿日元（约合 200 亿美元）的 10 年期国债。简单理解，就是拿 1 万日元买日本国债，放个 10 年，不但不能拿到利息，还得拿 2.4 日元来付利息。但是，这份看似赔钱的国债，居然达到了 3.2 倍的认购量。

是不是听着太不可思议？

对于投资者而言，为什么要“赔钱”买这些负利率国债呢？其实，买负利率国债未必就是赔钱。这些投资者是怎么通过负利率国债获利的。我们可以先把投资者适当分类。

第一类是中央银行、保险公司、养老基金和银行等机构投资者。对于这些机构而言，不管国债的投资回报高低，都必须持有一定比例国债。但这些机构现在买入并不意味着会一直持有 10 年，在到期前，负率国债也会有获利转手机会。

第二类是那些认为尽管收益率为负但仍可能赚到钱的投资者，这些投资者有可能是境外的也有可能是境内的。打个比方，瑞士的国债是以瑞士法郎计价的。如果外国投资者认为瑞士法郎会升值，那么他们就很乐意持有瑞士国债，因为外汇兑换的收益足可以完全抵消国债的负收益。而对于瑞士的国内投资者，如果他们预计通货紧缩将长期持续，那么也会愿意持有政府的负收益率债券。我们说的国债负利率，是指名义负利率，但这个负利率并不直接等于真实收益，实际利率还取决于物价指数。物价指数一般可以参考通货膨胀率，2015 年瑞士年通货膨胀率就低于-1%，而发行的瑞士国债利率是-0.055%。虽然货币的名义价值减少了，但实际购买力却增强了。所以，从实际的购买力角度来说，投资瑞士国债并不亏。这就解释了，为什么国债负利率还有这么多人买。

第三类是两害相权取其轻的投资者。对他们而言，持有其他资产损失可能更大，还不如选择损失小的国债。欧洲股市相比一年前下跌了近 20%，大宗商品价格暴跌，公司债违约率也在不断上升。要是把钱存在丹麦、日本和瑞典的银行，其回报率也是负的。所以，相比去承受这些经济体的市场风险，还不如买政府债券靠谱。

所以，正利率并不代表就赚了，而负利率也未必就是亏了。投资理财，是一门技术活。

（资料来源：http://mt.sohu.com/20160304/n439335176.shtml.）

## 七、股票的估值

以上，我们借助现值和贴现公式，讨论了债务工具的利率决定。现值公式也可以用于股票价格的估值。普通股的价值也可以用其未来全部现金流量的现值来衡量。在股票投资中，股票投资者的收益包括股利、买卖价差或者两者之和。股票估值的常见模型有单期估值模型、扩展股利模型与戈登增长模型三种。

### （一）单期估值模型

单期估值模型是最简单的股价估值模型。其基本假设是投资者购买股票后持有一期，然后卖掉。其计算公式为：

$$P_0=\frac{D_{\text{iv}1}}{1+k_{\text{e}}}+\frac{P_1}{1+k_{\text{e}}} \tag{7-14}$$

式中，$P_0$为股票的现价，下标为 0 是指时点为 0，即现期；$D_{\text{iv}_1}$为第 1 年年末收到的股利；$k_{\text{e}}$为股票投资的必要（要求）回报率，即贴现率[①]；$P_1$为预期的股票售价。

假设某公司的股票现价为每股 50 元，每年的股利$D_{\text{iv}_1}$是 0.16 元。预期 1 年后该股票的售价$P_1$为 60 元。如果投资者的必要回报率是 12%，即$k_{\text{e}}$=0.12，该股票是否值得买进？利用式（7-14）计算，可得：

$$P_0=\frac{0.16}{1+0.12}+\frac{60}{1+0.12}=0.14+53.57=53.71\text{（元）}$$

计算结果大于股票的现价，这意味着用 50 元的成本可以获得更大的现金收入，投资者的决策是买进。但是，该结果是在必要回报率为 12%的假定下获得的，如果其他投资者设定不同的必要回报率，对未来现金流的估计也不同，则估值结果可能大于或小于 53.71 元。

### （二）扩展股利模型

利用现值概念，单期估值模型可以扩展到任意期限：股票的现价是全部未来现金流量的现值。投资者所收到的现金流量只有股利与股票在 $n$ 期末时售价收入。其计算公式为

$$P_0=\frac{D_1}{(1+k_{\text{e}})^1}+\frac{D_2}{(1+k_{\text{e}})^2}+\cdots+\frac{D_n}{(1+k_{\text{e}})^n}+\frac{P_n}{(1+k_{\text{e}})^n} \tag{7-15}$$

如果利用式（7-15）来计算股票的价值，你会发现，要确定股票目前的价值，首先要确定股票在未来某个时点上的价格，换言之，要找到$P_0$，必须找到$P_n$。然而，如果$P_n$是在很远的将来，它对$P_0$几乎就没有什么影响。例如，75 年后价格为 50 元的股票用 12%的贴现率折算为现值，仅为 1 分[50/（$1.12^{75}$）]。这个推理过程意味着股票现在的价值可以简化为所有未来股利流的现值。下式是改写的扩展股利估值模型，其中没有最终售价：

$$P_0=\sum_{t=1}^{\infty}\frac{D_t}{(1+k_{\text{e}})^t} \tag{7-16}$$

① 虽然股票报酬率有别于债券贴现模型中到期收益率——利率，但实质也是资本利息的折现率，这一点上并无本质差异。股息与利息的差异只不过是一个固定一个不固定而已。

由式（7-16）可见，扩展股利模型意味着，股票价值仅仅取决于未来股利的现值。现实中，若干股票都没有股利，那么这一类股票的价值何在？这一类股票之所以有人购买，赋予股票以价值，是因为投资者相信公司未来某一天会发放股利。多数情形下，公司经历了生命周期的快速增长阶段后，的确也会发放股利。

扩展股利模型要求计算不确定的未来股利流的现值，这个过程是十分困难的。于是就催生了简化的扩展股利模型。戈登增长模型就是其中之一。

### （三）戈登增长模型

戈登增长模型假定公司股利增率不变，则式（7-16）可以修正为：

$$P_0=\frac{D_0\times\left(1+g\right)^1}{(1+k_e)^1}+\frac{D_0\times\left(1+g\right)^2}{(1+k_e)^2}+\cdots+\frac{D_0\times\left(1+g\right)^\infty}{(1+k_e)^\infty} \tag{7-17}$$

式中，$D_0$为最近一次支付的股利；$g$为预期不变的股利增长率；$k_e$为股票投资的必要回报率。

式（7-17）可简化为：

$$P_0=\frac{D_0\times(1+g)}{k_e-g}=\frac{D_1}{k_e-g} \tag{7-18}$$

戈登增长模型基于以下两个假定。

（1）股利增长率保持不变。如果股利在较长的时期内按照不变的比率增长，该模型就能够得出合理的结论。这是因为即使较远时期的现金流量与这一原则相悖，但当折现成现值时，这个差异也会变得非常小，以至于可以忽略不计。

（2）股利增长率低于股票投资的必要回报率。该假设的依据是：理论上，如果股利增长率$g$高于公司股东的必要回报率$k_e$，那么，在长期内该公司将会变得无比庞大，这是不可能的。

# 第二节 利率结构

利率结构是指利率体系中各种利率的组合情况。利率结构包括风险结构和期限结构。理解利率结构可以帮助我们分析不同利率之间的关系，考察债券之间利率不同的原因，对利率作出完整的理解，并帮助我们进行买进或卖出哪些债券的正确决策。

## 一、利率的风险结构

利率的风险结构是指期限相同的各种信用工具利率之间的关系。利率的风险结构的决定因素主要有违约风险、流动性和税收因素。

### （一）违约风险

违约风险又称信用风险，是指债券发行人在证券到期时无法还本付息而使投资者遭受损失的风险。债券的违约风险越大，利率越高；反之，利率越低。

同公司债券与企业债券相较，信用稳健政府的国债风险最小，尤其是短期国债鲜有违约风险。因为政府一般总是能够通过增加税收或印刷纸币的办法来清偿其到期债务。因此，实践中，短期国债利率往往被视为无风险利率，以此为基准，再将其他类型的债券与之比较。

一般地，我们把某种有风险的债券与无风险短期国债之间的利率差额称为“风险补偿”或“风险溢价”。它是人们为持有某种风险债券所必须获得的额外利息。

运用经济学上常用的供求分析，可以解释具有违约风险的债券通常具有正的风险升水，且风险越大、风险升水越大这个现象。

图 7-4 分别代表企业债券和美国国债的供求关系。图中字母 $D$、$S$ 及其上下标分别代表对企业债券和美国国债的需求与供给曲线。横坐标代表债券的数量；纵坐标代表债券的价格。与一般的供求曲线无异：需求曲线向右下方倾斜，代表债券的需求随价格升降而减增；供给曲线向右上方倾斜，代表债券的供给随价格的升降而增减；供求曲线依非价格因素的变动而向左右平移。字母 $P$、$i$ 及其上下标，分别代表企业债券和美国国债的市场价格和利率。

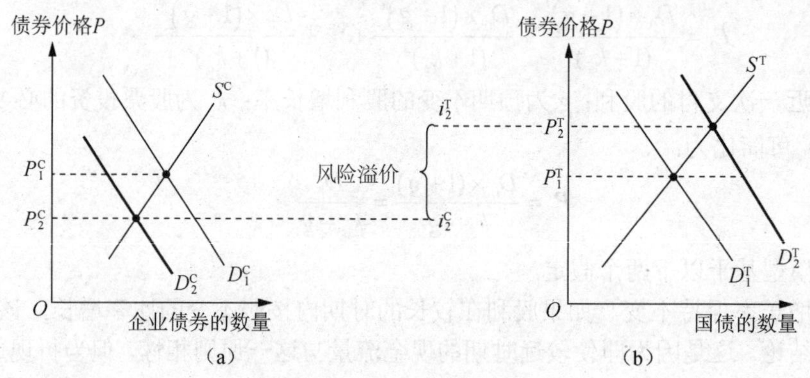


图 7-4　公司债券违约风险的影响

（a）企业债券市场；（b）无违约风险债券（美国国债）市场

为简明起见，最初，假定这两种债券具有相同的风险和期限、相同的初始均衡（即供求平衡，下同）价格和相同的初始均衡利率，所以风险溢价为零，即 $P_1^C = P_1^T$ 。

此时，如果企业发生严重亏损，导致债券违约风险上升，预期收益率下降，且收益率的不确定性也增加。这将导致投资者对企业债券的需求下降，在企业债券供给曲线不变的情况下，企业债券违约风险增大推动需求曲线从 $D_1^C$ 位移至 $D_2^C$ ，企业债券的价格从 $P_1^C$ 下跌到 $P_2^C$ ，企业债券的均衡利率上升至 $i_2^C$ 。同时，在国债市场上，国债的需求曲线从 $D_1^T$ 位移至 $D_2^T$ ，均衡债券价格从 $P_1^T$ 上升至 $P_2^T$ ，均衡利率下跌到 $i_2^T$ 。括号表明 $i_2^C$ 与 $i_2^T$ 的差额，即企业债券的风险溢价（ $i_2^C - i_2^T$ ）。注意，由于 $P_2^C$ 低于 $P_2^T$ ， $i_2^C$ 大于 $i_2^T$ ，因此债券收益率——市场利率与价格成负相关关系。

以上分析的结论是，具有违约风险的债券的风险溢价总为正，且风险溢价随着违约风险的上升而增大。

### （二）流动性

影响债券利率的另一个重要因素是债券的流动性。流动性好的资产是指能以较低成本迅速转化为现金的资产。债券的流动性越强，变现越容易，利率越低；反之，流动性越弱，利率越高。相较而言，国债流动性较优，公司债券次之。因为任何一家公司债券的交易量都相对较小，这样在急需时投资者出售公司债券的成本就很高，因为很难迅速找到合适的买主。

我们仍借助图 7-4 来解释债券流动性与债券利率的关系。图 7-4（a）与图 7-4（b）依然分别代表企业债券和美国国债市场。假定初始状态也相同。随着交易的进行，国债的交易量不断扩大，大大超过了企业债券的交易量，使得国债的流动性高于企业债券的流动性，这相当于企业债券的流动性相对降低。企业债券的流动性相对降低，将导致企业债券的需求下降，需求曲线 $D_1^C$ 位移至 $D_2^C$，但供给方面的情况未变，于是企业债券的均衡价格从 $P_1^C$ 下跌到 $P_2^C$，利率相应地上升至 $i_2^C$。

在企业债券市场变化的同时，国债市场也在发生相应的变化。由于国债的流动性相对提高，人们对国债的需求增大，需求曲线右移，从 $D_1^T$ 位移至 $D_2^T$，供给曲线位置没有发生变动，于是国债的均衡价格从 $P_1^T$ 上升至 $P_2^T$，相应均衡利率下跌到 $i_2^T$。

初始时，$P_1^C = P_1^T$，因而企业债券与国债之间没有利率差别。但现在由于流动性的变化，带来了企业债券利率上升和国债利率下降，出现了利率差额 $i_2^C - i_2^T$，这个差额称为流动性升水。可以断定，国债的流动性越大（企业债券的流动性越小），流动性升水越大，利率差别越大。可见，流动性升水是对公司债券流动性较低的补偿。

因此，公司债券利率和国债利率之间的风险溢价，不仅反映了公司债券的违约风险，还反映了其流动性风险，即一种债券的需求下降引起该债券的利率上升和另一种债券的需求上升、利率下降，从而导致该债券与另一种债券之间存在利率差别，这种利率差额是该债券的违约风险增大和流动性相对降低所致。这就是风险溢价亦称为流动性溢价的原因，更准确地说叫风险与流动性溢价，简称风险溢价。

（三）税收因素

由于政府对不同的债券税收待遇不同，因而利率也受影响。税率越高的债券，其税前利率也越高。

以美国为例，美国的市政债券并非无风险债券。市政债券是一种美国州和地方政府发行的债券。历史上，两级政府的市政债券都发生过违约的情况。另外，市政债券的流动性也赶不上国债。但一般市政债券的利率要比国债低，原因是市政债券的利息收入是免征联邦所得税的。这导致了市政债券的预期收益率上升，并增加了需求量。

例如，若汤姆收入很高，适用 40%的所得税率，则他每增加 1 美元的收入，其中 40%都要上交给政府。倘若汤姆购买市价、面值均为 1 000 美元的美国国债，息票利息支付额为 100 美元。在纳税后，他所获得的利息收入仅有 60 美元。因此，尽管债券利率是 10%，但所得税后收入仅有 6%。

现在，汤姆拿这 1 000 美元来买市政债券，同样为市价 1 000 美元，面值 1 000 美元，息票利息支付额为 80 美元。虽然利率比国债少了 2%，只有 8%，但由于是免税债券，汤姆能得到全部的 8%收益，计算结果如表 7-2 所示。很明显，纳税后市政债券能比国债带给汤姆更多的收入，因此他愿意持有风险稍高、流动性稍低的市政债券。

**表 7-2　税收对美国国债与市政债券的收益率的影响**

| 项目 | 息票利率 | 纳税 | 税后收益 |
|---|---|---|---|
| 国债 | 10% | 10%×40% | 6% |
| 市政债券 | 8% | 8%×0 | 8% |

税收因素对债券利率的影响同样可用债券的供求曲线说明。如图 7-5 所示，假设一开始市政债券和国债具有相同的特征。现在市政债券引入免税政策，市政债券的预期收益率就上升，需求上升，价格上升，利率下跌。同时国债需求量下跌，价格下跌，利率上升。这样，市政债券的利率就低于国债利率。

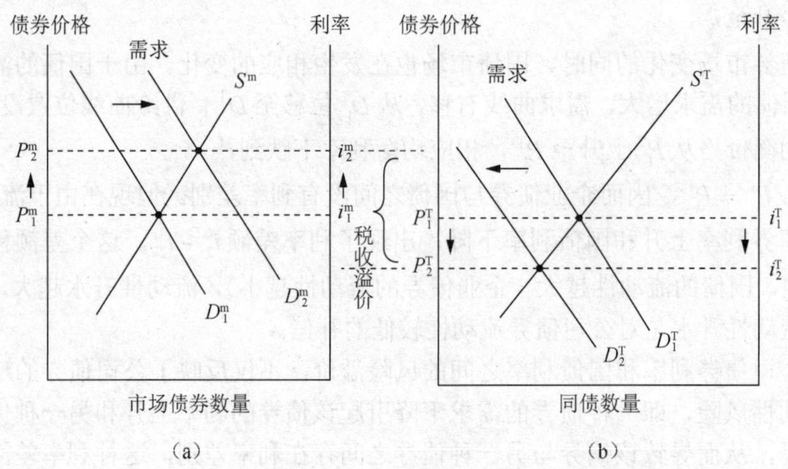


图 7-5　税收政策对市政债券和国债利率的影响

（a）市政债券市场；（b）国债市场

总之，利率的风险结构是由违约风险、流动性和所得税政策决定的。关键之处在于，哪种债券的需求最高，那它价格就最高，利率也就最低。

## 二、利率的期限结构

除了风险、流动性和税收因素之外，债券期限也是影响债券利率的关键因素。利率期限结构是指债券的到期收益率与到期期限之间的关系。这种关系通常用收益率曲线加以描绘。

### (一) 收益率曲线

由于距到期日的时间不一样，具有相同风险、流动性和税收特征的债券可能会有不同的利率。我们将期限不同，但风险、流动性和税收特征都相同的债券的收益率连成一条曲线，称为收益率曲线。收益率曲线可为各类债券投资者提供市场上各类债券的合理收益率水平，为其进行债券投资提供参考。

把风险、流动性及税收因素都相同，但期限不同的债券的到期收益率（利率）连接起来，便得到国库券的收益率曲线。收益率曲线可以分为三种类型，如图 7-6 所示。

（1）向上倾斜：表明长期利率高于短期利率。

（2）水平：表明长期利率等于短期利率。

（3）向下倾斜（即反向收益率曲线）：表明长期利率低于短期利率。

收益率曲线还可以有更复杂的形状，它可以先向上倾斜后向下倾斜，或反过来。

在实际中，向右上方倾斜的收益率曲线居多，但也可看到向右下方倾斜的收益率曲线。关于收益率曲线，有三个重要的经验事实：①不同期限债券的利率随时间一起波动。②如果短期利率低，则收益率曲线向右上方倾斜；相反，如果短期利率高，则收益率曲线向右下方倾斜。③收益率曲线几乎总是向右上方倾斜的。

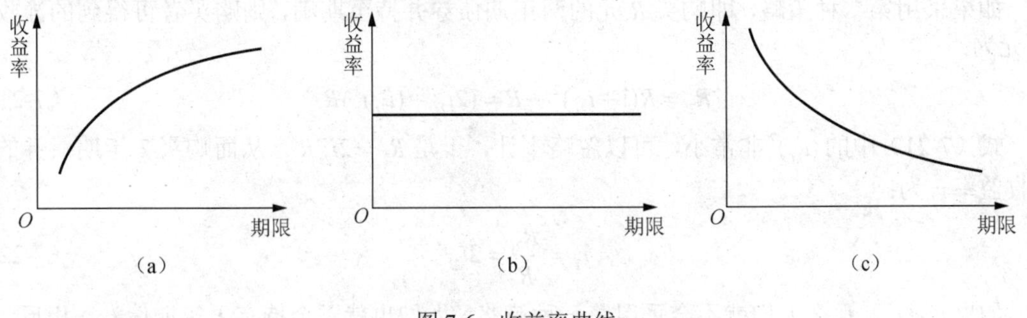


图 7-6　收益率曲线

（a）上升曲线；（b）水平曲线；（c）下降曲线

## （二）利率期限结构

利率期限结构是对收益率曲线不同形态的理论解释。基于不同的假设，形成了三种不同的理论，或者说对不同期限债券的利率之间的关系出现了三种解释：预期理论、分割市场理论和期限选择理论。

### 1. 预期理论

不同期限债券利率为何不同？在预期理论看来，仅在于人们对未来短期利率有着不同的预期值。该理论提出，长期债券利率等于长期债券到期之前人们预期的短期利率的平均值。

例如，如果人们预期未来 5 年内，短期利率将为 10%，那么根据预期理论，5 年到期的债券（5 年期债券）的利率也应为 10%。如果 5 年后人们预期短期利率将会上升，从而在未来的 20 年内短期利率的平均值为 11%，那么 20 年到期的债券的利率也应为 11%，高于 5 年到期的债券利率。

预期理论的关键假设，是假定投资者没有对期限的偏好，而只按照预期收益率的高低决定是否购买债券。当一种债券的预期收益率低于另一种不同期限的债券时，人们将不再持有这种低预期收益率的债券。具有这种特点的债券被称为完全替代品。在实践中，这意味着如果不同期限的债券是完全替代品，这些债券的预期回报率必须相等。

预期理论的推导可以例证说明。考虑下面用 $R$ 元进行债券投资的两种策略。

（1）购买 1 年期债券，1 年期满后，再用所得到的全部资金购买 1 年期债券。

（2）购买 2 年期债券并持至期满。

用 $i_t$ 表示 1 年期债券的今日利率（即第 $t$ 年的利率），$i^e_{t+1}$ 表示下 1 年（即第 $t$+1 年）的 1 年期债券的预期利率，$i_{2t}$ 表示 2 年期债券的今日利率（即第 $t$ 年的利率）。

如果采用第一种策略，即购买 $R$ 元的一年期债券，则在第 2 年结束时购买者可得到的净收益为：

$$R_1 = R(1+i_t)(1+i^e_{t+1}) - R = (i_t + i^e_{t+1} + i_t i^e_{t+1})R \tag{7-19}$$

由于式（7-19）中 $i_t i^e_{t+1}$ 非常小，可以忽略不计，于是 $R_t = (i_t + i^e_{t+1})R$，即 2 年内购买 1 年期债券的预期收益率 $r_1$ 为：

$$r_1 = \frac{R_1}{R} = i_t + i_{t+1}^{\mathrm{e}} \tag{7-20}$$

如果采用第二种策略，即购买 $R$ 元的两年期债券并持至期满，则购买者可得到的净收益 $R_2$ 元为：

$$R_2 = R(1 + i_{2t})^2 - R = (2i_{2t} + (i_{2t})^2)R \tag{7-21}$$

式（7-21）中的 $(i_{2t})^2$ 非常小，可以忽略不计，于是 $R_2 = 2i_{2t}R$，从而购买 2 年期债券的预期收益率 $r_2$ 为：

$$r_2 = \frac{R_2}{R} = 2i_{2t} \tag{7-22}$$

如果 $r_1 < r_2$，那么人们就不会采用第一种策略，人们也就不会持有 1 年期债券。相反，如果 $r_1 > r_2$，那么人们就不会购买 2 年期债券。所以，如果这两种预期收益率不同，那么高收益率债券必将完全替代低收益率债券，令低预期收益率债券退出市场。但实际上市场上两种债券同时存在，人们既持有 2 年期债券，同时又持有 1 年期债券。这说明这两种债券的预期收益率必然相同或者相当接近，即 $r_1 \approx r_2$。由此可知，2 年期债券的利率等于 1 年期债券的预期利率的平均值，即：

$$r_{2t} = \frac{i_t + i_{t+1}^{\mathrm{e}}}{2} \tag{7-23}$$

式（7-23）表明，二阶段利率必须等于两个一阶段利率的平均值。这可以用图形直观表示，如图 7-7 所示。

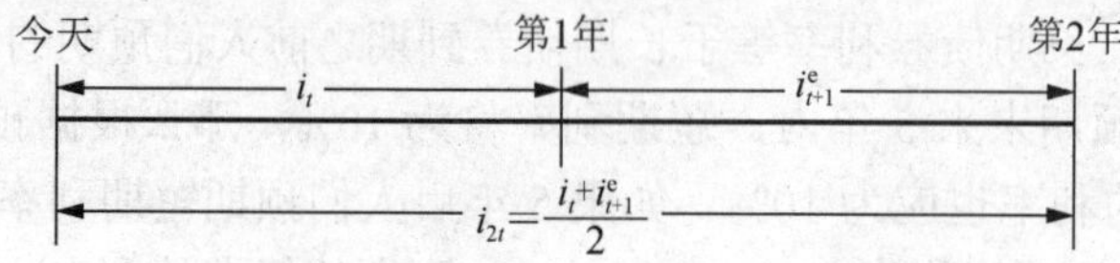


图 7-7　2 年期债券利率等于 1 年期债券预期利率的平均值

类似地，可以得出 $n$ 年期债券和 1 年期债券利率之间的关系：

$$i_{nt} = \frac{i_t + i_{t+1}^{\mathrm{e}} + i_{t+2}^{\mathrm{e}} + \cdots + i_{t+n-1}^{\mathrm{e}}}{n} \tag{7-24}$$

式中，$i_t$ 表示 1 年期债券在今年（第 $t$ 年）的利率；$i_{t+k}^{\mathrm{e}}$ 表示第 $t+k$ 年一年期债券的预期利率（$k$=1,2,⋯,$n$-1）；$i_{nt}$ 表示 $n$ 年期债券的到期收益率（即持有到 $n$ 年的利率）。式（7-24）是对预期假说理论的精确表述，它表明 $n$ 年期债券的利率等于 $n$ 年中一年期债券预期利率的平均值。

假设在未来的 5 年中，预计今后 5 年内 1 年期债券的利率分别为 5%、6%、7%、8%和 9%，则 2 年期债券的利率应该为（5%+6%）/2=5.5%，3 年期债券的利率为（5%+6%+7%）/3=6%，4 年期债券的利率为（5%+6%+7%+8%）/4=6.5%，5 年期债券的利率为（5%+6%+7%+8%+9%）/5=7%。以上可知，1～5 年期利率分别为 5%、5.5%、6%、6.5%、7%。不难发现，短期利率具有上升的趋势。这导致了收益率曲线向上倾斜，而且期限越长，利率越高。

预期理论解释了利率的期限结构在不同时期变动的原因。正如例证数列所示，预期理论认为，人们对未来不同时期的短期利率有着不同的预期，因而随债券期限的长短变化，债券利率（短期利率预期的平均值）发生变化。收益率曲线向右上方倾斜意味着未来短期利率预期上升。如果当前长期利率高于短期利率，说明未来短期利率预期的平均值高于目前的短期利率，但这种情况只有在预期未来断定其利率将上升时才会发生。反之，如果收益率曲线向右下方倾斜意味着未来短期利率预期的平均值将下降。只有收益率曲线呈水平状才意味着未来短期利率预期不变。

这就较好地解释了收益率曲线在不同时间具有不同形状的原因：今天对未来短期利率的预期不同于昨天对未来短期利率的预期，从而导致收益率曲线发生形状变化。

那么，为什么不同期限债券的利率随时间一起发生同向变动呢？预期理论的解释是，从历史上看，短期利率具有这样一种特征：如果当前短期利率上升，那么未来短期利率将趋于更高。因此，短期利率的上升会提高人们对未来短期利率的预期。由于长期利率是未来短期利率的平均值，短期利率的上升会提高长期利率，短期利率和长期利率出现了同向运动的趋势。

同样根据预期理论，如果当前短期利率低，那么人们一般会预期未来的短期利率要上升到它的正常水平，未来短期利率预期平均值高于当前短期利率。因此，长期债券利率将高于当前短期利率，故收益率曲线向右上方倾斜。相反，如果当前短期利率高，那么人们一般会预期未来的短期利率要回落，从而作为短期利率预期平均值的长期债券利率将低于当前短期利率，这就拉低了长期利率，故收益率曲线向右下方倾斜。

以上可见，预期说对利率的期限结构作出了一种理论解释，引起经济学界的重视。然而，预期说不能解释收益率曲线为何通常都是向上倾斜的。向上倾斜，就意味着人们预期未来的短期利率会上升，但事实上，短期利率可能上升，也可能下降。这样的话，根据预期理论，收益率曲线的形状，通常就应该是水平的而不是向上倾斜的才对。预期理论的这一缺陷便引起了新的假说。

2. 分割市场理论

分割市场理论的前提假设是：不同期限的债券不能互相替代，一种期限债券的预期收益率，不会对另一种期限债券的需求产生任何影响。显然，这个假设与预期理论正好相反，预期理论是假设不同期限的债券是可以完全替代的。

该理论认为，由于存在法律、偏好或其他因素的限制，借款人和贷款人会把他们的交易局限于一个特定的期限。首先，由于政府的某些规章制度，借款人和贷款人被要求只能交易特定期限的金融产品。其次，市场参与者为了规避风险而将投资者局限于某一期限的金融产品。这样，不同市场上的利率分别由各市场的供给和需求决定。

分割市场理论把金融市场分为短期、中期和长期三大市场；短期市场的主要参与者是商业银行、非金融机构和货币市场基金等；长期市场的参与者主要是那些债务期限结构比较长的机构，如人寿保险公司、养老基金等。

通常，长期债券的需求低于短期债券的需求，这就造成长期债券价格相对较低，而利率相对较高，因此收益率曲线通常向上倾斜（短期债券利率低，长期债券利率高）。

但是，由于分割市场理论将不同期限的债券市场看作是完全分割的，一种债券利率上升，不会对另一种债券的利率产生影响，那么它就无法解释为什么具有不同期限债券的利率会随着时间一起变动。

如果把不同期限的债券看作不同的变量，分割市场理论否认了这些变量之间有相关联动性，因此它就不能解释这些变量之间的确有联动性的原因。

根据上述讨论，预期理论与分割市场理论都不能满意解释利率期限结构现象，新的理论又应运而生。

3. 流动性溢价理论与期限选择理论

流动性溢价理论主张，长期债券的利率等于该种债券到期之前短期利率预期的平均值，再加上该种债券随供求变化而变化的流动性溢价（也称期限溢价）。

该理论的前提假设是：不同期限的债券是可以相互替代的，这表明一种债券的预期收益率是可以影响另一种不同期限债券的预期收益率的。但该理论也允许投资者有自己对某种债券的偏好。投资者更偏好于利率风险较低的短期债券。出于这个原因，为了使投资者愿意持有长期债券，长期债券必须提供一个流动性溢价，来补偿人们持有后会面临的风险。流动性溢价理论可以用公式表示为：

$$i_{nt}=\frac{i_t+i_{t+1}^{e}+i_{t+2}^{e}+\cdots+i_{t+(n-1)}^{e}}{n}+l_{nt} \tag{7-25}$$

式中，$l_{nt}$ 为 $n$ 阶段债券在时间 $t$ 的流动性（期限）溢价。

与流动性溢价理论密切相关的是期限选择理论。期限选择理论同样是对预期理论的修正，但所用方法较为间接。该理论假定投资者对某种到期期限的债券有着特别的偏好，即更愿意投资于这种期限的债券（期限选择）。由于投资者偏好于某种债券，因此只有当预期回报率足够高时，才愿意持有长期债券。其推理过程同样可以得到流动性溢价理论公式，其中期限溢价随着到期期限的延长而上升。

图 7-8 反映了预期理论与流动性溢价理论和期限选择理论之间的联系。可以看出，由于流动性溢价总是为正，且随着债券到期期限的延长而上升，因此，流动性溢价理论所得出的收益率曲线总是高于预期理论，且形状更为陡峭（在这里，为分析简便，假定预期理论的收益率曲线是平坦的）。

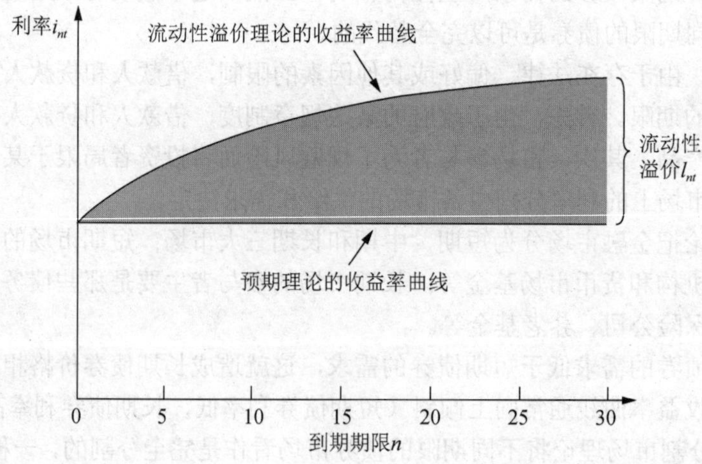


图 7-8 流动性溢价（期限选择）理论与预期理论的关系

由于流动性溢价总是正值，且到期期限越长，流动性溢价越大。因此，根据流动性溢价推导出的收益率曲线，总是高于根据预期理论推导出的收益率曲线，且形状更为陡峭。为了分析简便起见，预期理论的收益率曲线是在未来1年期利率不变的假定下推导出来的。

预期理论中所使用的简单数列也可以用来阐明流动性溢价理论和期限优先理论中式(7-25)的含义。如果预期接下来5年里，1年期利率分别为5%、6%、7%、8%和9%，由于投资者更偏好于短期债券，假定1～5年期债券的流动性溢价分别为0、0.25%、0.5%、0.75%、1%。根据式（7-25），2年期债券的利率应为（5%+6%）/2+0.25%=5.75%，3年期债券的利率为（5%+6%+7%）/3+0.5%=6.5%，4年期债券的利率为（5%+6%+7%+8%）/4+0.75%=7.25%，5年期债券的利率为（5%+6%+7%+8%+9%）/5+1%=8%。

对于1年期、3年期和4年期利率进行同样的运算，可以得知，1～5年期的利率分别为5%、5.75%、6.5%、7.25%、8%。将这一结果同预期理论相比较，就会发现，由于投资者更偏好于短期债券，因此流动性溢价理论和期限选择理论所得到的收益率曲线更加陡峭。

与预期理论和分割市场理论相比，流动性溢价理论与期限选择理论对收益率曲线在不同时间具有不同形状的原因作出了更好的解释。一方面，人们对未来短期利率的预期随时间的变化而变化，今天的预期不同于昨天，从而导致短期利率预期的平均值随时间发生变化；另一方面，各种期限债券的利率都与这种期限的债券市场上的供求关系有关，而每种债券的供求情况在不同时间里是不同的，因而利率也就不同。综合这两个方面的原因，我们看到，不同时间里的收益率曲线具有不同的形状。

关于为什么不同期限债券的利率随时间一起发生变动的问题，流动性溢价理论与期限选择理论认为，如果短期利率上升，就意味着未来预期短期利率的平均值会上升，作为短期利率预期平均值的长期利率就上升。

对第二个经验事实，流动性溢价理论与期限选择理论的解释是：如果当前短期利率低，那么人们一般会预期未来的短期利率要上升，从而各期限内短期利率预期的平均值将高于当前短期利率，再加上其值为正的期限溢价，故收益率曲线向右上方倾斜。相反，如果当前短期利率太高，让人们预期未来的短期利率要大幅度下降，那么长期内短期利率预期的平均值将大大低于当前短期利率，这使得即使存在正值的期限溢价，收益率曲线也会向右下方倾斜。

至于典型的收益率曲线向右上方倾斜问题，流动性溢价理论的解释是：投资者更偏好于短期债券，因此流动性溢价随着债券期限的拉长而上升，这样即使人们对未来短期利率预期的平均值没有改变，长期利率也比短期利率要高一些。

至于偶尔出现收益率曲线向右下方倾斜的情况，流动性溢价理论所作出的解释是：有些时候，未来短期利率预期会大幅下降，这使短期利率预期的平均值会大大低于当前短期利率，即使加上正的期限溢价（流动性溢价），长期利率也仍然低于当前短期利率。所以，收益率曲线偶尔向右下方倾斜的原因在于未来短期利率预期的大幅度下降。

流动性溢价理论的便利之处在于仅须根据收益率曲线的斜率，就可以知道市场对未来短期利率的预测。

图7-9给出了不同情景假设下的不同形状的收益率曲线。图7-9（a）中陡峭上升的收益率曲线表明人们预期未来短期利率将上升；图7-9（b）中相对平缓上升的收益率曲线表明人们预期未来短期上升和下降的幅度都不大（这条曲线要扣除流动性溢价后，才是长期利率曲线）；图7-9（c）中平坦的收益率曲线表明人们预期未来短期利率将有所下降；图7-9（d）中向下倾斜的收益率曲线表明人们预期未来短期利率将大幅下跌。

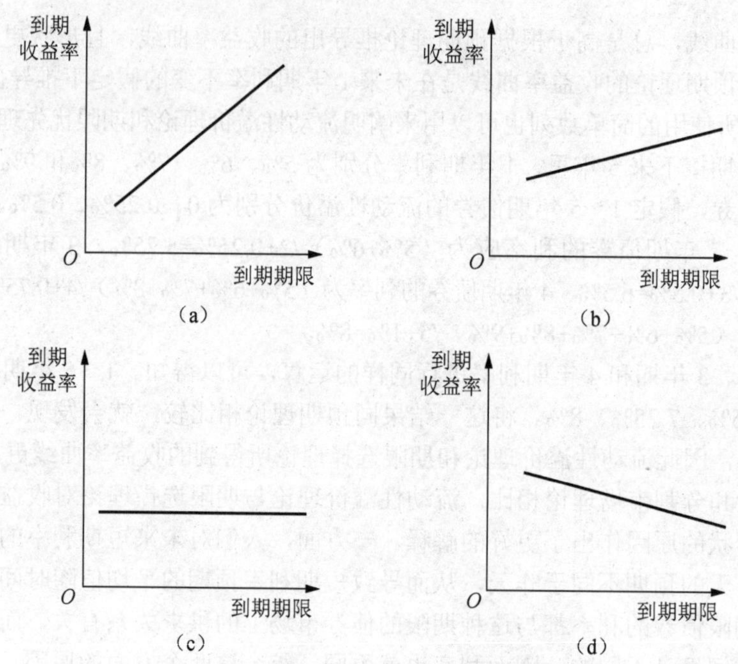


图 7-9　流动性溢价理论：未来短期利率的市场预期与收益率曲线

（a）预期未来短期利率上升；（b）预期未来短期利率不变；（c）预期未来短期利率有所下降；（d）预期未来短期利率大幅下降

经验研究表明，利率的期限结构确实可以反映有关利率未来走势的信息，但只对未来几个月的较短时期或未来几年的较长时期的利率走势预测起一定作用。对于预测介于短期与长期之间的中期利率走势，效果不尽如人意。另外，研究发现，收益率曲线也有助于预测通货膨胀率和经济周期。

# 本 章 小 结

（1）不同债务工具的价值可以用现值进行比较。把未来收入换算成在现值的过程，称为贴现。

（2）到期收益率可以计量不同债务工具的利率。

（3）现值公式也可以用于股票价格的估值。股票投资者的收益包括股利、买卖价差或者两者之和。

（4）单期估值模型的基本假设是投资者购买股票后持有一期，然后卖掉。

（5）扩展股利模型意味着，股票价值仅仅取决于未来股利的现值。

（6）利率的风险结构是指期限相同的各种信用工具利率之间的关系。利率的风险结构的决定因素主要有违约风险、流动性和税收因素。

（7）利率期限结构是对收益率曲线不同形态的理论解释，主要包括预期理论、分割市场理论、流动性溢价理论。

# 关键概念

| | | | |
|---|---|---|---|
| 普通贷款 | 等额本息贷款 | 息票债券 | 贴现债券 |
| 现金流量 | 现值 | 净现值 | 未来值 |
| 贴现 | 到期收益率 | 收益率 | 利率风险结构 |
| 利率期限结构 | 预期假说 | 分割市场理论 | 流动性溢价理论 |

# 复习思考题

## 一、简答题

1．贴现的意义何在？
2．普通贷款与等额本息贷款的到期收益率如何计算？
3．息票债券与贴现债券的到期收益率如何计算？
4．债券票面利率与债券的到期收益率在何时相等？
5．债券价格与到期收益率有着何种相关关系？
6．债券收益率与市场利率有何关系？
7．不分红的公司股票为什么也有价值？
8．预期理论与分割市场理论各自的前提假设是什么？
9．流动性溢价理论的突出优点是什么？

## 二、论述题

1．为什么期限相同债券会具有不同利率？
2．各种不同期限债券的收益率曲线为什么会在不同时间里具有不同的形状？
3．收益率曲线对于利率预测有什么意义？
4．仔细观察表 7-3，你会得出单位货币的现值、利率和期限之间关系的何种结论？

表 7-3　不同期限与不同利率下单位货币的现值

| 期限（$n$） | 利率（$i$） | | | | |
|---|---|---|---|---|---|
| | 2% | 4% | 6% | 8% | 10% |
| 1 | 0.980 4 | 0.961 5 | 0.943 4 | 0.925 9 | 0.909 1 |
| 2 | 0.961 2 | 0.924 6 | 0.889 0 | 0.857 3 | 0.826 4 |
| 3 | 0.942 3 | 0.889 0 | 0.839 6 | 0.793 8 | 0.751 3 |
| 4 | 0.923 8 | 0.854 8 | 0.792 1 | 0.735 0 | 0.683 0 |
| 5 | 0.905 7 | 0.821 9 | 0.747 3 | 0.680 6 | 0.620 9 |

## 三、计算题

1．假设某投资者购买了面值 100 元的 B 债券共计 900 元（发行价格为 90 元），年限为 1 年，债券购买后持有到期。试计算：

（1）购买该债券的价差收益。

（2）购买该债券的利息收益。

（3）该债券持有至到期的到期收益率。

（4）如果持有期间债券价格从 900 元下降到 850 元，到期收益率会出现何种变化？

2．某只股票每年每股支付 1 元股利，预期 1 年后的出售价格为 20 元，如果必要回报率为 15%，试计算该股票的现价。

3.若某公司的股利平均年增长率为 7%,最后一次股利支付 3 元。如果必要回报率为 18%,试计算该股票的现价。

# 数据资料与相关链接

1．可汗学院公开课——货币银行学：http://open.163.com/special/Khan/bankingandmoney.

2．中央电大货币银行学视频教程：http://www.21edu8.com/university/caikuai/23715.

3．货币银行学视频教程 43 讲（北大）：http://v.ku6.com/show/TGjxPk48GHviebR2EZv2GQ... html?from=my.

# 延 伸 阅 读

1．黄达，张杰．金融学[M]．5 版．北京：中国人民大学出版社，2020.

2．易纲，吴有昌．货币银行学[M]．上海：上海人民出版社，2006.

3．[美] 弗雷德里克・S．米什金．货币金融学[M]．12 版．王芳，译．北京：中国人民大学出版社，2021.

# 第五篇

# 货币的供给与需求

从第四篇的讨论中，我们已经知道，不同债务工具的利率实际上等于它的到期收益率。也就是说，利率是由到期收益率决定的，而到期收益率也就是投资者的要求回报率。那么，投资者的要求回报率来自何处？它是由什么决定的？它真的可以作为一种主观的假定任意给出吗？这些问题我们在第四篇实际上未进行讨论。本篇的任务就是要回答这些问题。我们的分析将会表明，现代经济中的利率或要求回报率如同任何一种商品的价格一样，都是由基本的供求关系决定的，均衡利率是市场供求力量势均力敌的结果：货币的供给大于需求，利率下降，要求回报率亦下降；反之亦然。

# 第八章

# 货币供给

货币供给是指非银行公众持有的现金与存款。其中，现金是中央银行的负债，存款是银行的负债。货币供给是由中央银行的货币发行与商业银行的货币创造共同形成的，中央银行控制商业银行的存款准备。货币供给的主要内容包括货币层次的划分、货币创造过程、货币供给的决定因素等。

本章首先讨论货币供给的概念，然后阐释商业银行的存款货币创造机制，最后讨论中央银行的货币发行与供给。

## 知识与技能目标

通过本章的学习，学生应当理解货币供给的概念，清楚商业银行的存款货币创造机制，明晰中央银行的货币发行与供给过程，能够运用货币供给原理来初步分析和解释现实生活中的货币供给变化现象。

## 引导案例

### 8 月 $M_1$ 与 $M_2$ 剪刀差缩小

**案例导读：**货币供应量是货币供给的结果。本案例给出了我国 2016 年 8 月的货币供应量变化信息。数据显示，我国货币供应量 $M_1$ 与 $M_2$ 增速存在显著差异，不过，两者之间的差异有略微缩小的迹象，但尽管如此，$M_1$ 的增幅仍然大大超过 $M_2$ 的增幅，且实际增速高于预期。$M_1$ 与 $M_2$ 的增长为何不同步？它们各自的增长又是由什么因素决定的？这些问题正是本章所要解答的。

2016 年 9 月 14 日下午，中国人民银行发布《2016 年 8 月金融统计数据报告》。报告显示，8 月末，广义货币（$M_2$）余额为 151.10 万亿元，同比增长 11.4%，增速比上月末高 1.2 个百分点，比 2015 年同期低 1.9 个百分点。同时，$M_1$ 数据与 $M_2$ 数据之间的剪刀差呈现缩小态势。

狭义货币（$M_1$）余额为 45.45 万亿元，同比增长 25.3%（预期 24%），增速比 8 月末低

0.1 个百分点，比 2015 年同期高 16.0 个百分点。流通中货币（$M_0$）余额为 6.35 万亿元，同比增长 7.4%。8 月当月净投放现金 179 亿元。

8 月，人民币贷款增加 9 487 亿元，同比多增 1 391 亿元。其中，住户部门贷款增加 6 755 亿元（短期贷款 1 469 亿元，中长期贷款 5 286 亿元），占 71.2%。截至 8 月底，外币贷款余额 8 097 亿美元，同比下降 13.4%。

8 月，人民币存款增加 1.78 万亿元，同比增长 10.5%。外币存款增加 21 亿美元。截至 8 月底，外币存款余额 6 475 亿美元，同比下降 3.0%。

8 月，银行间人民币市场同业拆借月加权平均利率为 2.13%。

（资料来源：http://business.sohu.com/20160918/n468634353.shtml.）

## 第一节　货币供给概述

货币是经济的血液，一个经济系统的健康运行，必须依靠适度的货币供应量来维持。货币供应量过多容易引起通货膨胀，货币供应量不足又容易引起通货紧缩。无论是通货膨胀还是通货紧缩，都不利于经济的可持续增长。货币供应量由包括中央银行在内的金融机构供应的存款货币和现金货币两部分构成。货币供给就是关于这些存款货币和现金货币如何被决定的过程。

### 一、货币供给的概念

在货币银行学的研究中，货币供给是一个与货币需求相对应的概念。它既可以指货币供应量，也可以指货币供应量的决定与变动过程。在指前者时，货币供给是指金融体系根据资金市场供求状况，通过中央银行与商业银行的货币创造，注入流通中的货币量，研究的是金融体系向流通中供应了多少货币、货币流通与商品流通是否相适应等问题。在这个意义上，货币供给指的就是货币供应量，这方面的研究重点是货币层次的划分。在指后者时，货币供给是指银行体系通过自己的业务活动向再生产领域提供货币的全过程，研究的重点是货币供给的发生原理和作用机制。

#### （一）货币层次的划分

就前一意义上，研究货币供给，首先必须弄清楚货币所包含的范围。在现代市场经济中，货币流通的范围和形式不断扩大，现金和活期存款普遍认为是货币，定期存款和某些可以随时转化为现金的信用工具（如公债、人寿保险单、信用卡）也被广泛认为具有货币性质。不过，尽管这些信用工具也被视为货币，但它们的流动性程度毕竟是不一样的。为区分这些不同信用工具的货币性质，就产生了货币层次划分的需要，这就有了不同的货币供应量结构层次。根据我们在第二章的讨论，货币供应量的结构层次主要有狭义和广义之分。在这里，有必要对这两个概念作进一步的讨论。

1. 狭义货币供应量

狭义货币供应量，指流通中现金与商业银行活期存款的总和。构成狭义货币的现金为非银行公众持有的货币，包括纸币和硬币，是法定通货的存在形式；商业银行的活期存款，存款人随时可签发支票进行转让或者流通，具有支付手段和流通手段两种职能，是狭义货币中的存款通货，亦称存款货币。狭义货币供应量的计算公式为：

$$M_1 = C + D \tag{8-1}$$

式中，$M_1$代表狭义货币供应量；$C$代表流通中现金；$D$代表活期存款或可开立支票存款。

由于经济学中又用$M_0$来表示银行外的通货总量，这样，可以得：

$$M_1 = C + D = M_0 + D \tag{8-2}$$

式中，$M_0$与$C$是完全的等价关系，往往视不同的场合需要交替使用。

狭义货币强调的是货币的交易媒介职能，流动性强，反映着经济中的现实购买力。

一般来说，人们手中持有的现金具有极强的流动性或货币性，随时都可以直接进入流通过程，从而影响市场供求关系的变化。商业银行的活期存款，由于可以随时支取、随时签发支票而进入流通，因此流动性也很强，也是影响市场供求变化的重要因素。其他资产，如定期存款、储蓄存款等，虽然也是购买力的组成部分，但必须转换为现金，或活期存款，或提前支取才能进入市场购买商品，故流动性相对较差，它们对市场的影响不如现金和活期存款来得迅速。因此，从政策调控的角度看，狭义货币是当今世界各国普遍接受并严格控制的货币指标。

### 2. 广义货币供应量

广义货币供应量是同狭义货币供应量相对应的一个经济学概念。其计算公式为：

$$M_2 = M_1 + T \tag{8-3}$$

式中，$M_2$代表广义货币供应量；$T$代表定期存款，在我国则代表准货币（定期存款+储蓄存款+其他存款）。

广义货币供应量强调的是货币的价值贮藏职能。它不仅反映现实的购买力，还反映潜在的购买力。$M_2$与$M_1$的差额是准货币，流动性较弱。至于为何流动性较弱的准货币要纳入货币统计的范围，这是因为，这部分资产细分如小额定期存款、储蓄存款、货币市场存款账户、公众持有的货币市场共同基金、隔夜回购协议等，虽然不能立即变为支付手段，但它们不需要多少时间就很容易变成支付手段，而且在很大程度上反映了名义收入，因此应该算作货币供应的范围。

### 3. 狭义货币与广义货币的关系

从上面的讨论可见，狭义货币与广义货币的概念并不是截然划分的，二者可以相互转化，使二者的构成不断发生变化。

广义货币中的准货币作为贮藏手段，可以自发地调节货币流通量，起着蓄水池的作用。当市场上商品流通缩小、流通中货币过多时，一部分货币就会退出流通领域而被贮藏起来；当市场上商品流通扩大、对货币的需要量增加时，有一部分处于贮藏状态的货币，又会重新进入流通和支付领域。

在本章引导案例中，我国狭义货币为何与广义货币的增速出现如此大的反差？这就是狭义货币与广义货币的相互转换造成的，具体是活期存款中企业活期存款增加引起的[①]。

① 程婕．上半年居民房贷新增 2.36 万亿[N]．北京青年报，2016-07-17.

狭义货币与广义货币的划分是个动态的概念。二者的统计口径应当随实践的需要而适时调整。主要有以下两方面原因。

（1）金融创新的影响。货币当局对不同口径货币的监测和控制，会促使各类金融机构相应地作出反应。20 世纪八九十年代美国银行的金融创新就是典型的例子。例如，定期存款到期前不易流动，于是创造易于变现的可转让大额定期存单；定期存款不能开支票，于是创造了自动转账制度；储蓄存款不能开支票，于是创造了货币市场互助基金账户，等等。这些都使流动性加强了，并大大突破了原有货币层次的界限，使得二者之间的界限变得模糊起来，以致各国货币统计口径过一段时间就不得不进行调整。

（2）信息技术的发展和经济生活的复杂性。信息技术的发展，互联网的繁荣，使具有支付手段职能的工具层出不穷，这些支付工具是否应该列入货币的范围？如果列入，应该如何监管、如何监测？目前还存在较大争议。经济生活的参与者涉及整个社会，执行支付手段和流通手段职能的工具错综复杂，如何区分其是否属于货币是一个庞大的工程。

在我国，随着金融业的高速发展，金融工具的种类不断增多，各层次货币供给间原本清晰的界限也在不断被突破，为便于中央银行的监测和调控也必须对货币供应口径进行适时调整。

### （二）货币供给过程

就后一意义，货币供给是要研究一国银行系统向经济体系中投入、创造、扩张或收缩货币的动态过程。

传统上，货币供给曾长期被视为可由货币当局控制的外生变量，认为货币供应完全由货币当局——中央银行来决定。然而，事实并非如此，货币供应是一个涉及若干主体行为的错综复杂的过程。在现实中，货币供应量是由公众、银行部门、政府及货币当局共同决定的。在这个过程中，中央银行提供的现金货币仅仅是全部货币供应的一小部分，银行体系在货币创造过程中发挥着更大的作用，银行体系创造的存款货币构成了货币供应的绝大部分。据英国中央银行英格兰银行 2014 年首季公告《Quarterly Bulletin 2014 Q1》统计，在当时的西方经济中，由中央银行创造的货币仅占货币供应量的 3%，而商业银行创造的货币则占到了 97%。因此，要理解货币供给机制，不仅仅要了解中央银行的货币发行机制，更要了解银行体系是如何创造货币的。

事实上，现代经济中的货币供给是一个银行主体通过其货币经营活动而创造出货币的过程，它包括商业银行存款货币创造向社会供给货币的过程和中央银行通过调节现金货币量而影响货币供给的过程。这一过程的参与主体主要有中央银行、商业银行、存款人和贷款人。

（1）中央银行。中央银行提供现金货币，影响商业银行存款货币创造，调控货币供应量。

（2）商业银行。商业银行通过向中央银行借款、吸收存款、发放贷款来创造存款货币，向社会投放货币或回笼货币，影响货币供应量。

（3）存款人和贷款人。存款人和贷款人向商业银行提供存款资金来源和贷款需求，影响商业银行的存款货币创造。

## 二、货币供给的决定因素

在不同货币制度下，制约货币供给的因素是不一样的。在金本位制时期，货币供给主要受经济中货币黄金储量的多寡，以及金银矿储量的发现和开采的影响。一国经济中的黄金储量多，货币的发行与供给就多；反之，货币的发行与供给就少。因此，在以黄金为代表的贵金属本位时期，货币供给的决定与货币当局的主观意志及其货币行为无关，基本上属于经济的自发行为。

在现代信用货币制度下，中央银行垄断了货币的发行权，同时通过覆盖全社会的现代支付系统与商业银行的中央银行存款账户，对金融体系中的货币供应进行控制。

在这样的制度安排下，尽管中央银行成为货币供给的主导因素，货币供给在很大程度上取决于货币当局的政策，但多种因素也同时影响并决定着货币供给的变化。在现代经济中，决定货币供给的因素包括中央银行增加货币发行、中央银行调节商业银行的可运用资金量、商业银行派生资金能力，以及经济发展状况、企业和居民的货币需求状况等。

### 1. 中央银行活动

（1）货币发行。货币发行具有双重含义：一是指货币从中央银行的发行库通过各家银行的业务库流向社会；二是指货币从中央银行流出的数量大于流入的数量。这两者通称为货币发行。中央银行增加货币发行可以增加货币供应量；反之，中央银行减少货币发行则可以降低货币供应量。

（2）调节商业银行的可运用资金量。中央银行可以通过多种手段，影响和调节商业银行的可贷资金量，影响商业银行的存款货币创造能力，从而影响全社会的货币供应量。中央银行减少商业银行的可贷资金量，商业银行的存款货币创造能力下降，则全社会的货币供应量下降；反之，中央银行增加商业银行的可贷资金量，商业银行的存款货币创造能力上升，则全社会的货币供应量增加。

### 2. 商业银行派生资金能力

商业银行派生资金能力也就是商业银行的存款货币创造能力。在各国金融制度安排中，商业银行一直是各种金融机构中唯一能吸收活期存款、开设支票存款账户的机构，在此基础上产生了转账和支票流通。商业银行通过自己的信贷活动创造和收缩活期存款，由此影响货币供应量的增减。从全系统看，如果商业银行的派生资金能力强，信贷活动就扩张，货币供应量随之增加；反之，则缩小。因此，商业银行派生资金能力直接影响经济中货币总量的变动。

### 3. 经济发展状况、企业和居民的货币需求状况

（1）经济发展状况。如果一国经济发展状况良好，居民收入增加，物价稳定，商品市场购销两旺，则社会对货币的交易需求增加，货币供应亦会随之增加；反之，如果一国经济发展状况不良，居民收入减少，通货紧缩，商品市场活动低迷，则社会对货币的交易需求下降，货币供应亦会随之减少。

（2）在既定经济发展状况下，货币中现金与存款的分配主要依赖于公众的偏好。如果储户兑现支票，或者从 ATM 中提取现金，则会使银行存款数额减少，增加公众所持有的货币量，

同时使银行的存款货币创造能力下降；反之，当公众持有的现金超出需求时，人们就会把钱再存到银行，提升银行的资金创造能力。

总之，影响货币供给的因素是多方面的，下面还将从技术的角度进一步讨论货币供给的决定因素。

## 第二节　商业银行的存款货币创造

如上所述，商业银行在货币供给中担负重要的角色，商业银行的资金创造能力影响着社会货币总量。因此，对于商业银行的货币创造机制必须有着更深入的认识。理解商业银行的存款货币创造必须把握以下几点：①商业银行的资产负债表活动；②部分准备金制度；③商业银行与中央银行及客户的资产负债关系。

### 一、商业银行的资产负债活动

商业银行的货币创造是通过它的资产负债活动进行的。银行是以经营存放款为主要业务，并以利润为其主要经营目标的经济组织。银行的业务可以分为负债业务、资产业务和中间业务三大类①。从货币创造的角度，可以只考虑负债业务与资产业务。商业银行的主要业务活动以图 8-1 为例说明。

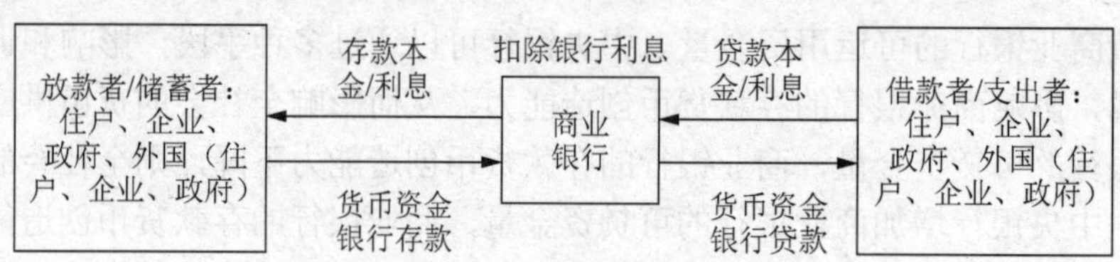


图 8-1　商业银行的主要业务

商业银行包括典型的资产负债活动吸收存款（发生负债）、发放贷款（形成资产）。该活动包括两个主要业务流程：①从客户（最终放款者，即储蓄者，包括资金闲余的住户、企业、政府机构，以及外国住户、企业与政府）手中吸收存款，再贷放给最终借款者/支出者（包括资金短缺的住户、企业、政府机构，以及外国住户、企业与政府）；②继而，再按贷款合约规定，收还贷款本息，在扣除银行因提供服务应得部分利息后，再归还储蓄者存款本息。通过①②两个过程，银行完成了一个吸收存款、发放贷款的典型资产负债活动。银行不仅履行了资金融通的社会职能，也获得了自身经营的利润——利息收入。在这同一活动过程中，商业银行吸收存款、发放贷款，在支票流通和转账结算的基础上，贷款又派生为存款。由此往复，最后在整个银行体系，形成数倍于原始存款的派生存款。这也就是银行的存款货币创造过程。下面，我们借助商业银行的资产负债表来更具体地了解银行的资产负债活动及货币创造过程。

① 中间业务是指商业银行从事的按会计准则不列入资产负债表，不影响其资产负债总额，但能影响银行当期损益，改变银行资产报酬率的经营活动。

## 二、商业银行的资产负债表

### （一）商业银行资产负债表的构成

商业银行的资产负债业务可以资产负债定期表来概括。商业银行的主要业务是资产转型，即通过发行债务凭证（存款凭证、大额可转让定期存单、债券等）来筹集资金，吸收存款，并用筹集来的资金发放贷款、购买资产来赚取利润。银行的这些活动记录在银行的资产负债表上，该表反映了银行的资金来源与运用情况，反映了银行的资产负债结构。所谓银行资产负债结构，是指银行在特定时点上对外部实体的债权指标和债务指标的总和及其比例状况。了解银行业务，最好的办法就是去分析银行的资产负债表结构。

在构成上，与一般企业的资产负债表无异，银行的资产负债表也分为资产、负债与所有者（股东）权益三部分，也适用“资产=负债+所有者权益”的恒等关系。银行的负债也称为资金来源，资产也称资金运用。不同的是，银行资产主要是各类金融资产，而企业资产主要是各类厂房、设备、原材料、成品与半成品存货等物质资产；银行负债主要是各类存款及其他债务资金，而企业负债主要是银行贷款。具体来说，在会计学上，银行资产超过银行债务的部分，称为净值或银行资本，代表银行股东产权（股东权益），即

银行资本=银行资产-银行负债

或

银行资产=银行负债+银行资本

银行股东产权也可以看作是银行对股东的负债，所以通常总是把银行资本列在银行负债的范围内。这样，在商业银行的资产负债表中，资产总和就等于负债总和，从而银行资产负债表就成为银行的一张资金平衡表。其基本会计关系如图 8-2 所示。

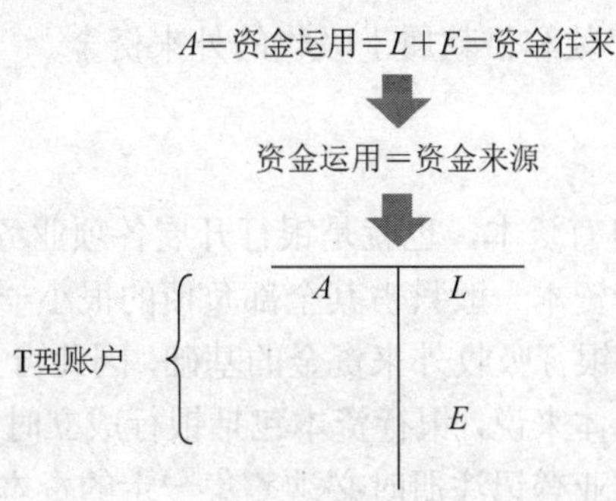


图 8-2　银行资产负债与资产的平衡关系

在图 8-2 中，$A$ 代表资产，等于资金运用；$L$ 和 $E$ 分别代表负债和银行资本，二者之和等于资金来源。由于银行资产等于负债总和，因此资金运用等于资金来源，这种关系也可用简化的资产负债表 T 型账户表示。图 8-2 中的 T 型账户，左边代表资产与资金运用，右边代表负债总和与资金来源。根据会计恒等式原理及资金来源与运用的定义，左右两边自然也是相等关系。在下面的较具体的资产负债表中，各项资产、负债的变化，只不过带来的是各自的结构变化，而不会改变左右两边的恒等关系。

表 8-1 是一个典型的商业银行资产负债表，表的左方列示了银行的资产项目，右方列示

了负债项目，银行资本列在右方的负债项目之内。

表 8-1　商业银行资产负债表

| 资产项目（资金运用）* | 负债项目（资金来源） |
|---|---|
| 现金： | 各项存款： |
| 准备金 | 活期存款 |
| 应收现金 | 定期存款 |
| 同业存款 | 储蓄存款 |
| 证券： | 对外借款： |
| 中央政府债券 | 短期借款 |
| 其他债券 | 同业借款 |
| 贷款： | 向中央银行借款 |
| 工商业贷款 | 其他短期借款 |
| 抵押贷款 | 长期借款 |
| 消费者贷款 | 金融债券 |
| 银行同业贷款 | |
| 其他贷款 | |
| 其他资产 | 银行资本（所有者权益） |

*按流动性从高到低排列。

### （二）负债项目

银行通过吸收存款、发行债务工具获取资金，因此负债是银行的资金来源。银行负债活动的结果表现为资产负债表内的负债项目。负债项目主要由银行资本、存款和借款构成，其中银行资本属于自有资金，存款和借款属于吸收的外来资金。

#### 1. 银行资本

银行资本是商业银行的自有资本，也就是银行开展各项业务活动的初始资金，简单来说，就是其业务活动的本钱。自有资本一般只占其全部负债的很小一部分。自有资本的大小，体现银行的实力和信誉，也是一家银行吸收外来资金的基础，因此自有资本的多少体现了银行资本实力对债权人的保障程度。具体来说，银行资本包括银行成立时所筹集的资本、储备资本和未分配利润。任何商业银行在开业登记注册时必须筹集一定的资本额，称为法定资本。未达到注册资本标准，不予开业。储备资本是依靠经常性的利润提留而形成的意外损失准备金。银行资本只占银行负债的一小部分。由于银行资本也是银行资金的来源之一，并可看成是从银行股东那里借来的资金，因此负债项目也把银行资本包括在内。未分配利润是银行未作分配的利润，它在以后年度可继续进行分配，在进行分配之前，属于所有者权益的组成部分。

#### 2. 各类存款①

商业银行最重要的资金来源是依靠吸收外来资金，其中主要是吸收存款，约占 70%。存

① 本小节及“对外借款”小节，请参见第五章第二节、第三节的相关内容。

款主要包括活期存款、定期存款与储蓄存款。活期存款是可以随时支取或开列支票用于交易支付的存款，故称交易存款；定期存款与储蓄存款是不能开列支票或无条件随时支取的，不能直接作为交易之用的存款，故又称非交易性存款。

1）活期存款

活期存款是指不规定存款期限，可以随时存取的存款。它没有确切的期限规定，银行也无权要求客户取款时做事先的书面通知。开立活期存款账户的存款者可以用各种方式提取存款，如开出支票、本票、汇票、电话转账、使用 ATM 或其他各种方式等手段。

由于各种经济交易包括信用卡、商业零售等都是通过活期存款账户进行的，所以活期存款又称为交易账户存款或交易存款。

活期存款的主要特点：第一，活期存款利率低，流动金额大，因而通常是银行成本最低的资金来源，也是银行重点开发的负债产品。存款者之所以放弃某些利息而在银行开立活期存款账户，是因为这种存款是一种可用于各种购买活动的流动性资产，极大地方便了人们的交易。第二，具有很强的派生能力。在现代银行的部分准备金制度下，借助银行体系的支票转账结算功能，活期存款可以创造出数倍于初始存款的派生存款，成为银行存款货币创造的本源。

2）定期存款

定期存款也叫存单，是指客户与银行预先约定存款期限的存款。存款期限通常为 3 个月、6 个月和 1 年不等，期限最长的可达 5 年或 10 年。利率根据期限的长短不同而存在差异，但都要高于活期存款。定期存款不可随时支取，也不可以开立支票，但定期存款的存单可以作为抵押品取得银行贷款。

定期存款还分为小额和大额定期存款两种。小额定期存款主要吸收的是居民存款，而大额定期存款主要吸收公司和机构的资金。大额定期存单是可以转让的，在到期之前可如同债券一样在二级市场上出售。

对于银行来说，定期存款由于期限较长，按规定一般不能提前支取，因而是银行稳定的资金来源，不过成本相对较高。

3）储蓄存款

储蓄存款主要是指居民个人的储蓄账户存款，存款目的是积蓄货币和取得一定的利息收入。储蓄存款是最普通的非交易存款。虽然储蓄存款账户上的资金可以随时增添或提取，但在技术上，这类存款并非是应求即付的，银行可以在 30 天之内支付。所以，在货币总量的统计中储蓄存款不计入狭义货币 $M_1$，而计入广义货币 $M_2$。

因为储蓄存款多数属于个人，分散于社会的各家各户，为了保障储户的利益，因此各国对经营储蓄存款业务的商业银行制定严格的管理规定，并要求银行对储蓄存款负无限清偿责任。

### 3. 对外借款

根据期限不同，银行对外借款可分为短期借款和长期借款。

1）短期借款

短期借款是指期限在一年以内的债务，包括同业借款、中央银行借款和其他渠道的短期借款。

（1）同业借款亦称同业拆借，是指金融机构之间发生的短期或临时性的短期资金融通，主要用于支持日常性的资金周转。它是银行为解决短期余缺，调剂法定准备金头寸而融通资金的重要渠道。由于同业拆借一般是商业银行通过在中央银行的存款准备金账户进行的，实际上是超额准备金的调剂，因此又称为中央银行基金，美国称为联邦基金。

（2）中央银行借款是中央银行作为最后贷款人向商业银行提供的信用，主要有两种形式：一是再贴现，二是再贷款。再贴现是中央银行通过买进商业银行持有的已贴现但尚未到期的商业汇票，向商业银行提供融资支持的行为，也称为间接借款。再贷款是中央银行向商业银行提供的信用放款，也称为直接借款。再贷款和再贴现不仅是商业银行筹措短期资金的重要渠道，同时也是中央银行重要的货币政策工具。其他渠道的短期借款有转贴现、回购协议、大额可转让定期存单等。

（3）其他渠道的短期借款，指商业银行向其他金融机构借款、向国际金融市场借款等其他各种筹措资金的方式。

商业银行的短期借款主要用于短期或临时性头寸不足的需要。它不像存款对象那样分散，无论是在时间上还是在金额上都比存款集中。短期借款利率一般要高于同期存款，又与市场资金供求状况密切相关，引起利率变化的因素多，因而风险较高。

2）长期借款

长期借款，是指偿还期限在一年以上的借款。商业银行的长期借款主要采取发行金融债券的形式。金融债券可分为资本性债券、一般性金融债券和国际金融债券。

发行金融债券是为了增加长期资金来源和满足特定用途的资金需要。金融债券的利率一般要高于同期存款的利率，金融债券有明确的偿还期，一般无须提前还本付息，有很高的稳定性。金融债券一般不记名，便于在流通市场转让。

### （三）资产项目

银行的资产业务是其资金运用业务，主要分为现金业务、放款业务和投资业务三大类。资产业务为银行收入的主要来源，银行从资金运用中获得利润收入。银行吸收的存款除了留存部分现金以外，全部可以用来贷款和投资。银行资产业务的结果表现为资产负债表内的资产项目。在表 8-1 中，资产项目按照流动性大小依次排列，分为现金资产、证券、贷款和其他资产。

#### 1. 现金资产

现金是银行资产中流动性最强的资产，它很少给银行带来直接的收入。现金资产项目包括准备金、应收现金和同业存款。

（1）准备金分为两部分，一部分是商业银行以现金形式保存在自己业务库的库存现金，另一部分是商业银行以存款形式存储于中央银行准备金账户的存款准备金。准备金的作用是保证银行的流动性安全、客户提取存款和资金清算需要。

（2）应收现金又称在途资金，也称托收未达款，指在本行通过对方银行向外地付款单位或个人收取的票据。应收现金在收妥之前，是一笔占用资金，又由于通常在途时间较短，收妥后即成为存放同业存款，所以将其视同现金资产。

（3）同业存款是银行机构之间为满足日常结算往来划款的需要而存入其他银行的各种款项。同业存款可分为国内同业存款和国外同业存款。国内同业存款是指国内各银行还有其他金融机构为了方便结算，在各自有关的结算地点开立存款账户存款；国外同业存款是指各国经营外汇业务的银行，为了便于国际业务的收付，在某种货币的结算地点开立的该货币的存款账户存款。

2. 证券

商业银行持有的证券是其一项重要的收入性资产。因为各国法律一般不允许商业银行投资股票，故银行证券资产不包括股票。商业银行持有的债券有两类：中央政府债券与其他债券。

（1）中央政府债券包括国库券和中长期国债。其中，国库券在各种债券中流动性最大，最容易卖出去，可以较低的交易成本转换为现金。由于具有高度流动性，银行持有的国库券被称为商业银行的二级准备金，因而也是中央银行实施货币政策、调节商业银行准备金头寸、进行公开市场操作的最重要交易工具。

（2）其他债券包括政府机构债券、市政债券或地方政府债券以及公司债券。这一类债券流动性较低，出售较难，风险较大，不过收益与中央政府债券相比较高。另外，商业银行持有地方政府债券或市政债券还可享有一定的税收优惠。

3. 贷款

贷款是商业银行最大的资产业务，大约占其全部资产业务的60%，是银行最主要的生息资产，贷款的收入通常占银行收入的一半以上。贷款，特别是中长期贷款缺乏流动性，在贷款到期前银行是不能收回这笔资金的，而且具有较高的违约风险，因此银行在贷款上收取的利息，收益率最高。

商业银行的贷款主要是对工商企业发放的工商业贷款和不动产贷款。除了这两种贷款外，商业银行也承办消费者贷款、银行同业贷款以及其他贷款。银行同业贷款，其中很大一部分是在央行基金市场上的隔夜贷款。各种存款机构的资产负债表的差异主要在于，它们所专长的贷款项目不同。

4. 其他资产

此项目包括银行拥有的实物不动产，如银行大楼、计算机及其他设备等。

（四）资产负债的管理原则

商业银行必须实行稳健经营的方针，它的主要业务是资产转型，即通过出售负债、吸收存款、获得资产、发放贷款来赚取利润。因此，商业银行业务管理的重心就是它的资产负债。商业银行的四大管理原则是负债、资产、流动性与资本充足率管理。商业银行的资产负债表可分为资产与负债两部分内容，负债管理包括了资本管理内容和流动性管理内容，资产管理也包括流动性管理内容。因此，从内容上看，资产负债管理包括并体现了商业银行管理的四大原则。

1. 负债管理

负债管理分自有资本与资本充足率管理和外来资金管理。

（1）自有资本与资本充足率管理。负债经营是银行的基本业务特征。但是，银行不能做无本生意，必须以一定的自有资本为条件。如果银行经营有方，业绩表现良好，股东会按银行章程追加投资，加上银行利润中抽取的部分，如公积金、未分配利润，银行自有资金持续增长。反之，如果银行经营不善，出现严重亏损，则银行会因资不抵债而破产。防止银行破产的办法之一是保持银行资本，特别是保持贷款损失准备金。银行的一些贷款项目，有可能无法收回贷款本息，成为银行的“坏账”，使银行蒙受损失。贷款损失准备就是银行为了防止这种损失给银行造成不利影响而提早进行的防备措施。银行在坏账出现之前，就在它的账目上列出贷款损失准备金，并将其划入银行资本范围，这样的提早准备自然比真正出现坏账时没有准备要好，而且贷款损失准备减少了银行报告的收入，因而银行无须为这部分收入缴纳税款。

通过负债项目的有关数据，可以看出商业银行的自身实力。商业银行资信高低、实力大小，一个重要的判断指标是银行资本总额对风险加权资产的比率高低，这一比率称为资本充足率。资本充足率反映商业银行在存款人和债权人的资产遭到损失之前，该银行能以自有资本承担损失的程度。规定该项指标的目的在于抑制风险资产的过度膨胀，保护存款人和其他债权人的利益，保证银行等金融机构正常运营和发展。各国金融管理当局一般都有对商业银行资本充足率的管制，目的是监测银行抵御风险的能力。

按照《巴塞尔协议Ⅲ》[①]，银行的资本充足率不低于 8%，核心资本充足率不低于 6%。其中，资本充足率是为了保证银行的流动性，是银行为了满足客户合理的贷款需要和提款要求而设置的，是银行的最后防线，可以限制银行的风险资产比例；核心资本充足率是指核心资本与加权风险资产总额的比率，又称为一级资本和产权资本，是指权益资本和公开储备，它是银行资本的构成部分，至少要占资本总额的 50%，不得低于兑现金融资产总额的 6%。上述两个比率不达标的银行，一般被认为存在一定的债务风险。

因此，银行负债管理的第一原则是要保证银行资本充足率达标，并在此基础上使股东资本不断增加。

（2）外来资金管理。商业银行吸收外来资金，一是吸收的客户存款，二是对外借款，具体包括储户存款、向中央银行借款、其他银行（同业）拆借资金、国际货币市场借款、客户结算过程中的短期资金占用、发行金融债券等，其中，吸收存款是商业银行资金来源的主渠道。

借入资金管理的主要原则是要保证银行在合理成本基础上获得稳定可靠的资金来源。既要积极寻找扩大资金来源，又要监控存款及其他负债项目的组合与成本，以达成资产成长的目标。银行可以运用不同的负债管理工具，包括发行大额可转让定期存单、推销存款、回购交易、发行金融债券、向同业拆款等方式来取得资金。

2. 资产管理

资产负债表中的资产项目，与负债项目相对应，反映商业银行资金使用情况。在银行业务中，资金使用有几大流向：中央银行存款，保留部分现金应付客户提存，添置固定资产，从事贴现、贷款、投资业务。

其中，商业银行的库存现金与存储于央行的存款准备金，作用是保证银行的流动性安全、客户提取存款和资金清算需要，但利息收入很低甚至全无利息收入；银行的办公大楼、购置车辆等固定资产投资，不仅不能生息，还要逐年计提折旧；只有贴现、贷款、投资业务，才

① 《巴塞尔协议Ⅲ》于 2010 年 9 月 12 日由巴塞尔银行监管委员会宣布，世界主要经济体银行监管部门代表达成一致。此前，曾实行 2006 年《巴塞尔协议Ⅱ》与 1988 年的《巴塞尔协议Ⅰ》。

是银行赖以谋生的主业。对商业银行来说，只有把不能生利的资金运用降到最低，把尽可能多的资金投向主营业务，才能获得更多的盈利。

商业银行资产管理的目标应是抓住放款与投资机会、降低经营风险、保持适度的流动性，以获取最大的经营利润。为了提高资产使用的安全系数，商业银行必须进行资产的合理组合，努力实现资金使用的多样化，反映在资产负债表中，主要是资产项目投资要保持合理的比例。长期以来，贷款业务是商业银行的经营重点，但如果不考虑借方的还款能力，经常会出现难以收回贷款的情况，导致不良资产积累。为此，银行必须不断加强信贷风险管理，尽量降低贷款潜在损失。通过风险识别、计量、监测和控制等程序，对风险进行评级、分类、报告和管理，保持风险和效益的平衡发展，提高贷款的经济效益。将信贷风险管理贯穿于整个信贷业务流程，如贷前信用分析、贷时审查控制、贷后监控管理，直至贷款安全收回。

另外，商业银行从事证券投资业务的主要目的是增加收益、增强资产的流动性，所以商业银行投资证券，其投资对象主要是政府债券。证券投资的主要原则是分散投资组合，以降低风险，并持有流动性高的证券品种。

## 三、商业银行的信用创造

随着资产业务的发展，现代商业银行的货币创造不再限于一种单一渠道，不过，商业银行通过发放贷款来派生存款仍然是货币创造的主要形式。因此，我们的讨论将集中于此。

### （一）部分准备金制度

商业银行存款货币创造的根据来源于部分准备金制度安排。部分准备金制度是指商业银行留下一部分准备金，把其余的资金全部或大部分贷出的制度。

**专栏 8-1**

**部分准备金制度的沿革**

部分准备金制度是16世纪荷兰的金匠们发明的。当时的荷兰港口城市阿姆斯特丹是欧洲最富吸引力的贸易和金融城市。金匠向顾客提供“金币存放业务”，并根据标准格式签发收据，这些收据就是最初的“银行券”，顾客凭借收据可以随时兑换成黄金。很快，这些“聪明”的金匠银行家发现所有的客户不会在同一时间兑换“银行券”，他们只需持有客户存放的小部分金币就可满足兑换之需，剩余部分可以借出并收取一定的费用。久而久之，他们发现保持一定的准备率就足以应对兑付要求。18世纪，工业革命在英国兴起，全球金融活动的中心也转移至伦敦。为对银行征税，18世纪的英国将存款准备金集中于中央银行，正式建立了世界上最早的存款准备金制度。美国于1913年也正式建立此制度。1929—1933年发生的世界经济危机，使各国普遍认识到限制商业银行信用扩张的重要性，实行中央银行制度的国家都仿效英美等国的做法，纷纷以法律形式规定存款准备金的比例，并授权中央银行按照货币政策的需要随时加以调整。目前世界大部分国家采用的是部分准备金制度，成为保证银行支付清算、控制货币供应量的重要货币政策工具。

资料来源：维基百科；百度百科；MBA百科。

部分准备金制度规定，商业银行不能将吸收的存款全部贷放出去，必须按一定的比例，或以存款形式存放在中央银行，或以库存现金形式自己持有。准备金占规定存款总额的比重，称为准备金率。所谓规定存款，是指全部存款中按法律要求必须计提准备金的存款，主要指银行的交易性存款或活期存款。

存款准备金（简称准备金）分为法定准备金和超额准备金两部分。中央银行根据国家法律授权，规定金融机构必须将自己吸收的存款按照一定比率计提准备金，这个比率就是法定存款准备金率，按这个比率留存的银行现金同（或）缴存央行准备金账户的存款称为法定准备金；银行持有的额外准备金，就被称为超额准备金（习惯上称为备付金）。超额存款准备金是金融机构存放在中央银行、超出法定存款准备金的资金，主要用于支付清算、头寸调拨或作为资产运用的备用资金。金融机构保有的超额存款准备金占一般存款的比例称为超额存款准备金率。从形态上看，超额准备金可以是现金，也可以是具有高流动性的金融资产，如在中央银行账户上的准备存款等。总储备、法定存款准备金与超额准备金三者的关系可以表示为：

$$总储备（R）=法定准备金（RR）+超额准备金（ER） \tag{8-4}$$

若以 $r$ 表示法定存款准备金率，$D$ 代表须计提准备金的存款，则法定准备金的计算公式为：

$$RR=r\times D \tag{8-5}$$

又以 $e$ 代表超额准备金率，则式（8-4）可改写为：

$$R=r\times D+e\times D=(r+e)D \tag{8-6}$$

【例 8-1】假定某商业银行须缴存准备金部分存款为 100 万元，法定存款准备金率为 10%，则该银行的法定准备金计算公式为：

$$R=RR=r\times D=10\%\times 100=10\text{（万元）}$$

若该银行在剩余的存款部分中又留存了 5 万元，则该银行的总储备金为：

$$R=RR+ER=10\%\times 100+5=10+5=15\text{（万元）}$$

该行的超额准备金率或备付率为 5%，即 5/100。

随着金融制度的发展，存款准备金逐步演变为重要的货币政策工具。中央银行通过调整存款准备金率，可以影响金融机构的信贷扩张能力，从而间接调控货币供应量。当中央银行降低存款准备金率时，金融机构可用于贷款的资金增加，社会的贷款总量和货币供应量也相应增加；反之，社会的贷款总量和货币供应量将相应减少。

### （二）商业银行的存款货币创造

存款货币创造是指单位货币能够变成数倍于自己的存款。马克思指出：“同一些货币可以充当不知多少次存款的工具。”①

银行是以营利为目的的企业，之所以吸收存款是要把存款以高于存款利率的价格贷出，赚的是存贷利差。但由于超额准备金得不到利息收入，因此银行不愿意保存过多的超额准备金，而要把超额准备金以贷款形式发放出去，或者用于证券投资。这就是说，只要银行的储备有所增加，那么该银行的贷款或投资就会增加，且贷款或投资的增加量就等于超额储备金的增加量。然而，银行的信用创造活动并不止于此。在支票转账结算条件下，银行的新增贷款或投资又会变成另一家银行的存款和超额储备金，另一家银行又会把超额储备金用于贷款发放或购买证券，重复上一家银行的存款和储备创造过程。

① 马克思．资本论（第三卷）[M]．北京：人民出版社，1975：535.

不断重复上述过程，银行存款货币便不断产生，货币供给也随着增加。下面以贷款为例来具体说明这一过程[①]。

假设如下：①涉及交易的银行初始时均符合法定准备金率要求；②各银行均不保持超额准备金；③法定准备金率为20%；④借款人所借款项存入另一家银行的活期存款账户支票存款账户。

一开始，A银行出售证券收入100元，即获得超额储备100元，为获取利息收入，A银行将这100元超额储备金贷放给企业甲，企业甲用所获贷款100元偿还供货商乙。乙将所获款项100元存入自己开户行B银行，B银行扣除法定准备金20元，余下80元贷放给企业丙。企业丙又将所获贷款归还自己的供货商企业丁。丁将所获货款存入自己的开户银行C行，C银行将16元留作准备金，贷出64元给企业戊，如此循环下去。这一过程如图8-3所示。

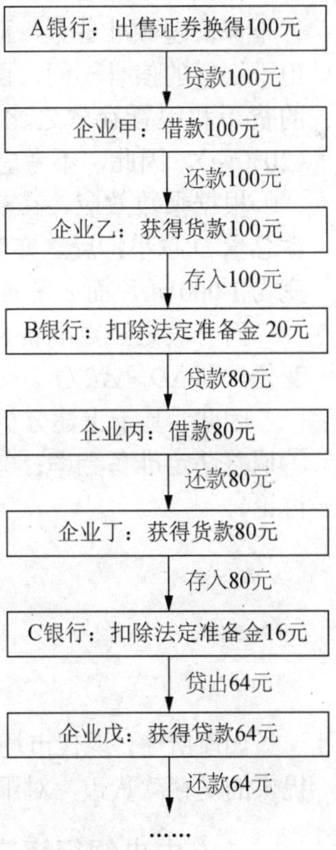

A银行：出售证券换得100元
↓ 贷款100元
企业甲：借款100元
↓ 还款100元
企业乙：获得贷款100元
↓ 存入100元
B银行：扣除法定准备金 20元
↓ 贷款80元
企业丙：借款80元
↓ 还款80元
企业丁：获得贷款80元
↓ 存入80元
C银行：扣除法定准备金16元
↓ 贷出64元
企业戊：获得贷款64元
↓ 还款64元
……

图 8-3 银行系统存款货币创造

经由上述过程，由A银行最初出售证券所获100元现金可创造的最大存款货币量$D$为500（100×1/20%）元。

以上可见，银行得到存款，依照存款准备金率提存准备金，再将余额贷放出去。这些资金经借款人运用后又回存到银行，银行收到存款之后，再重复上述过程。上述的存款与放款过程不断重复，存款货币便产生了，货币供给也随之增加。所以，存款创造过程也就是货币供给的创造过程。

（三）简单存款乘数

在上面例证中，我们求100元超额储备可创造多少存款货币用了计算式$D$=100×1/20%。该计算式表明，银行的存款货币存在倍数效应，现在我们来推导这一公式。

假定法定准备金率为$r$，所有银行均不持有任何超额准备金，经过超额准备金全部发放贷款派生之后的存款总额为$\Delta D$。现在，银行$B_0$出售债券获得超额准备金$\Delta R$元。注意，该银行的存款没有增加，无须计提法定准备金。该银行会把增加的这笔储备$\Delta R$元全部贷出生利。贷出的款项经借款人存入银行$B_1$，这样，就创造出了第一笔数额为$\Delta R$的存款。银行$B_2$按$r$提取法定准备金$r\Delta R$后，余额$(1-r)\Delta R$将被全部放贷出去，借款人转存银行$B_3$，于是创造出了$(1-r)\Delta R$元存款。银行$B_3$也将按照法定准备金率$r$保留$r(1-r)\Delta R$元准备金，其余部分全部放贷出去，从而也创造出$(1-r)^2\Delta R$元存款。类似这样的存款创造过程会在银行体系不断进行下去，于是银行$B_0$的超额储备增加带来了一系列的存款创造：银行$B_n$创造出$(1-r)^n\Delta R$元存款（$n$=0,1,2,3,⋯），整个银行体系创造出的存款增加总额$\Delta D$为：

$$\Delta D=\sum_{n=0}^{\infty}(1-r)^n\Delta R=\frac{1}{r}\Delta R \tag{8-7}$$

① 银行存款货币创造过程也可用开立支票为例说明，原理是一致的，不过过程要略微复杂些。为突出原理，我们选择用最简单的贷款直接转存款的方式进行说明。

式（8-7）[①②]表明，在货币供给创造过程中，准备货币增加 1 单位，货币供给将呈倍数增加，因为法定准备金率 $r$ 是小于 1 的正数，因此法定准备金率的倒数 $1/r$ 大于 1。因此，在上例中，如果由 A 银行贷出的初始货币接连不断地再存入下一家银行，总的货币量将为 $\Delta D = \Delta R / r = (100 \times 1) / 20\% = 500$（元）。

存款扩张的这一原理，称为存款乘数原理。注意：存款乘数原理发生作用的前提是，银行不保留超额准备金，而且借款人得到贷款后，会把贷款全部存入银行。然而，在实际中，由于银行的信誉不同，面临的提款压力也不同，所以部分银行还要多留一些现金，这些超出的货币和银行存款之比即为超额准备金率（$e$），那么货币被创造的总数就变成（100×1）/（20%+$e$）。因此，不考虑保留超额准备的乘数效应称为简单乘数效应。

根据乘数效应，在初始存款一定下，存款总量 $D$ 与法定准备金率 $r$ 成反比，$r$ 越大，存款总量 $D$ 越小；反之亦然。上例中，如果法定准备金率 $r$ 由 20%下降至 10%，则存款总量将变为 1 000 元，而 $r$ 提高到 30%时，存款总量将下降到 330 元。

而若假定法定准备金率保持不变，储备的任何变化，无论正负，都会引起派生存款量的变化，即 $\Delta D = \Delta R / r$。

因此，基于上述分析，中央银行若要控制银行体系储备的扩张或收缩，可采取下列手段：①调整法定准备金率；②调整银行体系的超额储备量。这方面内容将在后面相关章节进一步讨论。

## 第三节　中央银行的货币创造

如前所述，现代市场经济中的货币是由中央银行和商业银行共同提供的。其中，商业银行提供的是存款货币，对于这一部分知识我们已经有所了解，本节将讨论中央银行的货币创造。

### 一、中央银行资产负债表

与商业银行类似，中央银行的货币活动也是通过其资产负债表来展示的。由于中央银行可以直接创造货币，因此在扩张资产规模的时候，理论上可以不受负债的约束。也就是说，

① 式（8-7）的推导利用了等比数列的求和公式，在 $r$ 大于零、小于 1，$n$ 趋于无穷大时，有下列结果成立：

$$[1+(1-r)+(1-r)^2+(1-r)^3+\cdots+(1-r)^n]=\frac{1}{1-(1-r)}$$

② 上面结果，也可作下述推导。假定银行不保留任何超额准备金，这意味着银行体系的法定准备金总量 $RR$ 等于银行体系的准备金总量 $R$，即 $RR=R$。根据定义，法定准备金总量等于法定存款准备金率 $r$ 乘以存款总量 $D$，即

$$RR=r \cdot D$$

代入式 $RR=R$，可得

$$r \cdot D=R$$

因 $r$ 不等于零，故公式两端可以同时除以 $r$：

$$D=\frac{1}{r}\times R$$

公式两边同时变动，用 Δ 表示：

$$\Delta D=\frac{1}{r}\times \Delta R$$

两种方法所得结果是一样的。

中央银行可以通过主动增加自身的资产规模，创造相应的负债（货币）。所以，要研究中央银行怎么创造货币，应该看其资产负债表中其他资产或者负债的变动。

### （一）中央银行资产负债表的构成

中央银行资产负债表是中央银行业务活动形成的债权债务存量表，亦称货币当局资产负债表。中央银行资产负债业务的种类、规模和结构都综合地反映在资产负债表上。

各国中央银行资产负债表的内容结构大同小异。在编制资产负债表时，各国中央银行一般参照国际货币基金组织《货币与金融统计手册》的格式和口径，从而使各国中央银行资产负债表的主要项目与结构基本相同，具有很强的可比性①。表 8-2 是基于《货币与金融统计手册》给出的简化中央银行资产负债表。

**表 8-2　中央银行资产负债表**

| 资产项目（资金运用） | 负债项目（资金来源） |
|---|---|
| 贴现贷款 | 流通中货币 |
| 政府证券 | 各项存款 |
| 黄金和外汇储备 | 政府和公共机构存款 |
| 其他资产 | 商业银行等金融机构存款 |
|  | 其他负债 |
|  | 自有资本 |
| 资产项目合计 | 负债及资本项目合计 |

表 8-2 中的资产负债项目分述如下。

#### 1. 负债项目

（1）流通中货币。作为发行的银行，发行货币是中央银行的基本职能，也是中央银行的主要资金来源。中央银行发行的货币经由商业银行的现金收付业务支付给各单位和个人，进入市场，成为流通中货币，同时也就构成了中央银行对非银行公众的负债。

（2）各项存款。包括政府和公共机构存款、商业银行等金融机构存款。作为国家的银行，政府通常会赋予中央银行经理国库的职责，政府和公共机构存款由中央银行办理。政府和公共机构的中央银行存款账户功能主要是处理各项税费收支。作为银行的银行，中央银行的金融机构存款包括商业银行缴存的准备金和用于票据清算的活期存款。商业银行在中央银行的准备金账户存款是中央银行的负债、商业银行的资产。准备金的基本用途是满足法定准备金要求和用于商业银行之间的票据清算及与中央银行的资金往来。尽管银行体系储备并非中央银行的最大负债，但却是中央银行货币政策操作的主要对象，中央银行对货币供给的调节就是通过影响商业银行储备水平实现的。

（3）其他负债。包括对国际金融机构的负债或中央银行发行债券。

① 不过也要注意，各国中央银行资产负债表的格式和主要项目虽然基本一致，但各个项目的比重却不相同，这反映了各中央银行资产负债业务重点和特点的差异。不同国家和地区由于面临的经济、金融环境与条件不一，在具体的资产负债业务上存在着一些差别。就是同一个国家，在不同的时期和背景下，资产负债表所反映的中央银行业务活动也是有变化的。这里的目的是要说明中央银行资产负债表的共性，故不强调差异。

（4）自有资本。在中央银行的资产负债表中，由于自有资本也是中央银行资金的来源之一，因此将其列入负债方。但实际上，自有资本不是真正的负债，其作用也不同于一般负债，因此如果把自有资本从负债中分列出来，资产和负债的基本关系与一般企业的资产负债恒等关系并无差异，也满足以下三个关系：

资产=负债+资本项目

负债=资产−资本项目

自有资本=资产−负债

### 2. 资产项目

（1）贴现贷款。中央银行作为最后贷款者对商业银行提供资金融通，主要的方式包括再贴现和再贷款。此外，还有财政部门的借款和在国外金融机构的资产。

（2）政府证券。主要指中央银行的证券买卖。中央银行持有的证券一般是信用等级比较高的政府证券。中央银行持有证券和从事公开市场业务的目的不是盈利，而是通过证券买卖对货币供应量进行调节。

（3）黄金和外汇储备。黄金和外汇储备是稳定币值的重要手段，也是国际支付的重要储备。中央银行承担为国家管理黄金和外汇储备的责任，这也是中央银行的重要资金运用。外汇储备的形式主要是外国政府债券。

（4）其他资产。主要包括待收款项和固定资产。

### 3. 资产负债表各主要项目之间的对应关系

（1）对金融机构债权和对金融机构负债的关系。

（2）对政府债权和政府存款的关系。

（3）国外资产和其他存款及自有资本的关系。

中央银行可以通过调整自身的资产负债结构来实施货币政策，进行宏观金融调控。一是通过证券资产与黄金外汇储备业务履行政府的银行职能；二是通过各类贷款业务履行银行的银行职能，调节商业银行的储备货币水平。

## 二、基础货币与中央银行货币创造

### （一）基础货币的概念

第二章曾经提及，在不同层次货币供应量的划分中，还有一个基础货币的概念，但因涉及知识准备不足及内容的关联性考虑，我们在这里来讨论。

经济中的货币总量是由中央银行的货币供给与商业银行的货币创造共同提供的。其中，由中央银行提供的部分又称为银根或基础货币。这部分货币最终形成非银行公众手中的现钞、商业银行的库存现金以及商业银行在中央银行的准备金存款。

基础货币是整个商业银行体系借以创造存款货币的基础，是整个商业银行体系的存款得以倍数扩张的源泉。单位基础货币扩张可以放大成数倍的存款货币，因而又称高能货币。

基础货币亦称储备货币，是中央银行的货币性负债。在中央银行的资产负债表中，基础货币的投放体现为负债项目下“储备货币”的增加（$M_1$）。其中，“货币发行”展示的是现钞的投放数量

($M_0$)。中央银行可以通过对基础货币的控制和调节，达到调节和控制货币供给的目的。

为了更深入地理解基础货币概念，可以把中央银行资产负债表进一步简化为下边的 T 型账户，如图 8-4 所示。

中央银行主要资产负债

| | |
|---|---|
| $S_g$=政府证券 | $C$=流通中现金 |
| $L$=贴现贷款 | $R$=银行准备金存款 |
| $FX$=黄金、外汇储备 | |

图 8-4　中央银行资产负值表简化形式

图 8-4 右侧所列的流通中现金（记为 $C$）与银行准备金存款（记为 $R$）两项负债，称为中央银行的“货币债务”。两项之和，即为基础货币（记为 $MB$）：

$$MB=C+R \tag{8-8}$$

如果基础货币总量不变，则存款与通货之间存在此消彼长的关系，即不论是存款转化为通货，还是通货转化为存款，基础货币都不变。这是因为当存款转化为通货时，银行要用现有储备来支付这笔提款，因此储备减少了，其减少量等于通货的增加量，从而基础货币保持不变。相反，当流通中的一部分通货转化为存款时，如果银行不把增加的存款放贷出去，那么银行储备就增加了，其增加量等于流通中通货的减少量，从而基础货币不变；如果银行把增加的存款放贷出去，经过前述存款货币创造过程，银行储备增加量还是等于通货减少量。也就是说，当通货转化为存款时，不论银行是否将存款放贷出去，银行储备的增加量都等于流通中通货的减少量，从而基础货币不变。

这种关系可以说明，假设存款准备金率为 10%，基础货币 $MB$ 为 200 元，全部为流通中现金。现在有人从中抽出 100 元现金存入第一家银行 A 银行，此时，银行体系存款增加 100 元。

第一种情形：A 银行因存款准备金充足，新增存款全部为超额储备金，但不发放贷款，则有法定存款准备金 $RR$0（100×0%）元，超额储备金 $ER$100 元，即银行体系新增储备 100 元。

第二种情形：超额储备金全部用于发放贷款。初始时，A 银行储备充足，100 元存款无须计提准备金，故把 100 元全部贷放客户；客户转存第二家银行 B 银行，B 银行计提法定准备金 10 元，发放 90 元贷款，客户存入第三家银行 C 银行；C 银行的法定准备金 9 元，余下 81 元超额储备全部用于放贷，客户存入第四家银行 D 银行；D 银行提取法定准备金 8.10 元，将余额 72.90 元全部用于放贷，存入第五家银行 E 银行……如此延续下去，直到最后没有超额储备为止，银行体系的超额储备增加量仍然为 100 元，与第一种情形，即不发放贷款的储备相同。存款创造与储备增加过程如表 8-3 所示。

**表 8-3　存款创造与储备增加的过程**

| 银行 | 存款增加额/元 | 贷款增加额/元 | v 准备金增加额/元 |
|---|---|---|---|
| A 银行 | 0.00 | 100.00 | 0.00 |
| B 银行 | 100.00 | 90.00 | 10.00 |
| C 银行 | 90.00 | 81.00 | 9.00 |

续表

| 银行 | 存款增加额/元 | 贷款增加额/元 | 准备金增加额/元 |
|---|---|---|---|
| D 银行 | 81.00 | 72.90 | 8.10 |
| E 银行 | 72.90 | 65.61 | 7.29 |
| F 银行 | 65.61 | 59.05 | 6.56 |
| G 银行 | 59.05 | 53.14 | 5.91 |
| … | … | … | … |
| 合计 | 1 000.00 | 1 000.00 | 100.00 |

综上所述，银行储备增加量等于通货减少量。总之，当通货转化为存款时，不论银行是否将存款放贷出去，银行储备的增加量都等于流通中通货的减少量，从而基础货币不变。如果银行将超额准备金用于购买证券，而不是用于放贷，也会得到相同的结果。

基础货币在总量一定的前提下，无论流通中现金与银行存款货币比例如何变动，都不会对总量产生影响。这种结构上的稳定性，也是中央银行在控制货币供应方面把重点放在基础货币上的重要原因。并且，我们已经看到，储备货币（超额准备）的变化，将会引起货币供应成倍变化。因此，在研究货币供应的决定问题时，人们总是把注意力集中在基础货币之上。

### （二）中央银行货币创造

中央银行供应的货币是基础货币，中央银行可以通过下列方式来增加基础货币供给。

#### 1. 货币发行

货币发行是指中央银行发行流通中的货币（纸币和硬币）。货币发行包括两个部分：一是流通中的货币（$M_0$）；二是商业银行的库存现金。中央银行仅对银行机构不对非银行公众开展业务，因此不能直接对公众发行货币，而必须通过商业银行的现金收付业务，也就是通过商业银行到中央银行提取现金来发行货币，这称为现金投放。中央银行发行的货币通过贴现贷款、购买有价证券等资产业务活动为商业银行提供货币现金来源，其中被个人储户和公司储户提取的部分就是流通中的现金，暂时没有提取、由商业银行保管的部分成为商业银行的库存现金。这部分库存现金要及时归还中央银行的发行库，这称为现金归行。货币发行是一个供求平衡过程，并不能由中央银行单方面决定，还要受公众货币需求的制约。

货币发行对中央银行资产负债表的影响如表 8-4 所示。

**表 8-4　货币发行对中央银行资产负债表的影响**

| 资产项目 | 负债项目 |
|---|---|
| 贴现贷款↑或政府证券↑ | 货币发行↑ |

#### 2. 再贴现或再贷款

再贴现是中央银行通过买进商业银行持有的已贴现但尚未到期的商业汇票，向商业银行提供融资支持的行为。再贷款指中央银行对商业银行的贷款。

中央银行以贴现贷款形式向商业银行授信。当中央银行向商业银行发放一笔贴现贷款时，该贷款就贷记在商业银行在中央银行开立的准备金账户上，这引起中央银行的资产负债表的变化：资产项目中增加了一笔贴现贷款，同时负债项目中增加了同等数额的一笔银行存款。这说明银行体系的储备增加了，其增加量等于贴现贷款的金额，从而基础货币也增加了同样的金额。这部分基础货币经由商业银行的信贷投放、转账存款，如此这般周而复始的派生存款创造过程，最终转化为众多企业或个人的支票存款和现金货币。可见，中央银行通过向商业银行发放贴现贷款，就可改变基础货币的数量，使基础货币增加。在中央银行的资产负债表中，这将表现为资产项目下“贴现贷款”的增加以及负债项目下“准备金存款”的增加，如表 8-5 所示。

**表 8-5 贴现对中央银行资产负债表的影响**

| 资产项目 | 负债项目 |
| --- | --- |
| 贴现贷款↑ | 准备金存款↑ |

3. 买入有价证券

中央银行经由公开市场业务买入有价证券。由于中央银行的公开市场业务以金融机构为交易对方，买卖的标的是国债，所以在中央银行的资产负债表中，这将表现为资产项目下“政府证券”的增加以及负债项目下“准备金存款”的增加，如表 8-6 所示。

**表 8-6 买入证券对中央银行资产负债表的影响**

| 资产项目 | 负债项目 |
| --- | --- |
| 政府证券↑ | 准备金存款↑ |

4. 买入外汇资产

这部分基础货币也将经由商业银行的信贷投放派生出大量的支票存款和现金货币。在中央银行的资产负债表中，这将表现为资产项目下“国外资产（外汇储备）”的增加以及负债项下“准备金存款”的增加，如表 8-7 所示。

**表 8-7 买入外汇对中央银行资产负债表的影响**

| 资产项目 | 负债项目 |
| --- | --- |
| 国外资产（外汇储备）↑ | 准备金存款↑ |

以上就是中央银行通过货币发行增加基础货币供给，进而实现向经济中增加货币投放的基本过程。中央银行控制商业银行的存款准备，当中央银行释放 1 单位准备货币，存款货币将呈倍数增加，这就是中央银行的货币创造。自然，中央银行也可以通过上述方式的反向操作来减少基础货币的供给，回收经济中的过多货币来实现货币回笼，这就是中央银行的货币毁灭。中央银行的货币创造与货币毁灭是同一枚硬币的两面，至于实践中，中央银行何时决定创造货币、何时决定毁灭货币，是一个相机决策问题，并无定例可循，完全要视实际需要而定。这方面内容我们将在“货币政策”相关章节再进行讨论。

另外，在中央银行的前述交易过程中，中央银行都是以主动增加资产活动方式来增加货币负债的。这与商业银行"先有负债，再有资产"的操作方式大相径庭。之所以如此，仅因为中央银行是发行的银行，唯有中央银行才可以凭空创造货币，而无须事先寻求资金来源，再来构建资产。理论上，中央银行可以无限购买资产，从而创造出无限的货币。2008 年国际金融危机以来，西方主要经济体所谓量化宽松货币政策应用的就是这一原理。

总之，中央银行或是通过向商业银行提供贷款，或是与商业银行进行证券资产交易来扩大或收缩基础货币。两相比较，证券资产的买卖权掌握在中央银行手中，买卖数量与买卖频次也可以相应调整。可是，贴现贷款发放的多少虽然受中央银行制定的贴现率（贴现贷款利率）制约，但不完全取决于中央银行，而与商业银行的意愿有着密切的关系。只有当商业银行愿意向中央银行借款时，贴现贷款才能发放出去。从某种程度上说，贴现贷款的数量主要由商业银行决定，中央银行则处于被动地位。因此，在实践中，中央银行更倾向于通过买卖政府证券、外汇等资产来影响商业银行的超额储备金。

此外，中央银行也可以直接通过法定准备金率的调整来影响基础货币供给。如果中央银行提高法定准备金率，多倍存款扩张的倍数就会下降，进而导致货币供给减少。反之，中央银行降低法定准备金率，货币供给会增加。不过，一般而言，存款准备金率不是中央银行倾向使用的工具。关于这一点，在"货币政策"相关章节还会进一步讨论。

## 第四节　货币乘数

本章第二、第三节分别讨论了商业银行与中央银行的货币创造，至此我们已经大致了解了货币供给的作用机制。本节要把对简单存款乘数的讨论进一步拓展到货币乘数。虽然讨论以狭义货币为对象，但它的结论也适用于广义货币的分析。

### 一、货币乘数

在本章第二节讨论商业银行的存款货币创造时，我们已经得出简单的存款乘数公式，其含义是，储备货币每增加 1 单位，其倍数效应是法定准备金率的倒数：$1/r$。然而，事实上，不仅法定准备金率可以影响存款创造。公众对手持通货的偏好、银行体系的超额储备变动也能影响银行存款。例如，当公众持有现金或银行持有超额准备时，有一部分现金从存款创造过程中流失，将使创造出来的存款总额减少。这些情形就使利用简单存款乘数来计算货币供给不敷应用，为此，需要讨论考虑因素更全面的货币乘数。

货币乘数，是指基础货币 $MB$ 的既定变动所引起的货币供给 $M$ 变动的比率，记为 $m$。货币乘数、基础货币、货币供给三者之间存在下述关系：

$$M = m \times MB \tag{8-9}$$

由于货币乘数 $m$ 大于 1，所以，货币乘数反映了基础货币转化为货币供给的倍数。这就是基础货币又称为高能货币的原因：基础货币 1 单位的变化所引起的货币供给的变动将不止 1 单位。

### 二、货币乘数的推导

由本章前面的讨论可知，基础货币 $MB$ 的计算公式为：

$$MB = C + R$$

而银行的总储备 $R$ 为：

$$R = (r + e) \times D$$

又由于公众持有的现金量 $C$ 可以表示为现金存款比率 $c$ 与存款之积：

$$C = c \times D \tag{8-10}$$

因此，基础货币可以表示为：

$$MB = C + R = c \times D + (r + e)D = (c + r + e)D$$

对上式两端同除以（$c + r + e$），并移项可得：

$$D = \frac{1}{c + r + e} \times MB \tag{8-11}$$

根据定义，狭义货币供应量 $M$ 可以表示为：

$$M = C + D$$

将式（8-10）代入上式可得：

$$M = c \times D + D \tag{8-12}$$

有

$$M = (c + 1) \times D \tag{8-13}$$

代入式（8-11）可得：

$$M = \frac{c + 1}{c + r + e} \times MB \tag{8-14}$$

令 $m = (c + 1) / (c + r + e)$，于是得出式（8-9）。其中的第一项即为以现金存款比率 $c$、法定存款准备金率 $r$ 以及超额准备金率 $e$ 表示的货币乘数。或者说，货币乘数 $m$ 是储户决定的现金比率 $c$、银行决定的超额准备金比率 $e$ 和中央银行决定的法定准备金率 $r$ 的函数。

## 三、货币乘数的意义

式（8-9）表明，如果基础货币一定，货币供应量就取决于货币乘数 $m$ 的大小。法定准备金率 $r$ 上升，将降低其乘数效应。同样，如果超额准备金率 $e$ 上升，或现金比率 $c$ 上升，乘数效应也会下降。

下面借助例证来进一步理解货币乘数的意义。令法定存款准备金率 $r$ 为 0.10，流通中现金 $C$ 为 4 000 亿元，活期存款 $D$ 为 8 000 亿元，超额准备金 $ER$ 为 8 亿元，货币供给 $M$ 为 12 000 亿元。根据这些数据，可以计算出现金比率 $c$ 和超额准备金率 $e$：

$$c = \frac{4\,000}{8\,000} = 0.5$$

$$e = \frac{8}{8\,000} = 0.001$$

货币乘数 $m$ 的值为：

$$m = \frac{1 + 0.5}{0.1 + 0.001 + 0.5} = 2.5$$

货币乘数等于 2.5 说明，如果活期存款的法定准备金率为 10%，储户的行为由 $c$=0.5 表示，银行的行为由 $e$=0.001 表示，那么基础货币增长 1 单位，所引起的货币供给 $M$ 增量为 2.5 个单位。

货币乘数 2.5 显著小于前面例证中的存款乘数 5 或 10。两者差异的关键在于，虽然存款存在多倍扩张，但现金却无此扩张过程。因此，如果高能货币增量中的一部分转化为现金，这部分货币就没有多倍存款扩张。前面的简单存款乘数没有考虑这种可能性，因此，准备金的增加带来了最大限度的多倍存款创造。在现在的货币乘数模型中，由于 $c$ 大于 0，当基础货币和活期存款 $D$ 增加时，现金的水平的确上升了。由于现金增加引起的基础货币增加不具备乘数效应，因此基础货币的增量仅有一部分能够实现多倍扩张，从而支持存款扩张。由此带来的多倍存款扩张总体水平下降，意味着货币乘数的扩张效应要小于简单存款乘数效应。

假定在上例中，$r$ 从 10%上升到 15%，其他变量保持不变，计算货币乘数为 $m$：

$$m=\frac{c+1}{c+r+e}=\frac{0.5+1}{0.5+0.15+0.001}=\frac{1.5}{0.651}\approx 2.3$$

与推断相符，该数值小于 2.5。

与此相似，如果现金率比率 $c$ 从 0.50 增加到 0.75，通过计算货币乘数的变化，可以发现，现金水平的上升会导致货币供给收缩，货币乘数从 2.5 下降为 2.06，其计算过程为：

$$m=\frac{c+1}{c+r+e}=\frac{0.75+1}{0.75+1+0.001}=\frac{1.75}{0.851}\approx 2.06$$

最后，如果 $e$ 从 0.001 上升到 0.005，计算货币乘数的变化，可以发现，超额准备金的增加会导致货币供给的收缩，货币乘数将从 2.5 下降到 2.48，其计算过程为：

$$m=\frac{c+1}{c+r+e}=\frac{0.5+1}{0.5+0.1+0.005}=\frac{1.5}{0.605}\approx 2.48$$

注意，虽然超额准备金率呈 5 倍增长，但货币乘数的降幅很小。之所以如此，是因为 $e$ 的数值本身很小，因此它的变动对货币乘数的影响有限。

## 四、货币乘数的局限

根据上述讨论，不难发现，简单存款乘数 $\Delta D=1/r\Delta R$ 不过是式（8-9）的特例而已，如果增发的货币无现金漏出，这意味着基础货币等于新增超额储备：MB=$\Delta R$，现金储备比率 $c$=0；超额储备依次全部贷放出去，即超额储备率 $e$=0，于是 $M=\frac{c+1}{c+r+e}\times MB$ 可写为 $M=\frac{0+1}{0+r+0}\times\Delta R$，即 $M=\frac{1}{r}\times\Delta R$。

这意味着，简单存款乘数与货币乘数具有共同的作用机制，都是以部分储备制度为前提的。只不过前者考虑的因素较为单纯，后者较为复杂，纳入了现金流出与储备流出两项因素。但即使如此，货币乘数在实际中也并不能完美解释货币供给问题。因为在现实中，货币供给的影响因素更为复杂，尤其是它还要受货币需求的影响，而货币需求的背后又有着很多复杂因素。例如，银行的超额储备金能否全部贷放出去，这不仅取决于银行的贷款供给意愿，更要看市场有效贷款的需求状况。这一点是现实中货币供应量与基础货币供给的增加不同步或不成比例的重要原因。

一般而言，中央银行可以对货币乘数施加重要的影响。中央银行控制货币基础，并通常控制准备金要求。尽管银行可以决定持有多少超额准备金，但中央银行可以通过调节准备金利率来影响银行的这项决定。同样，中央银行也可以通过影响市场贷款利率来影响银行的超额准备金。贷款利率与超额储备金利率之间的利差越大，银行持有超额储备金的数量就会越小。但当贷款市场不景气时，银行超额准备金对利率的敏感度会大为下降。

中央银行所不能直接控制的是公众对货币现金的需求，但这也可以受到利率的影响。公众持有多少货币取决于持有现金的成本和效益。现金持有成本即持有现金所放弃的报酬，是持有现金的机会成本，这种成本通常是以存款利率来衡量。持有现金将会失去存款的利息收入，却享有较低的风险和最大的流动性。因此，如果存款可以赚取更高的利率，公众将持有较少的货币现金。

公众对现金需求的增加会导致货币供应量收缩，因为乘数效应通过存款收缩的机制，将使货币供应量的减少超过现金需求增加减少的储备量。在1929—1933年大萧条时期，美国很多银行倒闭，因为人们失去了对银行的信心，纷纷从银行提取现金，银行储备大幅度下降使存款创造机制失灵，从而加剧了经济危机。通常，在困难时期，人们会囤积现金来应对不确定环境。但在正常情况下，流通中现金鲜有出现激增的现象，因为消费者用货币来向企业购买商品或服务，企业又会将收到的现金存入账户，归回银行体系。这意味着，货币乘数的大小更受制于经济状况。

## 第五节　货币创造的图形表示

在本章前面几节，我们讨论了经济中货币创造的概念、参与主体以及商业银行与中央银行的货币创造过程。为了帮助记忆理解，上述内容可借助图形直观表示。

### 一、货币创造过程

货币创造过程的基本制度安排是商业银行的部分准备金制度，在现代经济中由中央银行主导中央银行与商业银行的货币创造，如图8-5所示。

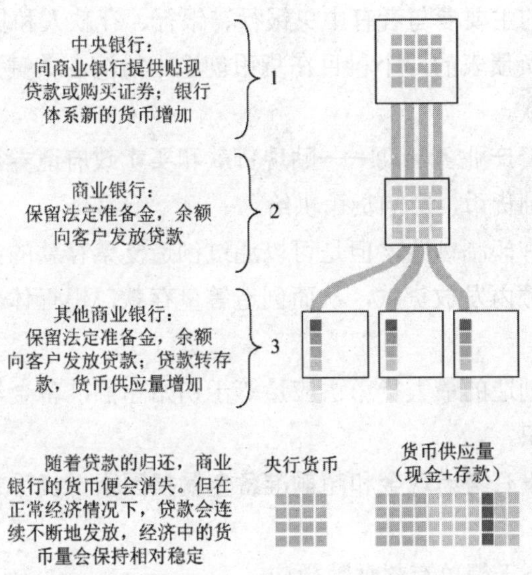


图8-5　中央银行与商业银行的货币创造

## 二、货币供给的决定因素：基础货币与货币乘数

货币供给的决定因素如图8-6所示。

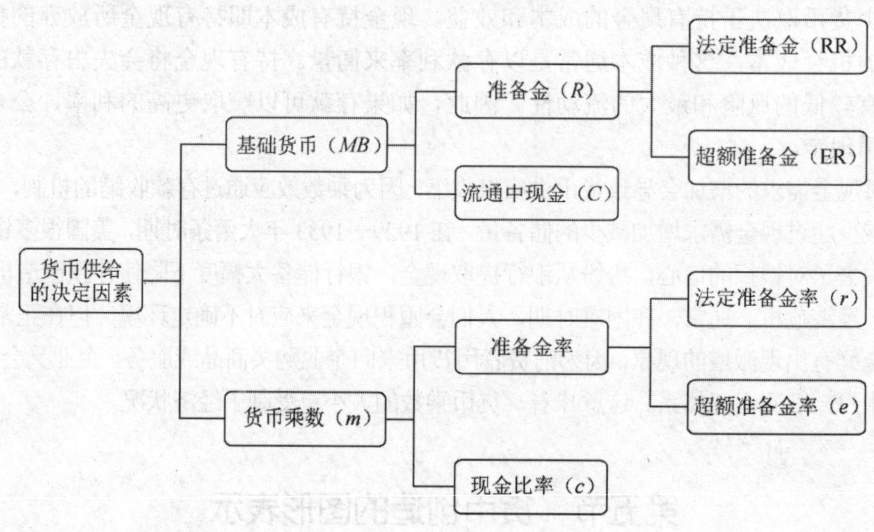


图8-6　货币供给的决定因素

# 本章小结

（1）货币供给过程的主要参与者有中央银行、银行、存款人和贷款人。

（2）中央银行资产负债表的四个科目在货币创造中扮演着关键角色：流通中现金、准备金、政府证券、贴现贷款。

（3）中央银行通过资产业务活动——贴现贷款和买卖政府证券，控制商业银行的超额准备金水平，进而控制基础货币，影响货币供给。

（4）商业银行不允许印制钞票，但是可以通过创造支票存款的方式创造货币；单个银行可以在其超额准备金限额内发放贷款，从而创造等量存款；银行体系可以经由存款派生机制创造多倍存款。

（5）一笔新增存款创造的最大货币供应量等于初始超额准备金与简单存款乘数（法定存款准备金率的倒数）之积。

（6）简单存款乘数没有考虑现金和超额准备金漏损因素，货币乘数纳入了现金和超额准备金漏损因素。

（7）货币乘数效应小于简单存款乘数效应。

# 关键概念

| | | | |
|---|---|---|---|
| 货币供给 | 狭义货币供应量 | 广义货币供应量 | 货币供给过程 |
| 货币发行 | 银行资产负债构成 | 银行资本 | 银行资产 |
| 银行负债 | 核心资本充足率 | 法定准备金 | 超额准备金 |
| 存款货币创造 | 简单存款乘数 | 中央银行资产负债表 | 基础货币 |
| 再贴现 | 再贷款 | 货币乘数 | |

# 复习思考题

## 一、简答题

1. 货币创造过程的参与主体有哪些？各担负哪些主要功能？
2. 银行是如何创造货币的？
3. 中央银行是如何控制基础货币的？
4. 简单存款乘数模型有什么局限？
5. 货币乘数有什么意义和作用？
6. 影响货币乘数的因素是什么？这些因素是如何影响货币乘数的？
7. 影响狭义货币供给的因素有哪些？这些因素是如何影响货币供应量的？

## 二、论述题

1. 试推导狭义货币乘数，并与存款乘数进行比较。

2. 既然商业银行不允许印制钞票，为何说商业银行可以创造货币？

3. 一笔 500 元的现金以活期存款方式存入某银行，法定准备金率为 10%，该银行的法定准备金是多少？超额准备金是多少？如果该行的超额准备金全部发放贷款，借款人将所获贷款转存下一家银行；下一家银行按相同准备金率保留法定准备金，余额用于发放贷款。以此类推，理论上该笔存款的最大货币创造量是多少？如果每一家银行按 2%的超额准备金率保留超额准备，该笔存款的最大货币创造量是多少？

4. 如果中央银行在公开市场上向商业银行购买 100 万元国库券，该行所获现金全部不用于贷款发放，整个经济体系的货币供应量增加了多少？如果该行将所获款项归还此前中央银行提供的贴现贷款，对银行体系的存款创造有何影响？为什么？

# 数据资料与相关链接

1. 可汗学院公开课——货币银行学：http://open.163.com/special/Khan/bankingandmoney.

2．中央电大货币银行学视频教程：http://www.21edu8.com/university/caikuai/23715.

3．货币银行学视频教程 43 讲（北大）：http://v.ku6.com/show/TGjxPk48GHviebR2EZv2GQ...html?from=my.

# 延伸阅读

1．黄达，张杰．金融学[M]．5 版．北京：中国人民大学出版社，2020．

2．易纲，吴有昌．货币银行学[M]．上海：上海人民出版社，2006．

3．［美］弗雷德里克·S．米什金．货币金融学[M]．12 版．王芳，译．北京：中国人民大学出版社，2021．

## 第九章

# 货币需求

有供给就有需求，货币需求是一个与货币供给相对应的概念，它是由非银行公众对支票存款与现金的需求构成的。围绕货币需求的研究，形成了不同的理论主张，主要包括古典货币数量论、流动性偏好理论及现代货币数量论。本章的任务是要阐明这些理论的研究视角、基本模型和主要结论。

### 本章主要内容

本章首先讨论货币需求的概念，然后讨论货币需求的动因、货币需求方程与货币需求函数，最后简要介绍货币需求理论的主要争议。

### 知识与技能目标

通过本章的学习，学生应当理解货币需求的概念，明晰货币需求的动因，掌握货币需求方程与货币需求函数的形式和推导过程，能够运用货币需求原理来初步分析和解释现实生活中的货币需求现象。

### 引导案例

**面对泡沫，持有资产还是持有货币**

**案例导读：**货币需求问题是一个富于争议的领域。本案例针对我国资产泡沫（房价暴涨）的现实，提出了持有资产还是持有货币这一实际问题。经典货币需求理论认为，持有货币或非货币资产仅在于利率有无的差异。案例认为，持有货币的价值将在资产泡沫膨胀冲击下荡然无存。那么，既有的货币需求理论还能解释我们所面临的经济现实吗？本章内容会进行解答。

当下在中国谈资产价格，主要是指房价。近几年，房价涨幅加快，这是中国资产价格的基本面。中国房价的泡沫问题，已经是危及国计民生的问题。

如果政府要降房价，房价跌，势必会引发债务产业链上的大面积债务违约，购房者不还贷，开发商还不上钱，地方政府卖不了地还不了钱，最终，银行坏账大面积产生；如果资产泡沫继续，对中国实体经济是致命打击。

中国的 $M_2$ 在过去 15 年膨胀了 10 倍。美国的 $M_2$ 在过去 10 多年中平稳上升，没有剧烈变化，但中国的 $M_2$ 自 2008 年开始加速上升，在 2009 年超过美国，并继续保持上升。截至 2015 年年底，中国的 $M_2$ 已经是美国的 1.813 倍。

中国 2015 年的 $M_2$ 增速是 13%左右，全球 $M_2$ 增速是 7%左右，照此速度不变，人民币不贬值的话，不出 10 年，中国可以买下全世界。所以，人民币贬值已经是事实，区别在于贬值速度、何时贬值。如果人民币直接大幅贬值，就会提高国内生活成本，造成输入性通货膨胀。

中国还面临债务泡沫：企业债务已经达 GDP 的 1.9 倍；地方政府债务已达 GDP 的 50%。法国兴业银行在一份研究报告中称，中国银行业不良资产贷款率达 15%左右。

长期以来，中国一直得以生存的投资式经济发展模式，突然行不通了。信贷在扩张，经济却没有增长，这是很可怕的事情，从 2015 年的"股灾"、2016 年的"房灾"等都与此有关。因为 $M_2$ 在扩张，钱太多，却无处可去，就流向可炒作的资源，所到之处，会产生动荡和伤害。

那么，面临资产泡沫，我们是该持有货币还是其他资产？比如说，仍去追逐高涨的房产？

维护社会稳定是最大的原则，所以，政府未来会选择国内保资产不贬值，在国际上让人民币贬值。

结论就是：适当持有核心城市的成熟区域房产+适当持有人民币和黄金+适当的家庭资产海外储备=当下最佳的对冲选择。

（资料来源：http://mt.sohu.com/20160711/n458652202.shtml.）

## 第一节　货币需求概述

货币，是货币发行机构中央银行的负债，但对于一般公众而言，货币却是他们的资产，因此，货币需求本质上是一种资产选择行为。经济中货币需求量大小是由公众的资产选择行为决定的。

### 一、货币需求的概念

有供给就有需求，货币需求是一个与货币供给相对应的概念。它既可以指货币需求量，也可以指货币需求量的决定与变动过程。指前者时，货币需求是指人们对执行流通手段与价值贮藏手段职能的货币的需要量，又称为货币必要量。这方面的研究重点是在某一时刻个人或单位应该或可以占有多少货币。指后者时，货币需求是指人们通过自己的资产选择行为影响货币需要量的全过程，研究的重点是货币需求的发生动因和作用机制。

#### （一）货币需求：量的概念

作为货币需求量意义上的货币需求，是指假设其他因素不变的情况之下，在不同利率水平上，人们愿意及有能力持有多少货币。具体是指以货币形式（现金或银行存款）表现的金融资产所需的持有额度。它既可以指以狭义货币 $M_1$ 定义为对象的需求，也可以指以广义货币

$M_2$或$M_3$为对象的需求。

人们对商品和服务有需求，货币可以帮助人们迅速实现对这些需求的满足，这就有了对货币的需求。在现代经济里，人们需要持有一定的货币去媒介交换、支付费用、偿还债务、从事投资或保存价值，这就构成了一个社会的货币需求。货币需求是一个经济体在特定时间上社会各经济单位（个人、住户和企业）所持有的货币量。对于货币需求含义的理解，还需要把握以下几点。

1. 货币需求是存量

它考察的是一个经济体在某个时点上（如2020年年底，中国），社会各经济单位在其拥有的全部资产中愿意以货币形式持有的数量或份额，而不是在某一段时间内（如从2020年年底到2021年年底），各经济单位所持有的货币数额的变化量。因此，货币需求是个存量概念，而非流量概念。

2. 货币需求是有效需求

作为财富的一般代表，无论企业还是个人都会希望拥有尽可能多的货币，那么对货币的需求岂不是无限？不是，货币需求不是指这种人们占有货币的欲望，而是指货币的有效需求。货币需求作为一种经济需求，理当是由货币需求能力和货币需求愿望共同决定的需求，这是一种客观需求，是一种能力与愿望相统一的需求。它以收入或财富的存在为前提，在具备获得或持有货币的能力范围之内愿意持有的货币量。因此，构成货币需求需要同时具备两个条件：①必须有能力获得或持有货币；②必须愿意以货币形式保有其财产。二者缺一不可，有能力而不愿意持有货币不会形成对货币的需求；有愿望却无能力获得货币也无法形成对货币的需求。

3. 货币需求不等于现金需求

货币需求包含现金需求但不等于现金需求。货币需求有时又会称为流动性需求，这样定义的货币需求是指现金及一些接近现金的资产，货币需求有时可以想象成“现金”需求，这样比较容易理解。但是，现实中的货币需求不仅包括对现金的需求，而且包括对存款货币的需求。因为货币需求是所有商品、劳务的流通以及有关一切货币支付所提出的需求。这种需求不仅现金可以满足，存款货币也同样可以满足。如果把货币需求仅仅局限于现金，显然是片面的。广义上，人们对货币的需求既包括了执行流通手段和支付手段职能的货币需求，也包括了执行价值贮藏手段职能的货币需求。

（二）货币需求：动态的概念

从动态过程来考察货币需求，重点是要阐明人们持有货币的动因及其作用机制。为什么人们愿意承担一定成本而持有货币？根据凯恩斯[①]的研究，这是由于流动性偏好使然。流动性

①约翰·梅纳德·凯恩斯（John Maynard Keynes，1883—1946），现代经济学最有影响的经济学家之一，他创立的宏观经济学与弗洛伊德所创的精神分析法、爱因斯坦发现的相对论一起并称为20世纪人类知识界的三大革命。

偏好表示人们喜欢以货币形式保持一部分财富的愿望或动机。这些动机可分为三种，即交易动机、预防动机和投机动机。

1. 交易动机

交易动机是指人们为了应付日常交易需要而持有一部分货币的动机。在任何收入水平上，无论是个人、住户或企业都需要作为交易媒介的货币。个人、住户需要用货币购买食品、支付电费和燃料费用，偶尔也用货币购买耐用消费品。企业需要用货币来支付原料价款和工人工资。总之，都需要经常保持一定量的货币。

2. 预防动机

预防动机是指为了预防意外发生的支付而持有一部分货币的动机。在凯恩斯看来，人们之所以持有货币，不仅是为了完成当期交易，而且是为了预防意料之外的需求，如为了支付医疗费用，应付失业和各种事故等，需要事先持有一定数量的货币。

3. 投机动机

投机动机是指人们为了抓住购买生利资产（如债券等有价证券）的机会而持有一部分货币的动机。投机动机引发的货币需求与利率密切相关。这是因为债券等有价证券的价格一般都随利率的变化而变化，而有价证券价格的变化又会影响人们在证券市场上购买或抛售有价证券，从而影响人们为投机而持有的货币数量。

就货币的交易动机、预防动机和投机动机三者的关系而言，它们之间的关系并不是孤立的，而是互为消长、共同发生作用的。一般而言，当交易动机占据优势时，预防动机与投机动机的货币需求就会下降；反之，当货币的交易性需求占据下风时，则投机动机与预防动机的货币需求就会上升。

它们之间的主要区别在于，前两者主要与经济行为主体商品和服务的日常交易规模和预期交易规模及收入水平相关，而与利率水平的变动关系不是那么明显；货币的投机性需求与利率的变动密切相关。因此，在经济现实中，往往可以观察到，利率下降刺激消费的效应往往比较有限，而对预防或投机的需求影响却十分显著（见专栏 9-1）。

至于三种动因的具体作用机制，我们在下面的货币需求函数中再行展开。

**专栏 9-1**

**日本负利率悖论：储蓄率为何不降反升**

日本央行在 2016 年 1 月末宣布将于 2 月 16 日施行负利率。3 月 7 日，日本央行行长黑田东彦在东京发表演讲时称：“日元利率下降，以及日本央行可能进一步放宽货币政策的事实，在其他条件不变的情况下，对资产价格产生了积极影响。”

经济学家对负利率刺激消费支出的作用提出质疑。德银[①]认为，降低利率的确会普遍推动消费支出，但是作用有限，如果家庭意识到负利率对其未来资产负债表的负面影响，则

① 专栏 9-1 中出现的德银、美银美林、瑞信均为国际大型金融机构。

会减少支出。

按传统经济学理论，负利率会迫使人们将存款取出而买入收益率更高的资产，或者投入商品、服务中。为防止通货膨胀上升让未来价格抬升，人们会在现在就进行消费。

德银在2016年3月4日的报告中指出，利率下降会普遍推动消费支出，但是这个作用是有限度的。

2015年10月份，美银美林发现，欧洲央行行长马里奥·德拉吉忙着暗示印钞的同时，欧洲企业与个人却在去杠杆，企业回购债券而非回购股票，个人在增加存款而非消费。

（资料来源：http://wallstreetcn.com/avticles/231064.）

## 二、货币需求的类型

从持有货币的意义与功能作用角度，可以把货币需求做下述划分。

### （一）交易性货币需求与资产性货币需求

#### 1. 交易性货币需求

人们对货币的需求与对一般商品的需求不同。正如美国经济学家萨缪尔森所说："并非出于货币本身的缘故而需要货币——你不会去吃硬币而且我们很少因为它们雕版的艺术价值而将100美元的钞票贴在墙上。相反，保持货币是因为它们作为贸易和交换的一种润滑剂，间接地为我们服务。"因此，为着满足交易便利需要而持有的这一部分货币就是交易性货币需求。

#### 2. 资产性货币需求

社会公众对于其暂存的资产，可以用货币形式，也可以用有价证券形式保存。资产性货币需求，是指人们为避免因未来市场利率以及证券行市的不确定而造成资产损失或为增加资产盈溢，通过及时调整资产结构以谋求投资机会而形成的货币需求。

### （二）名义货币需求和实际货币需求

#### 1. 名义货币需求

名义货币需求是指不考虑币值变动条件所引起价格变动的货币需求，即用货币单位来表示的货币数量，如多少美元、多少欧元、多少元人民币等。名义货币需求是由经济中物价水平及其变化速度即通货膨胀决定的，是不考虑价格变动因素影响的货币需求。

#### 2. 实际货币需求

实际货币需求就是扣除价格变动因素的影响后的货币需求，是由以不变价格计算的商品流通量本身所引起的货币需求。实际货币需求等于名义货币需求除以物价水平。

在现实经济中，通货膨胀或通货紧缩始终是存在的，因此，研究货币需求，不仅要重视名义的货币需求，也要研究实际的货币需求，有时对实际货币需求的研究会更有意义。

（三）微观货币需求和宏观货币需求

1. 微观货币需求

微观货币需求是从微观角度考察的货币需求，是指单个社会经济单位（个人、住户及企业）在既定的经济条件下所持有的货币量。研究微观货币需求，有助于进一步认识货币的职能，对短期货币需求的分析有重要作用。

2. 宏观货币需求

宏观货币需求是从宏观角度考察的货币需求，是以宏观经济目标为出发点，分析国民经济运行总体对货币的需求，即考虑一个国家在一定时期内所需的货币总量。研究宏观货币需求，有利于货币当局制定货币政策，稳定物价水平，在一定程度上平衡社会的总需求与总供给。

## 三、货币需求的影响因素

经济实践中，多种因素都会对一国货币需求产生影响，概括起来，主要包括以下几点。

（一）国民收入

在现代经济中，人们的收入最初都是以货币形式获得的，购买商品和服务也都要以货币支付。一般来说，收入提高，说明社会财富增多，支出也会相应扩大，因而需要更多的货币量来满足商品交易。所以，收入与货币需求呈同向变动关系。

（二）物价水平

货币需求是在一定价格水平上人们从事经济活动所需要的货币量。在社会商品交易量既定的条件下，价格越高，用于交易的货币需求也要相应增加。因此，物价总水平同货币需求，尤其是交易性货币需求之间，与收入与货币需求的关系一样，也是同方向的变动关系。

（三）利率水平

由于利率的高低决定了人们持币机会成本的大小，利率越高，持币成本越大，人们就不愿持有货币而愿意购买生息资产以获得高额利息收益，因而人们的货币需求会减少；利率越低，持币成本越小，于是人们转而愿意持有货币减少购买生息资产的欲望，货币需求就会增加。利率的变动与货币需求量的变动是反方向的。

（四）货币流通速度

货币流通速度是指一定时期内单位货币参加交易的转手次数。动态地考察，一定时期的货币需求就是货币流量，而货币流量是货币平均存量与速度的乘积。在用来交易的商品与劳务总量不变的情况下，货币速度的加快会减少现实的货币需求量。反之，货币速度的减慢则会增加现实的货币需求量。因此，货币流通速度与货币需求呈反方向变动关系。

（五）金融资产选择

交易性货币与资产性货币需求之间存在替代性。所以，包括货币现金在内的不同金融资产的收益率、安全性、流动性以及公众的资产多样化选择，对货币需求量的增减都有作用。

（六）其他因素

其他因素如体制变化、对收入与价格的预期变化、财政收支引起的政府货币需求的变化、信用发展状况、金融服务技术与水平，以及居民消费与支付习惯等都会影响一国的货币需求。

## 第二节　货币交易方程

不同的货币需求动因如何发生作用，进而引起货币需求的变化？这个问题可以通过经济学家构建的货币交易方程与货币需求函数来进行解释。本节介绍货币交易方程式及其货币需求理论。

### 一、货币交易方程

货币交易方程是货币数量论的原初形式。货币交易方程的构建基础是货币的交易动机假定。根据该假定可以建立货币的交易性需求与收入水平变动的关系。货币数量论从货币供应和货币流通的角度看待货币需求。在初期货币数量论看来，人们之所以需要货币仅仅在于货币具有交易媒介职能。货币在经济生活中作为一种交易和支付工具而被普遍接受，从而全社会的交易和支付总额应该等于出售全部商品得到的名义总收入。如果以$M$表示货币供应量，$P$代表物价水平，$Y$代表总产出，则总支出等于$P\times Y$，而总支出又可以看作名义总收入或名义GDP。以$V$代表货币流通速度，即单位货币一年内用于购买商品的周转次数，它等于经济中待交易的名义商品量（即物价水平$P$与总产出$Y$的乘积）与货币存量$M$之商，用公式表示为：

$$V=\frac{P\times Y}{M} \qquad (9\text{-}1)$$

式（9-1）两端同乘以$M$，便得到交易方程式：

$$M\times V=P\times Y \qquad (9\text{-}2)$$

式（9-2）建立起了名义收入与货币数量和流通速度之间的联系：交易方程式。该方程式表示，货币数量与货币流通速度之积必等于名义收入。

交易方程式是由美国经济学家欧文·费雪提出的，因此也称费雪方程式，它把物价水平同货币数量联系在一起，形成了古典货币数量论的理论基础。公式包含的核心思想是：在货币数量变动与物价及货币价值变动之间存在着一种因果关系。假定其他因素不变，商品价格水平涨落与货币数量成正比，货币价值的高低与货币数量的多少成反比。

### 二、货币数量论

但式（9-2）还仅仅是一个恒等式，即由定义所表明的一种关系。恒等式本身所表达的$M$、

$V$、$P$、$Y$之间的关系并非函数关系。也就是说，货币供给 $M$ 变动时，名义收入（$P\times Y$）就会相应变动，因为 $M$ 的增加可能被 $V$ 的下降抵消，因而 $M\times V$（继而 $P\times Y$）保持不变。如果要把交易方程式转化为表达名义收入决定机制理论的公式，还需要对公式中的变量 $V$ 与 $Y$ 进行界定。

费雪认为，货币流通速度 $V$ 是个常量。这是因为货币流通速度 $V$ 是由影响个人交易方式的经济制度与技术条件所决定的，而后者的变化不是十分缓慢就是比较稳定。例如，假定人们就像今天一样使用信用卡进行交易，比不使用信用卡进行交易所需要的货币量要少：相对于 $P\times Y$，$M$ 下降，从而货币流通速度 $V$，即（$P\times Y$）/$M$ 上升；反之，如果人们可以十分方便地使用现金和支票进行支付，则由同样规模的名义收入所产生的交易就需要使用较多的货币，从而流通速度就会下降。但是，在技术进步缓慢的那些年，一项技术的诞生需要经历数年时间，如信用卡从第二次世界大战前出现到 20 世纪 60 年代银行成功开办信用卡业务，经历了相当长的时期。经济制度的变化也是一个长期渐变的过程，尤其是在社会稳定时期，经济制度是稳定不变的。所以，古典经济学家有理由认为制度与技术短期内不变，所以，在正常情况下，货币流通速度在短期内相当稳定。

古典经济学还认为工资和价格是具有完全弹性的，所以，在正常年份，总产出 $Y$ 总会维持在充分就业水平上，故在短期内也可以认为总产出 $Y$ 是相当稳定的。

货币流通速度与总产出在短期内不变的假定，使交易方程式转化为货币数量论：名义收入完全取决于货币数量，它与货币数量成正比，货币数量翻番时名义收入也翻番。

例如，假定货币流通速度为 5，起初的名义收入为 5 万亿元，货币供给为 1 万亿元，如果货币供给翻倍，增加到 2 万亿元，那么根据货币数量论，名义收入也将翻倍，增加到 10 万亿元。在该例中，如果总产出为 5 万亿元，货币流通速度为 5，则 1 万亿元的货币供给意味着物价水平等于 1，因为 1 乘以 5 万亿元等于 5 万亿元的名义收入。当货币供给翻倍为 2 万亿元时，物价水平也要翻一倍，等于 2。

经上述限定后，交易方程式成了经典的货币数量论。它所包含的核心思想是：在货币数量变动与物价及货币价值变动之间存在着因果关系。假定其他因素不变，商品价格水平涨落与货币数量成正比，货币价值的高低与货币数量的多少成反比。经典货币数量论对物价水平的变化提供了一个可行的解释：物价水平的变动仅仅源于货币数量的变动。这一点正是现代货币数量论的理论源头。

## 三、货币数量论的货币需求理论

由于货币数量论说明了在总收入既定前提下所持有的货币数量，因此货币数量论实际上是一种货币需求理论。个中缘由，通过对交易方程式略作整理便很容易理解。为此，在交易方程式两端同除以 $V$（因 $V$ 不等于零），则得：

$$M=\frac{1}{V}\times PY \tag{9-3}$$

式中，名义收入 $P\times V$ 写成 $PV$。

当货币市场均衡时，即货币市场上货币需求等于货币供给时，人们持有的货币数量 $M$ 就等于货币需求量 $M^{\mathrm{d}}$，因此可以用 $M^{\mathrm{d}}$ 代替方程式中的 $M$。用 $k$ 代表 1/$V$（由于 $V$ 为常量，故 1/$V$ 也是常量），由此可得：

$$M^{d}=k\times PY \tag{9-4}$$

由式（9-4）可知，因为 $k$ 为常量，所以由既定的名义收入水平 $PY$ 所代表的交易规模决定了人们的货币需求量 $M^{d}$。因此，经典货币数量论表明，货币需求仅仅是收入的函数，利率对货币需求没有影响。式（9-4）亦称剑桥方程式。

经典货币数量论之所以得出这一结论，是因为其假定人们持有货币仅仅是为了满足交易动机，而非其他。因此，货币需求取决于两个因素：一是由名义收入 $PY$ 所代表的交易规模；二是货币的流通速度，以及由其决定的 $k$ 值。

## 四、货币数量论的理论缺陷

古典货币数量论的基本结论是：名义收入取决于货币供给。其关键假设是将货币流通速度 $V=PY/M$ 视为常量。问题是货币流通速度设定为常量是否成立。

为此，可以先来看看美国 1915—2008 年的货币流通速度的实际情况，如图 9-1 所示。

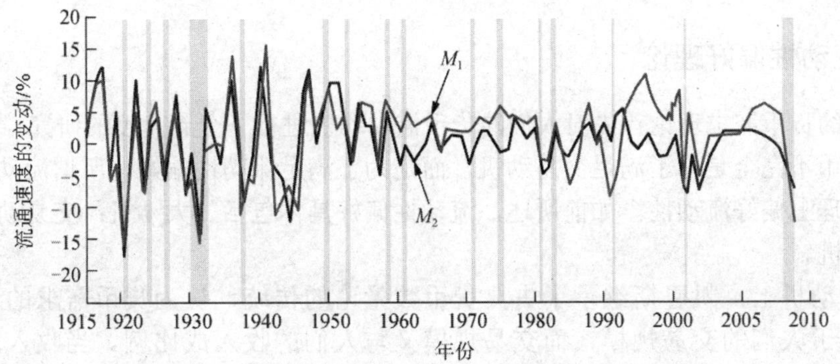


图 9-1　美国货币流通速度实际情况（1915—2008 年）

注：图中阴影部分表示衰退，货币流通速度在 1959 年之前以名义 GNP 计算，1959 年之后用名义 GDP 计算。

资料来源：FRED.

1915—2008 年美国的货币流通速度，无论是 $M_1$ 还是 $M_2$ 的流通速度都是不稳定的。即使在短期内，货币流通速度的变动也相当剧烈，因而不能把它视为常量。1950 年之前，货币流通速度的波动相当大，可能反映了这一时期经济状况极其不稳定的事实，在这段时间内发生了两次世界大战和大萧条（在经济衰退年份，实际货币流通速度下降，或者至少是增长率下降）。1950 年之后，货币流通速度的波动变得比较缓和，然而各年间货币流通速度增长率的差异仍然很大。例如，1981—1982 年，$M_1$ 流通速度（GDP/$M_1$）变化的百分比为-2.5%，而在 1980—1981 年，$M_1$ 流通速度的增长率为 4.2%。两者之差高达 6.7%，这说明，如果 1981—1982 年货币流通速度的增长率与 1980—1981 年持平，名义 GDP 就会比应当达到的水平低 6.7%。流通速度的下降足以解释 1981—1982 年发生的严重经济衰退。1982 年以后，$M_2$ 的流通速度一直都比 $M_1$ 更稳定，结果导致美联储于 1987 年放弃 $M_1$ 指标，开始更集中于 $M_2$ 指标。但是在 20 世纪 90 年代初期，$M_2$ 流通速度也变得不稳定，使得美联储对 $M_2$ 指标的可靠性也产生了动摇。

在经济大萧条之前，经济理论界都没有意识到，在严重经济衰退时期，货币流通速度将会大幅度下降。为何没能发现这一重要事实呢？这是因为缺乏统计资料。当时，即使是经济发达的美国也没有完整可靠的 GDP 和货币供给的数据，在第二次世界大战之后，政府才开始收集这些数据，因而经济学家无从真正知晓这一与自己理论假设相左的重要事实。不过，在大萧条时代，货币流通速度下降幅度非常显著，即使当时所能得到的粗略数据也可以证明货币流通速度并非常量。正是货币流通速度的理论假设与现实相悖的这一重要事实，使经济学界在大萧条之后开始探讨影响货币需求的其他因素，以解释货币流通速度的波动。这方面的研究产生了我们下面要介绍的新的货币需求理论。

## 第三节　货币需求函数

以凯恩斯为代表的货币需求理论否定了经典货币数量论关于货币流通速度为常量的假设，并在流动性偏好假设基础上，构建了全新的货币需求理论，主张利率对货币需求有着决定性的影响。

### 一、流动性偏好理论

凯恩斯的货币需求理论首先对人们的货币需求动机进行了全新角度的研究。凯恩斯指出，人们持有货币不完全是为了满足交易动机，而是为了满足流动性偏好。所谓流动性偏好，是指人们在心理上偏好流动性。如前所述，流动性偏好具体包括三大动机：交易动机、预防动机和投机动机。

在交易动机上，凯恩斯继承了古典货币数量论的传统，认为货币需求的这一构成要素主要取决于人们的交易规模，而交易规模又与人们的收入成比例。当收入增加时，人们所购买的商品的价值增加，因而也就需要更多的货币用于交易，从而增加人们对货币的需求。

凯恩斯还认为，人们之所以持有货币，不仅是为了完成当期交易，而且还用来预防意料之外的需求，这一认识使凯恩斯超越了古典分析的框架。凯恩斯指出，人们愿意持有的预防性货币余额的数量，主要取决于人们对未来交易规模的预期，并且这些交易与收入密切相关。因此，由预防动机引发的货币需求量与收入成比例。

更重要的是，凯恩斯的分析并未局限于此。如果凯恩斯的理论仅是停留在交易动机与预防动机上，则收入是决定货币需求的唯一因素，凯恩斯的研究就不可能大大丰富古典理论的内容。凯恩斯认为，货币不只是交易媒介，人们持有货币不仅是为了现在和未来的交易，还因为货币是财富储藏手段。凯恩斯将持有货币的这一理由称为投机动机。因为在凯恩斯看来，人们的财富与收入密切相关，所以货币需求的投机部分与收入相关。更重要的是，凯恩斯更加仔细地分析了影响人们为储藏财富而持有的货币数量的因素，尤其是利率因素。

凯恩斯将可用来储藏财富的资产分为两类：货币和债券。继而设问：为何人们会决定以货币而非债券的形式来持有财富呢？

凯恩斯的回答是：决定人们持有货币还是债券的关键因素在于二者预期回报率的对比。如果持有货币的预期回报率大于持有债券的预期回报率，人们就愿意持有货币。凯恩斯假定，持有货币的预期回报率为零，而持有债券资产则可获得利息收入和预期资本利得。

根据前文的讨论，利率与债券价格成反比：如果预期利率上升，债券价格会下跌，从而资本利得为负，即出现资本损失。如果预期利率大幅上升，资本损失足以超过利息收入，则债券的预期回报率将变为负值。此时，人们自然愿意持有货币，因为持有货币的预期回报率更高，持有货币的回报率等于零，大于持有债券的负回报率。

一般而言，当目前利率偏低，市场预期利率上升时，预期债券价格会下降，出于投机的目的，人们会在债券价位较高时抛售债券，此时其持有货币增加；当目前的利率偏高，市场预期利率下降时，预期债券价格将上升，出于投机的目的，人们会在较低价位上购买债券，此时其持有货币数量减少。因而，投机动机引发的货币需求与利率负相关：较低的利率对应着一个较大的货币需求量，较高的利率对应着一个较小的货币需求量。

当利率极低时，投机动机引起的货币需求将是无限的。因为在利率极低的情况下，人们将认为利率不可能再下降，或者债券价格不可能再上升，此时持有债券获利不多，但债券价格一旦下降所受的损失将很大。因此，这时人们将会把持有的债券全部换成货币，而不再购买债券，有多少货币就持有多少货币。这种极端的情况在经济学上称为流动性陷阱、流动偏好陷阱或凯恩斯陷阱。

## 二、货币需求函数

凯恩斯将货币需求的三种动机综合起来推导货币需求方程。凯恩斯主张，货币的价值应当以它的购买力，即单位货币能够购买到的商品量来衡量。人们要持有的货币是实际货币需求，即一定数量的实际货币余额。并且，实际货币余额与实际收入 $Y$ 以及利率 $i$ 有关。据此，凯恩斯建立了他的货币需求方程式：

$$\frac{M^{\mathrm{d}}}{P}=f(\underset{-}{i},\underset{+}{Y}) \tag{9-5}$$

式（9-5）称为流动性偏好函数，其表明，实际货币需求余额 $M^{\mathrm{d}}/p$ 是 $i$ 和 $Y$ 的函数，或者说 $i$ 和 $Y$ 对 $M^{\mathrm{d}}/p$ 有影响。式中，$i$ 下面的负号表示实际货币需求与利率 $i$ 负相关，$Y$ 下面的+号表示实际货币需求与收入 $Y$ 正相关。流动性偏好函数的结论是，货币需求不仅与收入有关，还与利率有关，这与古典货币数量论关于利率对货币需求没有影响的观点大相径庭。

通过流动性偏好函数求解货币流通速度，可以发现，货币流通速度并非常量，而是随利率波动而波动。流动性偏好函数可以改写成：

$$\frac{P}{M^{\mathrm{d}}}=\frac{1}{f(i,Y)} \tag{9-6}$$

方程式两边同乘以 $Y$。因为在货币市场均衡时，货币供给 $M$ 与货币需求 $M^{\mathrm{d}}$ 必定相等，故可用 $M$ 代替 $M^{\mathrm{d}}$，于是有：

$$V=\frac{PY}{M}=\frac{Y}{f(i,Y)} \tag{9-7}$$

由式（9-7）可知，货币流通速度 $V$ 是利率 $i$ 的函数。由于货币需求与利率负相关，$i$ 上升时，$f(i,Y)$ 下降，从而货币流通速度加快。换言之，在收入水平既定的前提下，利率上升激励人们减少所持有的实际货币余额，因此货币流通速度必定上升。由于利率波动剧烈，因此货币流通速度的波动也很剧烈。这样，货币需求的流动性偏好理论就很好地解释了货币流通速度波动的原因，从而弥补了古典货币理论货币流通速度为常量假设与经验证据相左的严重缺陷。

## 三、货币需求函数的进一步发展

第二次世界大战以后，凯恩斯理论在西方成为占主导地位经济学，与此相关，以流动性偏好为基础的货币需求理论也得到了进一步发展。新发展的货币需求理论以鲍莫尔-托宾模型及托宾模型为代表，研究的重点是利率对各类货币需求动机的影响。

### （一）交易需求：鲍莫尔-托宾模型

威廉·鲍莫尔和詹姆斯·托宾各自独立地发展了十分相似的货币需求模型，两人的模型合称为鲍莫尔-托宾模型。该模型集中研究了利率对货币交易需求的影响，其主要结论是：货币的交易需求对利率也很敏感。

模型认为，人们持有的作为交易媒介的现金，同企业持有存货一样，也有成本。由于现金是无利息收入的，持有现金就要放弃利息收入，这种放弃的利息收入就是持有现金的机会成本，因此人们总是在保证正常交易需要的前提下，尽量减少现金持有，寻找最低的现金持有量。

无利息的货币之所以被人们所持有，是因为货币可以用来完成各种交易。货币的交易性需求源自最近的将来日常交易的需要。人们之所以要保留一定的货币现金，是因为人们的收入是一次性非连续的（如每月一次），但支出是经常性连续发生的。为应付这类经常性支付的要求，个人、家庭、企业都需要在收入与支出的间隔时间内持有一定的货币量，这部分货币需求即称为交易性货币需求。

货币需求的交易动机又可分为个人交易动机与企业的营业动机。个人和企业为了满足日常支付和交易需要，必须持有一定量的货币。而持有的货币数量则要取决于个人收入与支出的时间间隔，以及企业销售收入与费用支出之间的时间间隔。一般来说，满足交易动机的货币需求的数量取决于收入水平，并与收入多少成正比，所以可将交易动机的货币需求看作是收入的递增函数。

模型有四点假定：一是人们收入的数量已定、间隔一定，支出的数量事先可知且速度均匀；二是人们将现金换成生息资产采用购买短期债券的形式，它们具有容易变现、安全性强的特征；三是每次变现（出售债券）与前一次的时间间隔及变现数量都相等；四是人们的收入是一次性非连续的，但支出却是连续的，并且在两次收入之间，人们将把收入全部花光。

在上述假定基础上可以推导出货币的交易模型。假设张三每月初收到 1 000 元现金，并在当月内以相同的频率用于交易，则张三的货币余额如图 9-2 所示。月初张三有 1 000 元，月末全部花光，故现金为零。当月，张三的平均货币持有额（期初余额与期末余额的简单平均数）为 500 元，即月初持有余额 1 000 元加上月末持有余额 0 元，再除以 2。

在图 9-2（a）中，月初的 1 000 元完全以现金形式持有，并按不变的速率支出，月末全部花光。在图 9-2（b）中，月收入的一半以现金形式持有，其余一半投资于债券。在月中，现金余额为零，通过出售债券使得现金余额重新增加为 500 元。在月末，现金余额再次为零。

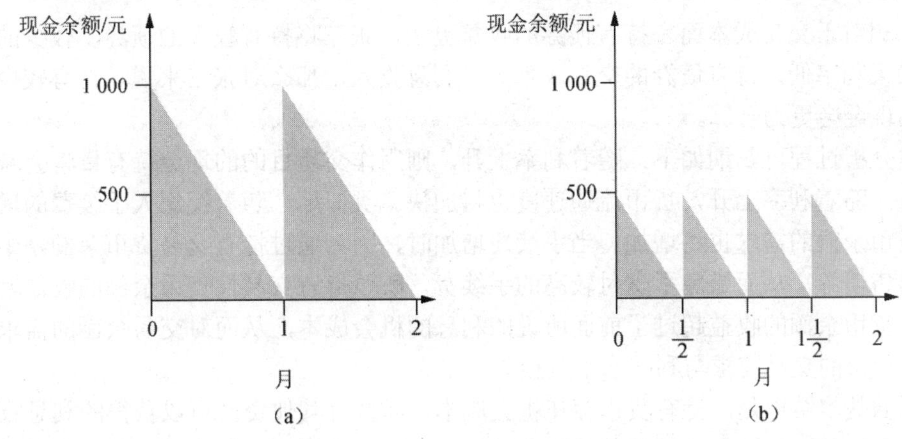


图 9-2 鲍莫尔-托宾模型的张三货币余额

（a）月初的 1 000 元完全以现金形式持有；（b）月收入的一半以现金形式持有，其余一半投资于债券

下月初，张三又将收到另外的 1 000 元，并以现金形式持有，货币余额的减少又以同样的方式进行。这一过程每月重复一次，一年内张三的平均货币余额为 500 元。因为张三的名义年收入为 12 000 元，平均货币持有额为 500 元，所以货币流通速度为 24（12 000/500）次。

张三发现不是一直持有现金的话，自己可以获得更大的效用。于是，在 1 月份张三决定把 1 000 元收入的一部分以现金形式持有，其余部分用来购买债券。然后，在一年内的每月初，张三将 500 元以现金形式持有，500 元购买国债。在图 9-2（b）中，可以看到，每月初张三持有 500 元现金，月中时现金余额为零。因为债券不能直接用来完成交易，所以必须将债券出售变现，以完成本月剩余交易的支付。于是，在月中，张三的现金余额又回升到 500 元。在月末，现金花完。当张三再次得到 1 000 元的月收入时，将再次将其分解为 500 元的现金和 500 元的债券，又开始了这一过程。这一过程的最终结果是该月平均现金余额为 250（500/2）元，只是以前的一半。而货币流通速度翻了一倍，达到 48（12 000/250）次。

按照新的方法，张三获得了持有半个月期 500 元债券的利息收入。如果月息为 1%，则每月可获得 2.50（1/2×500×1%）元的额外收入。

如果继续上述过程，不过改为月初仅持有 333.33 元的现金，则在该月上旬，张三可持有 666.67 元的债券。然后，在该月中旬，张三可以将 333.33 元的债券出售变现，仍然持有 333.33 元的债券。最后，在中旬结束时，张三不得不将其余的债券出售变现。结果，张三每月获得 3.33（1/3×666.67×1%+1/3×333.33×1%）元。这样张三的平均现金持有量为 166.67（333.33/2）元，但收益大于平均现金持有 500 元的收益。显然，现金持有量越少所获得的利息收入就越多。

然而，买卖债券需要支付手续费。随着平均现金余额不断减少，张三需要更加频繁地买卖债券，手续费会不断增加。并且，由于持有的现金不断减少，张三买卖债券的频率上升，花费的时间也上升。这两者都会使张三减持现金增持债券的机会成本上升。因此，张三需要作出权衡。如果持有现金很少，可以获得更多债券利息，但将付出更多的交易成本。假设利率很高，相对于交易成本而言持有债券的收益更多，张三将持有较多的债券、较少的现金；相反，如果利率低，持有债券的交易成本大于利息收入，那么对张三来说，持有较少的债券和较多的现金会更为合算。

上述分析过程可归纳如下：随着利率上升，则用作交易目的的现金持有量将会减少，从而意味着，随着利率上升，货币流通速度也将加快。类似地，随着经纪人手续费的增加，对交易性货币余额的需求也将增加。当手续费增加时，因为通过持有交易货币余额，个人就无须经常出售债券，从而避免了支付较高的手续费，所以持有交易性货币余额的收益增加。因此，持有货币余额的收益超过了前面所说的利息的机会成本，从而对交易余额的需求增加。换言之，货币的交易需求与利率水平负相关。

模型的基本结论是，持有货币存在机会成本，即持有其他资产可以获得的利息收入。持有货币也有收益，即避免了持有其他资产的交易成本。当利率上升时，因为持有货币的机会成本增大，所以人们将尽量减少为交易目的而持有的现金数量。模型分析显示，不仅货币的投机性需求部分，而且货币的交易需求部分也对利率十分敏感。

利率上升导致持有货币的机会成本将上升，从而货币需求减少，这一结论与我们在第七章中用预期回报率的解释是一致的。利率上升，则债券资产的预期回报率上升，使得货币的相对预期回报率减少。因为机会成本的变动不过是对相对预期回报率变化的另类表述，不过用词不同罢了。

鲍莫尔-托宾模型的分析思路也适应于预防性货币需求的分析。持有预防性货币余额的利益，与这种好处相对应的是因为持有货币而放弃利息这一机会成本。因此，我们面临着与交易余额类似的取舍选择。利率上升，持有预防性货币余额的机会成本增加，因此，所持有的这些货币余额就会随之下降。并且，随着未来交易水平不确定性的增加，预防性货币需求也增加。原因在于，不确定性增加意味着，如果个人没有持有预防性货币余额的话，将更可能支付交易成本。相对于前述放弃的利息机会成本，持有这种余额的收益增加了，故对它们的需求增加。也就是说，货币的预防性需求与利率负相关。

### （二）投机需求：托宾模型

按照凯恩斯的分析，当债券的预期回报率低于货币的预期回报率时，人们将只持有货币来储藏财富；当债券的预期回报率高于货币时，人们仅持有债券；只有当人们认为货币和债券的预期回报率相同时，才同时持有两种资产，然而，这种情形几乎不会出现。因此，凯恩斯的分析实际上认为没有人同时持有债券和货币的多样化组合来储藏财富。事实上人们的资产都是多样化持有的，而这在凯恩斯的分析中却难觅身影，这是其投机性货币需求理论的一个严重缺陷，因而备受批评。

托宾发展了一个投机性货币需求模型，试图弥补凯恩斯理论的这一缺陷。托宾的观点是，在确定持有的资产组合时，人们不仅关注一种资产相对于另一种资产的预期回报率，而且会关注每种资产回报率的风险。托宾假定大多数人属于风险厌恶型，即人们更愿意持有风险较小、预期回报率较低的资产，并假定货币的回报率为零。与货币相比，债券价格波动剧烈且回报率的风险很大，有时甚至为负。因此，即使债券的预期回报率超过货币的预期回报率，人们仍愿意将货币作为储藏财富的手段，因为货币回报率的风险比债券小。

托宾的分析还表明，同时持有债券和货币，可以降低所持资产组合的总体风险水平。与凯恩斯的分析相比，这种分析对人们行为的描述更符合实际。投机性货币需求不仅限于在无风险的货币与有风险的债券间做非此即彼的选择，而是在同时持有多种资产下根据风险、收益、流动等原则进行选择。

但是，托宾的分析仍未明确指出投机性货币需求究竟是否存在。假如存在回报率较高，同时像货币那样没有风险的资产，将会发生什么情况？还会引发对货币的投机性需求吗？答案是否定的，因为持有这种资产比持有货币合算。由此形成的资产组合预期回报率增加，但风险却没有增加。实际经济中是否存在这种类型的资产呢？答案是肯定的。国库券及其他无违约风险资产所提供的回报率是确定的，并且高于货币。那么，不考虑交易和预防的因素，为什么人人都愿意持有一部分货币余额来储藏财富呢？

虽然托宾的分析没有解释将货币作为储藏财富手段的原因，但是对理解人们如何在资产之间进行选择这一问题却是重要的进展。实际上，由于托宾的分析考察了资产定价和组合选择——购买某种资产而不购买其他资产的决策，所以是金融学理论的重大进步。

总的说来，凯恩斯理论的进一步发展试图对货币的三大动机需求作出更精确的解释。但是，改进凯恩斯理论中投机性货币需求推理的尝试仅取得了部分成功，这种需求是否存在仍不清楚。不过，货币的交易需求和预防需求模型表明，货币需求的这两个部分与利率负相关。所以，凯恩斯的货币需求对利率敏感这个命题仍然成立，这意味着，货币流通速度并非常量，名义收入可能受货币数量之外的其他因素影响。

### （三）现代货币数量论

现代货币数量论的代表人物是美国经济学家米尔顿·弗里德曼。1956年，弗里德曼发表了著名论文《货币数量说的重新表述》。他认为货币数量论并不是关于产量、货币收入或物价水平的理论，而是货币需求的理论，即货币需求是由何种因素决定的理论。因此，弗里德曼对货币数量论的重新表述就是从货币需求入手的。

在他的货币需求模型中，弗里德曼摒弃了古典学派视货币为纯交易工具的观念，将货币看作是资产的一种形式，用消费者的需求和选择理论来分析人们对货币的需求。利率包括各种财富的收益率，收入则是具有高度稳定性的持久收入，又译恒久收入，即不受短期收入变化影响的预期平均长期收入，是决定货币需求的主要因素。据此，弗里德曼将他的货币需求公式表述如下：

$$\frac{M^{\mathrm{d}}}{P}=f(\underset{+}{Y_{\mathrm{p}}},\underset{-}{r_{\mathrm{b}}-r_{\mathrm{m}}},\underset{-}{r_{\mathrm{e}}-r_{\mathrm{m}}},\underset{-}{\pi^{\mathrm{e}}-r_{\mathrm{m}}}) \tag{9-8}$$

式中，$M^{\mathrm{d}}/P$ 为对实际货币余额的需求；$Y_{\mathrm{p}}$ 为持久收入；$r_{\mathrm{m}}$ 为货币的预期回报率；$r_{\mathrm{b}}$ 为债券的预期回报率；$r_{\mathrm{e}}$ 为股票（普通股，下同）的预期回报率；$\pi^{\mathrm{e}}$ 为预期通货膨胀率。公式下边的符号表示货币需求与符号上面相对应的变量正（+）或负（-）相关。弗里德曼货币需求方程式中的各个变量及其对货币需求的影响简析如下。

因为一种资产的需求同财富正相关，所以货币需求也与弗里德曼的财富概念即持久收入正相关。持久收入与通常意义上所说的收入概念不同，弗里德曼为什么用持久收入替代一般的国民收入呢？这是因为弗里德曼认为，人们的支出行为取决于可预期的长期未来（如3年以上）收入，而不是短期的收入。在长期中，假定一个人的平均收入水平是月薪5 000元，他就基本上形成了一个较为稳定的消费支出习惯，因而决定了货币需求量。他不会因某一个月收入偶然的提高或降低而改变自己的消费支出习惯，从而改变货币需求量。譬如，增加了 1 000 元，他可能用其购买债券；减少 1 000 元，他可能卖出一部分手中的债券，以保证消费支付习惯不变。如果他确信平均收入从此就提高（降低）到了某一新的水平上，他将调整自己的消费支出习惯，从而决定新的货币需求量。这里所说的“平均收入”，大致就是“持久收入”的含义。

持久收入在短期内波动非常小，这是因为收入的变动许多是过渡性的（短期变动）。例如，在经济周期的扩张阶段，收入迅速增长，但因为收入增长中的某些部分是暂时性的，所以长期收入的平均值变动不大。故在经济繁荣时期，持久收入的增长比收入的增长小得多。在经济衰退时期，收入减少中的许多部分也是暂时的，所以长期收入的平均值（从而持久收入）的减少比收入的减少小得多。弗里德曼将持久收入概念作为货币需求的一个决定性因素的意义在于，它表明了随着经济周期的波动，货币需求的变化不会太大。持久收入与货币需求的关系如同凯恩斯的收入与货币需求一样，是正向相关的。

人们持有这些资产而非货币取决于这些资产相对于货币的预期收益率，即式（9-8）中后三项所表示的内容。这些资产的预期收益率越高，人们以这三类资产形式持有的财富就越多，因而货币需求越少。

弗里德曼货币需求函数的后三个变量都包含货币的预期回报率 $r_m$，它受两个因素的影响：一是银行对包括在货币供应中的存款所提供的服务，这些服务提高了持有货币的预期收益率；二是货币余额的利息收入，利息越高，持有货币的预期回报率就越高。

（$r_b-r_m$）和（$r_e-r_m$）代表股票和债券的预期回报率。若二者提高，则货币相对的预期回报率减少，从而货币需求也降低。最后一项（$\pi^e-r_m$）代表商品相对于货币的预期回报率。由于持有商品的预期回报率就是当商品价格上涨时的预期资本利得率，所以等于预期通货膨胀率 $\pi^e$。例如，如果预期通货膨胀率为 10%，则预期商品价格将按 10%的速度上涨，从而商品的预期回报率为 10%，当（$\pi^e-r_m$）上升时，商品相对于货币的预期回报率增加，货币需求下降。

### （四）现代货币数量论与流动性偏好理论的异同

现代货币数量论与凯恩斯的货币需求理论既有相似之处，但也存在若干重大差异。与流动性偏好理论相似，弗里德曼的货币理论本质上也是一种货币需求理论。虽然弗里德曼经常自称是货币数量论，但实际上，他对货币需求的分析却更接近凯恩斯的观点，并且同样强调收入与预期对货币需求的决定性作用。二者的主要区别表现在以下几个方面。

（1）弗里德曼将货币看作资产的一种形式，而不是古典理论中的单纯交易媒介，从而把资产需求分析引进了货币需求分析。他认为，许多资产都可以成为货币的替代物，因此对于宏观经济运行而言，具有重要意义的利率不止一种。而凯恩斯在他的理论中则将货币之外的其他金融资产一并归为债券，这样具有重要意义的利率就只有债券的预期回报率。

（2）弗里德曼认为货币与商品之间可以相互替代，即人们在决定持有多少货币时，会在两者之间进行选择，因此，弗里德曼将商品相对于货币的预期回报率作为他的货币需求函数中的一项。商品和货币互为替代品的假设表明，货币数量的变动可能会对总支出产生直接的影响。而凯恩斯理论缺乏这方面的分析。

（3）凯恩斯理论认为利率是决定货币需求的重要因素，与该理论不同，弗里德曼理论认为利率变动对货币需求几乎没有影响。弗里德曼坚持这一观点的理由是，他认为货币的预期

回报率 $r_m$ 不是一个常量。

当市场利率上升时，银行可从贷款中获得更多的利润，所以银行将设法吸收更多的存款，从而可以扩大带来更多利润的贷款规模。如果不存在存款利率管制，银行将会通过支付更高的利率来吸收存款。由于该行业是竞争性的，所以随着债券和贷款利率的不断上升，以银行存款形式持有的货币的预期回报率就会随之上升。银行对存款的竞争会一直持续到没有超额利润为止。这一过程缩小了贷款和存款之间的利差。银行业这种竞争的最终结果是当利率上升时，（$r_b - r_m$）保持相对的稳定。

假设存在对银行支付的存款利率的管制，那么将出现什么情况？货币的预期回报率会是常量吗？当利率上升时，（$r_b - r_m$）也会上升吗？弗里德曼认为不会。他认为，虽然银行无法对存款支付更多的货币报酬，但仍然可以在质量方面互相竞争。例如，银行可以向储户提供更多的服务，包括配备更多的出纳员、自动支付账单、在更多可到达范围里配备更多的自动提款机等。这些货币服务的改进使存款的预期回报率增加。所以，虽然限制货币形式利息的支付，我们仍可以发现市场利率的上升将提高货币的预期回报率，并达到一定的增幅，此时，（$r_b - r_m$）保持相对的稳定。总之，不管是否存在利率管制，利率的上升都不会对（$r_b - r_m$）产生多大的影响，因而利率上升对货币需求不会有多大的影响。

因此，弗里德曼认为，从本质上说，持久收入才是影响货币需求的主要因素。他的货币需求公式可以近似地表述为：

$$\frac{M^d}{P} = f(Y_p) \tag{9-9}$$

在弗里德曼看来，货币需求之所以对利率不敏感，不是因为货币需求对其他资产相对于货币的机会成本的变动不敏感，而是因为利率的变动对货币需求函数中各项机会成本的影响甚微。利率上升引起其他资产的预期收益率增加，但同时货币的预期收益率也相应增加了，二者相互抵消后，货币需求函数中的各项机会成本（$r_e - r_m$）和（$\pi^e - r_m$）保持相对不变。

（4）货币流通速度是可以准确预测的。因为，其一，与凯恩斯相反，弗里德曼认为货币需求的随机波动很小，即货币需求函数具有稳定性；其二，如前所述，他认为货币需求对利率变动不敏感。二者综合起来，即意味着货币流通速度是完全可以预测的。为明白起见，可以将货币需求公式作下述整理：$M^d = M = Pf(Y_p)$ 代入 $V = PY/M$，有 $V = PY/Pf(Y_p)$，得：

$$V = \frac{Y}{f(Y_p)} \tag{9-10}$$

式（9-10）为式（9-9）中隐含流通速度的显性表达式。因为 $Y$ 和 $Y_p$ 的关系通常是可以预测的，而货币需求的稳定性又保证了货币需求函数 $f(Y_p)$ 不会发生明显的位移，从而可以对货币需求作出准确预测，于是货币流通速度 $V = Y/f(Y_p)$ 也是可以准确预测的。如果下一期的货币流通速度可以预测，就可以预测货币数量变动对总支出变动的影响。这意味着，即使不再假定货币流通速度为常量，货币供给仍是决定名义收入的主要因素。这样，弗里德曼的货币需求理论便得出了与古典货币数量论相同的结论：货币对总支出有着决定性影响。因此，弗里德曼的货币需求理论实际上是古典货币数量论的重新表述。其推论是：通货膨胀归根结底是一种货币现象，货币供给的增加从长远来看对实际经济增长无效，货币所能影响的仅仅是价格。因此，货币学派与凯恩斯学派的政策主张十分不同：政府不要盲目用扩张性政策去干预经济。

### （五）现代货币数量论对货币流通速度波动的解释

在凯恩斯的流动性货币需求函数中，利率是决定货币需求的重要因素之一，利率的波动能够解释经验数据显示的货币流通速度顺周期，即与经济周期同向变动的现象。对此，弗里德曼的货币需求公式也能解释吗？

回答这一问题的关键在于，弗里德曼货币需求函数中的收入是持久收入而非经济统计中的国民收入。在经济周期的扩张阶段，持久收入会发生什么变化呢？如前所述，由于大部分的收入增加是暂时性的，所以持久收入的增加比收入的增加小得多。这样，弗里德曼的货币需求函数表明，相对于经济统计上的国民收入增加而言，货币需求的增加幅度很小，而且如式（9-10）所示，货币流通速度加快。与此类似，在衰退时期，由于与收入的减少相比，持久收入减少的幅度较小，所以货币需求的减少幅度比收入的减少幅度要小，货币流通速度降低。于是，弗里德曼的货币需求公式也就解释了货币流通速度的顺周期现象。

总的来说，弗里德曼的货币需求理论采用了与凯恩斯类似的方法，但对持有货币的动机未进行深入的分析。弗里德曼运用资产需求理论说明，货币需求是持久收入和其他替代资产相对于货币的预期回报率的函数。弗里德曼的理论和凯恩斯的理论存在两个主要差异。弗里德曼认为利率的变动对其他资产相对于货币的预期回报率影响甚微。与凯恩斯相反，他认为货币需求对利率不敏感。此外，与凯恩斯不同的是，弗里德曼还强调，货币需求函数具有稳定性。这表明，货币流通速度是可以预测的，所以货币是决定总支出的主要因素，从而得出了与货币数量论相同的结论。货币是总支出的主要决定因素的观点是货币主义的基础。货币理论认为货币供给是物价水平和总产出运动的主要来源。

### （六）货币需求理论的实证检验

以上可见，货币需求的流动性偏好理论与货币数量论可谓大相径庭。二者孰是孰非需要实证检验。要验证的关键问题是：①货币需求对利率变动是否敏感？②在长期内货币需求函数是否稳定？

#### 1. 利率与货币需求

从本章前面的分析可知，如果利率对货币需求没有影响，则货币流通速度会是一个常量，或至少是可以预测的，若此，货币数量论关于总支出由货币数量决定的观点就可成立。但是，如果货币需求对利率变动是敏感的，即利率变动对货币需求的影响是显著的，或者说货币需求具有利率敏感性，那么货币流通速度就不可预测，货币供给与总支出之间的关系也就不那么清晰了。而且，货币需求对利率越敏感，货币流通速度越不可预测，货币供应与总支出之间的关系越不清晰。实际上，货币需求对利率超敏感的极端情形，称作流动性陷阱。此时，利率的细微变化将引起货币需求数量非常巨大的变化，无论增加多少货币，都会被人们储存起来。再宽松的货币政策也无法改变市场利率，货币政策对总支出不产生任何影响，货币政策失效。

实证研究发现，货币需求对利率敏感性的证据相当一致。所得的数据不支持任何一种极端情形：在名义利率没有达到零水平时，货币需求对利率敏感，但几乎没有证据表明出现过流动性陷阱。然而，由于名义利率下跌为零时，就再也无法下跌了。利率太低，人们宁愿持有现金。在这种情况下，由于货币需求的利率弹性无穷大，因而会出现流动性陷阱。事实上，日本近年来就出现了这种流动性陷阱，这也是日本货币当局难以刺激经济的重要原因（见专栏 9-2）。

专栏 9-2

**被困“流动性陷阱”无法自拔的日本**

日本作为尝尽“流动性陷阱”之苦的典型例子，自 20 世纪 90 年代资产泡沫破灭后，出现长达 10 年的经济低迷与通缩；2008 年国际金融危机后，日本经济再次陷入困境，任凭质化及量化宽松（Quantitative and Qualitative Monetary Easing，QQE）政策与负利率都未能将其拉出泥沼。

在 20 世纪 90 年代坠入“流动性陷阱”前，日本曾经历了长达 30 年的经济高速增长，然而由于在资产泡沫产生初期政府判断失误且宏观政策滞后，泡沫最终破灭，日本经济滑向 10 年之久的低迷与通缩。

业内人士将日本经济从兴盛到衰败的过程总结为：经济高速发展—市场乐观预期—资产价格上升—消费投资增加，伴随投机性加大—泡沫产生，持续膨胀—日本政府连续采取紧缩政策—市场悲观预期—泡沫破灭—资产价格下降—消费投资下降—跌入“流动性陷阱”。

日本经历的“流动性陷阱”是指当该国名义利率接近零而物价仍然下降时，货币当局已经无法再通过货币政策来提振投资需求，经济陷入通缩的恶性循环，即需求下降导致生产萎缩，生产萎缩致使收入下降，收入下降再导致投资消费需求不振。同时，物价下跌导致实际债务上升，通缩预期又导致消费推迟，对经济造成多重、长期的打击。

（资料来源：http://business.sohu.com/20160823/n465468505.shtml.）

2. 货币需求的稳定性

货币需求函数的稳定性对于货币政策选择具有重要意义。如果按照凯恩斯的观点，货币需求函数不稳定，且可能发生大幅度不可预测的变动，那么货币流通速度就不可预测，而且货币数量就并不像现代货币数量论认为的那样与总支出发生密切的关系，从而中央银行就不能以货币供应量，而应以利率作为货币政策的选择。相反，如果货币需求函数像现代货币数量论所说的那样是稳定的，那么中央银行就可选择货币供应量来对总支出进行宏观调控。因此，确定货币需求函数是否稳定非常重要。

直至 20 世纪 70 年代初期，实证分析的结论是完全支持货币需求函数稳定性的。然而，1973 年之后，金融创新的快速发展改变了货币所包含的内容，所估计的货币需求函数表现出了极大的不稳定。货币需求函数近来的不稳定对金融学的理论和实证分析是否准确提出了质疑，因此对于货币政策实施的方式也有重要的意义。特别是，由于货币需求函数变得不稳定，现在流通速度十分难以预测，若此，为控制经济总产出而制定严格的货币供给指标难以成为货币政策实施的有效办法。因此，寻找稳定的货币需求函数的研究工作一直都在进行。然而，2008 年国际金融危机发生之后，各主要经济体史无前例的超宽松货币政策，使货币需求函数变得更加不稳定，以致寻找到一个真正稳定的、令人满意的货币需求函数成了一个更加艰难的任务。

# 本 章 小 结

（1）货币需求是由非银行公众对支票存款与现金的需求构成的。货币需求动机可以大致分为交易动机和资产动机。

（2）名义货币需求与名义产出水平正相关，与名义利率负相关。实际货币需求被定义为名义货币需求与物价水平的商。

（3）古典货币数量论认为，物价水平的变动仅仅源于货币数量的变动。

（4）以凯恩斯为代表的流动性偏好理论否定了货币流通速度为常量的假设，主张利率对货币需求有着决定性的影响。

（5）弗里德曼的货币需求理论实际上是古典货币数量论的重新表述：即使不再假定货币流通速度为常量，货币供给仍是决定名义收入的主要因素。

（6）货币需求函数的稳定性对于货币政策选择具有重要意义。

（7）20 世纪 70 年代中期以后，货币需求函数失去了原来的稳定性。寻找一个稳定的货币需求函数是一个艰难的任务。

# 关 键 概 念

| | | | |
|---|---|---|---|
| 货币需求 | 名义货币需求 | 实际货币需求 | 流动性偏好 |
| 交易动机 | 预防动机 | 投机动机 | 交易性货币需求 |
| 资产性货币需求 | 微观货币需求 | 宏观货币需求 | 货币交易方程 |
| 货币流通速度 | 名义收入 | 货币数量论 | 剑桥方程式 |
| 流动性偏好理论 | 货币需求函数 | 鲍莫尔-托宾模型 | 现代货币数量论 |
| 持久收入 | 货币的预期回报率 | 利率敏感性 | 流动性陷阱 |

# 复习思考题

## 一、简答题

1. 作为货币需求量意义上的货币需求指的是什么？把握这个意义上的货币需求概念需要注意哪些问题？

2. 什么是动态意义上的货币需求？

3. 为什么说货币需求不等于现金需求？

4．货币的交易动机、预防动机和投机动机三者之间有何关系？

5．为什么说初期的货币交易方程还不是货币需求函数？

6．古典货币数量论的核心观点是什么？基本依据何在？

7．凯恩斯的流动性偏好理论的核心观点是什么？基本依据是什么？

8．鲍莫尔-托宾模型的基本假定有哪些？

9．现代货币数量论的基本结论是什么？基本依据是什么？

## 二、论述题

1．解释和比较流动性偏好理论和现代货币数量论的异同。

2．登录国家统计局、中国人民银行网站，下载历年 GDP 数据及货币供应量 $M_1$、$M_2$ 数据，分别计算它们的货币流通速度（计算公式：$V_1$=GDP/$M_1$；$V_2$=GDP/$M_2$），做成 Excel 曲线图，并结合我国经济增长速度的变化，谈谈你对我国货币流通速度的看法。

## 三、计算题

假定你每月收入恒定不变，每月初收到 3 000 元现金，并在当月内以相同的频率用于交易，月末全部花光，故现金为零。当月，你的平均货币持有额为多少元？

下月初，又将收到 3 000 元，并以现金形式持有，货币余额的减少又以同样的方式进行。这一过程每月重复一次，一年内你的平均货币余额为多少元？货币流通速度是多少？

假定你每月收入恒定不变，每月初收到 3 000 元现金，但你的现金持有计划改变为每旬初仅持有现金 1 000 元，余额用于购买年利率 2%的债券。这一过程每月重复一次，一年内你的平均货币余额为多少元？货币流通速度是多少？你每月可获得多少利息收入？每年呢？

# 数据资料与相关链接

1．可汗学院公开课——货币银行学：http://open.163.com/special/Khan/bankingandmoney.

2．中央电大货币银行学视频教程：http://www.21edu8.com/university/caikuai/23715.

3．货币银行学视频教程 43 讲（北大）：http://v.ku6.com/show/TGjxPk48GHviebR2EZv2GQ...html?from=my.

# 延伸阅读

1．黄达，张杰．金融学[M]．5 版．北京：中国人民大学出版社，2020．

2．易纲，吴有昌．货币银行学[M]．上海：上海人民出版社，2006．

3．[美] 弗雷德里克·S．米什金．货币金融学[M]．12 版．王芳，译．北京：中国人民大学出版社，2021．

# 第十章

# 货币均衡

前面两章分别讨论了货币的供给与需求，其中利率仅作为影响货币供求的因素加以讨论，这实际上是把利率当作外生变量看待。本章把利率作为经济系统的内生变量看待，运用经济学的基本供求分析来研究利率如何确定、利率为何波动的问题，包括可贷资金市场实际利率与货币市场名义利率的形成和变动两个方面。

本章首先介绍货币资金的供求定律，进而讨论货币均衡的基本理论模型，然后分析可贷资金市场与货币市场均衡利率的决定与变动，最后讨论货币均衡与经济均衡的关系。

## 知识与技能目标

通过本章的学习，学生应当初步掌握货币资金的供求定律，理解均衡利率的决定与变动过程，以及货币均衡与经济均衡的关系，能够运用货币资金的供求定律来初步分析和解释货币市场的资金供求与利率的变化现象。

## 引导案例

### 香港隔夜 Hibor 飙升 481 点，连续三天大涨

**案例导读**：CNH Hibor，指香港货币市场上，银行间人民币短期资金借贷利率。它的涨跌标志着香港人民币短期资金市场供求的松紧状况。案例显示，中央银行货币供给的收紧使得 CNH Hibor 大涨。这种现象正是我们要探讨的货币供求规律的一个具体展示。利率就是在货币的需求与供给相互作用下发生变动的。

香港隔夜离岸人民币银行同业拆放利率（CNH Hibor）2016 年 2 月 19 日大涨 481 个基点至 9.3%，创 1 月 12 日来最大涨幅。前两个交易日分别大涨 105 点和 153 点。同时 7 天期 Hibor 上涨 246 个基点至 7.9%，3 个月 Hibor 上升 89 个基点至 6.54%。

2016 年 12 月 18 日，中国人民银行宣布原则上每个工作日均开展公开市场操作。但此前为应对春节的资金需求，中国人民银行曾经在节前的一周多时间里，通过 MLF（中期借

贷便利，是中央银行向符合要求的商业银行、政策性银行提供的3个月、6个月期质押贷款工具，目的是向这类机构补充流动性）、SLO（公开市场短期流动性调节工具，以7天期以内短期回购为主）和公开市场操作（逆回购）等工具投放超过2万亿元流动性。其中，超过1.7万亿元的逆回购将在2月16日—3月4日陆续到期。所以，尽管中国人民银行本周进行了一些逆回购操作，但本周仍将净回笼4 550亿元人民币，创3年单周新高。

不过春节后连续的净回笼并未令CNY市场流动性趋于紧张，反而持续保持宽松状态。隔夜SHibor利率由周一的1.977%降至本周五的1.938%。

流动性对CNH利率和拆借利率至关重要。2016年1月中旬，为提振离岸人民币利率，中国人民银行通过买入离岸人民币和拟对境外金融机构存放于境内的人民币征收存款准备金等多个手段抽紧离岸人民币流动性，导致CNH Hibor飙升至纪录新高。

（资料来源：http://www.jiathis.com/share?uid=1998356.）

## 第一节 货币资金的供求定律

研究货币均衡，首先要明确利率是如何决定的，以及哪些因素能够对利率的波动产生影响。因此，研究货币均衡就要研究供求定律。供求定律是商品和服务市场的基本定律，也是货币资金市场的基本定律。货币资金市场的全部活动同其他市场的活动（价格与数量的决定与变化）一样可以用供求定律来加以解释。

### 一、利率对货币供求的影响：货币的需求曲线与供给曲线

与其他市场一样，货币资金市场主要由两大因素决定：一是货币资金的供给量和需求量；二是货币资金的价格，即利率。货币供求定律包含两方面含义：一方面，利率的高低决定着货币供求的变化；另一方面，货币供求的变化又决定着均衡利率的形成与变动。

货币供求定律的第一层含义是利率的高低支配着货币供给量与需求量的变动。货币供给量与需求量随利率的变化而变动的这种关系用数学语言表述就是货币的需求函数和供给函数。

#### （一）货币需求函数

货币需求是指货币资金的需求者在一定利率水平上对货币的需要量。它是公众出于购买商品、服务和金融资产的需要而产生的货币资金需求。如第九章所述，货币需求受若干因素的影响和制约，如利率的高低、国民收入、物价水平、货币流通速度、金融资产选择等因素都会影响一国的货币需求。为了简化分析，我们可以假定国民收入等其他因素不变，仅利率为可变因素，这样就可以得到一个简单的货币需求函数：

$$M^{d}=f(i) \tag{10-1}$$

式中，$M^{d}$代表货币需求量；$f$代表函数关系；$i$代表市场利率（名义利率）。

货币需求函数的几何形式即货币需求曲线。下面，我们借助需求曲线的几何形式来辅助说明货币需求函数的性质。图10-1为货币的需求曲线。

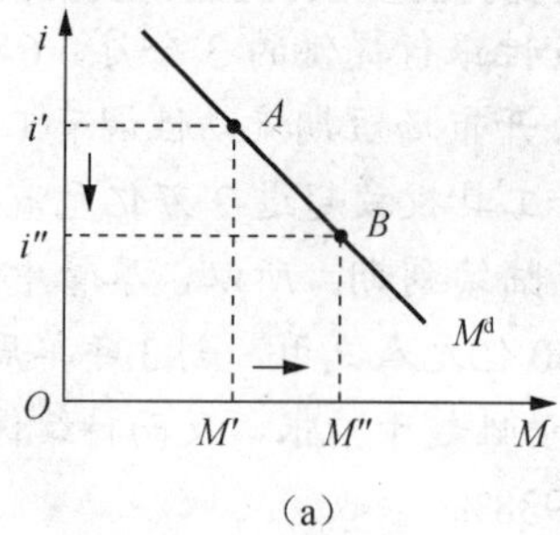


（a）

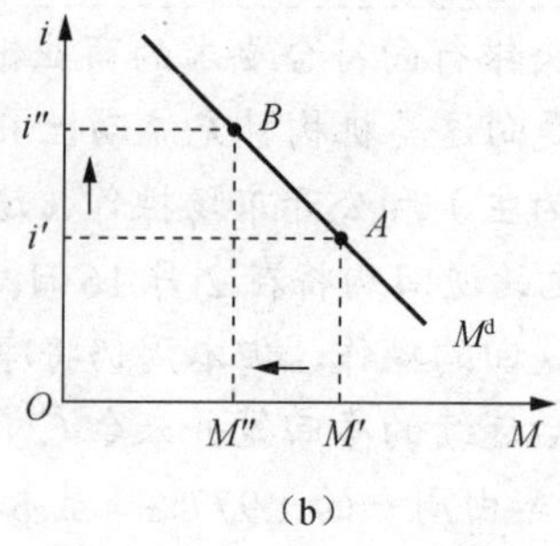


（b）

图 10-1　货币需求曲线

（a）变化一；（b）变化二

在平面直角坐标系上，横坐标轴用来标示货币的需求量 $M$；纵坐标轴用来标示货币的价格——市场利率（名义利率）$i$，图形中的曲线 $M^d$ 是一条标准的向右下方倾斜的需求曲线。这表示随着利率 $i$ 的变化，货币需求量亦随之发生同方向的相应变化。如图 10-1（a）所示，随着利率从 $i'$ 下降到 $i''$，货币需求量则从 $M'$ 增加到 $M''$，在货币需求曲线 $M^d$ 上，代表货币需求 $M$ 与利率 $i$ 的数据组合对应的点则沿着曲线从点 $A$ 向右下方移动到点 $B$；而如图 10-1（b）所示，随着利率从 $i'$ 上升到 $i''$，货币需求量则从 $M'$ 减少到 $M''$，在货币需求曲线 $M^d$ 上，代表货币需求 $M$ 与利率 $i$ 的数据组合对应的点则沿着曲线从点 $A$ 向左上方移动到点 $B$。

为何货币需求曲线是一条标准的向下倾斜的需求曲线？原因在于：由于持有货币没有利息收入，持有货币意味着放弃利息收入，因此利息是持有货币的成本。利息与本金之比即为利率，利率就是换取货币的价格。利率越高，人们持有货币付出的代价越大，因而会减少货币需求；反之，利率越低，人们持有货币的代价越小，因而会增加货币需求。故货币需求 $M$ 与名义利率 $i$ 的关系是负相关关系，或者说货币需求是利率的减函数。所以，把货币需求与利率的这种关系表现在坐标平面上，货币需求曲线的斜率为负，即曲线 $M^d$ 是向右下方倾斜的。

以上，我们是在假定影响货币需求的其他因素不变，而仅仅是利率变化条件下，讨论的货币需求曲线的性质。那么，假定利率水平不变，而是其他因素发生变化，对货币需求会发生何种影响？如果利率不变，其他因素，如国民收入、物价水平、货币流通速度、金融资产选择的变化会使需求曲线左右平移。其中，国民收入、物价水平与货币需求成正比，货币流通速度、金融资产选择等因素的变化与货币需求的变化成反比，具体表现如下。

（1）国民收入增加、物价水平上升，对货币的需求增加，货币需求曲线向右平移；货币流通速度下降、金融资产选择减少，对货币的需求增加，货币需求曲线向右平移。

（2）国民收入减少、物价水平下降，对货币的交易需求减少，货币需求曲线向左平移；货币流通速度上升、金融资产选择增加，对货币的需求下降，货币需求曲线向左平移。

（3）外国利率水平相对本国利率水平提高，对本国货币的需求下降，货币需求曲线向左平移；外国利率水平相对本国利率水平降低，对本国货币的需求增加，货币需求曲线向右平移。

（4）外国国民收入增加，对本国商品和服务的购买增加，对本国货币的需求上升，货币需求曲线向右平移；外国国民收入减少，对本国商品和服务的购买减少，对本国货币的需求下降，货币需求曲线向左平移。

以上是影响货币需求的部分主要因素，经济中影响货币需求的还有其他若干因素，具体与货币需求曲线的关系，可以类推得出。

需要注意，是利率的变化引起货币需求量沿着货币需求曲线的上下移动，是点沿着线的移动；而非利率因素引起的货币需求的变化，是在每一个相同利率水平上发生的需求量的变化，反映在图形上，是整条需求曲线发生的位移。非利率因素引起的货币需求曲线的移动，如图 10-2 所示。

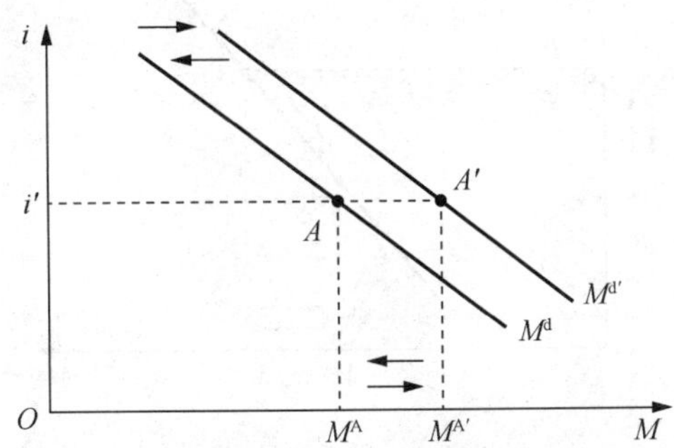


图 10-2　非利率因素引起的货币需求曲线的移动

当非利率因素的变化引起货币需求增加时，货币需求曲线从 $M^d$ 向右平移至新的位置 $M^{d'}$，在任意一个利率水平 $i'$ 上，货币需求量从 $M^A$ 增加到 $M^{A'}$；与之相反，假设令货币需求曲线 $M^{d'}$ 代表初始时在各个利率水平上的货币需求，当非利率因素的变化引起货币需求减少时，货币需求曲线从 $M^{d'}$ 向左平移至新的位置 $M^d$，在任意一个利率水平 $i'$ 上，货币需求量从 $M^{A'}$ 减少到 $M^A$。

（二）货币供给函数

货币供给是指货币资金的盈余者在一定利率水平上对货币的供给量[①]。它源自公众货币收入中未被消费或支出的部分。供给与需求是同一枚硬币的两面，因此，与货币需求类似，货币供给也要受若干因素的影响和制约，利率的高低、国民收入、物价水平、货币流通速度、金融资产选择等因素都会影响一国的货币供给。为了简化分析，我们同样假定国民收入等其他因素不变，仅利率为可变因素，这样就可以得到一个简单的货币供给函数：

$$M^S = f(i) \tag{10-2}$$

式中，$M^S$ 代表货币供给量；$f$ 代表函数关系；$i$ 代表市场利率（名义利率）。

货币供给函数的几何形式即为货币供给曲线。类似地，我们可以借助供给曲线的几何图形来辅助说明货币供给函数的性质，货币供给曲线如图 10-3 所示。

货币的供给与利率的走势同向。在平面直角坐标系上，横坐标轴用来标示货币的供给量 $M$；纵坐标轴用来标示市场利率 $i$。图形中的曲线 $M^S$ 是一条标准的向右上方倾斜的供给曲线，表示随着利率的上升，货币供给量增加。图中箭头代表利率、货币供给及货币供给曲线上点的移动方向。伴随利率 $i$ 的上升，从 $i'$ 上升到 $i''$，货币供应量 $M$ 沿着横坐标轴向右移动，其

① 不同于我们在前面相关章节所使用的，以及稍后将要讨论的由中央银行控制的货币供应量，货币供给在这里的含义是指抽象资金市场上货币盈余者的货币供给。

值变大，从 $M^{A}$ 至 $M^{B}$，货币供给曲线上的点则从点 $A$ 移动到点 $B$。反之，伴随利率的下降，货币供应量 $M$ 沿着横坐标轴向左移动，即 $M$ 值变小，从 $M^{B}$ 变动到 $M^{A}$，货币供给曲线上的点则从点 $B$ 移动到点 $A$。这意味着，货币供给曲线的斜率为正，货币供给函数是利率 $i$ 的单调递增函数：$i$ 越大，$M$ 值越大；$i$ 越小，$M$ 值越小。

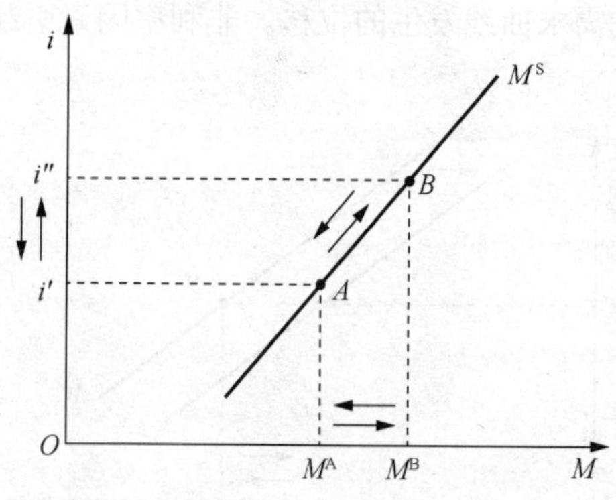


图 10-3　货币供给曲线

货币供给曲线之所以具有正斜率，是因为利率是资金出借的回报。对于货币资金的供给者而言，利率越高（其他条件不变），回报率越高，诱使货币供给者愿意提供更多的货币供给；反之，利率越低（其他条件不变），回报率越低，导致货币供给者提供货币的意愿下降，货币供给也随之下降。这意味着，货币供给与利率的关系是正相关关系，所以，货币供给曲线的斜率为正，即曲线 $M^{S}$ 是向右上方倾斜的。

以上，我们也是在假定影响货币供给的其他因素不变，而仅仅是利率变化条件下，讨论的货币供给曲线的性质。那么，假定利率水平不变，而是其他因素发生变化，对货币供给会产生何种影响？如果利率不变，其他因素，如国民收入、物价水平、货币流通速度、金融资产选择的变化会使会使供给曲线左右平移，具体表现如下。

（1）国民收入增加使公众货币盈余增加，货币供给曲线右移；反之，公众货币盈余减少，货币供给曲线左移。

（2）物价水平上升，持有货币的机会成本上升，货币拥有者愿意更快地出手货币，导致货币供给增加，货币供给曲线右移；反之，物价水平下跌，公众愿意更多地持有货币，导致货币供给减少，货币供给曲线左移。

（3）货币流通速度下降，货币供给增加，货币供给曲线右移；反之，货币流通速度上升，货币供给减少，货币供给曲线左移。

（4）金融资产选择下降，证券资产价格下降，收益率上升，货币供给增加，货币供给曲线右移；金融资产选择增加，证券资产价格上涨，收益率下降，货币供给下降，货币供给曲线左移。

（5）外国利率水平相对本国利率水平提高，本国证券资产收益率相对下降，货币供给下降，供给曲线左移；外国利率水平相对本国利率水平降低，本国证券资产收益率相对上升，本国货币供给增加，货币供给曲线右移。

（6）外国国民收入增加，对本国金融资产的购买增加，本国证券收益率相对上升，本国货币供给增加，货币供给曲线右移；外国国民收入减少，对本国金融资产的购买减少，本国证券收益率相对下降，本国货币供给下降，货币供给曲线左移。

以上是影响货币供给的部分主要因素，经济中影响货币需求的还有其他若干因素，具体与货币供给曲线的关系，可以类推得出。

非利率因素引起的货币供给曲线的移动，如图 10-4 所示。图中箭头代表货币供给曲线以及货币供应量移动的方向。当非利率因素的变化引起货币供给增加时，货币供给曲线从 $M^{S}$ 向右平移至新的位置 $M^{S'}$，在任意一个利率水平 $i'$ 上，货币供给量从 $M^{A}$ 增加到 $M^{A'}$；与之相反，假设令货币供给曲线 $M^{S'}$ 代表初始时在各个利率水平上的货币供给，当非利率因素的变化引起货币供给减少时，货币供给曲线从 $M^{S'}$ 向左平移至新的位置 $M^{S}$，在任意一个利率水平 $i'$ 上，货币供给量从 $M^{B}$ 减少到 $M^{A}$。

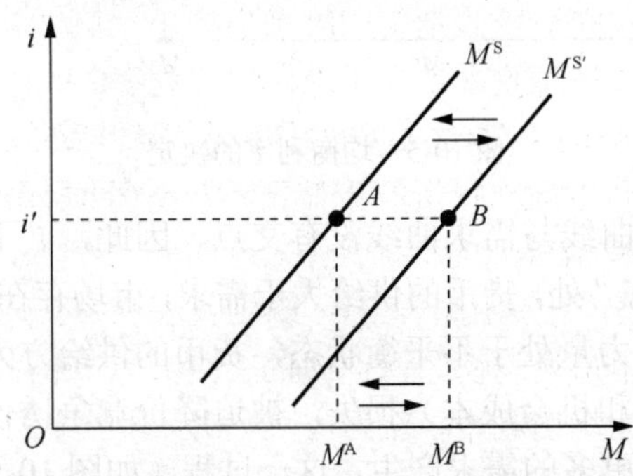


图 10-4 非利率因素引起的货币供给曲线的移动

这里同样需要注意，是利率的变化引起货币供给量沿着货币供给曲线的上下移动，是点沿着线的移动；而非利率因素引起的货币供给的变化，是在每一个相同利率水平上发生的供给量的变化，反映在图形上，是整条需求曲线发生的位移。

## 二、均衡利率的决定

从前面的讨论我们已经知道，货币市场与其他市场一样服从供求定律的支配，因此，货币市场的价格——利率也同样服从于供求定律。市场成交的价格——均衡利率的决定与变动都是货币市场供求关系变化的结果。

在经济学上，我们知道所谓均衡价格是供给曲线与需求曲线的交点，该交点称为均衡点。在均衡点处，愿意供给的数量正好等于愿意需求的数量，均衡点上的价格和相等的供求量分别称为均衡价格和均衡数量。此时，构成价格运动的供求力量双方取得平衡，价格和数量都不再有变动的倾向，这类似于物体在平衡力作用下处于静止的状态，因而被称为市场均衡。类似地，在货币市场上均衡利率也是货币供给曲线与需求曲线的交点。下面我们同样借助图形说明均衡利率的概念。

图 10-5 为图 10-1 与图 10-3 中需求曲线与供给曲线的结合。两条直线的相交点 $E$（$M^{e}$，$i^{e}$）为均衡点或市场结清点，$i^{e}$ 为均衡利率，$M^{e}$ 为均衡数量。在均衡利率 $i^{e}$ 水平上，货币的供给量 $M^{S}$ 正好等于需求量 $M^{d}$：$M^{S}=M^{e}=M^{d}$。这表示，当市场均衡时，货币供求双方的供给意愿和需求意愿都同时得到满足，市场既没有过多的货币供给，也没有未被满足的货币需求。此时，无论是货币的价格利率还是货币的供给或需求都不再有变动的倾向。

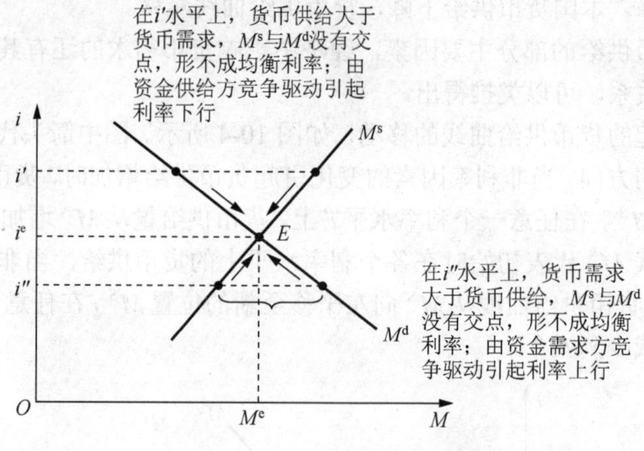


图 10-5　均衡利率的决定

而在$i'$处，货币的供给曲线与需求曲线没有交点，因此，$i'$不是均衡利率而是非均衡利率，即无市场成交的利率。在$i'$处，货币的供给大于需求，市场存在过剩供给，即$M^{S}-M^{d}>0$。此时，由于货币供求双方的力量处于不平衡状态，货币的供给方为减轻持有货币的成本（包括持有货币的真实财务成本和机会成本）损失，被迫降价竞争诱使需求方进场增加借贷。通常情况下，利率的下降将有更多的需求产生，这一过程（如图 10-5 均衡利率$i^{e}$上半部分供给曲线与需求曲线上的箭头所示）延续下去，最终使价格回归均衡利率$i^{e}$，此时市场重新结清，既无多余的货币供给也没有未被满足的货币需求。

类似，在$i''$处，货币的供给曲线与需求曲线也没有交点，因此，$i''$也是非均衡利率。在$i''$水平上，货币的需求量大于供给量，市场存在未被满足的货币需求，即$M^{S}-M^{d}<0$。此时，由于货币供求双方的力量处于不平衡状态，货币的需求方为获得所需要的货币量，将会提价竞购诱使供给方进场供给，由此推高货币的价格利率。通常情况下，利率的上升将有更多的供给产生，这一过程（如图 10-5 均衡利率$i^{e}$下半部分需求曲线与供给曲线的箭头所示）延续下去，最终使价格回归均衡利率$i^{e}$，此时市场重新结清，既无未被满足的货币需求也没有多余的货币供给。

总结上述讨论，在货币市场上，由于供给和需求力量的相互作用，利率趋向于均衡利率。如果市场利率高于均衡利率，则市场上出现超额货币供给，超额的货币供给使利率趋于下降；反之，如果市场利率低于均衡利率，则市场上出现超额货币需求，超额货币需求使市场利率趋于上升直至均衡利率。因此，市场竞争使市场稳定于均衡价格。在均衡价格水平下相等的供求数量称为均衡数量。在几何意义上，货币市场的均衡出现在货币需求曲线和货币供给曲线相交的点上，该交点称为均衡点。均衡点对应的利率为均衡利率，对应的货币需求量刚好等于货币供给量。

## 三、均衡利率的变动

在货币市场上，均衡利率形成之后不是一成不变的，而是始终处于变动之中，均衡利率的变动如同它的形成一样是由供求关系决定的，因此，凡是影响货币供求发生变化的因素也是引起利率变动的因素。均衡利率的变化是非利率因素引起的货币供给与需求整体变动的结果。可以分三种情形讨论：货币供给未发生变化，需求变化引起的均衡利率变动；货币需求未发生变化，供给变化引起的均衡利率变动；货币需求与供给同时变化引起的均衡利率变动。

（一）需求变化引起的均衡利率变动

货币需求增加引起的均衡利率变动如图 10-6 所示。如果货币供给不变，不管什么原因，可以是国民收入增加、物价水平上升，也可以是货币流通速度下降、金融资产选择减少，还可以是外国利率水平相对本国利率水平降低、外国国民收入增加等，其中任何一项的发生都会使货币需求曲线向右平移。移动的结果使得原来的货币需求曲线 $M^d$ 沿着原来的供给曲线 $M^S$ 外推向右平移到 $M^{d'}$，$M^{d'}$ 与未发生移动的供给曲线 $M^S$ 相交产生交点 $E'$，$E'$ 为新的均衡点。在 $E'$ 处，市场达成了新的均衡，新的均衡利率为 $i^{e'}$，均衡的货币供求量为 $M^{e'}$；与原来的均衡点 $E$ 相比，货币的需求量从 $M^d$ 增加到 $M^{d'}$，由于货币需求的增加而供给在原有均衡位置上没有增加，货币需求方竞争的结果使得均衡利率上升了，从 $i^e$ 上升到 $i^{e'}$，均衡利率发生了变化，伴随利率的上升，货币供给沿着供给曲线 $M^S$ 从 $M^S=M^e=M^d$ 增加到 $M^{S'}=M^{e'}=M^{d'}$，满足了新增加的需求。

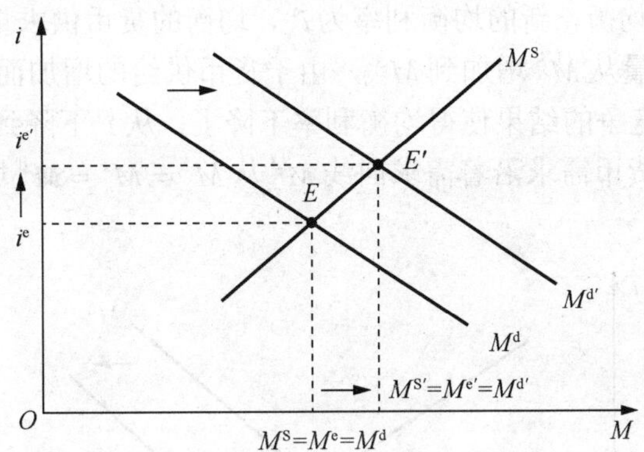


图 10-6 货币需求增加引起的均衡利率的变动

类似地，我们可以对货币供给不变、货币需求下降引起均衡利率下降的情形进行说明。图 10-7 显示的是货币需求下降引起的均衡利率的变动情形。

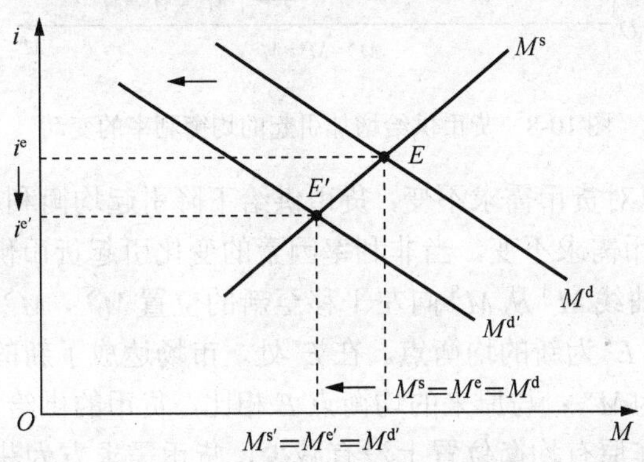


图 10-7 货币需求下降引起的均衡利率的变动

如果货币供给不变，不管什么原因，可以是国民收入减少、物价水平下降，也可以是货币流通速度上升、金融资产选择增加，还可以是外国利率水平相对本国利率水平上升、外国国民收入下降等，其中任何一项都可以使货币需求曲线向左平移。移动的结果使得原来的货币需求曲线 $M^{d}$ 沿着原来的供给曲线 $M^{S}$ 向左平移到 $M^{d'}$，$M^{d'}$ 与未发生移动的供给曲线 $M^{S}$ 相交产生交点 $E'$，$E'$ 为新的均衡点。在 $E'$ 处，市场达成了新的均衡，新的均衡利率为 $i^{e'}$，均衡的货币供求量为 $M^{e'}$；与原来的均衡点 $E$ 相比，货币的需求量从 $M^{e}$ 减少到 $M^{e'}$，由于货币需求的减少而供给在原有均衡位置上没有增加，货币供给方为减少持有货币的成本损失而降价放贷竞争的结果使得均衡利率下降了，从 $i^{e}$ 下降到 $i^{e'}$，均衡利率发生了变化，伴随利率的下降，货币供给沿着供给曲线 $M^{S}$ 从 $M^{S}=M^{e}=M^{d}$ 减少到 $M^{S'}=M^{e'}=M^{d'}$，与下降后的需求相匹配。

（二）供给变化引起的均衡利率变动

货币供给增加引起的均衡利率变动，如图 10-8 所示，如果货币需求不变，当非利率因素的变化引起货币供给增加时，货币供给曲线沿着原来的货币需求曲线 $M^{d}$ 从 $M^{S}$ 向右平移至新的位置 $M^{S'}$，$M^{S'}$ 与未发生移动的货币需求曲线 $M^{d}$ 相交于点 $E'$，$E'$ 为新的均衡点。在 $E'$ 处，市场达成了新的均衡，新的均衡利率为 $i^{e'}$，均衡的货币供求量为 $M^{e'}$；与原来的均衡点 $E$ 相比，货币的供给量从 $M^{S}$ 增加到 $M^{S'}$，由于货币供给的增加而需求在原有均衡位置上没有增加，货币供给方竞争的结果使得均衡利率下降了，从 $i^{e}$ 下降到 $i^{e'}$，均衡利率发生了变化，伴随利率的下降，货币需求沿着需求曲线 $M^{d}$ 从 $M^{S}=M^{e}=M^{d}$ 增加到 $M^{S'}=M^{e'}=M^{d'}$，市场重归平衡。

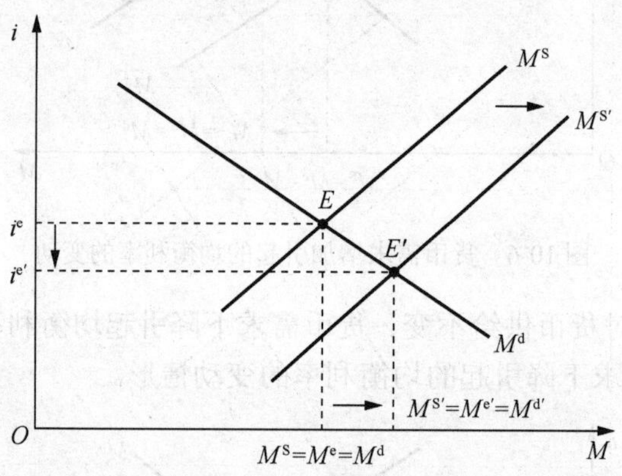


图 10-8　货币供给增加引起的均衡利率的变动

类似地，我们也可以对货币需求不变，货币供给下降引起均衡利率下降的情形进行说明，如图 10-9 所示。如果货币需求不变，当非利率因素的变化引起货币供给减少时，货币供给曲线沿着原来的货币需求曲线 $M^{d}$ 从 $M^{S}$ 向左平移至新的位置 $M^{S'}$，$M^{S'}$ 与未发生移动的货币需求曲线 $M^{d}$ 相交于点 $E'$，$E'$ 为新的均衡点。在 $E'$ 处，市场达成了新的均衡，新的均衡利率为 $i^{e'}$，均衡的货币供求量为 $M^{e'}$；与原来的均衡点 $E$ 相比，货币的供给量从 $M^{e}$ 减少到 $M^{e'}$，由于货币供给减少而需求在原有均衡位置上没有减少，货币需求方为获得所需要的货币而愿意以更高利率借贷竞争的结果使得均衡利率上升了，从 $i^{e}$ 上升到 $i^{e'}$，均衡利率发生了变化，伴随利率的上升，货币需求沿着需求曲线 $M^{d}$ 从 $M^{S}=M^{e}=M^{d}$ 减少到 $M^{S'}=M^{e'}=M^{d'}$，与下降后的供给达到新的平衡。

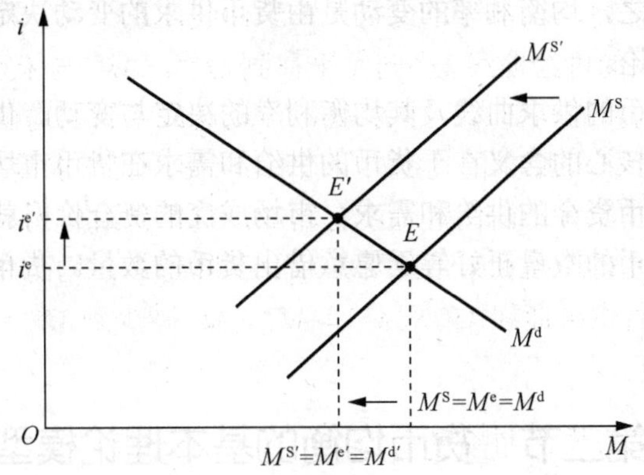


图 10-9 货币供给减少引起的均衡利率的变动

（三）货币需求与供给同时变化引起的均衡利率变动

上面我们是把需求与供给的变动引起均衡利率的变化分开来单独讨论，但在市场实际中，供求关系的变化往往同时发生的，不太可能是只有需求的变化或只有供给的变化。因此，与均衡利率由供求双方的力量共同决定相似，均衡利率的变化也是由货币供求关系的共同变化所决定的。图 10-10 给出了货币供给与需求同时变动的情形。

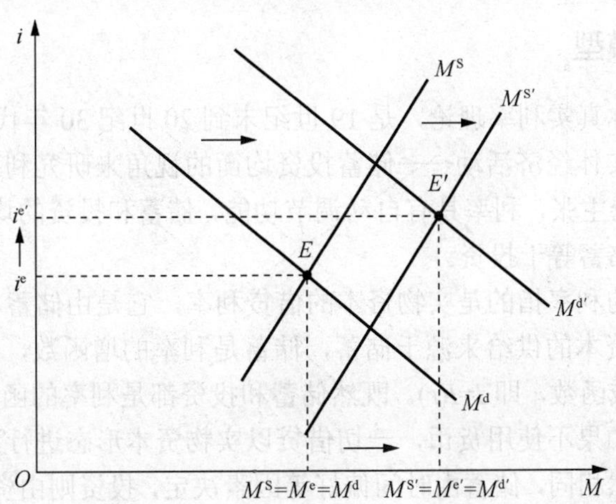


图 10-10 货币供求同时增加引起的均衡利率变动

如前所述，如果货币利率不变，其他变量如国民收入、物价水平等因素的变化会使需求曲线与供给曲线左右平移。在图 10-10 中，货币需求与供给同时增加，使得货币的需求曲线与供给曲线同时发生了向右的位移。供给曲线从初始时的 $M^{S}$ 向右平移至新的位置 $M^{S'}$，而需求曲线则从初始时的 $M^{d}$ 向右平移至 $M^{d'}$，$M^{S'}$ 与 $M^{d'}$ 的交点 $E'$ 为新的均衡点。与市场原来的均衡点 $E$ 相比，货币的供求量从 $M^{e}$ 变动到 $M^{e'}$，增加的数量为 $\Delta M=M^{e'}-M^{e}$，均衡利率因需求的增加大于供给的增加，故均衡利率是上升的，从 $i^{e}$ 上升到 $i^{e'}$，均衡利率上升，

$\Delta i^e = i^{e'} - i^e$，使增加的货币需求与增加的货币供给在新的均衡利率 $i^{e'}$ 水平上达到新的平衡。

类似地，货币供求同时变化引起的均衡利率变动的其他情形，也可以借助图形加以说明，分析逻辑并无不同。总之，均衡利率的变动是由货币供求的变动决定的，相关内容读者可以自己练习，这里不再讨论。

以上我们讨论了货币的供求曲线及其均衡利率的决定与变动。供求定律作为一般规律在资金借贷上的体现，其核心的含义在于货币的供给和需求在货币市场上相互作用，从而使利率上下波动，以平衡货币资金的供给和需求。市场成交的资金价格就是货币利率的均衡点，在这一点上愿意借入货币的数量正好等于愿意借出货币的数量。货币的供给和需求平衡决定了均衡利率及其变动。

## 第二节　货币均衡的基本理论模型

本章第一节阐述了货币的供求定律，货币供求定律是市场经济条件下货币信用活动的普遍规律，因而具有普遍意义。然而，供求定律仅是针对货币均衡的一般情形，现实中的货币均衡要比单纯的供求定律复杂得多，并由此形成了不同的货币均衡模型，主要包括古典利率理论、流动性偏好理论与可贷资金理论。尽管这些模型的共同基础仍然是供求分析，但又都各具特色。因此，我们还需要对这些模型进行研究，以更充分地理解货币均衡的含义及其政策建议。

### 一、古典利率模型

古典利率理论又称真实利率理论，是 19 世纪末到 20 世纪 30 年代西方流行的利率理论。古典利率决定理论从实体经济活动——储蓄投资均衡的视角来研究利率决定及其对资本供求的影响。古典利率理论主张，利率具有自动调节功能，储蓄和投资的均衡决定市场利率水平。它的利率均衡条件是储蓄等于投资。

古典利率理论中的利率指的是实物资本的借贷利率，它是由储蓄与投资活动所决定的。古典利率理论认为，资本的供给来源于储蓄，储蓄是利率的增函数，即 $S=S(r)$；需求来源于投资，投资是利率的减函数，即 $I=I(r)$。既然储蓄和投资都是利率的函数，那么将它们结合起来便可以决定利率。如果不使用货币，一切借贷以实物资本形态进行，在这种情况下的供求关系所决定的利率必然相同，储蓄由时间偏好等因素决定，投资则由资本边际生产率等决定，故利率与货币因素无关。然而，现实市场的利率是货币利率。货币利率是银行或借贷者贷款时所要求的利率。货币利率的高低主要取决于货币市场的资金供求状况，故货币利率与实物资本的借贷利率必然存在差异。

经济中发生的实际投资量的大小取决于投资回报率和利率之间的关系。当利率与投资预期回报率不相等时，资本会在储蓄和投资两者之间发生移动；当利率和投资预期回报率相等时，社会的资本供给等于社会的资本需求，经济达到均衡状态。均衡状态时的利率即维克赛尔①所说的“自然利率”。古典理论的均衡利率决定如图 10-11 所示，储蓄曲线 $S$ 和投资曲线 $I$

① 维克赛尔（1854—1926 年），瑞典经济学家，古典均衡利率的创立者。

的交点 $E$ 即为均衡的利率及储蓄投资水平。根据古典利率模型，只要利率是灵活变动的，它就和商品的价格一样，具有自动调节功能，使储蓄和投资趋于一致。因此，经济就不会出现长期的供求失衡，它将自动趋于一致。

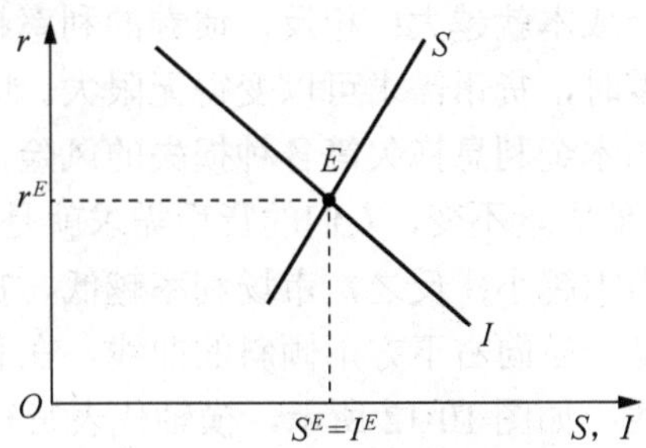


图 10-11　古典理论的均衡利率决定

自然利率相当于资本的预期收益率。自然利率是变动的，它的变动取决于技术所引起的生产收益的增减，劳动和土地的供求引起的工资和地租的涨落以及固定资本和流动资本现有存量的变动等属于生产领域的种种因素。

货币利率与自然利率相等是实现经济均衡的重要条件，如果不等，货币利率低于自然利率，形成经济积累性扩张（竞相投资）；反之，形成经济积累性收缩。因此，在古典货币均衡模型中，利率具有自动调节经济使其达到均衡的作用：储蓄大于投资时，利率下降，人们自动减少储蓄，增加投资；储蓄少于投资时，利率上升，人们自动减少投资，增加储蓄。当利率和投资预期回报率相等时，资本供给与需求达到均衡状态。

就货币与经济的关系而言，古典理论秉承的是两分法，认为货币不过是经济的面纱，对储蓄投资不发生实际作用，仅对物价有影响。但维克赛尔认为，撇开货币的贮藏职能，货币就商品的交换而言是中性的。就整个经济体系而言，假如资本的需求（投资）与资本的供给（储蓄）恰好相等，整个经济处于均衡状态，物价水平将稳定不变。在这样的情况下，货币因素对物价不起作用，对整个经济过程是中性的。但是，当自然利率与货币利率相背离时，投资与储蓄的均衡以及整个经济的均衡将遭到破坏，这时，货币就不再以中性货币的面貌出现。作为资本转移手段，它会对产品的相对价格、生产资源的配置以至一般价格水平都产生影响。因此，维持货币中性或货币均衡的必要条件是：货币利率与自然利率一致，并维持一个稳定的物价水平，主要是消费品价格的水平。

## 二、流动性偏好理论

流动性偏好理论是 20 世纪 30 年代经济危机的产物，在经济危机的冲击下，古典利率理论关于利率可以自动调节储蓄投资的观点遭遇破产。出自经济现实中储蓄与投资严重失衡的观察，凯恩斯突破了古典利率理论的束缚，首创了以人们心理动机为肇因的流动性偏好理论。

在凯恩斯看来，利息不过是对人们放弃持有货币而失去灵活性的补偿。利率由货币的供给和需求共同决定，货币供求平衡的利率为均衡利率。显然，凯恩斯这里的利率是指货币市场利率，即名义利率，而非古典利率理论中的实物资本的借贷利率。

从前面章节的讨论中，我们已经知道，凯恩斯的货币需求是指非银行公众的货币需求，它由公众的交易需求、预防需求与投机需求所决定。为了进一步说明他的货币需求理论，凯恩斯构建了一个两资产模型。模型把人们的全部财富分为两类：无息资产（货币）与有息资产（债券）。持有货币的目的是获得流动性便利，但要放弃持有债券的利息收入。因此，债券的利率越高，持有货币的机会成本就越大；相反，债券的利率越低，人们就倾向于持有更多的货币，以至于利率接近于零时，货币需求可以变得无限大。因为此时持有货币的机会成本为零，而持有债券却会面临如本金利息拖欠等各种损失的风险，所以人们会选择弃债券而持有货币。因此，假设收入等其他因素不变，人们的货币需求就是利率的减函数：市场利率（债券利率，下同）越高，货币需求越小；反之，市场利率越低，货币需求越大。因而在货币市场的图形表示上，货币需求是一条向右下方下倾斜的曲线，在利率接近于零的极低水平上，变成一条平行于水平轴的直线，如图 10-12 所示，横轴代表货币需求量 $M$，纵轴代表债券市场利率 $i$，货币需求等价于人们的流动性需求，故用曲线 $LP$ 表示。$LP$ 上的 $E$、$E'$、$E''$ 点分别对应着利率 $i^e$、货币供应量 $M$，利率 $i^{e'}$、货币供应量 $M'$、利率 $i^{e''}$、货币供应量 $M''$。

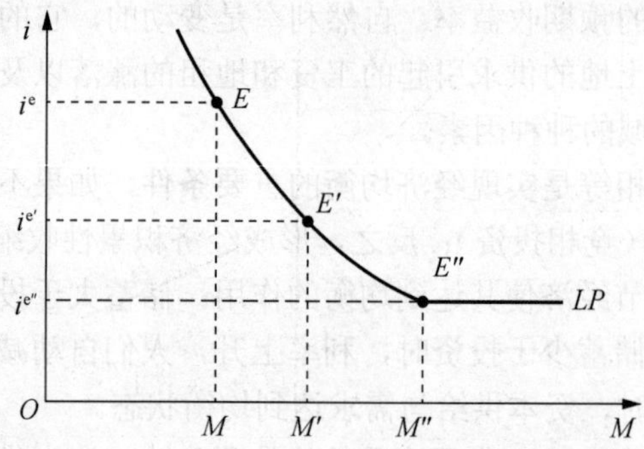


图 10-12　流动性偏好理论的货币需求曲线

货币供给由货币当局决定，是个外生变量，不受公众货币需求的变化所影响，也不受利率变化的影响。因而在货币市场的图形表示上，货币供给是一条垂直于水平轴的直线，当局货币供应量的增加或减少，引起的只是货币供给直线的左右平移，如图 10-13 所示，货币供给曲线 $MS$ 垂直于水平轴，利率的变化对 $MS$ 没有影响，当货币当局增加储备货币供给时，$MS$ 曲线从初始位置向右平移至 $MS'$，对应的货币供应量从 $M$ 增加到 $M'$；若在 $MS'$ 位置上，货币当局减少储备货币的供给，则货币供给曲线会发生反方向的移动，如箭头所示，从 $MS'$ 向左移动到 $MS$。

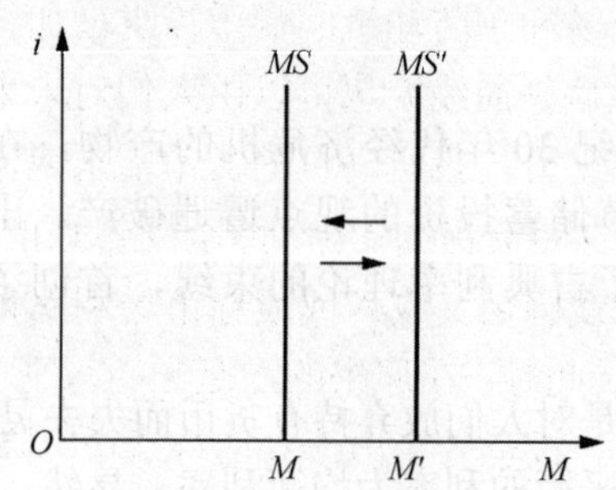


图 10-13　流动性偏好理论的货币供给曲线

由这样规定的货币需求与货币供给曲线的交点即为均衡的货币供求，它所对应的利率即为均衡利率，如图 10-14 所示，货币需求曲线 $LP=M^d$ 与垂直于水平轴的货币供给曲线 $MS$ 相交于点 $E$ 处，$E$ 为均衡点，对应的利率为均衡利率 $i^e$，在 $i^e$ 利率水平上，货币供给 $M^S$ 等于货币需求 $M^d$；在 $i'$ 利率水平，市场利率高于均衡利率，公众愿意持有的现金数量低于现有的供给数量，货币供给大于货币需求，此时，由于持有货币的机会成本较高，人们都愿意减持货币购买债券，所以债券价格上涨，债券收益率（利率）下降，这种市场需求竞争的力量将使利率水平沿着流动性曲线下降，直至到达均衡利率 $i^e$ 水平；在 $i''$ 利率水平，市场利率低于均衡利率，公众愿意持有的现金数量将超过现有的供给数量，货币需求大于货币供给，人们乐意卖出债券增持货币，使债券价格下降，债券收益率（利率）上升，作为对过度需求的反应，市场需求竞争将使利率水平沿着流动性曲线上升，直至回复到均衡利率 $i^e$ 水平。

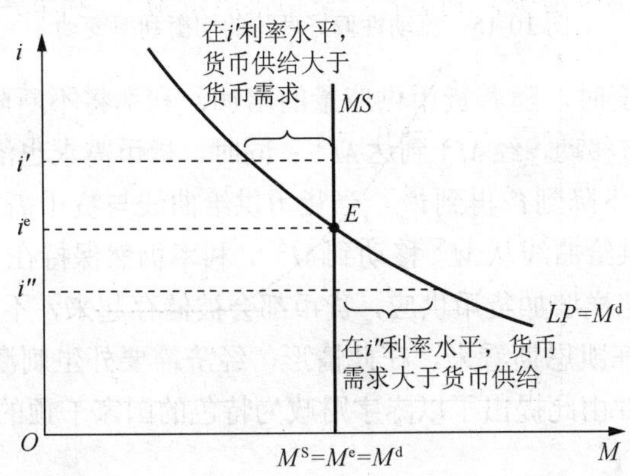


图 10-14 流动性偏好理论的均衡利率决定

与前面介绍的均衡利率的变动相似，流动性偏好模型中均衡利率的变动可以由需求曲线或供给曲线的移动或两者的同时移动引起。这里仅就需求曲线与供给曲线的单独移动情形进行讨论，其他情形可以类推。

当货币供给曲线不变时，凯恩斯货币需求曲线的移动会引起均衡利率的变化。货币需求曲线的位置取决于两个因素：一是名义收入水平；二是未来债券价格变化的预期。对未来债券价格的预期意味着未来利率变化的预期，而货币需求曲线总是以一定名义收入水平为基础的，随着名义收入的增加，交易和预防动机的货币需求增加将导致货币需求曲线上移。货币需求曲线（即凯恩斯的流动性偏好曲线）也可以由人们对未来债券价格的预期或利率预期变化所引起。如果预期未来利率上升，投机动机的货币需求或流动性偏好增加会带来货币需求曲线或流动性偏好曲线上移，这将会提高均衡利率。凯恩斯的流动性偏好理论均衡利率变动，如图 10-15 所示，货币需求曲线因名义收入或债券市场利率预期上升而发生位移，从初始时的 $LP$ 向右上移动至 $LP'$ 位置。此时，在原来的均衡利率水平上，货币需求曲线与供给曲线无交点，货币需求大于货币供给，投资者卖出债券增持货币，降低了债券价格，推高市场利率，在债券卖方竞争下，利率会上升一直到新的均衡利率水平处为止，此时货币的需求重新等于货币的供给。

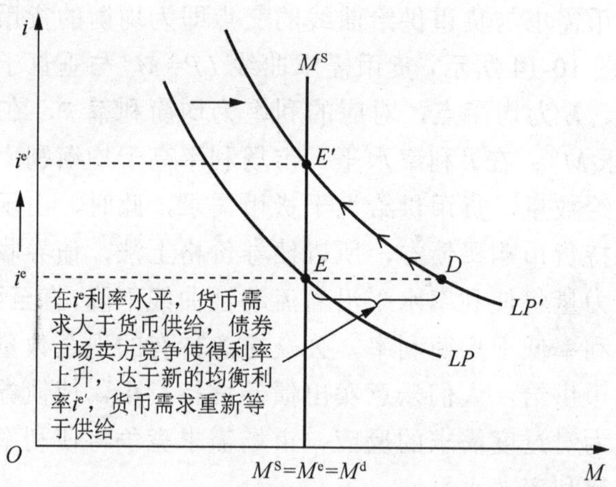


图 10-15　流动性偏好理论的均衡利率变动

当货币需求曲线不变时，随着货币供应量的增加，利率将不断降低，如图 10-16 所示，货币供给曲线从 $M^S$ 向右移动，经 $M^{S'}$ 到达 $M^{S''}$；同时，货币需求也沿着曲线 $LP$ 从 $M$ 增加到 $M'$ 再到 $M''$；利率从 $i^e$ 下降到 $i^{e'}$ 再到 $i^{e''}$。当货币供给曲线与货币需求曲线平行部分相交时，利率将不再变动。货币供给曲线从 $M^{S''}$ 移动到 $M^{S'''}$，利率仍然保持在 $i^{e''}$ 水平未发生任何变化。这意味着，此时，无论怎样增加货币供应，货币都会被储存起来，不会对利率产生任何影响，经济陷入流动性陷阱。在凯恩斯看来，在此情形，经济需要外生刺激，不能听任市场利率的自发调节而坐以待毙，并由此提出了以赤字财政为特色的国家干预的政策主张。

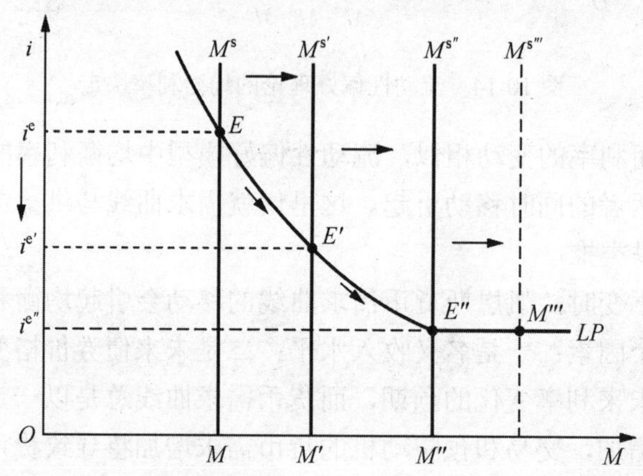


图 10-16　流动性偏好理论的货币均衡：流动性陷阱

## 三、可贷资金理论

可贷资金理论[①]是古典利率理论与流动性偏好理论的综合。该理论认为，无论古典利率理论还是流动性偏好利率均有失偏颇，古典利率决定理论忽视了货币因素，仅从储蓄和投资实际经济流量角度分析利率，并不全面；流动性偏好理论关于非货币因素不对

① 该理论的代表人物为英国的罗伯逊(Robertson)和瑞典的奥林(Ohlin)。

利率起决定作用的观点，也存在明显不足。可贷资金理论提出，资金的借贷既受到实物市场的影响，又受到货币市场的影响。

（一）可贷资金理论的基本内容

1. 可贷资金理论的基本假设

可贷资金理论模型不考虑金融市场的多样性，假设经济中只有一个金融市场，称为可贷资金市场。这个市场包括所有形式的信用，如贷款、债券或储蓄存款。所有储蓄者都到这个市场存款，所有借款者都到这个市场贷款。利率是借贷资金的价格，借贷资金的价格取决于金融市场上的资金供求关系。

可贷资金的供给来自那些有额外收入并想储蓄和贷出的人。这种供给可以直接进行，如一个家庭购买一家企业的债券；也可以间接进行，如一个家庭在银行进行存款，银行又用这些资金来发放贷款。储蓄是可贷资金供给的来源。

可贷资金的需求来自希望借款进行投资的家庭和企业。这种需求既包括家庭用抵押贷款购置住房，也包括企业贷款用于购买新设备或建立新工厂。投资是可贷资金需求的来源。

可贷资金模型简化了实际经济中的利率结构，以一个抽象的平均利率来代替具体的不同期限、不同债务工具的利率。模型中的需求曲线代表信贷需求，供给曲线代表信贷供给。

信贷需求由两部分构成：一是银行借款；二是附息金融资产出售。银行借款包括各类消费借款（信用卡、汽车贷款、住房抵押贷款、分期付款信贷等）、各类企业借款（公司贷款、农业贷款、贸易贷款等）以及各类政府借款。附息金融资产出售包括各类公司新发行的票据和债券，以及中央政府和地市政府债券。

相应地，信贷供给也由两个部分构成：一是银行贷款；二是附息金融资产购买。贷款包括贷款机构，如银行、抵押贷款公司、信用卡公司[①]和汽车、设备租赁公司等提供的贷款。人们购买新发行的公司债券，构成发行人的信贷供给，同样，购买政府债券也是对政府的信贷供给。中央银行的储备货币供给也可以视为信贷供给的来源，不过，中央银行的储备货币供给最终是通过银行金融机构体系的贷款发放来实现的，可一并归入银行贷款的同一类别。

在其他因素不变时，可贷资金的供给随利率的上升而上升，是利率的增函数；可贷资金的需求随着利率的上升而下降，是利率的减函数。

这样，通过上述对可贷资金供给与需求的讨论，可贷资金市场的均衡便可以用我们已经十分熟悉的供求曲线图形表示。在图 10-17 中，横轴 $C$ 代表可贷资金量；曲线 $C^S$、$C^d$ 分别代表信贷资金的供给和需求曲线；纵轴 $i$ 代表可贷资金市场利率。$C^S$ 与 $C^d$ 的交点 $E$ 为均衡点，在均衡点处的利率为均衡利率，均衡的可贷资金数量为 $C^{Se}=C^{de}$，在此位置，既没有未被满足的可贷资金需求，也无过剩的可贷资金供给。若无非利率因素的变动引起可贷资金供求曲线的移动，市场的均衡态将维持不变。

① 注意，消费者使用信用卡消费需要信用卡公司提供信贷。

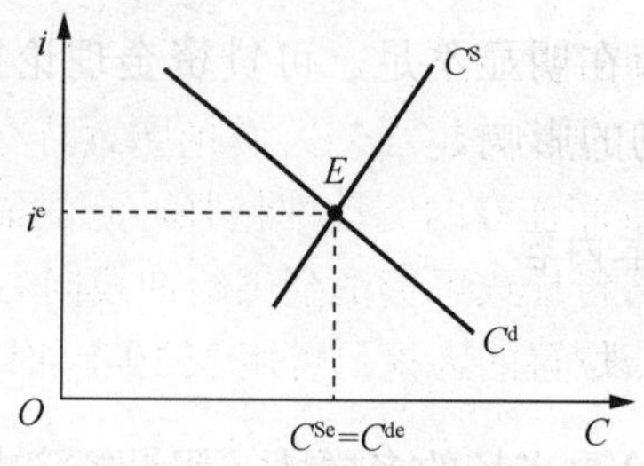


图 10-17　可贷资金理论的货币均衡

可贷资金理论中的借贷资金供给来自同一期间的储蓄流量和该时期货币供应量即银行信贷的变动，需求则来自某期间投资流量和人们希望保有的货币余额。由此，得出可贷资金理论的货币均衡条件：

$$PS + \Delta B = PI \tag{10-3}$$

式中，$P$、$S$、$I$ 分别代表价格水平、实际储蓄和实际投资；$\Delta B$ 表示银行信贷的变化。储蓄 $S$ 和投资 $I$ 分别乘以价格水平 $P$ 以获得货币变量，因为信贷采取的也是货币形式。由式（10-3）可见，若无银行信用创造，可贷资金理论就成为古典利率理论的均衡条件：$S=I$。

在不兑现纸币制度下，银行信贷创造等于货币创造，$\Delta B=\Delta M$。因此，可贷资金学说也往往表示为 $PS+\Delta M=PI$。上述均衡条件适用于封闭经济体。在开放经济条件，信贷需求还要增加净资本流出项。

2. 影响可贷资金供给曲线移动的因素

可贷资金市场均衡利率的变化同样源自资金供求因素的变化。影响可贷资金供给曲线移动的因素主要包括公众持有的财富，替代资产的预期收益率，贷款与附息金融资产风险大小，贷款与附息金融资产的流动性程度。在这四个种因素既定的情况下，可贷资金的价格决定着贷款的供给量。

（1）财富。当公众持有的财富增加（或减少）时，公众对可贷资金供给也相应增加（或减少）。这说明，当财富增加时，可贷资金供给曲线向右移动；当财富减少时，可贷资金供给曲线向左移动。一般来说，在经济繁荣时期，公众拥有的财富增加，因而可贷资金供给增加；而在经济衰退时期，公众的财富减少，可贷资金供给也就相应减少。

（2）预期利率。如果人们预期未来利率将上升，则有息金融资产预期收益率将下降。这将使公众减持有息金融资产，从而减少可贷资金的供给，引起可贷资金供给曲线向左移动，可贷资金供给下降；相反，如果预期利率下降，有息金融资产预期收益率上升，从而持有有息金融资产可预期获得一定收益，这使可贷资金供给增加，可贷资金供给曲线向右移动。

（3）预期通货膨胀率。预期通货膨胀率上升，说明有息资产的替代资产预期价格上升，因而持有替代资产的预期收益率上升。由于持有有息资产到期名义收益率将不会改变，因此在预期通货膨胀率上升的情况下，相对于持有替代资产来说，持有有息资产的预期收益率相对下降，从而可贷资金供给下降，导致供给曲线向左移动。所以，预期通货膨胀率上升（或下降），可贷资金供给曲线左移（或右移），供给减少（或增加）。

（4）风险。如果信贷资产风险增加，那么人们就不愿意持有更多这类资产，而愿意减少信贷资产的购买。因此，风险增加导致可贷资金供给曲线向左移动，可贷资金供给减少；反之，信贷资产质量提升，那么人们乐意持有更多这类资产，而愿意增加信贷资产的购买，风险下降导致可贷资金供给曲线向右移动。

（5）流动性。一种资产的变现能力越强，人们越愿意持有这种资产，因为人们有对资产流动性的偏好。这说明，有息资产证券的流动性越强，它的需求就越大，可贷资金的供给就越大。所以，资产流动性的增强将导致可贷资金供给曲线向右移动，供给增加。

以上影响可贷资金供给曲线位置的因素，可用表 10-1 加以总结。

表 10-1 影响可贷资金供给曲线位置的因素

| 影响因素 | 财富 | 预期利率 | 预期通货膨胀率 | 风险 | 流动性 |
|---|---|---|---|---|---|
| 因素变动方向 | ↑ | ↑ | ↑ | ↑ | ↑ |
| 供给变动方向 | ↑ | ↓ | ↓ | ↓ | ↑ |

### 3. 导致可贷资金需求曲线发生移动的主要因素

导致可贷资金需求曲线发生移动的主要因素有各种投资机会的盈利能力预期、预期通货膨胀率、政府活动。下面考察这些因素如何影响可贷资金需求。

（1）各种投资机会的盈利能力预期，即预期投资收益。企业预期能够盈利的投资机会越多，就越愿意借款和增加债务数量，为进行这些投资融通资金。因此，企业的预期投资收益越高，企业越愿意发放更多的有息金融资产证券融资，导致可贷资金需求增加，需求曲线位置右移。尤其是在经济繁荣时期，企业投资的预期盈利能力很高，因此企业会发行大量的债券进行融通，使可贷资金需求大量增加。相反，在经济衰退时期，预期盈利的投资机会减少，导致可贷资金需求减少，需求曲线左移。

（2）预期通货膨胀率。如果预期通货膨胀率上升，那么借款的实际成本下降，企业也就越愿意借款，这导致可贷资金需求增加，需求曲线右移。

（3）政府活动。政府活动对可贷资金的需求也有很大的影响。当财政预算出现赤字时，政府为了弥补赤字就要发行公债，资金需求增加，可贷资金需求曲线右移。另外，政府实施货币政策，中央银行在公开市场上进行证券买卖，也会影响债券的供给，供给曲线发生位置移动。

以上影响可贷资金需求曲线位置的因素，可用表 10-2 加以总结。

表 10-2 影响可贷资金需求曲线位置的因素

| 影响因素 | 预期投资收益 | 预期通货膨胀率 | 政府活动 |
|---|---|---|---|
| 因素变动方向 | ↑ | ↑ | ↑ |
| 需求变动方向 | ↑ | ↑ | ↑ |

以上可贷资金供求因素的变化的不同组合，将使可贷资金市场的均衡利率发生各种复杂的变动。现在我们以通货膨胀为例来分析可贷资金市场均衡利率的变化。预期通胀上升带来的可贷资金市场均衡利率上升的情形，如图 10-18 所示，预期通货膨胀上升将减少可贷资金的供给，使供给曲线向左移动，从 $C^{s}$ 移动到 $C^{s'}$，即可贷资金供给减少。这是因为在原来的均衡利率水平 $i^{e}$ 下，由于预期通货膨胀上升，贷款变得没有吸引力了。同时，预期通货膨胀的上升也增加了对可贷资金的需求，可贷资金的需求曲线 $C^{d}$ 向右上移动到 $C^{d'}$。这是因为用借来的资金购买的商品或资产的价格或名义价值预期将随通货膨胀的上升而上涨，而贷款本金的名义价值则不会变，借款人的实际贷款成本下降了。供求曲线相交于点 $E'$，这是新的均

衡点。在新的均衡点处，可贷资金市场获得了新的均衡，均衡利率从 $i^e$ 上升到 $i^{e'}$，均衡的可贷资金量从 $C^e$ 下降到 $C^{e'}$。

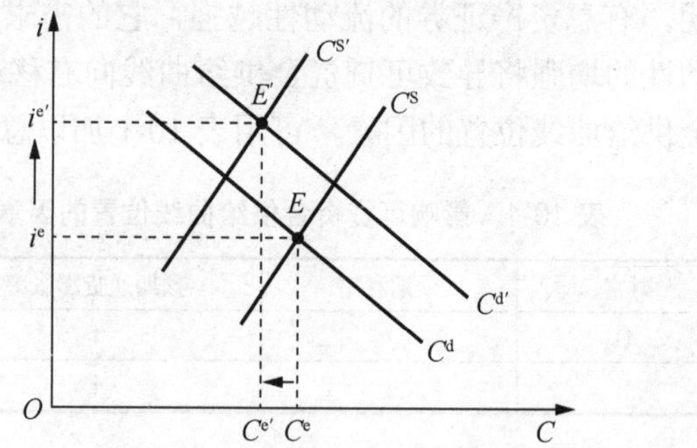


图 10-18　可贷资金市场均衡利率上升

（二）可贷资金理论与古典理论及凯恩斯理论的区别与联系

如前所述，可贷资金理论是古典利率理论与流动性偏好理论的综合。可贷资金理论是现代经济条件下金融市场不断发展，并在经济中发挥越来越重要作用的产物。面对高度发达的金融市场，无论是古典利率理论或凯恩斯的流动性偏好学说，都不能很好地解释现代经济中均衡利率的决定问题，基于这样的理论模型分析提出的政策主张针对性也难免被削弱。有鉴于此，可贷资金理论试图弥补两者的缺陷，建立一个包容金融市场的模型。该模型的主要特征如下。

1. 可贷资金理论不同于古典利率理论

古典利率理论未涉及银行信贷创造，而可贷资金理论纳入了银行信用创造，这是可贷资金决定理论的典型特征。

在古典理论中，利率完全由储蓄和投资决定，可贷资金理论扩展了古典利率理论，在模型中增添了银行信贷的内容。根据可贷资金理论，经济中的信贷总额可以超过私人储蓄，因为银行系统具有创建信用的能力。因此，均衡（或市场）利率不仅要受到储蓄投资的影响，也要受到不兑现纸币与信贷创造和毁灭的影响。

如果银行系统扩张信用，至少会暂时降低市场利率，使之低于自然利率。信用创造和信用毁灭会引起价格水平和经济活动水平的变化。这称为维克塞尔的累积过程。

利率可以使计划储蓄等于计划投资，显然不是这么一回事。那么利率水平是如何决定的呢？答案是利率只不过是信贷的价格，因而利率是由信用的供求状况决定的。银行系统通过其发放信贷能力可以影响，并且已经在某种程度上决定着利率水平①。

2. 可贷资金理论不假定储蓄等于投资

在古典利率理论中，利率仅由储蓄和投资决定，即 $S(i)=I(i)$。货币数量的变化不会影响利率，但只影响物价水平（货币数量论）。而在凯恩斯的流动性偏好理论中，利息和收入的决定来自储蓄和投资的平衡，即 $S(Y)=I(i)$，以及货币需求和货币供给，即 $L(Y,i)=M/P$。这

① Ohlin B. Some Notes on the Stockholm Theory of Savings and Investment II [J]. The Economic Journal, 1937, 47：222.

两种方法都包含使储蓄和投资相等的均衡条件。

比较而言，可贷资金理论并不等同储蓄和投资，储蓄投资的理解都是事前意义上的，但将银行信用创造融入均衡条件。银行信贷扩张如同储蓄增加一样也会降低利率。从可贷资金的均衡条件 $PS + \Delta M = PI$ 可以看出，除非经济中不存在货币信用创造，才会出现储蓄等于投资，而这在现代经济中是不可想象的。

3. 可贷资金理论建立了实质因素——储蓄、投资与货币因素——信贷的联系

可借贷资金的供给包括：①家庭、企业的实际储蓄；②实际货币供给量的增加量。可借贷资金的需求包括：①购买实物资产的投资者的实际资金需求；②家庭和企业对货币需求量的增加，即为了增加其实际货币持有量而增加借款或减少存款。这里所谓家庭、企业的实际储蓄，类似于古典学派储蓄投资理论中的储蓄的含义，指的是家庭、企业手中计划不用于消费部分的货币量，即计划储蓄。实际货币供给量的增加额类似于凯恩斯利率决定理论中的货币供给量的含义，指的是银行体系决定的通过信用创造的当期新增的货币供给量，这是一个外生变量。

购买实物资产的投资者的实际资金需求类似于储蓄投资理论中的投资，指的是实际的计划投资（实质因素）；家庭和企业对货币需求量的增加类似于凯恩斯利率决定理论中的货币需求含义（货币因素）。

可贷资金理论和流动性偏好理论虽然存在差异，但两者又十分接近。因而，在 20 世纪 30—50 年代，经济理论界对可贷资金理论和流动性偏好理论之间的关系进行了详细研究。有些作者认为这两种方法很大程度上是相似的，但这一问题仍然没有最终得到解决。

以上就是我们要介绍的三大货币均衡理论。综合上述，不同的货币均衡理论是经济历史发展不同阶段的产物。三大理论模型之间既相互区别又相互联系。一方面，三大理论的研究对象、前提假设及其基本结论都各不相同：古典利率理论侧重的是实际利率的决定及其作用；流动性偏好理论突出的是人们的心理偏好对利率的决定和影响；而借贷资金理论则是在对前两者理论扬弃基础上的新综合，试图回答的是实体市场与货币市场两个市场同时均衡的问题。另一方面，无论是何种意义上的货币均衡，又都受同一规律——供求定律的支配和制约。在古典利率模型中，利率的决定和变动是由实际经济变量——储蓄和投资的运动所决定的；在凯恩斯的流动性偏好模型中，利率是由货币市场中货币的供给和需求共同决定的；而在可贷资金模型中，利率则是由货币市场与产品市场上储蓄与投资的供求力量共同决定的。因此，不同的货币均衡理论又有共同的研究基础——供求定律。下面对 *IS-LM* 模型的讨论也是在引进货币资金的一般供求定律的基础上展开的。

## 第三节　*IS-LM* 模型

可贷资金理论后被改造成著名的 *IS-LM* 模型。该模型主张，利率是一种特殊的价格，必须从整个经济体系来研究它的决定。因此，应该将生产率、节约、灵活偏好、收入水平和货币供给量，即非货币因素和货币因素结合起来，运用一般均衡的方法来探讨利率的决定。

### 一、*IS-LM* 模型的基本内容

*IS-LM* 模型是当代凯恩斯学派的主流宏观经济分析模型,为英国经济学家约翰·希克斯和

美国经济学家阿尔文·汉森共同构建。模型假定价格黏性：短期内价格水平不变，物价对经济条件或政策变化不能立即反应，政策可以影响实际利率和短期产出。该模型认为，利率由货币市场资金供求平衡所决定。

最初的 *IS-LM* 模型考虑的是一个简单封闭经济。模型假设一个没有政府部门的封闭经济，进而探讨在此条件下的收入决定。后来的模型在产品市场中纳入了政府部门和净出口对总需求的影响；在收入-支出模型中，考虑利率对投资的影响，进而影响总需求和总产出。经拓展的 *IS-LM* 模型至今仍然是流行的主流经济学的一般均衡模型。

与古典利率学派研究单纯产品市场的均衡不同，*IS-LM* 模型研究的均衡是商品市场与货币市场两个市场的同时均衡，两个市场的均衡相互依存、共同决定模型的均衡解。模型含两个未知数：产出 $Y$ 和利率 $r$。模型目的是要同时求出产出（就业）和利率的均衡解：①何种利率水平可求解均衡收入；②何种收入水平可求解均衡利率。

模型由代表产品市场均衡的 *IS* 曲线与描述货币市场均衡的 *LM* 曲线构成。曲线 *IS*、曲线 *LM* 分别代表产品（商品）市场（投资等于储蓄：$I=S$）和货币市场[货币（流动性偏好）需求=货币供给：$L=M$（$M^{\mathrm{d}}=M^{\mathrm{S}}$）]的均衡关系。

在图 10-19 中，横轴代表产出，用 $Y$ 表示；纵轴代表利率，用 $r$ 表示。曲线 *IS* 代表产品市场均衡，曲线 *LM* 代表货币市场均衡，两曲线的交点 $E$ 代表产品市场与货币市场的同时均衡，在该点处对应的利率 $r_0$ 为均衡利率，$Y_0$ 为均衡产出，即经济的最佳产出点。除点 $E$ 之外，图形上的任意一点均非均衡点，即除点 $E$ 之外，图形上的任意一处都无法实现产品市场与货币市场的同时均衡。

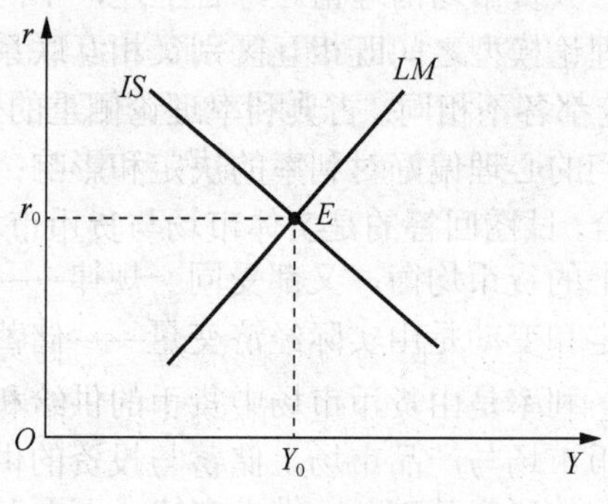


图 10-19　*IS-LM* 模型

## 二、*IS* 曲线与 *LM* 曲线

### （一）*IS* 曲线

*IS* 曲线是描述产品（商品和服务市场）市场均衡时，国民收入 $Y$ 和实际利率 $r$ 各种组合的点的轨迹，如图 10-19 所示。其中，$I$ 表示投资，$S$ 表示储蓄。由于在两部门经济中产品市场均衡时投资 $I$ 等于储蓄，即 $I(r)=S(Y)$，因此该曲线称为 *IS* 曲线。

*IS* 曲线斜率为负，向右下方倾斜，表示产出 $Y$ 是实际利率 $r$ 的减函数。两者呈负相关关系：利率 $r$ 越高，产出 $Y$ 越低；反之，利率 $r$ 越低，产出 $Y$ 越高。*IS* 曲线斜率因何为负？这是因为 *IS* 曲线代表的是储蓄与投资的均衡关系。其中，投资是利率的减函数，储蓄是国民收入的增函数，当投资等于储蓄时,可导出国民收入是利率的减函数，表示这个关系的曲线就是

*IS* 曲线，因低利率引致的投资增加的乘数效应增加实际 GDP，那么它的斜率一定是负值[①]。

总之，*IS* 曲线描述了实际利率下降与增加计划固定投资，进而提升国民收入和产出之间的因果关系。

在图形上，位于 *IS* 曲线右方的收入和利率的组合，都是投资小于储蓄的非均衡组合；位于 *IS* 曲线左方的收入和利率的组合，都是投资大于储蓄的非均衡组合；只有位于 *IS* 曲线上的收入和利率的组合，才是投资等于储蓄的均衡组合。

如图 10-20 所示，图形中的点 *A* 及点 *B* 都是非均衡点，在点 *A*（$Y_2$，$r_1$）处，$I<S$；在点 *B*（$Y_1$，$r_2$）处，$I>S$。唯有在 *IS* 曲线上的任何一点，才满足 $I=S$ 的均衡条件。

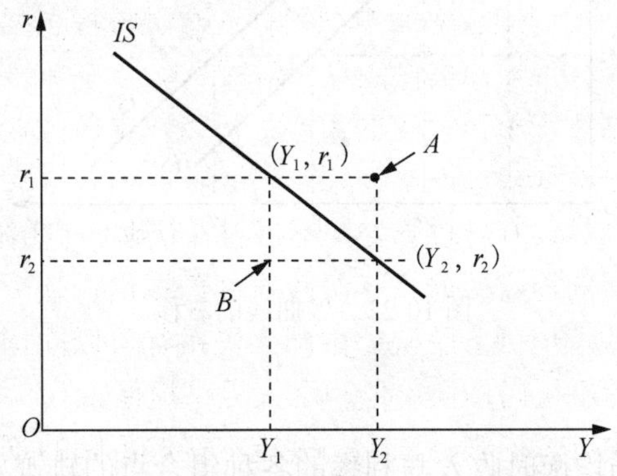


图 10-20　*IS* 曲线与收入和利率的组合

*IS* 曲线的斜率决定一定量的利率变动$\Delta r$ 引起的国民收入变动$\Delta Y$ 有多大。斜率绝对值越小，一定量$\Delta r$ 引起的$\Delta Y$ 越大；斜率绝对值越大，一定量$\Delta r$ 引起的$\Delta Y$ 越小，如图 10-21 所示，图 10-21（a）的 *IS* 曲线斜率绝对值较图 10-21（b）图的 *IS* 曲线斜率绝对值小，曲线也较平坦，因而利率的等量变化带来的收入的变化也相对较大。

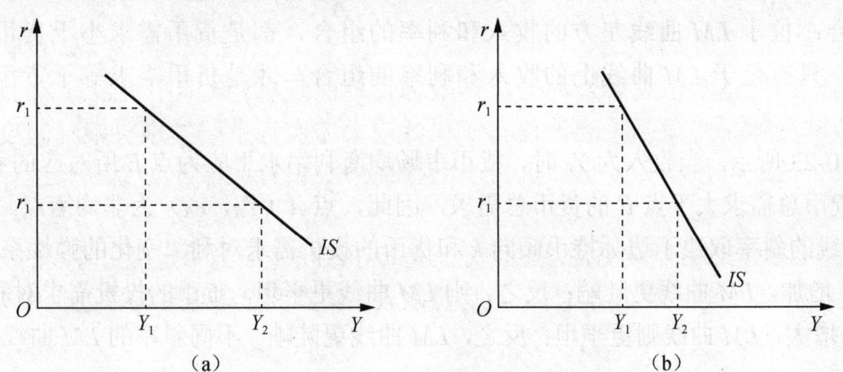


图 10-21　*IS* 曲线的斜率

（a）斜率绝对值较小时；（b）斜率绝对值较大时

① *r* 对 *Y* 求导可得：$\mathrm{d}r/\mathrm{d}Y=-(1-b+bt)/h=-[1-(1-t)b]/h<0$。其中，*b* 和 *h* 是影响 *IS* 曲线斜率的因素：*b* 值越大，*IS* 曲线斜率的绝对值越小（即 *IS* 曲线越平坦），国民收入的乘数越大，*Y* 对 *r* 的反应越灵敏；*b* 值越小，*IS* 曲线斜率的绝对值越大（即 *IS* 曲线越陡峭），国民收入的乘数越小，*Y* 对 *r* 的反应越不灵敏。*h* 值越大，*IS* 曲线斜率的绝对值越小（即 *IS* 曲线越平坦），*I* 对 *r* 的变化越灵敏，*Y* 对 *r* 的反应越灵敏；*h* 值越小，*IS* 曲线斜率的绝对值越大（即 *IS* 曲线越陡峭），*I* 对 *r* 的变化越不灵敏，*Y* 对 *r* 的反应越不灵敏。

两部门经济中，投资增加或者储蓄减少，*IS* 曲线向右移动；投资减少或者储蓄增加，*IS* 曲线向左移动。三部门经济中，政府增加购买或者减少税收，*IS* 曲线向右移动；反之，政府减少购买或者税收增加，*IS* 曲线向左移动。*IS* 曲线的右移如图 10-22 所示。

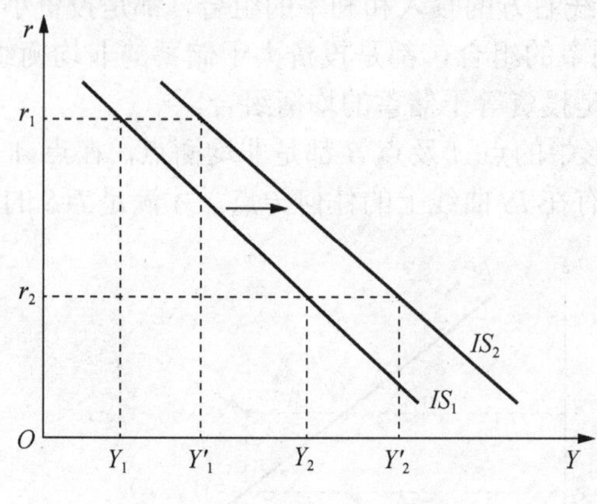


图 10-22　*IS* 曲线的右移

（二）*LM* 曲线

*LM* 曲线描述货币市场均衡时收入与利率的各种组合点的轨迹。曲线上的任一点都代表货币需求等于货币供给，即 $L=M$。*LM* 曲线斜率为正，向右上方倾斜①。这是因为，随着收入的增加，货币需求函数 $M^d$ 的位置上移，因而货币市场均衡的位置也随之上升。也就是说，货币需求曲线与给定的货币供给曲线 $M^S$ 的交点发生在较高的利率水平上。这意味着利率直接随收入上升而上升，随着收入的下降而下降，即 *LM* 曲线具有正斜率。

在图形上，位于 *LM* 曲线右方的收入和利率的组合，都是货币需求大于货币供给的非均衡组合；位于 *LM* 曲线左方的收入和利率的组合，都是货币需求小于货币供给的非均衡组合；只有位于 *LM* 曲线上的收入和利率的组合，才是货币需求等于货币供给的均衡组合。

如图 10-23 所示，当收入为 $Y_A$ 时，货币市场均衡利率水平应为点 *E* 所对应的利率 $r_E$；而在点 *A* 处货币总需求大于点 *E* 的货币总需求，因此，点 *A*（$Y_A$，$r_A$）为非均衡点。

*LM* 曲线的斜率取决于边际持币倾向 *k* 和货币的投机需求对利率变化的弹性系数 *l*。边际持币倾向 *k* 增加，*LM* 曲线更陡峭；反之，则 *LM* 曲线更平坦。货币的投机需求对利率变化的弹性系数 *l* 增大，*LM* 曲线则更平坦；反之，*LM* 曲线更陡峭。不同斜率的 *LM* 曲线如图 10-24 所示。

当货币供给增加时，要使货币需求等于供给，需求也要增加；货币需求增加的前提是收入增加或者利率下降。如果利率不变，则收入增加；如收入不变，则利率下降，这都意味着 *LM* 曲线右移。反之，货币供应量减少，则左移。价格水平的变动也会引起 *LM* 曲线移动。因为价格水平变化导致真实货币存量变化。价格水平上升，*LM* 曲线将会左移，反之则右移。*LM* 曲线的移动如图 10-25 所示。

① *LM* 方程：$M/P_0 = kY + m_0^{-l}r$。变形为：$r = l/l(m_0 - m/P_0) + k/lY$，即得 *LM* 曲线的斜率：$\mathrm{d}r/\mathrm{d}y = k/l$。

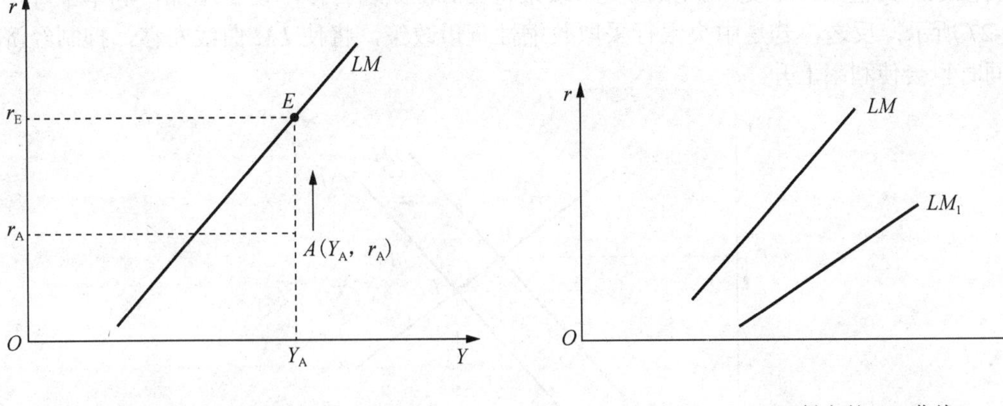


图 10-23　*LM* 曲线与收入和利率的组合　　　　图 10-24　不同斜率的 *LM* 曲线

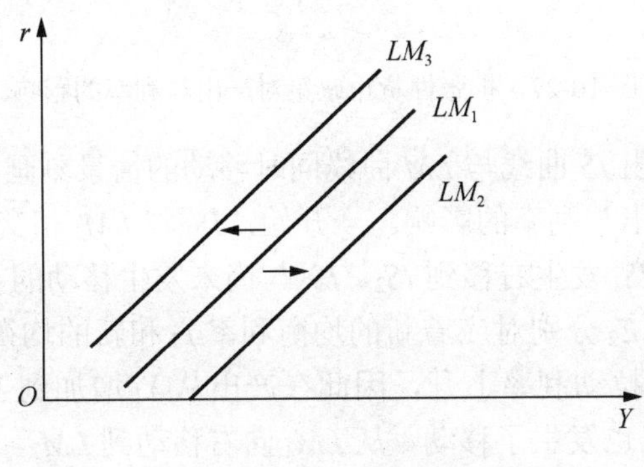


图 10-25　*LM* 曲线的移动

## 三、*IS-LM* 模型的政策含义

*IS-LM* 模型具有丰富的政策含义。其基本政策主张是：政府可以通过国家财政政策与货币政策的变化影响收入和利率水平来主动调节经济，从而达到充分就业的目标。

如图 10-26 所示，其他条件不变，在政府采用扩张性财政政策时，国民收入水平 *Y* 的增加导致 *IS* 曲线右移，这会带来经济增长，同时也会拉高利率；反之，收缩性财政政策将使 *IS* 曲线左移，抑制经济增长，同时也会降低利率。

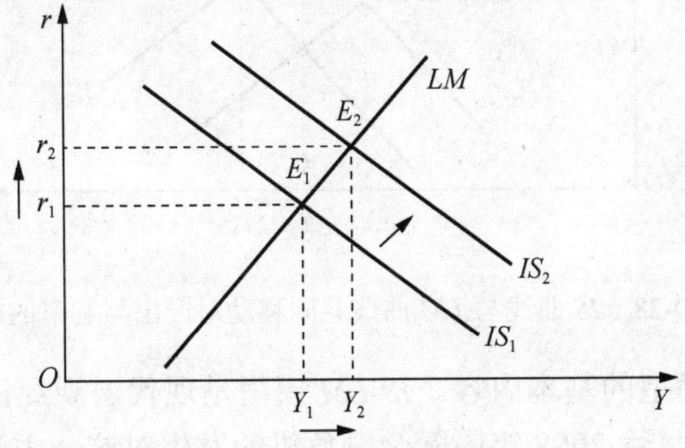


图 10-26　扩张性财政政策对产出与利率的影响

类似地，其他条件不变，扩张性货币政策将使 *LM* 曲线右移，使 *Y* 增加，利率下降，如图 10-27 所示；反之，若是中央银行采取收缩性货币政策，将使 *LM* 曲线左移，抑制经济增长，同时也会使利率上升。

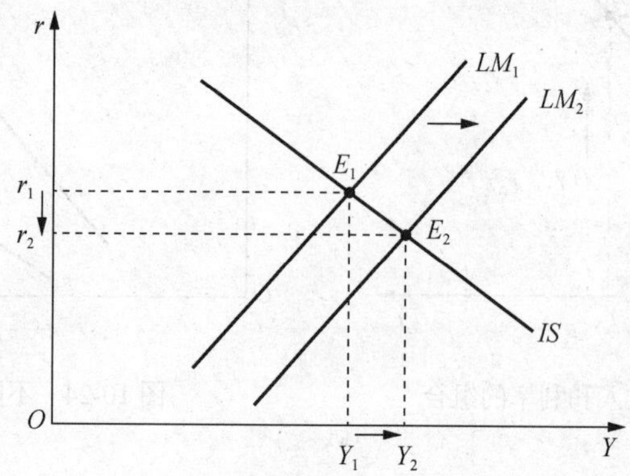


图 10-27　扩张性货币政策对产出与利率的影响

同样，我们也可以得出 *IS* 曲线与 *LM* 曲线同时移动的情景刻画。图 10-28 显示了 *IS* 曲线与 *LM* 曲线共同移动对产出与利率的影响。一开始，$IS_1$ 与 $LM_1$ 相交于点 $E_1$，均衡利率为 $r_1$，均衡产出为 $Y_1$；接下来，$IS_1$ 发生右移到 $IS_2$，$IS_2$ 与尚未发生移动的 $LM_1$ 相交于点 $E_2$，达到新的均衡，两曲线新的交点 $E_2$ 分别对应着新的均衡利率 $r_2$ 和新的均衡产出 $Y_2$，因为 *IS* 曲线的右移会在增加产出的同时拉动利率上升，因此在产出从 $Y_1$ 增加到 $Y_2$ 的同时，均衡利率从 $r_1$ 上升到 $r_2$；然后，*LM* 曲线也发生了移动，从 $LM_1$ 向右移动到 $LM_2$，在点 $E_3$ 处达到新的均衡，结果产出从 $Y_2$ 增加到 $Y_3$，而均衡利率也从 $r_2$ 下降到 $r_3$。*IS* 曲线与 *LM* 曲线共同移动的结果使得均衡产出从 $Y_1$ 增加到 $Y_3$，均衡利率从 $r_1$ 升到了 $r_3$。*IS* 曲线与 *LM* 曲线共同移动的其他不同组合也可以同理推导。

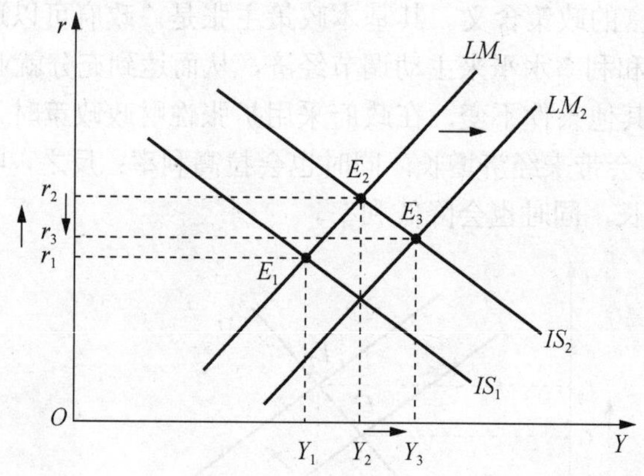


图 10-28　*IS* 曲线与 *LM* 曲线共同移动对产出与利率的影响

以上，就是 *IS-LM* 模型的基本内容。*IS-LM* 模型是现代宏观经济学的基本分析工具，也是货币均衡的基本模型。尽管 2008 年国际金融危机的发生对这一主流模型带来了前所未有的冲击，但直至目前，该模型在经济与货币均衡分析中仍然占据着主流地位。因此，虽然随着实践和学科研究本身的发展会给现有的模型带来新的变化，但掌握它的核心原理对于学习货币政策调节的内容至关重要。

# 本章小结

（1）货币供求定律包含两方面含义：一方面，利率的高低决定着货币供求的变化；另一方面，货币供求的变化又决定着均衡利率的形成与变动。

（2）货币供给量与需求量随利率的变化而变动的关系用数学语言表述就是货币的需求函数和供给函数。

（3）在自由的资金市场上，货币需求曲线是一条向右下方倾斜的曲线，货币供给曲线是一条向右上方倾斜的曲线。

（4）均衡利率是指货币供给等于货币需求时的利率。均衡利率的形成和变动都是由供求关系决定的。

（5）古典利率模型的货币均衡条件是储蓄等于投资。

（6）流动性偏好理论中的货币供给曲线是一条垂直于水平轴的直线。

（7）可贷资金理论是古典利率理论与流动性偏好模型的综合。

（8）*IS-LM* 模型是对可贷资金理论的进一步发展，它在利率决定中引进了一般均衡的分析方法。

# 关键概念

| | | | |
|---|---|---|---|
| 货币需求函数 | 货币供给函数 | 均衡利率 | 货币供求定律 |
| 古典利率理论 | 自然利率 | 两分法 | 流动性偏好理论 |
| 流动性陷阱 | 可贷资金理论 | 信贷需求 | 信贷供给 |
| *IS-LM* 模型 | *IS* 曲线 | *LM* 曲线 | |

# 复习思考题

## 一、简答题

1．本章第一节的货币需求函数是如何定义的？什么条件下货币需求才是利率的函数？

2．本章第一节的货币供给函数是如何定义的？什么条件下货币供给才是利率的函数？

3．货币供求定律发生作用的条件是什么？为什么？

4．古典利率理论中的货币均衡是何种意义上的均衡？

5. 流动性偏好理论中的货币需求函数的形状为何在利率接近于零时会变为一条与水平轴平行的直线？其政策含义是什么？

6. 流动性偏好理论的货币均衡条件是什么？

7. 可贷资金理论中的货币均衡条件是什么？

8. 哪些因素可以引起可贷资金模型中的可贷资金供求曲线移动？分别说明各影响因素变动方向与曲线移动方向的关系。

9. *IS-LM* 模型的基本假定有哪些？

10. *IS-LM* 模型的基本结论是什么？

11. 为什么说 *IS-LM* 模型是最重要的货币均衡模型？

## 二、论述题

1. 解释和比较可贷资金理论和古典利率理论的异同。

2. 解释和比较可贷资金理论与流动性偏好理论的异同。

3. 运用流动性偏好理论分析均衡利率的变动（以图形辅助说明）。

4. 运用可贷资金理论分析均衡利率的变动（以图形辅助说明）。

5. 就图 10-29 说明 *IS* 曲线与 *LM* 曲线移动的政策含义。图形中，初始时，*IS* 曲线从 $IS_1$ 移动到 $IS_2$；然后，*LM* 曲线再从 $LM_1$ 移动到 $LM_2$。

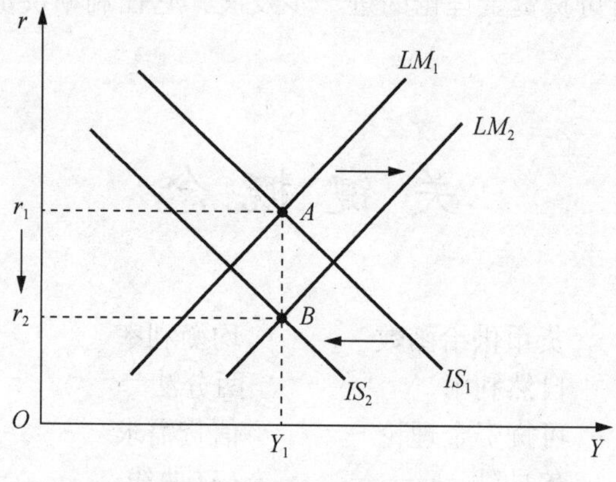


图 10-29　*IS-LM* 曲线

# 数据资料与相关链接

1. 可汗学院公开课——货币银行学：http://open.163.com/special/Khan/bankingandmoney.

2. 中央电大货币银行学视频教程：http://www.21edu8.com/university/caikuai/23715.

3. 货币银行学视频教程 43 讲（北大）：http://v.ku6.com/show/TGjxPk48GHviebR2EZv2GQ...html?from=my.

# 延伸阅读

1．黄达，张杰．金融学[M]．5版．北京：中国人民大学出版社，2020．

2．易纲，吴有昌．货币银行学[M]．上海：上海人民出版社，2006．

3．[美] 弗雷德里克・S．米什金．货币金融学[M]．12版．王芳，译．北京：中国人民大学出版社，2021．

# 第六篇

# 中央银行货币调控

前面各章讨论了现代经济中的信用货币创造、货币供求关系及利率决定机制等内容，这些内容为中央银行货币调控的讨论奠定了基础。作为当代宏观经济调控的主要手段，中央银行货币调控在当今各国经济运行中扮演着至关重要的角色。中央银行的货币调控方式、调控目标、工具、资产负债表活动对货币信贷、资产市场与整体经济运行都有着复杂而广泛的影响。因此，在一定意义上，现代货币银行学就是围绕中央银行货币调控进行的，故这部分内容是本书的重点所在。

# 中央银行货币调控概述

货币调控是中央银行最主要的职能，其目标是实现在物价稳定基础上的充分就业与经济增长。中央银行通过制定和执行货币政策来达到货币调控的目标。

## 本章主要内容

本章首先补充介绍中央银行的一般性内容，然后讨论中央银行的货币调控方式。

通过本章的学习，学生应当理解中央银行的性质和基本职能，初步掌握中央银行的货币调控方式。

### 引导案例

**货币政策将继续稳健，注重抑制资产泡沫**

**案例导读：**强调货币政策的稳健性是我国中央银行——中国人民银行货币调控的突出特征。案例显示，中国人民银行下一阶段货币政策取向的目的是要“在保持流动性合理充裕的同时，注重抑制资产泡沫和防范经济金融风险”。围绕这一目标，将展开六个方面的工作。案例展示的仅仅是中央银行货币政策调控的一个特殊类型，那么，中央银行货币调控的全貌又是什么呢？这就是我们接下来要探讨的问题。

中国人民银行于 2016 年 11 月 8 日发布第三季度中国货币政策执行报告称，将坚持实施稳健的货币政策，“在保持流动性合理充裕的同时，注重抑制资产泡沫和防范经济金融风险”。

中国人民银行表示，下一阶段货币政策将从以下六个方面着手。

一是综合运用货币政策工具，优化政策组合，保持适度流动性，实现货币信贷和社会融资规模合理增长。

二是盘活存量、优化增量，支持经济结构调整和转型升级。继续优化流动性的投向和结构，发挥好信贷政策支持再贷款、再贴现和抵押补充贷款的作用，强化信贷政策在推进供给侧结构性改革中的重要作用，引导金融机构优化信贷结构。

三是进一步推进利率市场化和人民币汇率形成机制改革，提高金融资源配置效率，完善金融调控机制。进一步完善人民币汇率市场化形成机制，加大市场决定汇率的力度，增强人民币汇率双向浮动弹性，保持人民币汇率在合理、均衡水平上的基本稳定。

四是完善金融市场体系，切实发挥好金融市场在稳定经济增长、推动经济结构调整和转型升级、深化改革开放和防范金融风险方面的作用。

五是深化金融机构改革，通过增加供给和竞争改善金融服务。继续深化大型商业银行和其他大型金融企业改革，完善公司治理，形成有效的决策、执行、制衡机制。

六是完善宏观审慎政策框架，有效防范和化解系统性金融风险，切实维护金融体系稳定。

（资料来源：http://finance.ifeng.com/a/20161108/14994002_0.shtml.）

## 第一节　中央银行概述

通过前面相关章节（第四章、第五章、第八章）的学习，我们已经对中央银行的主要职能及中央银行的资产负债表业务有不同程度的了解。本节将拓展中央银行的相关内容，对中央银行的职能定位、业务特点和组织结构进行总括性的介绍。

### 一、中央银行的基本职能

中央银行是一国金融体系的核心，是一国最高的金融管理机构，素有发行的银行、银行的银行和政府的银行之称。同其他的商业组织一样，中央银行也是经济发展的产物。历史上，中央银行的出现要晚于商业银行。中央银行的产生一是源自政府融资的需要，二是源自银行体系发展的需要。前者赋予商业银行的职能，使中央银行成了政府的银行；而后者所赋予中央银行的职能使之成为发行的银行与银行的银行。政府的银行、发行的银行和银行的银行体现了中央银行在国民经济中的地位。

#### （一）政府的银行

1694 年建立的英格兰银行是世界上最早的中央银行。英格兰银行的诞生是为了满足政府融资的需要。17 世纪末，英国国王威廉三世执政时，国家财政陷入困境，需要大量举债，由英格兰银行向政府贷款 120 万英镑。从此，英格兰银行成为政府的融资者和国库代理人，成为历史上第一家具有“政府的银行”职能的银行。此后出现的其他国家的中央银行，都或多或少地以直接贷款和购买国债方式承担对政府融资的功能而担负起政府的银行的角色。现在各国的中央银行一般不再承担为政府融资的角色，但都由法律赋予了代表政府执行金融政策、代为管理国家财政收支以及为政府提供各种金融服务的职能，成为现代意义上的政府的银行。

#### （二）发行的银行

发行的银行，是指发行货币现钞的银行。在银行业发展初期，许多商业银行除了办理存放款和汇兑等业务以外，都从事银行券的发行。银行券分散发行的弊病很大，一是在资本主义竞争加剧、危机四伏、银行林立的情况下，一些银行特别是中小银行，由于信用能力薄弱、经营不善或同业挤兑，无法保证自己所发银行券的兑现，从而无法保证银行券的信誉及其流通的稳定，由此引起社会的混乱；二是一些银行限于实力、信用和分支机构等问题，其信用活动的领域受到限制，所发行的银行券只能在国内有限的地区流通，从而给生产和流通带来困难。由此，客观上要求有一个实力雄厚并在全国范围内有权威的银行来统一发行银行券。在这样的背景下，在当时银行体系最发达的英国，英格兰银行就取得了英国货币英镑的发行权，成了发行的银行，垄断了货币现钞——传统上银行券的发行。其后各国成立的中央银行大都效法英国央行，垄断了银行券的发行。

在现代信用货币本位制下，各国中央银行是唯一由国家授权发行货币的银行。货币发行是中央银行的重要资金来源，也为中央银行调节金融活动和全社会货币、信用总量，促进经济增长提供了资金力量。因此，发行的银行的职能是中央银行实施金融宏观调控的必要条件。

（三）银行的银行

银行的银行具体有三层含义：一是为商业银行集中保管存款准备金，即承担储备银行的功能；二是为商业银行提供支付清算服务；三是对商业银行进行金融监督和管理。

1. 储备的银行

随着商品生产和流通的扩大，对银行贷款的需求量也不断增加，并且要求贷款的期限延长。商业银行如果仅用自己吸收的存款来提供放款，就远远不能满足社会经济发展的需要。如将吸收的存款过多地提供贷款，又会削弱银行的清偿能力，从而常常出现因支付能力不足而发生挤兑或破产的可能。因支付手段不足而大量倒闭的现象，始终贯穿于20世纪30年代以前的银行史，对国民经济的稳定发展构成了极大的威胁。这就客观上要求有一个信用卓著、实力强大并具有提供有效支付手段能力的机构，适当集中各家商业银行的一部分现金准备，充当商业银行的最后支持者。1913年建立的美国中央银行——美国联邦储备系统，其首要功能就是集中管理商业银行的法定储备，为银行提供流动性支持。当今，大多数中央银行作为银行的银行，其职能就是集中保管商业银行的准备金，并通过存款准备金业务来实施货币政策。

2. 清算的银行

中央银行作为银行的银行的另一职能是为商业银行提供票据清算服务。随着银行事业的发展，银行业务日趋扩大，银行每天收受票据的数量增多，各银行之间的债权债务关系复杂化，由各个银行自行轧差进行当日清算就出现困难。这种状况不仅表现为异地结算矛盾突出，即使同城结算也成问题。因此，客观上要求建立一个统一的、有权威的、公正的清算中心，这个中心最初由大型商业银行承担，后来转由中央银行承担。

在存款准备金制度建立后，商业银行都在中央银行设立了存款准备金账户，这给中央银行负责全国的资金清算带来了极大便利。银行之间的清算通过在中央银行的存款账户进行转账、轧差，直接增减其存款金额便可完成。中央银行办理金融机构同城票据交换和同城、异地的资金清算，具有安全、快捷、可靠的特点。这一方面加速了资金周转，减少了资金在结算中的占用时间和清算费用，提高了清算效率，解决了非集中清算带来的困难；另一方面，中央银行通过组织、参与和管理清算，对金融机构体系的业务经营能够进行全面、及时的了解和把握，为中央银行加强金融监管和分析金融流量提供了条件。现在，大多数经济体的中央银行已成为全境范围内的资金清算中心。

3. 监管的银行

作为银行的银行，中央银行的第三个职能是对商业银行机构进行金融监督和管理。同其他行业一样，银行业经营竞争也很激烈。而商业银行在竞争中的破产、倒闭给经济造成的动荡要大得多。因此，客观上需要有一个代表政府意志的专门机构从事金融业管理、监督、协调的工作。现代国家中的中央银行都在不同程度上负有对银行系统乃至整个金融市场体系进行监管的功能。

总结上述，现代中央银行的职能可简要概括为以下三类：①宏观调控职能，即运用法律赋予的权力对货币和信用进行调节和控制，进而影响和干预国家宏观经济，以实现预期的货币政策目标。②金融服务职能，即向政府机关、银行及非银行金融机构提供资金融通、划拨清算、代理业务等方面的服务。③金融管理职能，即为维护金融体系的安全和稳定，对银行和金融机构以及相关金融市场的运行等进行监管。

## 二、中央银行的业务特点及其性质

作为国家的最高金融管理机构，中央银行也有自己的业务，中央银行的职能是通过其业务活动来体现的。同商业银行一样，中央银行业务也分为资产和负债业务两大类型①，但它的业务又有着与普通商业银行性质迥异的特征。

（一）中央银行的资产负债业务

1. 负债业务

（1）货币发行。货币发行是中央银行最重要的负债业务。当今各国的货币发行，都由各国的中央银行垄断。中央银行的纸币是通过贴现、贷款、购买证券、收购金银外汇等方式投入市场，从而形成流通中的纸币，以满足经济发展对货币的需要。

（2）代理国库和吸收财政性存款。中央银行作为政府的银行，代理国库和吸收财政性存款就是它的主要业务之一。

（3）集中管理存款准备金。中央银行集中保管各商业银行的法定存款准备金，负责规定商业银行的存款准备金率，要求各商业银行按期如数上缴存款准备金。所有的商业银行必须在中央银行开立准备金账户，中央银行通过准备金账户来影响整个金融体系的货币扩张和收缩。

（4）办理全国的清算业务。企业之间的债权债务关系一般通过银行来清算，于是企业间的债权债务关系转变成为银行间的债权债务关系。中央银行通过各商业银行开设的账户，对全国银行间的债权债务关系进行清算，从而免除了两地间的现金运用麻烦，方便了地区间的资金往来，加速了商品流通。

① 此节有关中央银行资产负债业务内容请参照第八章第三节“中央银行的货币创造”。

（5）其他业务。除了上述四种负债业务外，中央银行还有国际金融机构负债业务、国库券基金兑付业务等其他业务。

2. 资产业务

（1）贴现贷款。中央银行开办贴现窗口，承办商业银行持有的未到期的已贴现票据的再贴现业务，还对商业银行办理贷款业务。有些国家的中央银行还对政府进行贷款。

（2）黄金与外汇储备。中央银行为了集中储备、调节资金、调节货币流通速度、稳定汇率和金融市场，在国内外金融市场上从事黄金、白银、外汇等资产的买卖活动，而且这一活动是中央银行的一项重要资产业务。

（3）证券投资。为了调节银根松紧和货币供应，中央银行还从事证券的买卖经营活动，但不以营利为目的。中央银行买卖的证券以政府债券为主，必要时也买卖少数公司债券。

（二）中央银行业务的性质

中央银行的特殊地位决定了它所从事业务的基本性质。总体上，从中央银行业务活动的特点和发挥的作用看，中央银行既是为商业银行等普通金融机构和政府提供金融服务的特殊金融机构，又是制定和实施货币政策、监督管理金融业、规范与维护金融秩序、调控金融和经济运行的宏观管理部门。中央银行业务的基本性质，具体如下。

第一，作为政府的银行，中央银行的业务一般不以营利性为特征，而是以国家最高金融管理机构的身份，代表国家制定和执行金融政策，代为管理国家财政金库以及为国家提供各种金融服务。中央银行作为行使政府职能的公共机构，必须定期公布其业务财务状况和金融统计资料，业务活动也必须保持公开性，不能隐匿或欺瞒，以保证国家和社会对中央银行活动的知情权，对中央银行进行必要的监督。

第二，作为发行的银行，中央银行在发行现钞、供给货币的同时，必须履行保持货币币值稳定的重要职责。中央银行要根据一定时期内的经济发展需要以及物价水平等诸多因素，制定与实施货币政策，运用多种手段有效调控货币供应量，保持货币供求的相对平衡，实现货币币值的基本稳定。

第三，作为银行的银行，中央银行只与商业银行和其他金融机构发生业务往来，一般也不经营商业银行和其他金融机构面对非银行公众的普通金融业务。它所从事的"存、放、汇"银行业务的对象是商业银行和其他金融机构，并通过"存、放、汇"业务对商业银行和其他金融机构的业务经营活动施加有效影响，以充分发挥金融管理职能。

（三）中国人民银行的业务特点及其性质

中国人民银行是中华人民共和国的中央银行，主要职能为制定和执行货币政策、维护金融稳定、提供金融服务。《中华人民共和国中国人民银行法》（以下简称《中国人民银行法》）规定，中国人民银行办理下列业务[①]。

（1）中国人民银行为执行货币政策，可以运用下列货币政策工具：①要求银行业金融机构按照规定的比例交存储蓄准备金；②确定中央银行基准利息；③为在中国人民银行开立账

① 根据 2003 年 12 月 27 日第十届全国人民代表大会常务委员会第六次会议修正后的《中华人民共和国中国人民银行法》。

户的银行业金融机构办理再贴现；④向商业银行提供贷款；⑤在公开市场上买卖国债、其他政府债券和金融债券，以及外汇；⑥国务院确定的其他货币政策工具。中国人民银行为执行货币政策，运用前款所列货币政策工具时，可以规定具体的条件和程序。

（2）中国人民银行依照法律、行政法规的规定经理国库。

（3）中国人民银行可以代理国务院财政部门向各金融机构组织发行、兑付国债和其他政府债券。

（4）中国人民银行可以根据需要，为银行业金融机构开立账户，但不得对银行业金融机构的账户透支。

（5）中国人民银行应当组织或者协助组织银行业金融机构相互之间的清算系统，协调银行业金融机构相互之间的清算事项，提供清算服务。

（6）中国人民银行根据执行货币政策的需要，可以决定对商业银行贷款的数额、期限、利息和方法，但贷款的期限不得超过一年。

（7）中国人民银行不得对政府财政透支，不得直接认购、包销国债和其他政府债券。

（8）中国人民银行不得向地方政府、各级政府部门提供贷款，不得向非银行金融机构以及其他单位和个人提供贷款，但国务院决定中国人民银行可以向特定的非银行金融机构提供贷款的除外。中国人民银行不得向任何单位和个人提供担保。

中国人民银行根据《中国人民银行法》的规定，在国务院的领导下依法独立执行货币政策，履行职责，开展业务，不受地方政府、社会团体和个人的干涉。

## 三、中央银行制度的发展、组织架构及其与政府的关系

中央银行是一种不断演进的制度安排，现代中央银行都有一定的组织形式，并且与政府有着特定的关系。

### （一）中央银行制度的发展

中央银行制度是关于国家最高的货币金融管理组织机构（即中央银行）的规范体系，在各国金融制度体系中居于主导地位。现代各国大多实行单一的中央银行制度，即单独设立一家统一的政府机构，并由该机构全面行使中央银行职能并对金融业进行监督和管理的制度。

如前所述，中央银行制度是商品经济尤其是货币经济发展到一定历史阶段的产物，它直接产生于政府融资、银行券统一发行、最后贷款人、清算和金融监管的需要。中央银行制度的发展大约经历了以下几个阶段。

#### 1. 产生形成阶段（1694—1913 年）

这一时期的中央银行尚属幼稚，功能也比较简单。其特点如下：①由经营存放款的普通银行自然演进；②逐渐集中货币发行；③对一般银行提供服务。其功能只包括政府融资功能、货币发行功能、金融服务功能（集中银行准备金、贴现商业银行票据、转账结算）。

#### 2. 扩展阶段（1914—1944 年）

这个时期的特点是：①各国纷纷成立中央银行；②中央银行的重心在于稳定货币；③集

中储备成为稳定金融的重要手段；④发展了部分准备金制度。这个时期中央银行的功能，除了原有的政府融资功能、货币发行功能、金融服务功能外，又产生了金融监管功能。

3. 发展完善阶段（1945 年至今）

第二次世界大战以来，中央银行出现了许多新的特点：①国家控制中央银行，中央银行成为国家机构的一部分；②制定和实施货币政策成为中央银行的最重要职责；③中央银行的国际合作与协调日益加强。在这个时期，中央银行的功能又一次得到发展，在政府融资功能、货币发行功能、金融服务功能、金融监管功能之外，调控宏观经济功能格外突出。

以上可见，在不同的发展时期，中央银行制度具有不同的内容和特色，2008 年国际金融危机之后，传统中央银行制度还在增添新的内容。除近年增加了反洗钱、征信管理功能之外，发达经济体中央银行的大量资产购买更成为其新的功能。

（二）中央银行的组织架构

同其他行政单位一样，中央银行也有自己的组织结构。全球各经济体中央银行组织结构大同小异，一般采取总分行制，总行下设各地区分行；总分行均实行行长负责制，在总行、分行内部设置各职能部门，以实施全行系统的日常行政事务和货币政策的实施。中央银行的组织架构如图 11-1 所示。

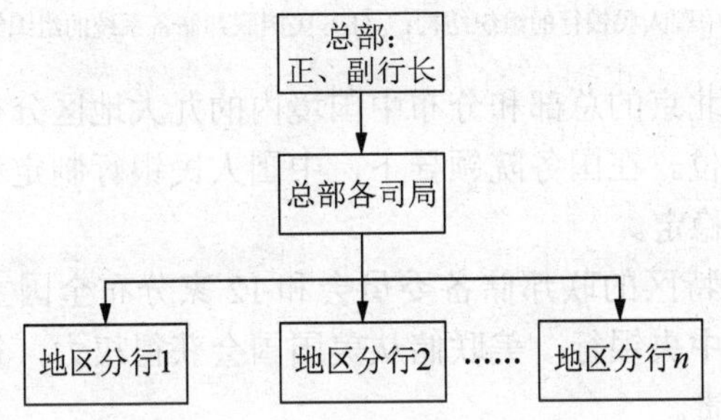


图 11-1　中央银行的组织架构

中央银行总部（美国央行的最高行政机构为美联储理事会）负责整个中央银行体系的行政管理。央行行长（在美国称美联储主席）为最高行政首脑，对货币政策的制定和执行及系统行政运营负总责。

行长下辖各职能部门（各司局），一般包括：①与行使中央银行职能直接相关的部门。这是中央银行内设机构的主体部分，包括办理与金融机构业务往来的部门、货币政策操作部门、负责货币发行的部门、组织清算的部门、金融监管部门等。②为中央银行行使职能提供咨询、调研和分析的部门，包括统计分析部门、研究部门等。③为中央银行有效行使职能提供保障和行政管理服务的部门，包括行政管理部门、服务部门、后勤保障部门等。

地区分支行设置大致有三种情况。

（1）按经济区域设置（大多数国家）。这种设置方法是根据各地经济金融发展状况和中央银行业务量的大小，视实际需要按经济区域设立分支机构，与行政区划并不一致。

（2）按行政区划设置。在这种设置方式下，中央银行的分支机构设置与国家的行政区划相一致，逐级设置分行或支行。这种设置方式是前计划经济国家的典型形式。

（3）以经济区域为主，兼顾行政区划。这种设置方式一般是按经济区域设置分行，而分行之下的机构设置则考虑行政区划并尽量与行政区划相一致。1998 年以后我国中央银行体系分行设置就是这种安排。

中美两国中央银行的组织结构如图 11-2 所示。中美两国中央银行并无大异，所不同者，仅在中国中央银行决策核心是货币政策委员会，而美国联邦储备系统（美联储）的核心管理机构是美国联邦储备委员会；中国中央银行的货币政策决策执行部门是货币政策司，而美联储是联邦公开市场委员会（the Federal Open Market Committee，FOMC）。

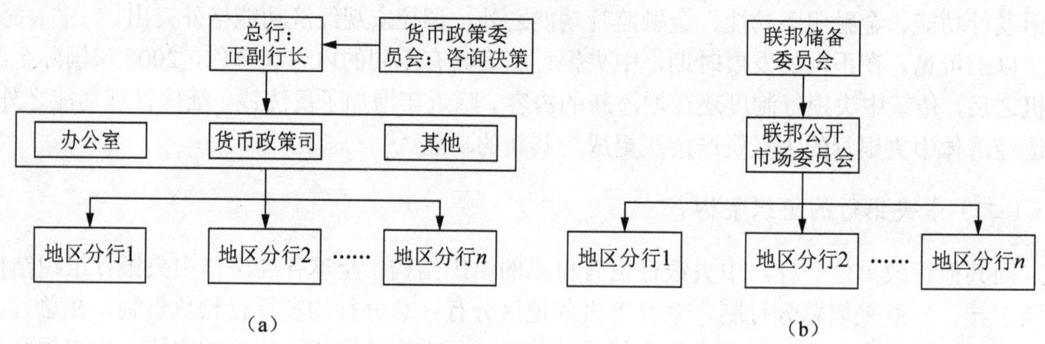


图 11-2　中美两国中央银行的组织结构对比

（a）中国人民银行的组织结构；（b）美国联邦储备系统的组织结构

中国人民银行由位于北京的总部和分布中国境内的九大地区分行组成，由《中国人民银行法》赋予其中央银行地位。在国务院领导下，中国人民银行制定和执行货币政策，防范和化解金融风险，维护金融稳定。

美联储由位于华盛顿特区的联邦储备委员会和 12 家分布全国主要城市的地区性联邦储备银行组成。作为美国的中央银行，美联储从美国国会获得权力，行使制定货币政策和对美国金融机构进行监管等职责。

作为全球前两大经济体的中央银行，所担负的也都是类似的职能。

### （三）中央银行与政府的关系

#### 1. 中央银行无一例外都是政府的银行要承担法律授权的各种政府银行的职能

世界各经济体的中央银行，无论其组织形式、管辖范围、资本来源如何不同，但在政府银行的职能这一点上又都是共同的，都可视作政府的职能部门。即中央银行与政府的关系是隶属于被隶属的关系，中央银行必须在法律授权范围内从事活动，对政府负责。

#### 2. 中央银行应与政府保持相对独立的关系

中央银行保持相对独立的理由主要在于避免国家利用行政命令的方式向中央银行进行财政透支，滥用国家信用。保持中央银行相对独立性，有利于避免政府对中央银行的不当干预，有利于货币政策的实施。中央银行的货币政策主要目标只能是稳定货币和维护经济金融的正常秩序，而任何一国政府的目标都是多重的，除稳定通货外，还必须实现经济发展、完善社会保障、维持企业生存、增加居民收入和税收等。中央银行的单一目标和政府多重目标处于经常性的矛盾状态，政府的多重目标往往会取代中央银行的单一目标，为使货币政策的贯彻执行更有效，提高中央银行的相对独立性，必须通过加强中央银行相对独立性的法律地位来解决。

当然，中央银行的独立性只是相对的，它不能完全独立于政府，其业务活动不能脱离国家社会经济发展总目标的要求，政府也会通过不同形式对中央银行加以控制。

以上就是对中央银行相关内容的补充和概括，接下来将重点讨论中央银行的货币调控方式。

## 第二节 中央银行的货币调控方式

如本书第一章所述，现代经济运行离不开政府的宏观调控。宏观调控是国家的经济职能，是国家对宏观经济运行的干预。中央银行货币调控作为国家宏观调控的重要方式之一，在宏观经济调控中发挥着其他政策工具不可替代的作用。

### 一、货币调控的概念

货币调控是指中央银行通过制定和执行货币政策，通过金融部门作用于整体经济循环，以促进实现宏观经济调控目标的整个过程。

在现代经济中，货币调控职能主要由中央银行来履行。货币调控是通过货币政策来实现的，而货币政策又是通过中央银行制定与实施的。中央银行作为唯一的货币发行机构，通过一系列行之有效的措施，控制货币供应量，保持货币流通稳定，通过保持货币供求总量和结构的平衡来促进社会总需求与总供给的均衡，从而为经济发展营造良好的金融环境。

货币调控的作用和影响不是社会经济活动的某个方面，而是整个国民经济的全局。国家通过中央银行的特殊地位和它所掌握的货币政策工具，对信贷规模和货币流通量等关键变量进行调节，利用货币供应量的变动来影响整个国民经济活动，以实现国家对社会经济的干预意图。

从国家宏观调控的角度看，货币调控的范围要小于更广泛意义上的金融调控。金融调控是宏观调控的重要组成部分。金融宏观调控是指国家综合运用经济、法律和行政手段，调节金融市场，保证金融体系稳定运行，影响社会总需求进而实现社会总供求均衡，促进金融与经济协调稳定发展的机制与过程。而货币调控则是专指各国中央银行根据法律赋予的权限，作为最高的货币金融管理组织机构，制定和执行货币政策来促进国民经济的平稳增长与稳健运行。因此，货币调控与金融调控是局部与整体的关系，货币调控作为金融调控的核心部分，要服从于国家金融与宏观调控的大局，与其他宏观经济政策相互协调、配合。

衡量宏观经济调控的目标和效果的标准不是单一的，而是包括物价稳定、经济增长、充分就业、国际收支平衡在内的综合性指标。宏观调控的主要手段是财政政策和货币政策。因此，要实现这些目标，往往又需要货币政策与财政政策的配合使用。宏观经济的调控目标就是借助财政政策与货币政策的协调配合共同实现经济增长、物价水平与就业充分等经济总量指标的综合平衡，进而实现宏观经济的总体调控目标。

相对于其他宏观调控的途径和手段，货币调控侧重于国民经济的总量和近期目标，主要是针对经济的短期运行，解决经济的周期波动问题。但是为宏观经济内在联系所决定，其作用也必然影响到国民经济的结构和长远目标。

第二次世界大战以后，随着凯恩斯国家干预主义的兴起和盛行，市场经济国家都程度不同地对经济实行宏观调控，以充分就业与稳定经济增长为标志的宏观经济调控也成为各国货币政策的重要内容。改革开放以来，我国包括货币调控在内的宏观经济调控也不断成熟。现阶段，我国的宏观经济管理通过多种方式来实施：一是战略引导；二是财税调控，包括财政政策、税收政策以及收入分配和社会保障政策；三是金融宏观调控。其中，中央银行的货币政策调控担负着金融调控的核心部分角色，在其政策实践的积极探索和发展中配合其他经济政策对促进我国经济的健康平稳增长发挥了积极的作用。

中央银行货币调控的有效性需要一定的前提条件，关键的条件有：①一国市场经济制度的建立和完善，市场在资源配置中发挥着基础性或决定性作用。②利率、汇率等资金与外汇价格可以由市场供求力量来决定。③金融市场中扮演储蓄投资转化的关键中介组织——商业银行成为自主经营、自负盈亏、产权明晰、地位独立的市场主体。其主要标志一是初步建立了相对规范的公司治理架构，内部管理和风险控制能力不断增强；二是财务状况明显好转，资本充足率、资产质量和盈利能力等指标显著改进，财务可持续能力明显增强。④一个以中央银行为领导、商业银行为主体、多种金融机构并存的分工协作的二级银行体系已经建立。⑤使用资金的企业对利率信号敏感，资金成本的高低变化对企业的融资行为有着强有力的约束效应。唯有满足上述条件，中央银行的货币调控意图才能通过不同层次的金融市场顺利地向实体经济传导，达到预期的调控目标。

## 二、货币政策及其主要类型

### （一）货币政策的基本概念

货币政策是中央银行货币调控的主要政策工具，货币政策有广义与狭义之分。广义上，货币政策是国家为实现一定的经济发展目标所制定的，是关于货币信用活动的一系列政策、方针和调控措施的总称；狭义上，货币政策指中央银行为实现其特定的经济目标而采用的各种控制和调节货币供应量进而影响产出、收入、价格、国际收支等宏观经济变量的一系列政策措施，包括信贷政策、利率政策和外汇政策。以下除非另有说明，我们采用的都是狭义的货币政策概念。

货币政策的基本任务在于正确调节货币供应量。只有当货币供给与货币需求相一致，储蓄才能顺利地转化为投资，货币流通才能稳定，经济才能协调发展。相反，如果货币供应量不当，就会引起货币流通混乱，阻碍储蓄向投资的转换，导致资源闲置或误配，影响经济发展。

具体而言，货币政策主要有以下三个方面任务：第一，保持适度的货币供应，既要满足经济发展的货币需求，又不人为地扩大货币供给，造成货币的超经济发行；第二，为国民经济健康发展创造良好、稳定的货币金融环境；第三，实行逆周期调节，对冲其他干扰因素对经济运行的影响。在经济膨胀时期，减少货币供应量，以降低过旺的需求，促使经济稳定；在经济衰退时期，增加货币供应量，以刺激社会总需求，使经济恢复增长。

### （二）货币政策的主要类型

货币政策按不同的标准，可以划分为不同的类型。根据性质，货币政策可分为扩张性货币政策、紧缩性货币政策与中性货币政策；根据作用针对性，货币政策可以分为信贷政策、利率政策、外汇政策和其他政策。

1. 扩张性、紧缩性与中性货币政策

（1）扩张性货币政策，是指中央银行在货币政策态势上采取宽松立场，通过放松银根，提高货币供应增长速度来刺激总需求。在这种政策下，取得信贷更为容易，利率会降低。因此，当总需求与经济的生产能力相比较低时，使用扩张性货币政策最合适。中央银行可以通过降低法定准备金率，降低再贴现利率，或者公开市场业务购入证券等措施来增加货币供应。此外，中央银行还可以通过"道义劝告"，即中央银行将货币政策的扩张意向告知商业银行，来影响商业银行及其他金融机构增加放款，以增加货币供应。在我国，扩张型货币政策常表现为扩大贷款规模。在 1997 年亚洲金融危机到 2005 年的近 8 年间，我国实行的就是低利率、宽信贷的扩张性货币政策，在中国人民银行的文件中称为稳健货币政策。

（2）紧缩性货币政策。紧缩性货币政策与扩张性货币政策相反。紧缩性货币政策是指中央银行通过削减货币供给的增长来降低社会总需求水平，即当总需求大于总供给、经济增长过热、形成通货膨胀压力时，中央银行通过紧缩银根、减少货币供应量来抑制总需求的膨胀势头。中央银行可以通过提高法定准备金率、提高贴现率、在公开市场上卖出债券等措施来回笼货币，减少货币供应量。在我国货币政策的实践上，2005 年以来也多次实行过包括大幅度提高利率、频繁提高存款准备金率以及多次大规模发行中央银行票据在内的货币紧缩措施。

（3）中性货币政策，指介于扩张性与紧缩性货币政策之间的货币政策。换句话说，就是一种保证货币因素不对经济运行产生影响，从而保证市场机制可以不受干扰地在资源配置过程中发挥基础性作用的货币政策。

制定并实行正确的货币政策对于经济的健康运行至关重要。过度扩张的货币政策会导致通货膨胀，同时降低经济运行效率，阻碍经济增长。过分紧缩的货币政策会导致严重的经济萧条，产出减少，失业率上升。它还可以导致通货紧缩，即物价水平的不断下跌，20 世纪 30 年代的美国与 80 年代的日本都出现过。通货紧缩会对经济造成严重破坏，还可引起金融动荡，甚至引发金融危机。

在我国，并无扩张性或收缩性货币政策之说，稳健货币政策是具有中国特色的一种提法，它讲的是制定货币政策的指导思想和方针。稳健货币政策与稳定币值目标相联系，它包含既防止通货紧缩又防止通货膨胀两方面的要求，它不妨碍根据经济形势需要对货币政策实行或扩张或紧缩的操作。

2. 信贷政策、利率政策、外汇政策和其他政策

（1）信贷政策。这是中央银行为管理信用而采取的一系列方针与措施。通过实施信贷政策，一方面调节社会信用总量，使之适应经济发展需要；另一方面调节社会信用结构和去向，使资金发挥最大的使用效益。不过，这一政策具有较大的局限性，主要适用于传统计划经济向市场经济转型的国家，在成熟市场经济国家罕有使用。

（2）利率政策。这是中央银行为控制和调节市场利率而采取的一系列方针政策，具体体现在两个方面：一是对中央银行基准利率水平的调节，二是对利率结构（风险结构和期限结构）的调节。利率政策是各国中央银行普遍采用的货币政策，也是我国央行使用较为频繁的

货币政策。

（3）外汇政策。中央银行通过汇率政策来调节外汇市场，控制国际资本流动，保持适度的外汇储备，以维护汇率的稳定，使其不要过度波动而影响经济的发展。汇率政策较多地见于新兴经济体，其好处是可以维持汇率稳定，缺陷是容易扭曲外汇价格，并容易引致与主要贸易伙伴国的汇率纷争。

（4）其他政策。中央银行除了制定信贷政策、利率政策和汇率政策外，还要制定其他一系列有关金融活动的政策，以维持金融秩序和金融市场的稳定。例如，在 2008 年国际金融危机之后，以美联储为首的西方经济体中央银行大都采取了所谓的量化宽松政策，主要手段有：第一，中央银行基准利率降到接近于零；第二，中央银行向金融机构购买除传统国债以外的各类被认为合格的金融证券资产，向银行金融体系直接灌注流动性。这类政策举措被称为非常规货币政策，其目的是维持本国金融秩序和金融市场的稳定。

## 本章小结

（1）货币调控的主要目标是实现在物价稳定基础上的充分就业、经济增长，中央银行通过制定和执行货币政策来达到货币调控的目标。

（2）中央银行是一国金融体系的核心，是一国最高的金融管理机构。货币调控是中央银行的最主要职能。

（3）中央银行业务也分为资产和负债业务两大类型，它的业务有着与普通商业银行性质迥异的特征。

（4）各国中央银行组织结构大同小异，一般采取总分行制。

（5）中央银行与政府的关系是隶属与被隶属的关系，同时中央银行应与政府保持相对独立的关系。

（6）中央银行货币调控在宏观经济调控中发挥着其他政策工具不可替代的作用。

（7）货币调控是指中央银行通过制定和执行货币政策，通过金融部门作用于整体经济循环，以促进实现宏观经济调控目标的整个过程。

（8）货币政策是中央银行货币调控的主要政策工具，货币政策的基本任务在于正确调节货币供应量。

（9）按不同的标准，货币政策可以划分为不同的类型。货币政策根据性质可分为扩张性货币政策、紧缩性货币政策与中性货币政策；根据作用针对性可以分为信贷政策、利率政策、外汇政策和其他政策。

## 关键概念

| | | | |
|---|---|---|---|
| 货币调控 | 中央银行 | 政府的银行 | 发行的银行 |
| 银行的银行 | 货币发行 | 贴现贷款 | 货币政策 |
| 扩张性货币政策 | 紧缩性货币政策 | 中性货币政策 | 非常规货币政策 |

# 复习思考题

## 一、简答题

1．中央银行的基本职能有哪些？

2．什么是发行的银行、银行的银行和政府的银行？各有哪些基本内容？

3．中央银行的主要负债业务有哪些？资产业务呢？

4．中央银行货币调控的有效性需要哪些基本条件？

5．货币政策有哪些基本类型？

6．广义货币政策与狭义货币政策有何不同？

7．什么是扩张性货币政策、紧缩性货币政策与中性货币政策呢？

8．2008年国际金融危机后，发达经济体中央银行的非常规货币政策的主要内容是什么？

## 二、论述题

1．中央银行业务的性质与普通商业银行有何不同？

2．何谓稳健货币政策？登录中国人民银行网站，查看相关货币政策报告，归纳不同时期我国稳健货币政策的基本内容，并列表比较其异同。

3．登录美联储、欧洲央行、英格兰银行及日本央行的官方网站，查看有关量化宽松的政策说明，列表比较上述各央行量化宽松的政策异同。

# 数据资料与相关链接

1．可汗学院公开课——货币银行学：http://open.163.com/special/Khan/bankingandmoney.

2．中央电大货币银行学视频教程：http://www.21edu8.com/university/caikuai/23715.

3．货币银行学视频教程43讲（北大）：http://v.ku6.com/show/TGjxPk48GHviebR2EZv2GQ...html?from=my.

# 延伸阅读

1．黄达，张杰．金融学[M]．5版．北京：中国人民大学出版社，2020.

2．易纲，吴有昌．货币银行学[M]．上海：上海人民出版社，2006.

3．[美]弗雷德里克·S．米什金．货币金融学[M]．12版．王芳，译．北京：中国人民大学出版社，2021.

# 第十二章

# 货币政策目标、工具与传导机制

货币政策一般涉及三个方面的问题：货币政策目标、货币政策工具和货币政策的实施效果。但是，由于货币政策从确定目标到具体实施，直至达到预期目标，其间涉及一系列的作用过程，因此货币政策还要研究中间目标、操作目标和政策传导机制。

本章首先讨论货币政策目标的概念，包括最终目标、中间目标和操作目标，然后讨论货币政策工具，最后讨论货币政策的传导机制。

## 知识与技能目标

通过本章的学习，学生应当理解货币政策的最终目标、中间目标和操作目标的概念，理解货币政策工具的运用及其货币政策的传导机制。

## 引导案例

### 美联储利率决议暗示近期加息

**案例导读：** 美联储作为全球关键储备货币国的中央银行，其货币政策走向为世界各国瞩目，其主要货币政策工具联邦基金利率的升降事关全球金融市场动向。案例显示，美联储2016年12月加息概率达100%。那么，美联储加息概率的估计主要依据何在？这就是美国的就业市场表现，作为美国货币政策的首要目标就是最大限度就业。而货币政策工具加息与货币政策目标就业之间的因果关系决定着货币政策的传导效应。本案例为本章内容的展开提供了一个实际场景。

2016年11月3日，美联储在大选结果揭晓前的最后一次利率决议中，宣布维持基准利率0.25%~0.5%不变，比较符合市场预期，且在声明中有暗示美联储将于12月加息。

其实由于众所周知的大选风险因素以及美联储谨慎小心的风格，市场对于此次利率决议加息的预期一直很低，而且在宣布利率决议之前美联储多位官员还发声，暗示12月加息才是“合理的时间”，这似乎使得市场对此次利率决议预期降至“冰点”。

再加上 11 月 4 日公布的非农就业人口 16.1 万，虽低于预期的 17.3 万，但表明美国就业市场仍维持强劲，这亦加深了市场对美联储将于 12 月加息的预期。

美联储在决议声明中也指出，委员会认为，上调联邦基金利率的理由已经增强，但决定暂时等待向委员会目标继续取得进展的进一步证明。

而且，美联储主席耶伦 11 月 17 日在国会联合经济委员会听证会上的演讲也指出，其认为“不久之后”加息可能是适宜的，且推迟加息太久可能会导致额外风险，还可能意味着更快速的紧缩。而就在耶伦的演讲公布后，联邦基金利率市场显示，美联储 12 月份加息概率已达 100%的水平，且目前仍维持在该水平。

（资料来源：https://www.touzi.com/news/217218220-349320.html.）

# 第一节　货币政策目标

货币政策目标是货币政策的综合性目标体系。这种目标的制订与一定时期内的社会经济发展状况相联系，必须与国家的宏观经济目标相适应。在它的实施环节上，货币政策目标可分为最终目标、中间目标与操作目标三个不同环节的目标。

## 一、货币政策的最终目标

### （一）货币政策最终目标的概念

货币政策的最终目标，是指国家通过中央银行制定和执行货币政策，对国民经济进行货币调控最终要达到的目标。这个目标亦即通常意义上的货币政策目标（以下如无特别说明，货币政策目标与之等价），它是中央银行组织和调节货币流通的出发点和归宿，反映着社会经济对货币政策的客观要求。货币政策目标不是单一的，而是一个目标体系，一般包括稳定物价、充分就业、经济增长和国际收支平衡。

1. 稳定物价

稳定物价指一般物价水平在短期内没有显著的或急剧的波动。在信用纸币条件下，稳定物价就是稳定币值。物价稳定是经济可持续增长的前提，它的反面是通货膨胀，而通货膨胀直接影响货币政策的实现，所以抑制通货膨胀、保持物价的基本稳定是中央银行的基本任务之一。现在发达经济体中央银行的物价稳定目标大都确定在 2%的水平。

2. 充分就业

充分就业不等于社会劳动力的百分之百就业，而是指愿意就业者都可在较短时期内找到一个适当的工作。充分就业不考虑产业结构转换带来的摩擦性失业和不愿意寻找工作者的自愿失业。充分就业包含一个不为零的自然失业率。国际上一般将失业率低于 5%视为充分就业。

3. 经济增长

经济增长指一国在一定时期内所生产的商品和服务总量的增加，一般以剔除通货膨胀因素的影响后一国当年 GDP 增长率对比往年的增长率来表示。经济增长反映了一国的经济发展水平，与充分就业目标紧密相关，与失业率呈负相关关系。在失业率很低的时候，企业更乐于进行资本设备投资以提高生产率，从而会促进经济增长。相反，如果失业率较高，那么产能闲置，企业就不会把钱再投资于增添厂房和资本设备上，从而会阻碍经济增长。因此，维持一定的经济增速是实现充分就业的必要条件，也就成为货币政策目标的题中之义。

4. 国际收支平衡

国际收支平衡指一国对其他国家的全部货币收入和货币支出相抵，略有顺差或略有逆差[①]。国际收支平衡是维持币值稳定的必要条件。经验证据表明，世界上国际收支严重失衡的国家，一般伴有货币的持续贬值，特别对非储备货币经济体而言，因为对外支付必须取得外汇，所以维持国际收支平衡至关重要，否则，一旦对外债务无法偿还，将引致本国货币大幅度贬值，严重的会引发货币危机。因此，维持国际收支平衡，把它作为货币政策的目标之一，对于保证币值稳定，特别是对新兴经济体而言具有特别重要的意义。

应当注意，上述目标体系中的四个分目标之间并非完全一致的关系，除了充分就业与经济增长之间一般是正相关外，其他目标有时会彼此冲突，尤其是遏制通货膨胀，因为通货膨胀和其他目标互相很易矛盾。例如，要遏制通货膨胀，就必须保持物价稳定，而要保持物价稳定就必须控制货币发行，这就会与刺激经济增长、增加就业所需要的宽松货币供给的要求相冲突；稳定币值的目标也会与使汇率贬值促进出口的汇率政策相左等。这些冲突会使中央银行无法通过实行同一货币政策以同时达到多个不同的目标。因此，各目标之间如何平衡，是个货币政策的艰难课题，迄今为止，世界上还没有一个中央银行能够在上述四大目标之间同时实现完美平衡，因此，在各国中央银行的货币政策实践中，往往是根据经济发展的不同阶段需要在这些目标之间进行择优组合。

### （二）货币政策最终目标的演变

货币政策目标并非从来如此，也不是一成不变。在国际货币史上，货币政策目标是随着货币制度和经济发展不同阶段而变化的。从 20 世纪 30 年代以前的稳定币值这一单一目标，发展成当今的综合性体系，货币政策目标经历了一个漫长的演变过程。

20 世纪 30 年代以前，西方各国普遍实行金币本位制，为了维护货币对黄金的法定比价，稳定币值自然成为各国中央银行货币政策选择的目标。此外，在当时环境下，各国推崇市场自动调节经济，政府还缺乏对经济实行宏观调控的认识，因而也就没有其他的货币政策目标，故稳定币值是当时各国货币政策目标的唯一选择。

20 世纪 20 年代末 30 年代初的资本主义世界经济大危机，使资本主义国家失业人口剧增，严重危及经济发展和社会稳定。解决就业问题成为当时西方各国政府的压倒性任务。凯恩斯国家干预主义应运而生，主要资本主义国家相继以法律形式宣布充分就业为中央银行货币政策的主要目标。于是，货币政策目标从原来的单一目标发展成稳定币值和充分就业的双重目标。

第二次世界大战以后，不少国家把发展经济、促进经济增长作为本国货币政策目标的重

① 严格意义上，国际收支平衡指一国国际收支净额即净出口与净资本流出的差额为零，即国际收支净额=净出口-净资本流出。但这在事实上做不到，因此，国际收支平衡实际上是指略有差额，而非绝对平衡。

点。进入20世纪70年代，由于以前长期推行凯恩斯主义扩张性政策，西方各国均不同程度地出现了通货膨胀，严重影响了国际收支。这又使得一些国家把国际收支平衡作为一项重要内容，列为货币政策的目标之一。至此，货币政策目标已经发展演变成稳定币值、充分就业、经济增长、国际收支平衡这样的综合性目标体系。后来，布雷顿森林体系解体，黄金失去了作为货币价值实体的功能，国际货币制度成了纯粹的纸币本位制，于是许多国家便把稳定币值这一目标改为物价稳定。

到了现在，各国的货币政策目标尽管各有侧重，选项上也不完全一致，但概括而论，就是保持物价稳定、维持充分就业、促进经济增长、保持国际收支平衡。简言之，就是要在物价稳定基础上促进充分就业、经济增长。

### （三）世界主要经济体货币政策目标比较

当今之世，世界主要经济体的货币政策目标，主旨都是大同小异，但在具体应用上又随各国经济形势的不同需要各有取舍。例如，美国联邦储备系统的法定目标是保持货币和信贷总量符合潜在长期经济增长，从而有效地促进增加产出、最大就业、维持物价稳定和适中的长期利率。根据《欧盟运行条约》第127条第一款[①]，欧洲央行的货币政策目标是：保持价格稳定是欧元体系单一货币政策的首要目标。在“不影响物价稳定的目标”前提下，欧元体系应也“支持一般的经济政策在联盟为实现联盟的目标作出贡献”，包括“充分就业”和“均衡的经济增长”。英格兰银行的货币政策目标是：实现价格稳定，通货膨胀率目标为2%，支持政府经济增长和就业目标，实现经济稳定和提供适当的产出和就业的可持续增长条件。日本央行的货币政策目标旨在“实现价格稳定，从而促进国民经济的健康发展”。俄罗斯央行的货币政策目标是控制通货膨胀，稳定币值，当前的通货膨胀控制目标是4%。印度储备银行的货币政策旨在管理货币供应量，满足不同经济部门的信贷需求，促进经济增长，具体有四个主要目标：价格稳定，鼓励就业增长，协助快速的经济增长，以及维持汇率稳定。

根据《中国人民银行法》第三条，我国的货币政策目标是保持货币币值的稳定，并以此促进经济增长。近年来改革中的调整、充实措施，实际上也是为了保持人民币币值稳定，从而推动经济发展和社会进步。

表12-1列示了中国、美国和欧洲等主要经济体中央银行的货币政策目标。

**表12-1　主要经济体中央银行的货币政策目标**

| 国家（地区）中央银行 | 货币政策目标 | | | |
|---|---|---|---|---|
| 中国人民银行 | 币值稳定 | | 促进经济增长 | |
| 美国联邦储备系统 | 促进就业 | 物价稳定 | 中长期利率稳定 | |
| 欧洲央行 | 物价稳定 | 促进充分就业 | 促进经济增长 | |
| 英格兰银行 | 价格稳定 | 促进就业 | 促进经济增长 | |
| 日本银行 | 价格稳定 | | 促进经济增长 | |
| 俄罗斯央行 | 物价稳定 | | | |
| 印度储备银行 | 价格稳定 | 鼓励就业增长 | 快速经济增长 | 汇率稳定 |

注：表中四大目标按各中央银行的优先顺序安排。

① 参见 the Treaty on the Functioning of the European Union, Article 127 (1)。

以上可见，各大经济体货币政策目标在实践中是不一致的，各中央银行货币政策目标唯一统一的仅有物价稳定一条。只有印度央行有满足四大目标的明示要求。即使是我国中央银行，法定目标也仅是物价稳定与经济增长两项，并无通常所称的四大目标要求，尽管在实践中我国中央银行可能同时兼顾四大目标，但如此执行的货币政策综合效果未必是理想的。例如，我国的广义货币供应量与 GDP 的比重是目前世界上最高的，达到 GDP 的 2 倍以上，这不是一个好的结果。

## 二、货币政策的中间目标和操作目标

货币政策目标的中心任务是要实现在物价稳定基础上的充分就业、经济增长， 但是，货币政策目标要通过中间目标和操作目标才能实现。这两个目标选择的正确与否，事关最终目标能否实现。下面先讨论中间目标，再讨论操作目标。

### （一）货币政策的中间目标

#### 1. 中间目标的含义

货币政策的中间目标又称为货币政策的中介指标、中间变量，是介于货币政策工具变量（操作目标）和货币政策目标变量（最终目标）之间的变量指标。

货币政策是实现一定目标的货币供给，其直接作用对象必然是决定货币供给的主要变量。由于货币政策从制定到执行再到最终生效有个时滞过程，因而要考查货币政策目标的实现与否，则需要经历较长的时期。并且中央银行在实施货币政策的过程中，要了解政策的实施效果，需要有一些可以量化、操作的经济指标。这些指标就是货币政策的中间目标，它们担负着实现货币政策目标的桥梁作用。中央银行采取一系列操作措施来影响货币供给，改变中央银行能够施以直接影响的中间指标，进而保证最终目标得以实现。因此，中间目标选择的准确与否成为事关最终目标能否实现的关键环节。

#### 2. 选定中间目标的标准

货币政策目标一经确定，中央银行必须选择相应的中间变量，编制具体贯彻货币政策的指标体系，以便实施政策操作和检查政策实施效果。中间目标处于最终目标和操作目标之间，是中央银行通过货币政策操作和传导后能够以一定的精确度达到的政策变量，因此，中介指标的选取要符合三个标准：政策手段必须是可测量的，必须可以由中央银行控制，以及必须对目标有着可以预期的影响。

（1）可测性。中央银行能够迅速获得这些指标准确的资料数据，并进行相应的分析判断，以便能够迅速地发出有关政策立场信号。

（2）可控性。这些指标能在足够短的时间内受货币政策的影响，并按政策设定的方向和力度发生变化，不至于偏离轨道后，中央银行无法使之返回正确轨道。

（3）相关性。这些指标与货币政策最终目标有密切的关系，对目标有可预计的影响，控制着这些指标就能基本实现政策目标。因为对于政策手段的作用而言，它影响目标的能力非常重要。由于中央银行在准备金或货币总量同货币政策最终目标产出、就业和物价水平之间的联系，以及利率同这些目标之间的联系的认同方面，还存在若干争议。近年来，大部分中央银行认为，同货币总量和通货膨胀的联系相比，利率与通货膨胀的联系更为紧密。因此，世界各国的中央银行普遍使用利率作为政策手段。

3. 充当中间目标的变量

充当中间目标的变量可以是价格（利率）或数量（货币总量），但中央银行不能同时实现价格目标与数量目标。根据上述标准确定的货币政策中间目标变量通常有利率、货币供应量，在一定条件下，信贷量和汇率也可充当中间指标。

（1）利率。中央银行能够直接影响利率的变动，而利率的变动又能直接、迅速地对经济产生影响，利率资料也容易获取。利率作为中介目标主要是指中长期利率。不过，以利率作为货币政策的中间目标变量也有一定缺陷。因为中央银行能够迅速和准确计量的是名义利率而不是实际利率（借贷的实际成本），而实际利率才是能够较为确切地说明 GDP 会有什么变化的量。由于实际利率等于名义利率与预期通货膨胀率之差，但预期通货膨胀率无法直接测度。因此，实际利率是极难计量的，这也使中央银行很难控制实际利率的变化。因此，以利率作为货币政策中间变量对 GDP 的作用是有局限的。

（2）货币供应量。货币供应量也称总量目标，这是以弗里德曼为代表的现代货币主义者所推崇的中间目标。以货币供应量作为货币政策的中间目标，最大问题就是指标口径的选择。弗里德曼提出“单一规则”的货币政策：将货币供应量作为货币政策主要的中间目标，主张把货币供应量增长率与 GDP 增长率保持在一个固定的比率上。例如，5%的 $M_1$ 增长率或者 6%的 $M_2$ 增长率。然而，根据米什金的研究，在 20 世纪 70 年代西方经济体的货币政策实践中，没有哪一家央行真正实行了“单一规则”①。

将货币供给量作为中间指标同样存在缺陷：一方面，中央银行对货币供给量的控制能力并不是绝对的；另一方面，中央银行对货币供给量的控制存在着一定的时滞。并且，20 世纪 80 年代以后，随着金融体系的日益复杂化，货币供给量与目标变量（通货膨胀率、GDP 增长率）之间的联系也变得模糊，许多国家又选择利率作为货币政策的中间目标。就中国的情况看，自 1996 年中国人民银行把货币供应量作为中国货币政策的中间目标以来，这方面也存在争议：一方观点认为，货币供应量与宏观经济的总体关联度在增强，应当继续以此为中间目标。也有部分学者认为货币供应量已不适宜作为中国货币政策的中间目标，而应以其他金融变量作为中间目标。其理由，一是基础货币投放难以控制和货币乘数不稳定，从而货币供应量的可控性较差并且下降。二是我国货币流通速度下降，短期货币需求函数不稳定，货币供应量与物价和产出的相关性被削弱。

（3）信贷量与汇率。控制信贷量实际上是一种信贷配给，不但很难反映资金市场的真实供求状况，客观上还会扭曲实际借贷成本和带来严重金融腐败，因此控制信贷量鲜有在成熟市场经济体中采用，往往见于转型与新兴经济体。在我国，改革开放中前期曾采用信贷量为货币政策的中间目标，但随着金融市场的发育和逐步成熟，已不再使用信贷量为中间目标。

以汇率为中间目标，常见于实行钉住汇率制的转型经济体与新兴经济体。以汇率为中间目标的优点是当外汇储备比较充足时可以维持汇率稳定，但缺点是货币政策容易被钉住目标储备货币国的货币政策“绑架”，失去部分货币政策主动性，并容易招致国际投机力量的攻击。

以上可见，如何选择合适的货币政策中间目标并非易事，实践中要一切从实际出发，因时因地制宜，综合权衡利弊，选择有效指标。我国目前的货币政策中间目标指标主要有四个：

① ［美］弗雷德里克·S.米什金. 货币金融学[M]. 9 版. 郑艳文，荆国勇，译. 北京：中国人民大学出版社，2011：396.

货币供应量、信用总量、同业拆借利率和银行超额准备率。

（二）货币政策的操作指标

操作指标也称近期目标，介于货币政策工具和中间目标之间。货币政策的操作指标是中央银行通过货币政策工具操作能够有效准确实现的政策变量。由于中央银行不能立即直接控制中间目标，故须选取可直接控制且与中间目标关系密切的变量充当操作目标。

操作指标的选择标准与中间目标相同，也要具备可测性、可控性、可预测的因果性三个条件。操作指标有两个特点：一是直接性，即可以通过政策工具的运用直接引起这些指标的变化；二是灵敏性，即政策工具可以准确作用于操作指标，使之达到目标区。

从各国中央银行的操作实践来看，被选作操作指标的主要有短期利率、基础货币和存款准备金。

1. 短期利率

短期利率即能够反映市场资金供求状况、变动灵活的利率。在具体操作中，主要使用银行间同业拆借利率，其中最主要的是隔夜拆借利率。这种利率的变动能够敏感地反映银行之间的资金余缺，中央银行瞄准并调节同业拆借利率就能直接影响商业银行的资金成本，并且将同业拆借市场的资金余缺传递给工商企业，进而影响消费、投资和国民经济。

2. 基础货币

基础货币等于流通中现金与商业银行准备金之和。基础货币符合选择货币政策操作目标的三个条件。第一，基础货币的计量要比计量货币供应量和利率都容易。从中央银行资产负债表上的负债方可以直接计算出基础货币量，这要比计算银行体系活期存款总和方便、容易得多。第二，中央银行掌握着货币发行权，基础货币的大小可以由中央银行直接控制。第三，基础货币变化影响货币供应变化，从而影响货币政策目标的实现，因此基础货币与货币政策目标之间具有较强的相关性。

传统上，有观点倾向于认为选择基础货币作为货币政策中间目标，可能比选用利率和货币供应量都更好。然而，在 2008 年国际金融危机之后，以美联储为首的发达经济体中央银行量化宽松政策操作的结果却显示不出基础货币投放与货币总量的显著关系（见专栏 12-1），美联储、欧洲央行与日本央行的量化宽松并未使货币总量的增长达到预期效果，货币总量的增长大大落后于基础货币的增长，因而选择基础货币作为操作变量的有效性受到广泛的质疑。

**专栏 12-1**

**量化宽松的货币都去哪了**

金融危机以来，全球主要中央银行纷纷祭出超常规货币宽松的“大杀器”，六七年来不断掀起印钞风潮，制造流动性洪流。这些中央银行增发的货币都去哪儿了？

中泰证券新近报告指出：美国量化宽松释放的货币 80%还沉淀在美联储，联邦政府、企业和金融部门的资产负债表状况仍然较差；欧元区量化宽松也有 80%的释放货币滞留在欧洲央行；日本的量化宽松真正奏效始于 2013 年，释放的大部分货币也留在日本中央银行，但已促使日本银行业资产规模扩张 30%，信贷规模相对低点回升了 10%。

美联储量化宽松计划的流动性注入并未导致货币供应量相应增加，因为银行限制了贷款活动。2008 年 8 月以来，美联储资产负债表上基础货币增长 3.5 倍，而货币供应量仅增加了 60%（年增长率仅为 6%）。同期，货币流通速度由 1.9 下降到 1.5。

三轮量化宽松之后，美联储购买了总规模达 3.925 万亿美元的长期国债、MBS（抵押贷款证券）和短期国债。到 2015 年为止，多达 3.15 万亿美元的资金仍然躺在美联储的资产负债表上作为商业银行的超额准备金，只有大概 8 500 亿美元进入了金融企业的资产负债表。

金融部门的资产增加并未阻止贷款规模的萎缩。2008—2013 年，金融部门贷款规模缩减 3.5 万亿美元，降幅为 13.5%。

2015 年，欧洲央行被迫推出类似于美国的大规模国债购买量化宽松。在大规模的宽松货币政策支持下，欧洲的信贷活动开始好转，家庭信贷规模显著回升，但与 2008 年的高点相比仍有距离。

截至 2015 年 9 月，欧洲央行的资产购买计划的总购买额达到 5 600 亿欧元，约有 4 400 亿欧元变成信用机构在中央银行的资产，只有大概 1 200 亿欧元成为信用机构的资本金。

日本的量化宽松始于 2001 年，直到 2013 年启动的超级量化宽松才真正结束了国内居民的信贷规模萎缩。在 2013 年以前的第一轮量化宽松期间，日本央行的基础货币增加了 200 万亿日元，基本等于量化宽松的资产购买量，并没有引起日本银行部门资产规模的扩张。

（资料来源：http://wallstreecn.com.）

3. *存款准备金*

存款准备金是银行为保证客户提取现金和资金清算需要而准备的在中央银行的存款及库存现金。银行提取的存款准备金，按其来源可分为借入准备金与非借入准备金。借入准备金是合格存款机构为满足法定存款准备金要求向中央银行借入的贴现窗口借款。

通常情况下，借入准备金仅为短期借款。中央银行可以通过存款准备金账户的变动来考核一个金融机构的资金运营状况，如果一个金融机构的借入准备金比例过大，其资金运营则有可能存在一定的风险。

非借入准备金等于存款准备金总额（银行在中央银行准备金账户存款加上银行库存现金）与已从中央银行贴现窗口借入资金之差额。非借入准备金总额由中央银行每周计算。虽然非借入准备金的计算相当简单，但有时影响非借入准备金的因素却相当复杂。

由于商业银行存款的派生或扩张，更多地依赖于非借入准备金。因此，中央银行在控制基础货币和派生存款时，通常更多地考察商业银行的非借入准备金变动。非借入准备金水平有时作为央行基金利率的调节目标。

## 第二节　货币政策工具

货币调控主要是通过调节操作目标，再由中间目标变量的变动来实现最终目标的。而要实现对操作目标的调节，需要借助一定的手段或工具，这些手段或工具就称为货币政策工具，或者称为货币政策手段。

根据货币政策工具的调节功能和效果，货币政策工具可分为两大类：一类是常规性货币政策工具，是对整个国民经济产生普遍影响的工具；另一类是非常规性工具，包括选择性货币政策工具、直接信用控制工具和间接信用控制工具等。

## 一、常规性货币政策工具

常规性货币政策工具又称一般性货币政策工具，指中央银行采用的、对整个金融系统的货币信用扩张与紧缩产生全面性或一般性影响的手段，是最主要的货币政策工具，包括公开市场操作、法定存款准备金率和再贴现率。三大政策工具主要是从总量上对货币供应量进行调节，并称中央银行货币调控的“三大法宝”，其中公开市场操作凭借灵活性、主动性和可逆性等优势，为多国中央银行所偏好。

### （一）公开市场操作

公开市场操作又称公开市场业务，是中央银行吞吐基础货币、调节市场流动性最常用的货币政策工具。中国人民银行的公开市场操作包括人民币操作和外汇操作两部分。

从世界各国的经验来看，公开市场操作需要成熟的货币市场。该市场要具有数量足够多的较高安全性、流动性、盈利性、替代性的短期金融工具，以满足筹资渠道多元化、投资选择多样化的需要，从而便于中央银行的公开市场操作。货币市场越具有广度和深度、流动性越好，公开市场操作的效果就越显著。

公开市场债券交易主要包括回购交易、现券交易和发行中央银行票据三种。公开市场购买可以扩大基础货币，从而增加货币供应；公开市场出售可以缩小基础货币，减少货币供应。中央银行通过公开市场操作，与指定交易商进行有价证券和外汇交易来影响基础货币，实现对货币供应的控制。

公开市场操作分为两类：一类是主动性操作，其目的在于改变准备金水平和基础货币；另一类是防御性操作，其目的在于抵消影响基础货币的其他因素的变动所产生的影响。公开市场操作的对象是政府债券，特别是国库券。这类债券的流动性最强，交易规模最大，而且中央银行对这类债券的买卖不会带来该市场的破坏性波动。

公开市场操作有以下两种操作方式。

（1）卖断及买断操作。卖断操作指中央银行买进债券之后，债券的所有权由卖方转移给中央银行，永久释出准备货币；买断操作指中央银行卖出债券之后，债券的所有权由中央银行转移给买方，永久收回准备货币。因买断与卖断操作对基础货币的影响是永久的，故又称为永久性操作。

（2）附卖回及附买回操作。附卖回操作（正回购）指中央银行卖出票据时，约定在未来某时点按约定价格再买回；附买回操作（逆回购）指中央银行买进票据时，约定在未来某时点按约定价格再卖回。因附卖回及附买回操作只是将基础货币暂时收回或释放，故又称为暂时性操作。

两种操作方式相比较，回购操作的调控力度有限，即使量很大，其效果也不尽如人意。一般而言，公开市场调控能力强的国家，往往其操作的主体是买（卖）断而非回购。中央银行可以根据市场流动性状况通过买（卖）断票据随时实现货币投放或回笼。

公开市场操作可以产生以下三种效果：①数量效果，即买进债券或央行票据到期将使准备货币增加，卖出债券或发行央行票据将使准备货币减少。②利率效果，即买进操作使利率下跌，卖出操作使利率上升。③市场预期效果，即公众将公开市场操作视为货币政策指标，进而修改资产配置与支出计划，使经济活动发生改变。若公众预期中央银行将采取扩张性货币政策，消费与投资将增加；反之，消费与投资将减少。

（二）法定存款准备金率

法定存款准备金率是指一国中央银行规定的商业银行和存款金融机构必须缴存中央银行的法定准备金占其存款总额的比率。中央银行通过调整法定存款准备金率，可以引起货币乘数变动，从而影响货币供应量。法定存款准备金率下降，银行吸收存款后可以将更多的份额放贷出去，留取较少的存款准备金，货币供应量因此增大；反之，法定存款准备金率上升，货币供应量减小。

虽然法定存款准备金率的调整对社会货币供应总量效应显著，但其副作用也很明显。因为银行存款中活期存款占比较高，法定存款准备金率的微小变动都会引起货币供应量的急剧变动，迫使商业银行急剧调整自己的信贷规模，导致社会信贷规模骤增或骤减，从而给社会经济带来不必要的震荡。并且，对于超额准备金水平很低的银行来说，提高法定存款准备金率还会立即引起流动性问题，导致金融市场紧张。因此，各国中央银行在调整法定存款准备金率时往往比较谨慎，除非迫不得已，很少动用这一工具来控制货币供应量。

（三）再贴现率

中央银行改变再贴现率可以影响贴现贷款的数量，从而影响基础货币和货币供应量。中央银行向商业银行发放贴现贷款的设施，称为贴现窗口。中央银行通过贴现窗口向合格银行发放隔夜短期贷款[①]以维持其现金流动性。贴现率是指此类短期贷款的利率。

中央银行作为银行的银行，充当着最后贷款人的角色。商业银行资金不足，最后往往要向中央银行求借。企业向商业银行求贷时，经常将未到期的商业票据转让给银行，以取得贷款，这称为贴现。商业银行如法炮制，将手中的商业票据转让给中央银行，称为再贴现。中央银行接受商业银行的票据，要在原价基础上打折，折扣率即再贴现率。显然，中央银行改变再贴现率，相当于增加或减少商业银行的贷款成本，对其信用扩张积极性或抑或扬，货币供应量便也相应地收缩或膨胀。

中央银行一般通过两种方式来影响贴现贷款的规模：一是改变再贴现率；二是对贴现窗口进行管理。

（1）改变再贴现率：提高再贴现率，贴现贷款数量减少；降低再贴现率，贴现贷款数量增加。

（2）贴现窗口管理：中央银行管理贴现窗口对贴现贷款加以限制是为了防止贴现贷款被商业银行滥用。如果某家银行申请贴现贷款过于频繁，中央银行将拒绝给其贷款，并且会对

① 历史上，贴现窗口仅限于提供隔夜贷款，应对临时情况。而次贷危机所引发的信用危机使银行难以借款，美联储放松了贴现窗口的限制。在 2007 年 9 月，美联储规定银行借款可长达 30 天。2008 年 3 月 16 日，贴息贷款时限延长至 90 天。

该银行提出警告。中央银行对贴现窗口的这一管理规则，称为道义劝告。

商业银行申请贴现贷款，要接受中央银行对该银行的信誉调查；过于频繁申请贷款，将来的申请就可能遭到拒绝。若要取得贴现贷款，商业银行就必须向中央银行支付贴现贷款利息。贴现贷款利率越高，贴现贷款数量就越少。

## 二、非常规性货币政策工具

上面介绍的三种货币政策工具，都是以调节货币供应量这一中间目标来实现货币政策目标的。除此之外，中央银行还可以有选择地对某些特殊领域的信用直接或间接地控制，于是出现了其他类型的货币政策工具，包括选择性政策工具、直接信用控制工具和间接信用控制工具。

### （一）选择性政策工具

选择性政策工具是指中央银行对某些特殊领域的信用进行调控所采用的工具。例如，为遏制房地产投机，中央银行对金融机构不动产放款作出专门规定；通货膨胀时期，中央银行对耐用消费品信贷消费作出限制，可以抑制消费需求，缓解物价上扬；提高证券保证金率等证券市场信用控制措施，可以遏制证券市场的过度投机；要求进口商预缴进口商品总值一定比例的存款，能够控制进口的过快增长；对国家重点扶植的产业，实行贷款利率优惠政策。

### （二）直接信用控制工具

直接信用控制是指中央银行以行政命令方式或其他方式，直接对商业银行的信用活动进行控制。主要有以下几种方式。

（1）利率最高限额：中央银行依法对商业银行吸收的定期存款和储蓄存款的利率作出最高限额的限制。例如，美国在 1980 年以前有一个 Q 条例，规定了商业银行存贷款的最高利率限制，防止银行抬高利率吸储，从事高风险融资活动。

（2）信用配额：中央银行根据金融市场情况和经济需要，在权衡轻重缓急后，对商业银行的信用规模加以合理分配和限制。

（3）流动性比率：中央银行规定商业银行的流动资产对存款的比率，也是限制信用扩张的强制措施。

（4）直接干预：中央银行对商业银行的信贷业务、放款范围等加以干预。信用配额、直接干预商业银行信贷业务等，虽然仅在特殊情况下使用，但其直接、强制性的信用控制，对于问题的解决往往立竿见影，收效神速。

### （三）间接信用控制工具

间接信用控制的方式有两种：道义劝告和窗口指导。前者是指中央银行在必要时对商业银行及其他金融机构发出口头或书面劝告，以影响金融机构的放款数量和放款方向，使其符合货币政策的调控意图；后者则是指中央银行根据市场情况、物价变动趋势及金融市场动向，对商业银行每季度的贷款增减额作出规定，并要求执行。如果商业银行不听劝告，中央银行则会削减向该行的贷款额度，甚至停止提供信用。从第二次世界大战结束到 1974 年，日本通过严格规范和高度管制的窗口指导，维持了较高的经济增长率。但是，间接信用控制工具毕竟没有法律约束力，这种货币政策工具要发挥作用，中央银行必须有较高的威望和控制力，否则商业银行便难免会为一己之利，与中央银行的意愿背道而驰。

综合前述，中央银行的货币政策工具不是单一的，而是性质功能各异，各种工具只有合理搭配，才能取得令人满意的调控效果。例如，中央银行试图提高再贴现率控制信用膨胀，有些商业银行却会通过同行拆借、发行票据、在国外市场筹资等途径获得资金，而无须向中央银行求借。如果中央银行辅以公开市场操作，在市场上低价卖出证券，则商业银行便会见利而购，紧缩性货币政策目标便得以实现。总之，位处金融体系顶端的中央银行，必须结合实际，审时度势，灵活运用货币政策工具，才能收到货币调控的预期效果。

## 第三节　货币政策传导机制

中央银行之所以能够运用货币政策工具对宏观经济目标进行调节，是由于货币政策工具的变动能够对经济活动者的行为产生影响。那么，中央银行的货币政策工具是如何作用于经济活动者行为的？要回答这一问题，就需要了解货币政策的传导机制。

### 一、货币政策传导机制的概念

货币政策传导机制，是指中央银行运用货币政策工具影响中间指标，进而最终实现既定政策目标的传导途径与作用机理。货币政策传导机制的顺畅性，直接影响货币政策的实施效果以及对经济的贡献。从货币当局采取具体措施开始，到货币政策发挥作用，需要一段时间，同样需要具备一个良好关联效应的传导环节。这个传导的基本途径，称为货币政策的传导机制。

货币政策分为制定和执行两个过程，制定过程从确定最终目标开始，依次确定中间目标、操作目标、政策手段。执行过程则正好相反，首先从操作政策手段开始，通过政策手段直接作用于操作目标，进而影响效果目标，从而达到货币政策的最终目标。货币政策传导途径一般有三个基本环节，其关系顺序如图 12-1 所示。

图 12-1 显示了货币政策从政策手段到操作目标，再到中间目标，最后到政策目标的一般过程。

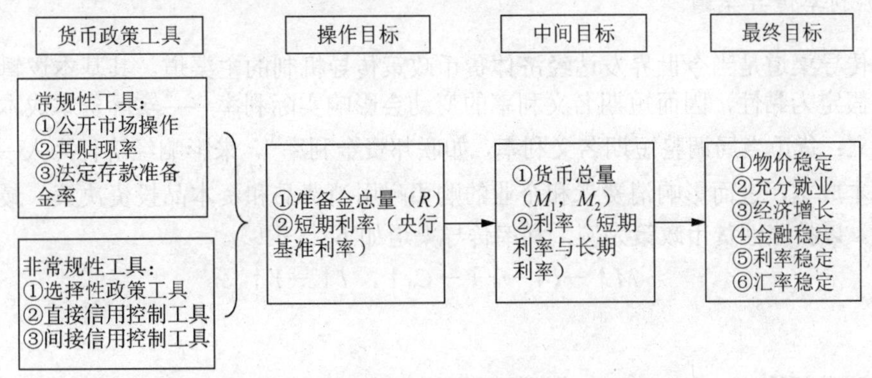


图 12-1　货币政策传导途径基本环节的关系

理论上，中央银行的货币政策行动可以通过银行金融机构根据中央银行的政策操作调整自己的信贷行为，进而对社会的消费、储蓄与投资等经济活动产生影响。这是因为中央银行垄断着基础货币——流通中现金和银行储备的供给，中央银行可以据以设置银行从中央银行借款的条件。因此，中央银行也能影响货币市场上银行间的借贷条件。

然而在实践中，货币政策的传导机制远非如此单纯，货币政策传导是一个复杂的过程，对于这个过程的认识存在着重大分歧，最基本的问题在于货币供应量与利率水平的变化与宏观经济总量指标是否具有稳定的因果关系。基本的逻辑是：如果货币因素变化与物价水平、就业与经济增长具有稳定的关系，那么中央银行的货币政策行动就可以明显作用于实际经济变量；否则，货币政策的效应就不会显著，甚至会带来过度投资、通货膨胀或滞胀等负面效应。

迄今为止，人们对传导机制具体作用机理与运作过程尚未达成一致。就货币政策与经济增长关系而言，主流的分析都是基于货币短期非中性这一前提。在短期，中央银行引致的货币市场利率的变化将引起经济行为主体的反应，最终直接影响产出和物价等宏观经济变量。

而在研究货币政策对经济的长期影响时，广泛共识是货币长期中性。在长期，当所有经济调整过程结束之后，经济中货币数量的变化将反映为一般物价水平的变化。但货币总量的变化不会引起实际经济变量—产出或失业—的永久性改变。这项一般原则称为“货币长期中性”，是所有标准宏观经济分析的基础。在长期，实际收入或就业水平基本取决于实际的因素，如技术、人口增长或经济行为主体的偏好。

在长期，中央银行只有通过维持稳定的物价环境，才有助于提高经济的增长潜力。中央银行不能通过扩大货币供给量或将短期利率保持在与价格稳定不符合的水平上来促进经济增长。无论如何，通货膨胀是一种货币现象。长期的高通胀通常是与高货币增长相关联的。而其他因素（如总需求变化、技术变化或大宗商品价格冲击）可以在较短时间内影响价格变动，随着时间的推移，这些冲击的影响将被货币政策的改变抵消。

## 二、货币政策传导渠道

上面我们讨论了货币政策传导的基本途径，称为货币政策的传导机制，而在货币政策的执行过程中，传导机制要发挥作用是通过特定的渠道进行的。货币政策主要有三大传导渠道：利率传导渠道、资产价格渠道及信贷渠道。

### （一）利率传导渠道

利率传导渠道是当今世界发达经济体货币政策传导机制的主渠道。其基本逻辑是：价格在短期被假定为黏性，因而短期名义利率的变动会影响实际利率——实际资本成本。于是下述过程成立：货币当局调整短期名义利率，如联邦资金利率[①]，来影响经济行为人——家庭和企业的资本成本，进而影响消费者和企业的购买耐用消费品和资本品投资决策，最后导致总产出变动。以扩张性货币政策为例，利率传导渠道如下：

$$M\uparrow \rightarrow i\downarrow \rightarrow r\downarrow \rightarrow C_d\uparrow ,\ I\uparrow \rightarrow Y\uparrow \tag{12-1}$$

① 美国联邦基金利率（Federal Funds Rate）是指美国同业拆借市场的利率，其最主要的是隔夜拆借利率。该利率的变动能够敏感地反映银行之间资金的余缺。美联储瞄准并调节同业拆借利率就能直接影响商业银行的资金成本，并且将同业拆借市场的资金余缺传递给工商企业，进而影响消费、投资和国民经济。

式中，$M$代表货币供应量；$C_d$代表耐用消费品；$I$代表投资；$Y$代表产出。

据此可以把利率渠道传导解释为：扩张性货币政策将会导致货币供应量增加（$M\uparrow$），货币供给的增加将会引起短期名义利率的下降（$i\downarrow$），作为投资成本重要组成部分的实际利率（$r\downarrow$）下降，则刺激投资增加（$I\uparrow$）；在投资乘数作用下，投资的增加，会引起收入、产出成倍地长加（$Y\uparrow$）。这样就实现了由货币政策的变化通过利率渠道作用于最终目标的过程（$M\rightarrow Y$）。

按照同样的逻辑，也可以描述紧缩性货币政策的利率传导渠道：

$$M\downarrow\rightarrow i\uparrow\rightarrow r\uparrow\rightarrow C_d\downarrow,\ I\downarrow\rightarrow Y\downarrow \qquad (12\text{-}2)$$

式（12-2）表明，紧缩性货币政策将会导致货币供应量减少（$M\downarrow$），货币供给的减少将会引起短期名义利率的上升（$i\uparrow$），作为投资成本重要组成部分的实际利率（$r\uparrow$）上升，则刺激耐用消费品支出与投资支出下降（$C_d\downarrow$，$I\downarrow$）；在投资乘数作用下，耐用消费品、投资的减少，会引起收入、产出成倍地下降（$Y\downarrow$）。

上述利率传导渠道还可以用*IS-LM*模型来解释。该模型反映的利率渠道传导机制，详见第十章第三节，这里不再讨论。

显然，利率传导渠道要发挥作用，不仅要价格假定短期不变，企业对利率的变化还要保持敏感，这意味着，利率传导渠道的必要前提还要符合利率市场化条件。

### （二）资产价格渠道

资产价格渠道是指中央银行货币政策决策通过影响资产价格变动，进而作用于经济的传导渠道。与上述标准利率渠道不同，资产价格传导渠道强调货币政策通过股票价格、房地产价格和汇率等资产价格的操作来影响企业和家庭投资与消费决策。不过，尽管资产价格对经济的作用不容忽视，但中央银行钉住资产价格目标很可能会导致更糟糕的经济效应，甚至损害中央银行的独立性[①]。

#### 1. 股票价格渠道

股票市场波动对经济有重要的影响，而股票市场也要受中央银行货币政策的影响。股票市场对经济产生影响的传导机制有三种不同方式：第一，通过股票市场影响公司资本投资；第二，股票价格变化对上市公司资产负债表也有影响；第三，股票价格影响家庭财富和流动性。

（1）股票市场对公司资本投资的影响。股票价格波动对经济总量影响可以用托宾$q$系数加以解释。托宾$q$系数为公司股票市值与股票所代表的资产重置成本的比值。这意味着，如果$q>1$，该公司市场价值高于资本重置成本，新厂房、设备与公司市场价值相比相对便宜。这样，企业就可以相对于所需厂房、设备成本更高的价格发行股票。公司购买新设备，只需增发股票即可融到足够资金，因此，公司投资支出将增加。

扩张性货币政策，如较低的利率，将使股票相对债券更具投资吸引力。股票需求上升一般会推高股票价格。这意味着$q$上升，因为分子变大。如上所述，$q$值上升会增加公司的投资支出，从而导致总需求和总产出增长。如果分别以$M$代表货币政策、$P_S$代表股票价格、$I$代表投资、$Y$代表产出，这一过程如下：

$$M\uparrow\rightarrow P_S\uparrow\rightarrow q\uparrow\rightarrow I\uparrow\rightarrow Y\uparrow \qquad (12\text{-}3)$$

扩张性货币政策的影响也可以这样描述：随着股票价格的上涨，将带来更多资金入市，

① Mishkin F.S. The Transmission Mechanism and The Role of Asset Prices in Monetary Policy [R]. NBER Working Paper No. 8617, 2001(12).

这会降低资本成本（相对债券融资，股票融资使投资更便宜），从而提升总需求和总产出。若以 $c$ 代表资本成本，则有：

$$M\uparrow \rightarrow P_S\uparrow \rightarrow c\downarrow \rightarrow I\uparrow \rightarrow Y\uparrow \tag{12-4}$$

按照同样的逻辑，也可以描述紧缩性货币政策的股票传导渠道。

（2）公司资产负债表效应。如前所述，扩张性货币政策会引起股票价格上涨。当一家公司的股票价格上涨时，也会增加公司的净资产。这是因为公司资本市值等于公司已发行股票的总价值，其他条件相同，公司市值增长，公司的净资产价值也会相应增长。贷款给较低净值公司是风险较大的，因为这类公司一般抵押品价值较小，潜在损失风险会更高。这会增加低净值公司道德风险和逆向选择问题。因此，净值下降增加道德风险和逆向选择问题，并可能导致银行减少对公司投资支出融资贷款。扩张性政策提升公司股票价格，进而增加公司净值。这减少了道德风险和逆向选择问题，这意味着，公司投资支出融资可以上升，这又导致经济较高的产出。分别用 $NW$、$L$ 代表公司净值与投资支出贷款，则有：

$$M\uparrow \rightarrow P_S\uparrow \rightarrow NW\uparrow \rightarrow L\uparrow \rightarrow I\uparrow \rightarrow Y\uparrow \tag{12-5}$$

这一机制称为公司资产负债表效应，因为它是通过股票价格对公司资产负债表的影响发生作用的。

（3）家庭财富与流动性效应。货币政策还可以通过货币与股票价格之间的联系进行操作。一般情况下，耐用消费品和住房属于非流动性资产，而股票类金融资产具有较高的流动性，这类资产相对于家庭债务占比越高，家庭陷入财务困境的风险就越低。因此，对于这一类家庭而言，将不再那么不情愿购买耐用消费品、住宅或住房资产。这对总需求和总产出有正效应。分别用 $FA$、$FD$、$C_d$ 与 $H$ 代表金融资产、财务困境及耐用消费品与住房资产支出，则有：

$$M\uparrow \rightarrow P_S\uparrow \rightarrow FA\uparrow \rightarrow FD\downarrow \rightarrow C_d\uparrow，H\uparrow \rightarrow Y\uparrow \tag{12-6}$$

同样，可以认为，扩张性政策可以提升股票价格，股票价格上涨也会自动增加家庭金融财富价值，家庭消费也会增加。莫迪利亚尼生命周期消费理论解释了股票价格的消费效应。这一理论指出，消费者生命周期资源的重要组成部分是股票，因而股票是消费的重要决定因素。用 $W$ 代表家庭的金融财富，$C$ 代表消费，莫迪利亚尼理论可简要表述为：

$$M\uparrow \rightarrow P_S\uparrow \rightarrow W\uparrow \rightarrow C\uparrow \rightarrow Y\uparrow \tag{12-7}$$

2. 汇率渠道

货币政策作用于汇率，进而影响经济有两个主要渠道：第一，通过汇率变化对出口产生影响；第二，通过对公司资产负债表产生影响。

（1）汇率对出口的影响。对于出口导向经济体而言，中央银行可以通过汇率操作影响出口。扩张性货币政策将导致本国利率下降，本币存款相对外币存款吸引力下降。于是，本币存款价值相对外币存款价值下降，导致本币贬值。因为本币贬值，购买相同数额的外币需要更多本国货币，若以本币表示外币的价格，则本币贬值意味着外汇汇率上升，记为 $e\uparrow$。其他条件不变，由于汇率贬值使国内产品相对国外产品变得更便宜，净出口会增加，所以总支出也会增加。以 $NX$ 代表净出口，于是有：

$$M\uparrow \rightarrow e\uparrow \rightarrow NX\uparrow \rightarrow Y\uparrow \tag{12-8}$$

（2）汇率对资产负债表的影响。当一国负有以外币计价的债务时，扩张性货币政策将使金融债务负担上升。上面所述的原因在此也同样适用。从负债方看，本币贬值将增加偿还外债所需的本币数量，债务负担增加。另一方面，从资产方看，债务融资的资产一般是本币，因此其价值不但不会随扩张性政策增加，反而，相对于外币负债而言，资产净值还会减少。这又会增加道德风险和逆向选择问题，驱动可得贷款金额下降。结果，投资支出和总支出也将相应减少：

$$M\uparrow \rightarrow e\uparrow \rightarrow NW\downarrow \rightarrow I\downarrow \rightarrow Y\downarrow \tag{12-9}$$

注意：两种汇率渠道的影响正好相反，前者是本币贬值，使净出口增加，产出增加；而后者是本币贬值，使债务负担上升，金融净值下降，导致投资、产出下降。

3. 房地产价格渠道

房地产是股票之外的另一项重要资产，因而也应视为一个重要传导渠道。房地产价格可以通过三条不同路线影响经济产出：对住房支出的直接影响、家庭财富和银行资产负债表。

（1）对住房支出的直接影响。扩张性货币政策降低利率，低利率使债务融资变得更便宜，降低住房融资成本。相对于原来的价格，住房会变得相对更加昂贵，新建房屋变得更有吸引力。因此，住房开支（旧房改建与新住房建造）会增加，所以总需求将增长。以 $P_h$ 代表房价、$H$ 代表住房开支，于是有：

$$M\uparrow \rightarrow P_h\uparrow \rightarrow H\uparrow \rightarrow Y\uparrow \tag{12-10}$$

（2）家庭财富。正如之前我们在莫迪利亚尼生命周期消费理论看到的，住房也是家庭金融财富非常重要的组成部分。家庭金融财富的数量直接影响消费金额。因此，扩张性货币政策会拉高住房价格，增加家庭金融财富，这将对消费与支出行为产生正向影响，即：

$$M\uparrow \rightarrow P_h\uparrow \rightarrow W\uparrow \rightarrow C\uparrow \rightarrow Y\uparrow \tag{12-11}$$

（3）银行资产负债表。中央银行货币创造将引起房价上涨，这会使商业银行进入以土地和房屋为抵押的信用扩张过程。因为房屋可以作为抵押品，企业和家庭把房地产抵押给银行，借钱之后再买房地产，买了再抵押，再买房地产，很多企业和家庭都这么做，结果导致房价不断上涨，抵押价格也不断上涨，银行信用扩张就得到了持续，使企业投资和居民住房投资增长，产出增加。以 $L$ 代表银行贷款，上述过程可表述为：

$$M\uparrow \rightarrow P_h\uparrow \rightarrow L\uparrow \rightarrow I\uparrow,\ H\uparrow \rightarrow Y\uparrow \tag{12-12}$$

以上可见，资产价格渠道在货币政策传导中有着重要作用，但是，关于货币创造与资产价格波动之间到底有多紧密的关系，还有很多未被认识的领域，因为资产价格通常具有不可测性、不可控性与效应的不可预知性。因此，要把资产价格纳入货币政策的中间目标可能是危险的，也是不可操作的。

特别是对于新兴经济体和发展中国家来说，随着市场一体化程度提高，资产价格渠道在货币政策传导机制中变得日益重要。然而，这些国家货币政策的影响往往还取决于储备货币国家的影响，如汇率机制也取决于其他资产。因此，如果把汇率等资产价格作为调控目标，可能会损害中央银行货币政策的独立性。

此外，新兴经济体和发展中国家往往有大量的外债，扩张性货币政策实际上可能产生收缩效应，因为银行净资产可能会下跌，可贷放资金和投资都会下降，所以总支出也会下降。当经济紧缩时，新兴市场货币贬值还可能引发货币危机。

（三）信贷渠道

信贷渠道是指中央银行政策变化影响银行向企业和消费者发放的信贷量，进而影响实体经济的理论模型。不同于利率渠道，重点关注货币政策行动的直接效果，信贷渠道是间接放大机制。它与利率渠道协同发生作用，通过改变公司、家庭可获得的信贷量对经济产生影响。

1. 信贷渠道的作用基础：外部融资溢价

信贷渠道模型假定影响短期利率的货币政策调整会被外部融资溢价的内生变化所放大。外部融资溢价是信贷渠道的作用基础。外部融资溢价反映公司内源融资（即留存收益）成本与公司通过股票和债券市场集资的外源融资成本的差别。外部融资成本高于内部融资成本。外部融资溢价可以有很大的差异，这取决于公司的风险、资产净值或拟投资项目的回报率等。

外部融资溢价的存在是因为摩擦，如金融市场不完全信息或昂贵的合同执行成本。摩擦禁止有效地分配资源，这就带来外部融资成本高于内部融资成本的问题，外部融资需付出超额费用。这个超额费用是代理成本的组成部分。例如，放款人为克服评估借款人信用所产生的逆向选择问题，可能发生代理成本。此外，放款人为了监督借款人资金生产性用途可能发生有关监控成本。因此，外部金融资源的成本存在溢价现象，债务人必须支付给债权人超额的融资费用，如债权人可以通过提高利率的方式获得这一超额的融资费用。显然，债权人因债务人信用不同而索取的信用利差也是外部融资溢价的一个组成部分。

外部融资溢价要受到货币政策行动的影响。因为货币政策变化直接影响利率，所以外部融资溢价也会相应变化。外部融资溢价上升增加信贷市场扰动，这种扰动扩大了货币政策对借贷成本的影响。紧缩性货币政策被认为将增加外部融资溢价，继而通过信贷渠道，降低经济中贷款的可得性，进而降低实体经济活动水平；相反，扩张性货币政策则被认为将降低外部融资溢价，继而通过信贷渠道，增加经济中贷款的可得性，进而提升实体经济活动水平。以 *EFP* 代表外部融资溢价，紧缩货币政策的信贷渠道传导可表述为：

$$M\downarrow \rightarrow EFP\uparrow \rightarrow L\downarrow \rightarrow I\downarrow \rightarrow Y\downarrow \quad (12\text{-}13)$$

类似地，也可以得出扩张性货币政策的信贷渠道传导描述。

2. 信贷渠道的作用路径

信贷渠道的作用途径有资产负债表渠道和银行贷款渠道。

（1）资产负债表渠道。资产负债表渠道是指利率变动影响借款人的资产负债表和损益表。资产负债表渠道理论认为，外部融资升水应与借款人资产净值负相关。借款人净值越大，越有可能使用自筹资金为项目投资融资。高净值经济行为人比低净值经济行为人会有更多抵押品，更接近完全担保。因此，放款人向高净值借款人放款承担风险较低，代理成本也较低。因此，高净值借款人筹集外部资金的成本也较低。

因为借款人的财务状况影响其信贷条件，财务状况变动将导致借款人改变投资和支出的决策。这一点与金融加速器机制密切相关。金融加速器理论，认为企业的抵押资产与代理成本具有反向关系，而抵押资产的顺周期性导致代理成本具有逆周期性，代理成本的逆周期性则具有经济波动的放大效应。这种周期的放大效应称为金融加速器。金融加速器机制的基本模型表明，公司可变投入上的支出不可能超过总现金流与资产折现净值之和。这种关系表示为“透支担保”（Collateral-in-advance）约束。提高利率将收紧此约束，公司投资能力将会下降。这可能发生在两种方式：直接增加未偿债务或浮动利率债务的利息支付，以及降低公司抵押品价值，通常伴随升息资产价格下降（降低公司净资产现值）；间接地减少对公司产品的需求，当公司短期固定成本没有调整（降低公司的总现金流）时，减少公司收入。相对于成本的收入的减少不断侵蚀公司净值，随着时间的推移还会降低公司的信用。

资产负债表渠道也可以通过家庭耐用消费品支出和住房支出显现。如前所述，耐用消费品和住房属非流动性资产。如果消费者需要卖掉这些资产偿还债务，可能不得不大幅折价出售，而蒙受损失。持有更多流动性金融资产（如现金、股票或债券）的消费者可以更轻松地应付来自收入的负面冲击。金融资产占比较大的消费者遭遇财务困境的概率较低，即更愿意增加耐用消费品和住房支出。降低消费者金融资产估值的货币政策变动可能会导致较低的消费品和住房支出。

（2）银行贷款渠道。银行贷款渠道是指货币供给量的增加和减少会影响到银行的资产负债变化，使银行的贷款供给增加或减少，从而影响到实际的经济水平。由于银行体系承担着组织资金融通的任务，所以在货币政策传导中发挥着重要作用。

货币政策行动可能会影响银行可贷资金（即银行负债）的供应，因此影响银行贷款（即银行资产）发放总额。银行作为借款人信用的监控人有助于解决信贷市场信息不对称问题。因此，很多行为人依赖银行信贷市场。如果银行拥有的可贷资金供给受货币政策改变的影响，业务运营依赖银行资金的借款人也会受到影响。依赖银行信贷的企业可能要么暂时停止借款，要么为获得另外的信贷渠道发生更多的搜索成本。这会增加外部融资溢价，结果降低经济活动水平。

## 三、货币政策的总体传导机制

上面我们讨论了货币政策的传导机制及其特定的传导渠道。在实际中，货币政策传导是综合的而不是单渠道进行的，因此我们还需要把各个渠道综合在一起进行描述。图 12-2 给出的是在考虑外生因素情形下的货币政策综合传导机制的一般描述，图形显示了货币政策决策通过基准利率的变化来影响实际经济变量的综合过程。

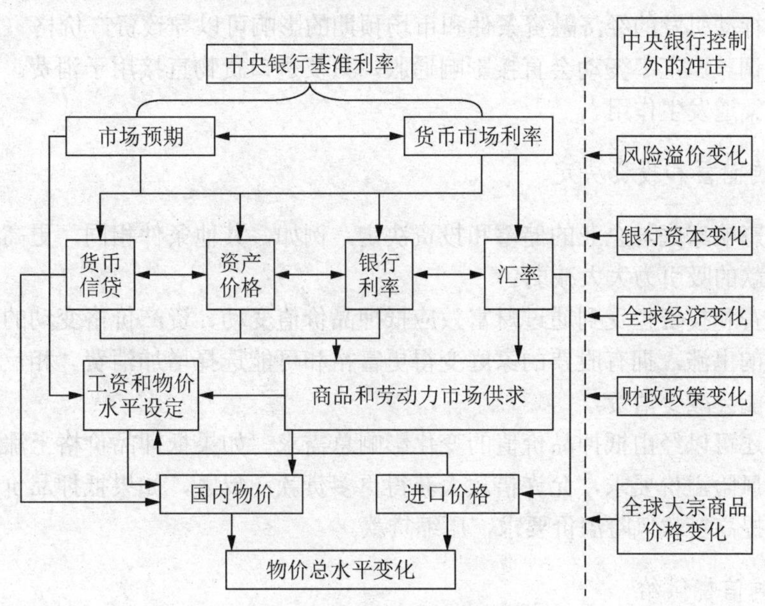


图 12-2　货币政策综合传导机制

因为前面已经讨论了货币政策的单个传导渠道，这里只结合图形再进行简要的归纳性介绍。

图 12-2 中的虚线将货币政策的传导流程分成了左右两个部分，左边为中央银行可控的内生变量的调节过程，右边为中央银行控制外的冲击或外生变量，包括金融市场风险溢价变化、银行资本变化、全球经济变化、财政政策变化、全球大宗商品价格变化等。模型假定中央银行控制外冲击不变，就可把中央银行基础利率的变化视为一个可控调节过程。

（一）中央银行基准利率的变化

中央银行向银行系统提供资金收取利息。鉴于其货币发行的垄断地位，中央银行可以完全确定这一利率。例如，对于法定准备金、超额准备金，中央银行可以决定付不付息或付多少息；在公开市场操作上，中央银行也可以锚定市场基准利率，引导银行间同业隔夜拆借利率向此靠近。

（二）影响货币市场利率与银行存贷款利率

官方利率的变化直接影响货币市场利率，并间接地影响银行确定的对客户的存贷款利率。

（三）影响市场预期

对未来官方利率变化的预期影响中长期利率，尤其是长期利率部分取决于短期利率的未来走向的市场预期。

货币政策还可以引导经济行为主体的未来通胀预期，从而影响价格走势。如果中央银行具有很高的公信力，可以牢固锚定价格稳定预期。在这种情况下，经济行为人不必因担心高通胀而提价，也不必因担心通缩而减价。

（四）影响资产价格

货币政策行动引发的经济融资条件和市场预期的影响可以导致资产价格（如股票市场价格）与汇率的调整。汇率变动会直接影响通胀，只要进口货物直接用于消费。汇率的变化还可以通过其他渠道发生作用。

（五）影响储蓄和投资决定

利率变化影响家庭与企业的储蓄和投资决定。例如，其他条件相同，更高的利率对消费贷款或投资贷款的吸引力大大减弱。

此外，消费和投资也受到通过财富效应抵押品价值变动、资产价格变动的影响。例如，随着股票价格的上涨，拥有股票的家庭变得更富裕和可能选择增加消费。相反，若股票价格下跌，家庭可能会减少消费。

资产价格还可以经由抵押品价值的变化影响总需求。如果抵押品价格上涨，贷款人或银行会降低贷款风险溢价要求，允许借款人获得更多贷款；反之，如果抵押品价格下跌，贷款人或银行则会提高贷款风险溢价要求，压缩贷款。

（六）影响信贷供给

例如，更高的利率会增加借款人无法偿还贷款的风险，银行可能会削减对家庭与企业的贷款。这也会减少家庭消费和企业投资。

（七）导致总需求和物价水平变化

消费和投资的变化会改变相对于国内供给水平的商品和服务的国内需求。当需求超过供给时，价格上涨压力可能发生。此外，总需求的变化可能会转化为劳动力和中间产品市场更严格或更宽松的条件，这反过来会影响各自市场的价格和工资设置。

（八）影响银行贷款供给

给定银行自身资源或资本水平，政策利率的变化还可以影响银行以不同的方式获得外部融资的边际成本。在经济不景气时，如金融危机时期，资本更加稀缺，银行更难筹集资金，这一渠道尤显重要。

除了着重于提供贷款数量的传统银行贷款渠道外，当银行承担有关提供贷款的风险激励受到影响时，还可能存在一个风险投资渠道。风险渠道主要通过两种机制的运作：第一，低利率提高资产和抵押品的价值，进而推高资产可持续升值预期，其结果将导致借款人与银行接受更高的风险。第二，低利率使高风险资产更具吸引力，经济行为人寻找更高收益，愿意接受高风险资产。就银行的情形，这两种效应通常转化为信贷标准软化，从而导致贷款供给过度增加。

不难看出，货币政策的总体传导机制不外是对货币政策单个传导渠道的综合，不同之处在于，在这个总体传导机制中，纳入了货币政策对市场预期的影响，并且考虑了货币政策作用的外生因素，使货币政策传导变得更为复杂了。在货币政策调控中，实际的情形比这要复杂得多，因此，要准确评估某一项政策工具的效应是十分困难的。不过，货币政策传导机制毕竟还是描述了货币政策引致名义货币存量或短期名义利率影响总产出和就业等实际变量的变化过程，这使货币政策的作用路径有迹可循。

总之，货币政策工具是通过不同的货币政策传导渠道共同对实际经济变量产生作用的。货币政策传导机制的最新进展是在研究试图理解这些渠道在动态的、随机的、一般均衡模型方面的作用机制①，其内容将更为复杂和多样。

# 本 章 小 结

（1）货币政策涉及三个方面的问题：货币政策目标、货币政策工具和货币政策的实施效果。

（2）货币政策目标的制定必须与国家的宏观经济目标相适应。货币政策目标是一个目标体系，一般有四个：稳定物价、充分就业、经济增长和国际收支平衡。

（3）货币政策目标体系中各个分目标之间并非完全一致的关系，必须根据经济发展的不同阶段需要在这些目标之间进行择优组合。

（4）当代各国的货币政策目标大同小异，就是在物价稳定基础上促进充分就业、经济增

① Boivin J, Kiley M.T, Mishkin F.S. How Has The Monetary Transmission Mechanism Evolved Over Time?[R]. NBER Working Paper No.15879, 2010(4).

长。我国货币政策目标是保持货币币值的稳定，并以此促进经济增长。

（5）货币政策目标的实现要通过中间目标和操作目标才能实现。这两个目标选择的正确与否，事关最终目标能否实现。

（6）货币政策中间指标的选取要符合三个标准：政策手段必须是可测量的、必须可以由中央银行控制，以及必须对目标有可以预期的影响。

（7）充当中间目标的变量可以是价格或数量，但中央银行不能同时钉住价格目标与数量目标。

（8）货币政策操作指标是中央银行通过货币政策工具操作能够有效准确实现的政策变量。操作指标主要有短期利率、存款准备金和基础货币。

（9）货币政策工具可分为两大类：常规性货币政策工具与非常规性货币政策工具。前者主要包括公开市场操作、法定存款准备金率和贴现率；后者主要包括选择性政策工具、直接信用控制工具和间接信用控制工具。

（10）货币政策传导机制的顺畅性，直接影响货币政策的实施效果以及对经济的贡献。

（11）就货币政策与经济增长关系而言，主流的分析都是基于货币短期非中性这一前提。而在研究货币政策对经济的长期影响作用时，广泛共识是货币长期中性。

（12）在长期，中央银行只有通过维持稳定的物价环境才有助于提高经济的增长潜力。

（13）货币政策主要有三大传导渠道：利率渠道、资产价格渠道及信贷渠道。

（14）货币政策工具是通过不同的货币政策传导渠道共同对实际经济变量产生作用的。

## 关键概念

| | | | |
|---|---|---|---|
| 货币政策目标 | 中间目标 | 操作目标 | 可测性 |
| 可控性 | 相关性 | 借入准备金 | 非借入准备金 |
| 常规性货币政策工具 | 非常规性货币政策工具 | 货币政策传导机制 | 货币短期非中性 |
| 货币长期中性 | 货币政策传导渠道 | 利率渠道 | 资产价格渠道 |
| 信贷渠道 | 公司资产负债表效应 | 流动性与财富效应 | 外部融资溢价 |

## 复习思考题

### 一、简答题

1．货币政策涉及哪几个方面的问题？

2．我国货币政策目标是什么？依据何在？

4．货币政策中介指标的选取要符合哪几个标准？各个标准的内容是什么？

5．什么是货币政策操作指标？主要有哪些？

6．什么是常规性货币政策工具？主要有哪些？各自的内容是什么？

7．什么是货币政策传导机制？其作用何在？

8．就货币政策与经济增长关系而言，一般的短期假定和长期假定是什么？

9．货币政策的主要传导渠道有哪些？各自的内容是什么？

## 二、论述题

1．为什么中央银行不能同时钉住价格目标与数量目标？

2．何谓货币短期非中性？何谓货币长期中性？试分别举例说明。

3．什么是外部融资溢价？ 它在信贷传导渠道中是如何产生作用的？

4．试论述货币政策的综合传导机制。

# 数据资料与相关链接

1．可汗学院公开课——货币银行学：http://open.163.com/special/Khan/bankingandmoney.

2．中央电大货币银行学视频教程：http://www.21edu8.com/university/caikuai/23715.

3．货币银行学视频教程43讲（北大）：http://v.ku6.com/show/TGjxPk48GHviebR2EZv2GQ...html?from=my.

# 延伸阅读

1．黄达，张杰．金融学[M]．5版．北京：中国人民大学出版社，2020．

2．易纲，吴有昌．货币银行学[M]．上海：上海人民出版社，2006．

3．[美] 弗雷德里克·S．米什金．货币金融学[M]．12版．王芳，译．北京：中国人民大学出版社，2021．

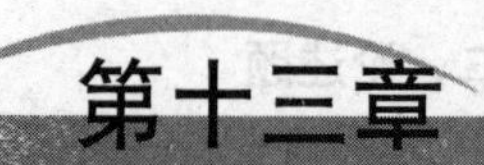


# 货币政策操作及其货币利率影响

中央银行货币调控在于通过货币政策工具的有效实施，实现货币当局预先设定的货币政策目标。货币政策操作是中央银行货币调控实施的首要环节，在货币政策目标的实现过程中起着第一推动作用。货币政策操作直接作用于基础货币与银行间拆借利率。

本章首先讨论货币政策操作的概念，包括规则、操作工具选择与运用，然后讨论货币政策操作及其货币利率影响。

通过本章的学习，学生应当理解货币政策操作的规则、操作工具选择与运用，能够简单评估货币政策的操作效应。

## 引导案例

### 货币政策操作会更加重视防范通胀

**案例导读：**货币政策操作是一国货币当局——中央银行选用特定货币政策工具，作用于特定的操作变量，以实现特定货币政策目标的过程。案例为我们提供了下一阶段中国人民银行货币政策操作的关注重点，以及货币政策目标如何在稳增长与防通胀和控制房价上涨之间进行综合平衡的策略思路。案例所涉及的这些内容正是本章要讨论的重点。

随着一季度经济数据的陆续发布，货币政策下一步会如何操作受到了更多关注。2016年一季度人民币信贷增速确实比较快，这有阶段性、周期性的原因。未来的货币政策操作，除了要继续支持实现稳增长的目标，也要注意防范宏观风险，尤其是要避免企业杠杆率过快上升，还要考虑到货币信贷增长对未来物价走势和房地产价格的影响。

中国人民银行在进行货币政策操作时采取多目标制，根据经济形势的变化，会有不同的侧重，在经济增长乏力时重视稳增长，在通胀压力大时重视稳定物价，在国际收支异常时重视稳定汇率，在金融市场波动时参与维护市场平稳。

2016年一季度的数据显示，经济增长情况比预期的好，但通胀压力在上升；目前股市还算稳定，但房价涨得太快；美联储加息节奏放缓，而我国维持人民币汇率基本稳定的决心更加坚定，所以目前国际收支的状况比较好。综合考虑这些情况，未来的货币政策操作需要更加重视防范通货膨胀和房价上涨。当然，稳增长仍然是今年货币政策的重点目标。

2016年一季度CPI同比涨幅达到2.1%，超过了一年期存款基准利率，3月PPI（Producer Price Index，生产价格指数）环比增长0.5%，GDP平减指数也出现了正增长，这些数据都显示通胀压力在上升。

当前CPI涨幅上升主要是由于货币供应量较快增长。这种因素其实在2015年就埋下了。2015年$M_2$增长了13.3%，超过了年初确定的12%的目标。

我们需要正视正在积累的通胀压力，在CPI涨幅还没有逼近3%的上限时，就应该未雨绸缪地采取措施，如将$M_2$的增速控制到13%以内，不要超过年初制定的目标。

货币政策操作还需关注房地产价格的走势。房价快速上涨会对经济造成长期伤害，而且信贷流向房地产领域本身也有风险，从这两个角度考虑，货币政策操作都应该考虑抑制房价上涨的问题。

货币政策如何为稳增长提供有效支持，还需要深入研究。这并不是靠信贷和货币高增长就能实现的。而且，在通胀压力和房价上涨的情况下，信贷和货币的增长空间缩小了。

（资料来源：http://news.21so.com/2016/21cbhnews_425/312152.html.）

# 第一节　货币政策操作规则

货币政策操作，是指中央银行使用货币政策工具，作用于特定的操作变量，以实现特定货币政策目标的过程。它包含货币政策操作规则、操作工具选择与运用、效应检验等内容。

## 一、货币政策操作规则的基本类型

综观世界主要经济体央行的货币政策实践，尽管各国货币当局在制定货币政策最终目标时存在一定差别，然而最终效果的实现都与货币政策操作规则紧密相关。货币政策的操作规则是指中央银行制定和实施货币政策时所遵循的行为准则或模式，一般可分为单一规则与相机抉择。

单一规则是根据事先确定好的货币政策程序或原则进行货币政策操作来变动货币数量，不论经济形势如何，中央银行都必须遵守规则。相机抉择是指中央银行在货币政策操作过程中可依经济运行态势来调整货币政策的方向与程度，灵活操作，以期实现货币政策目标。

单一规则的好处是，它使中央银行能够顶住政治压力。单一规则具有连续性和系统性。它针对各种不同的情况，而不是以特定情景为基础进行设定，这种决策对于预期具有积极的作用。它所选择的目标变量所具有的名义锚效应可以稳定币值，从而降低人们的通胀预期，最终带来价格水平的稳定。只要确立物价稳定为唯一或首要目标，并强化中央银行独立性，即能达成物价稳定目标，而不致发生牺牲物价稳定来换取经济成长的问题，而且它还可以弱化货币政策的时期不一致问题。单一规则的优点，在一定程度上，也已为各国的实践所证明。

单一规则的缺点是因依事先设定的原则进行操作，缺乏灵活性，无法应对重大经济冲击等特殊情况。并且单一规则是假设中央银行可以获得完全的经济信息，从而达到最优的货币政策。事实上，货币当局对经济信息的了解是不完全的。

比较而言，相机抉择在应对重大经济冲击、金融危机及无法预料的状况时，有较大的操作空间，可以发挥简单规则难以起到的作用。例如，在 2008 年国际金融危机后，西方各国大量向金融系统灌注流动性的政策操作，以及我国在同年 5 月汶川大地震发生后，采取的放开灾区法人金融机构信贷规划约束、加大对灾区信贷投入①等，都属于货币政策相机抉择应用比较成功的典型案例。缺点在于，相机抉择可能会牺牲物价稳定来换取经济成长。由于货币政策时滞期间较长，且变异性大，相机抉择会导致政策在时间上前后不能一贯甚至互相矛盾，常使景气波动变大。相机抉择虽然可能换来短期好处，但往往为长期的不良结果埋下伏笔。

鉴于上述，在实践上，各国中央银行往往因时而异，在不同的经济发展阶段偏重不同的规则。并且，随着一个国家经济发展的变化，货币政策常常从一个规则向另一个规则转化，两种规则也不做截然的划分，而是择优使用。例如，在 20 世纪 90 年代，尽管美联储从理论上接受了强调单一性的泰勒规则，但在实际操作中，其货币政策操作却有更为系统、具体的准则，正如时任联储理事会理事梅耶所说："泰勒规则只是一些规范的指导原则，……规则的最大作用是为货币政策提供决策信息，而不是约束和决定货币政策。"②

## 二、货币政策操作规则的演变

货币政策操作规则不是一成不变的，各国货币政策规则都经历了货币数量规则、泰勒规则（利率规则）、名义收入规则以及通货膨胀目标规则等的变化。

### （一）货币数量规则

货币数量规则为美国货币主义经济学家弗里德曼所提倡，他认为货币数量按固定速率增加，不随意调整，就能维持物价稳定，且货币政策可避免成为经济扰乱的一项主要来源，达到合意的经济稳定。20 世纪 70 年代末，以美联储为首的西方各国中央银行相继实行了货币数量规则，把货币供应量作为中间目标。20 世纪 80 年代以来，美联储基本上接受了货币主义的"单一规则"，把确定货币供应量作为对经济进行宏观调控的主要手段。

货币政策数量规则的优点主要是简单、易于理解，有关货币政策的信息可以很快传递给公众，这些信号可以为公众的通胀预期提供稳定和可靠的依据。

然而，在实践中，由于货币流通速度不稳定以及中央银行在控制货币数量上的不足，中央银行难以像弗里德曼所主张的那样，以一个不变的货币增长率，也就是众所周知的单一规则来行事，而是允许某些时期与数量目标有所不同，即有一个比较灵活的机制。

经过多年的实践，货币主义的政策主张在美国货币政策实践中遇到越来越大的挑战，主要是因为进入 20 世纪 80 年代后期，货币供应量与物价水平之间的关系越来越不密切。货币数量与目标变量的不可靠关系使数量目标作为货币政策透明性和中央银行的公信度大打折扣。因此，许多国家转用利率取代货币量作为调控指标。

① 参见《中国货币政策执行报告（2008 年第四季度）》。

② 李扬，彭兴韵. 解析美联储的利率政策及其货币政策理念[J]. 金融论坛，2005（2）：78-85.

（二）泰勒规则

进入 20 世纪 90 年代，美联储决定放弃实行了 10 余年的以调控货币供应量来调控经济运行的货币政策规则，而以调整实际利率作为对经济实施宏观调控的主要手段。这就是泰勒规则（Taylor Rule）。

泰勒规则也称利率规则，该规则给出了短期利率如何针对通货膨胀率和产出变化调整的准则。根据泰勒规则，中央银行应将利率设定为通货膨胀和产出对其自然水平偏离的函数。基于泰勒规则，中央银行可以实行利率平滑政策，即以实际利率作为货币政策中介目标，并通过控制短期利率，使之沿同一方向逐步小幅变动，而只在经济运行情况变化时通过稍微改变利率的方向，给市场传达明确的政策信号，促使市场自动进行调整。以美联储为背景的泰勒规则的计算公式为：

$$\text{联邦基金利率指标}=\text{通货膨胀率}+\text{均衡实际联邦基金利率}+\frac{1}{2}(\text{通货膨胀缺口})+\frac{1}{2}(\text{产出缺口}) \tag{13-1}$$

泰勒规则假定均衡的实际联邦基金利率是 2%，适当的通货膨胀率也是 2%，通货膨胀缺口和产出缺口都是 1/2。例如，假定通货膨胀率是 3%，导致正的通货膨胀缺口 1%（即 3%-2%），而实际 GDP 大于潜在水平 1%，有正的产出缺口 1%。因而泰勒规则表明，联邦基金利率应当定在 6%，即 3%的通货膨胀率+2%均衡的实际联邦基金利率+1/2（1%的通货膨胀缺口）+1/2（1%的产出缺口）。

在泰勒规则中，通货膨胀缺口的系数为正，等于 1/2。如果通货膨胀上升 1 个百分点，联邦基金利率就会提高 1.5 个百分点，幅度超出通货膨胀率的变动幅度。换言之，通货膨胀率上升 1 个百分点导致实际联邦基金利率提高 1/2 个百分点。中央银行提高名义利率的幅度应当超出通货膨胀率的上升幅度，这就是泰勒定理（Taylor Principle），这对于货币政策的成功具有至关重要的意义。假定没有遵循泰勒定理，名义利率上升的幅度小于通货膨胀率，因此，实际利率随着通货膨胀率的上升而下降。这会引发严重的动荡，原因是通货膨胀率上升导致货币政策的实际放松，这会导致未来通货膨胀率的进一步上升。这正是 20 世纪 70 年代美联储货币政策的特点，结果是丧失了名义锚，并导致了高通胀时代，其间，美国通货膨胀率攀升到两位数的水平。从 1979 年开始，泰勒定理成为美联储货币政策的重要特征，从而对通货膨胀和总产出产生了更为有利的影响。

泰勒规则的优点在于：它可以避免在快速的金融创新与金融自由化背景下，准备货币可控性大为降低的弱点。金融自由化、国际化及金融创新使金融市场快速发展，利率传递信息功能提升，且短期利率与中长期利率间的关系较以往明确，中央银行通过对短期利率的控制，能影响中长期利率的变动。

泰勒规则的首要缺陷是对预期因素的忽视。传统的泰勒规则对通货膨胀缺口的衡量是直接以当期实际通货膨胀率扣除物价上涨来表示的，计算上虽然简便但是用处并不大，因为事前预期的通货膨胀率才是斟酌货币政策取向的关键。泰勒规则的又一缺陷是对汇率因素的忽视。在开放经济中，汇率可以通过国际贸易和资本流动来影响通货膨胀，但泰勒规则将模型中的汇率系数设定为零，这意味着泰勒规则只适合于封闭经济。

为了克服泰勒规则的上述缺陷，人们又提出了前瞻性泰勒规则与开放经济下的货币政策规则。在前瞻性泰勒规则中，目标利率不再取决于事后的通货膨胀率，而是取决于根据已有信息作出的对未来通胀率的预期。主张中央银行控制的短期名义利率要顺应通货膨胀率的变化，以保持实际均衡利率的稳定性。在开放经济下的货币政策规则中，引入了汇率因素，政策的制定可以通过调整利率以抵消汇率对支出的影响，熨平经济波动。

（三）名义收入规则

名义收入规则主张货币政策以名义收入为预定目标，同时以基础货币规划进行操作。其与泰勒规则的区别在于操作工具和目标变量的不同。根据这一规则，基础货币增长率依名义 GDP 增长率与设定的目标之间的离差而变动。两种规则中，究竟选哪一种，要依赖于具体的经济环境。该规则的分析框架得出了许多与正统观点相异的情况。例如，根据正统的观点，1995—1998 年日本货币政策难以刺激经济，是因为利率已经很低；而按照名义收入规则，基础货币仍处于紧缩过程，表明其间基础货币过于紧缩。其政策含义是，在通货紧缩条件下，即使名义利率为零，中央银行仍然可以实行宽松货币政策，以刺激物价水平回升。

（四）通胀目标规则

通货膨胀目标系指政府设定通货膨胀率目标区间，甚至强调所设定目标区间的中间点或某一点，然后通过货币政策工具操作来达成。在 20 世纪 90 年代前后，许多国家转向通货膨胀目标。

通货膨胀目标是要通过控制通胀预期，进而控制通货膨胀本身。其理论直觉是价格稳定的必要条件是锚定市场参与者的通胀预期与目标一致。因为高通胀预期会导致工会重新谈判工作合同，要求增加工资，导致通货膨胀。把通胀预期作为中间目标，可以使价格稳定尽量可靠。

通货膨胀目标的关键成分是中央银行对社会宣布通货膨胀目标，明确承诺相对于其他目标的价格稳定，实现目标的透明度和信息沟通的方式和途径。

通货膨胀目标的优点是无须依赖货币总量与最终目标变量间具有稳定关系；高透明化；中央银行的权责性提高；政策方向容易预期，有助于减少未来政策的不确定性，因而能降低市场波动。

通货膨胀目标的主要缺点是实行通货膨胀目标作为名义制约，故在产出稳定方面没有太大的操作空间。相对于货币总量，通货膨胀率较不易被中央银行控制。该机制在金融稳定的关注度与应对上通常不足。

**专栏 13-1**

**坚定以通货膨胀为目标的货币政策框架**

2016 年 5 月 24 日，澳洲联储主席斯蒂文斯在悉尼发表讲话时指出，坚定以通货膨胀为目标的货币政策框架，并认为当前通货膨胀率确实偏低。未来澳联储将坚定以通货膨胀为目标的货币政策框架。当前通货膨胀率确实偏低，且技术上而言低于澳联储已宣布的目标，但强调短期内没有人可以控制住通货膨胀率。通货膨胀目标能保证澳洲经济未来运行稳定，并不是一个死板的东西，且不认为需要另一个通货膨胀目标。中期通货膨胀目标并非僵硬死板的，不需要作出直觉反应，应继续坚持在实践中成功的货币政策框架。

（资料来源：http://gold.hexun.com/2016-05-24/184028882.html.）

（五）回馈法则

以上可见，现实中并无单一的可以在不同时期通行的货币政策规则，各类规则各有特点和局限，因此，在各国中央银行的政策操作中，比较偏向的是所谓的回馈法则。该法则试图兼顾单一规则与相机抉择的优点，原则上，货币政策仍依事先设定的规则进行，但是，当实际目标与预定目标偏离时，允许政策制定者调整货币政策，只要该项调整仍是规则的一部分。此种考虑回馈机制，允许调整货币政策，而又保有法则精神的做法，称为回馈法则。例如，泰勒提出的短期利率规则，就是一种回馈法则，该法则系依据实质产出的实际值与目标值的差距，以及通货膨胀率的实际值与目标值的差距来调整联邦资金利率。

## 第二节　操作工具选择及其操作原则

操作工具选择直接关系货币政策的操作实施效果，中央银行选择操作工具的基准是提高货币政策操作的针对性和有效性。在货币政策操作中，中央银行只能选择钉住利率或货币数量目标之一。中央银行货币政策操作应遵循前瞻性、灵活性及创新性原则。

### 一、数量型工具与价格型工具

一般而言，货币政策操作工具大致可以分为数量型工具和价格型工具。数量型工具主要包括公开市场操作和存款准备金率，价格工具主要是各类利率工具。数量型工具和价格型工具各有长处，两者之间的功能也不是截然分开的。公开市场操作也根据市场环境变化和调控需要，适时通过操作利率的变化引导和调节市场预期，影响市场利率走势。

数量型工具的针对目标是货币供应量。长期来看，在其他条件不变的情况下，货币供应量的变动总会导致一般价格水平的变动，从这个意义上说，监测和控制货币供应量的变动十分重要。但以货币供应量为目标，要以货币流通速度稳定为前提，由于近几十年各国货币化不断加深，货币流通速度变得失去了稳定性，数量工具的重要性相对下降。

价格工具的操作目标是货币市场短期利率，即银行同业拆借市场的隔夜拆借利率。在20世纪早期，货币政策操作的首要目标是通过厘定贴现率的方式控制短期利率水平。而在今天，货币政策操作的主要工具是控制住一个市场化的短期利率水平，主要是控制同业拆借市场的隔夜利率水平。这是因为短期利率水平是中央银行每日都能随时监测到的高频变量。相对于货币总量等低频率指标，更利于检测和监控。实践也证明，短期利率是一个可以依赖的操作指标，比控制货币总量目标更有效。

美联储从20世纪70年代初开始，不断试验和修正联邦基金利率目标，并从1979年10月开始，鼓励联邦基金利率随实际货币需求总量超过或低于目标水平而上升或下降。从此使作为货币市场指示器的联邦基金利率，逐渐成为公开市场操作的主要指导性指标。

在我国，自改革开放以来，经历了一个货币深化的过程，货币流通速度总体呈下降趋势，但也存在一定的波动，大致是经济增长较快时，货币流通速度上升，经济增长放缓时，货币流通速度增长率放缓或者下降。数量型工具的操作总体效应并不十分理想，随着利率市场化的实现，价格型工具的使用日渐增多，使用频率也不断上升。

总的看来，在各国中央银行的实践上，在不同时期，两种工具的使用是有侧重的，但又都不可以完全偏废。实践中，与货币政策规则的情形相似，也是两者时有偏重，亦时有结合。例如，美联储在 2008 年次贷危机前曾经长期使用价格型工具管理短期利率，但危机后又重新使用数量型工具，直接影响货币供应量。尽管其声称仍以利率为操作目标，但基准利率一定几年不动，令人难以置信。

## 二、利率与货币数量目标

在货币政策操作中，中央银行只能选择钉住利率或货币数量目标之一，而不能同时钉住两个目标。当中央银行采取钉住利率目标时，若某项因素造成货币需求增加或减少，货币需求曲线将右移或左移，为维持利率水平不变，中央银行必须增加货币供给，故货币数量会增加。反之，若中央银行钉住的是货币供应量，则若某项因素造成货币需求增加或减少，货币需求曲线将右移或左移。为维持货币供应量水平不变，利率水平必然相应上升或下降。此种关系如图 13-1 所示。

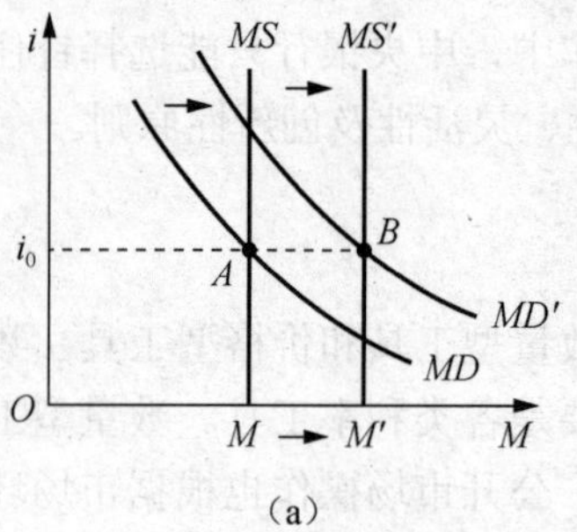


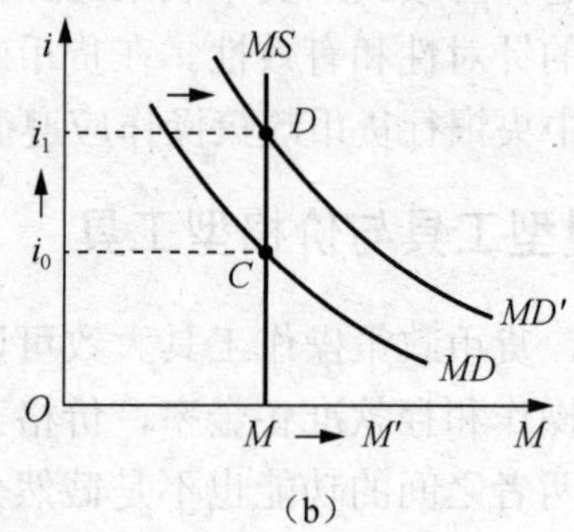


图 13-1　钉住利率或钉住货币数量

（a）钉住利率目标；（b）钉住货币供应量目标

如图 13-1（a）所示，中央银行若钉住利率目标，因某种因素导致的货币需求增加，将使货币需求曲线向右移动，中央银行为了把利率维持在原有的 $i_0$ 水平，不得不扩大货币供应量，中央银行货币供应量的增加，导致曲线 *MS* 移动到 *MS′*，结果，货币供应量从最初的 *M* 增加到 *M′*。

而在图 13-1（b）中，中央银行若钉住货币供应量目标，因某种因素导致的货币需求增加，将使货币需求曲线向右移动，中央银行为了维持货币供应量不变，不得不接受利率上升的结果，货币需求曲线从原来的 *MD* 向右移动到 *MD′*，结果，利率从最初的 $i_0$ 上升到到 $i_1$。

以上说明，中央银行守得住数量，就守不住价格，二者必居其一，那种以为中央银行可以同时守住利率和货币供应量的想法是不实际的。

## 三、政策操作原则

一般而言，中央银行货币政策操作应遵循下列原则：前瞻性、灵活性及创新性。

### （一）前瞻性原则

由于从货币政策操作到对价格和产出等宏观经济变量产生影响需要经历相当复杂的传导链条，因此货币政策发挥效果一般存在时滞。这意味着货币政策需要有前瞻性，货币政策在决策时需要把政策时滞考虑在内，对宏观经济未来的变化进行预测并提前作出反应，及时调整政策操作。

### （二）灵活性原则

为了达到熨平宏观经济短期波动的目的，货币政策操作必须根据不断变化的国内外宏观经济形势灵活调整，合理搭配使用公开市场操作在内的各项货币政策工具。灵活性是公开市场操作区别于其他货币政策工具的突出特点。中央银行通过灵活的公开市场操作手段，影响货币总量和利率，可以熨平由于周期性或偶然性因素可能对金融体系流动性以及金融市场带来的剧烈波动。此外，还应采用各种方式拓展准备金工具的使用空间，加强窗口指导和信贷政策引导，发挥利率杠杆的调控作用。

### （三）创新性原则

创新性原则是政策工具能否真正发挥作用的关键所在。一方面，国际金融危机发生后，IMF、巴塞尔银行监管委员会等国际金融组织在总结金融危机教训基础上，提出的宏观审慎政策理念得到众多国家的响应，于是建立并加强宏观审慎政策框架成为各国完善金融管理体制的核心内容之一。不断创新货币政策工具，构建逆周期的金融宏观审慎管理制度框架，成为一国货币政策的必备内容。另一方面，无论是危机应对还是应对后危机时代的复杂金融环境，各国中央银行都在不同程度上创新出若干此前未使用过的政策工具。以美联储为例，其危机应对工具包括：①货币市场投资者融资工具，直接向萎缩的货币市场注入流动性。②资产支持的商业票据货币市场共同基金流动性工具。③商业票据融资工具。④一级交易商信贷便利，在紧急情况下为市场交易商提供援助来拯救濒临倒闭的公司。⑤主经纪商融券便利，解决资产抵押债券投资者面临的融资问题。⑥拍卖式融资便利，保证了参与机构的匿名性，避免对参与银行的声誉带来负面影响。而在2015年10月开始货币政策正常化，美联储又推出以下工具：①隔夜回购协议，作为一种辅助的政策工具去调控联邦基金利率，并将其为联邦基金利率的下限。②贴现，即央行向金融机构提供短期融资，包括一级信贷、二级信贷和季节性信贷。③目前美联储的法定存款准备金率分为三档：0、3%和10%，根据不同的存款规模确定比率。④存款准备金利率也是美联储的货币政策工具之一，如目前超额准备金利率是联邦基金利率上限（0.5%）。

在我国，2011年3月“十二五”规划[①]公布以来，中国人民银行结合宏观审慎理念和

①《中华人民共和国国民经济和社会发展第十二个五年规划纲要》的简称。

流动性管理的需要，也进行了若干货币政策工具创新，包括对差别准备金制度作了进一步的规则化、明晰化，对金融机构引入差别准备金动态调整机制，并作为一种支持、激励性工具加以运用。公开市场操作也进行了一系列改革，包括短期内扩大交易对手范围和增加操作次数；推出了更多的流动性管理工具。后国际金融危机时代，中国人民银行进一步创新和完善流动性供给及调节的工具，不断提高应对短期流动性波动的能力，近年来推出若干创新货币政策工具（见专栏 13-2）。中央银行货币政策工具的变化，不断提升政策利率与债券利率的有机衔接。

**专栏 13-2**

### 中国人民银行的政策工具创新

1. 短期流动性调节

短期流动性调节是公开市场常规操作的补充工具，原则上在公开市场常规操作的间歇期使用，以 7 天期内短期回购为主，遇节假日可适当延长操作期限，采用市场化利率招标方式开展操作。

2. 常备借贷便利

常备借贷便利的主要功能是满足金融机构的大额流动性需求，期限比短期流动性调节长，最长为 3 个月，以 1～3 个月期操作为主；利率水平根据货币调控需要、发放方式等综合确定。常备借贷便利主要以抵押方式发放，合格抵押品包括高信用评级的债券类资产及优质信贷资产等。

3. 中期借贷便利

中期借贷便利创设于 2014 年 9 月，是中央银行提供中期基础货币的货币政策工具，对象为符合宏观审慎管理要求的商业银行、政策性银行，可通过招标方式开展。中期借贷便利采取质押方式发放，金融机构提供国债、央行票据、政策性金融债、高等级信用债等优质债券作为合格质押品。中期借贷便利期限为 3 个月或 6 个月，其利率发挥中期政策利率的作用，通过调节向金融机构中期融资的成本，引导金融机构降低贷款利率，支持实体经济增长，加大对小微企业和“三农”等国民经济重点领域和薄弱环节的支持力度。

4. 抵押补充贷款

抵押补充贷款是中央银行长期基础货币的投放工具，于 2014 年 4 月创设，其初衷是为开发性金融机构（国家开发银行）支持“棚户区改造”重点项目提供长期稳定、成本适当的资金来源。抵押补充贷款采取质押方式发放，合格抵押品包括高等级债券资产和优质信贷资产。

5. 定向降准

定向降准指定向调整存款准备金率的政策。自 2014 年起，中国人民银行已 7 次使用定向降准政策，引导流动性向县域、“三农”、小微企业、消费领域扩张。

（资料来源：http://www.pbc.gov.cn.）

# 第三节　政策工具操作及其货币利率影响

如第十二章所述，常规性货币政策工具包括法定存款准备金率、再贴现率和公开市场操作。下面我们先讨论三种工具操作的共性与它们之间的联系，然后重点讨论公开市场操作对短期利率的影响。

## 一、存款准备金率与政策工具操作

法定存款准备金率、再贴现率和公开市场操作三大政策工具的操作不是孤立的而是相互联系的，共同作用于操作目标，进而对中间目标产生影响，最后实现政策目标。其中，准备金制度是公开市场操作的基础，而再贴现率则为公开市场提供了目标利率的操作上限。

### （一）存款准备金率与政策工具操作的联系

#### 1. 三大政策工具的操作路径

三大政策工具的操作路径如图 13-2 所示。

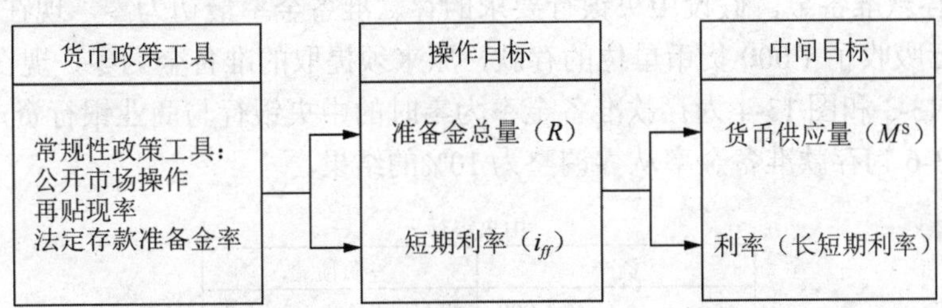


图 13-2　常规性货币政策工具的作用路径

注：短期利率（$i_{ff}$）代表央行基准利率，即准备金市场的银行同业隔夜拆借利率。

存款准备金率、再贴现率和公开市场操作都会对存款准备金总量和短期利率产生影响，进而又作用于货币总量和更广泛金融市场的长短期利率。

为理解图 13-2 中三大工具操作的作用机理，我们有必要复习一下基础货币 $MB$ 与狭义货币供应量 $M^S$ 的关系。已知：

$$MB = C + R \tag{13-2}$$

$$M^S = C + D \tag{13-3}$$

货币供应量 $M^S = C + D$，但它是内生的，因为不完全由中央银行控制。中央银行可以直接控制的是基础货币 $MB=C+R$。式（13-2）和式（13-3）中的流通中现金 $C$ 取决于居民的使用现金偏好，中央银行无法直接控制，只能通过利率进行间接影响持有现金的成本，因而中央银行影响货币供应量 $M^S$ 只能通过直接影响银行准备金 $R$，继而通过银行存款创造来影响 $D$。若以 $MPO$ 来代表政策工具操作，则有：

$$\text{MPO} \rightarrow R \rightarrow M^S \tag{13-4}$$

### 2. 通过政策工具影响基础货币数量

中央银行可以通过政策工具操作引起基础货币的数量变化效果。

（1）调整存款准备金率。中央银行增加或减少商业银行的超额准备金水平，进而影响商业银行的存款货币创造能力。假设存款水平一定，中央银行提高存款准备金要求，会直接减少银行体系的超额准备金；反之，降低存款准备金要求，会增加银行体系的超额准备金。

（2）公开市场操作。中央银行在公开市场买进债券将使准备货币增加，卖出债券将使准备货币减少。

（3）改变再贴现率。中央银行通过改变再贴现率，可以影响贴现贷款的数量。提高再贴现率，贴现贷款数量减少，超额准备金下降；降低再贴现率，贴现贷款数量增加，超额准备金增加。同时，中央银行改变再贴现率，相当于增加或减少商业银行的贷款成本，对其信用扩张积极性或抑或扬，货币供应量便也相应地收缩或扩张。

### 3. 政策工具对银行准备金的影响

上述三种政策工具对准备金（储备）的影响可以通过中央银行与商业银行的资产负债表显示。以下各图均以中央银行以 100 货币单位为调整结果。

（1）调整存款准备金。假设中央银行要求的存款准备金率最初为零，现在一次性上调为10%，商业银行吸收了 1 000 货币单位的存款，原来须提取的准备金为零，现在必须提取 100 货币单位。图 13-3 和图 13-4 为存款准备金率为零时的中央银行与商业银行资产负债表状况；图 13-5 和图 13-6 为存款准备金率从零调整为 10%的结果。

中央银行

| 资产 | | 负债 | |
|---|---|---|---|
| 现金 | 1 000 | 储备 | 0 |
| | | 超额储备 | 1 000 |

图 13-3　存款准备金率为零时的中央银行资产负债表状况

商业银行体系

| 资产 | | 负债 | |
|---|---|---|---|
| 法定储备 | 0 | 存款 | 1 000 |
| 超额储备 | +1 000 | | |

图 13-4　存款准备金率为零时的商业银行资产负债表状况

中央银行

| 资产 | | 负债 | |
|---|---|---|---|
| 现金 | +1 000 | 法定储备 | +100 |
| | | 超额储备 | +900 |

图 13-5　存款准备金率为 10%时的中央银行资产负债表状况

（2）公开市场操作。中央银行在公开市场买进证券资产 100 货币单位，使银行体系证券资产减少 100 货币单位，准备金（储备）增加 100 货币单位，如图 13-7 和图 13-8 所示。

商业银行体系

| 资产 | | 负债 | |
|---|---|---|---|
| 法定储备 | +100 | 存款 | 1 000 |
| 超额储备 | +900 | | |

图 13-6 存款准备金率为 10%时的商业银行资产负债表状况

中央银行

| 资产 | | 负债 | |
|---|---|---|---|
| 现金 | +100 | 法定储备 | +100 |
| | | | |

图 13-7 公开市场操作后中央银行的资产负债表状况

商业银行体系

| 资产 | | 负债 |
|---|---|---|
| 证券 | −100 | |
| 储备 | +100 | |

图 13-8 公开市场操作后商业银行的资产负债表状况

（3）贴现贷款。如果商业银行不能或不愿从私人部门筹集资金，则可以直接向中央银行要求贷款。这一功能允许中央银行直接向特定机构注入流动性，而不是增加整个系统基础货币。此操作的缺点是直接到贴现窗口借款的机构可能向市场提供一个消极信号。在会计上，除储备增加的对应部分记为资产负债表项目之外，贴现窗口贷款机制与公开市场操作一样，如图 13-9 和图 13-10 所示。注意，与公开市场操作不同的是，它是由私人部门间接地决定是否扩张基础货币，因为中央银行已经应银行要求承诺按再贴现率提供贷款。

中央银行

| 资产 | | 负债 | |
|---|---|---|---|
| 贴现贷款 | +100 | 储备 | +100 |
| | | | |

图 13-9 贴现贷款情形下中央银行的资产负债表状况

商业银行体系

| 资产 | | 负债 | |
|---|---|---|---|
| 储备 | +100 | 贴现贷款 | +100 |
| | | | |

图 13-10 贴现贷款情形下商业银行的资产负债表状况

此外，中央银行也可以借助外汇市场干预调整基础货币（这方面内容将在开放经济中的货币政策部分做进一步讨论）。中央银行在外汇市场向商业银行购买 100 货币单位外汇对银行储备的影响如图 13-11 和图 13-12 所示。

中央银行

| 资产 | | 负债 | |
|---|---|---|---|
| 外汇 | +100 | 储备 | +100 |
| | | | |

图 13-11　干预外汇市场情形下中央银行的资产负债表状况

商业银行体系

| 资产 | | 负债 |
|---|---|---|
| 外汇 | −100 | |
| 储备 | +100 | |

图 13-12　干预外汇市场情形下商业银行的资产负债表状况

4. 政策工具对利率的影响

中央银行也可以通过政策工具操作来引起短期利率的变化效果。

（1）调整存款准备金率。中央银行通过调整存款准备金率，增加或减少商业银行的超额准备金水平，进而影响银行同业拆借市场上超额准备金的供求状况。中央银行提高存款准备金要求，会直接减少银行体系的超额准备的供给，同时增加银行对超额准备金的需求，这种供求力量变动的结果，将使同业拆借利率上升；反之，降低存款准备金要求，将使同业拆借利率下降。

（2）公开市场操作。中央银行在公开市场买进债券将使同业拆借市场上超额准备金增加，同时减少银行对超额准备金的需求，这将使同业拆借利率下降；反之，卖出债券将使同业拆借利率上升。总之，买进操作使利率下跌，卖出操作使利率上升。

（3）改变再贴现率。中央银行降低再贴现率，商业银行取得资金成本较低，市场利率就会降低；反之，表示中央银行的资金供给趋紧，市场利率可能上升。

5. 小结

总结上述，并将金融市场长短期利率记为 $i$，可有

$$MPO \rightarrow i_{ff} \rightarrow i \qquad (13\text{-}5)$$

以上可见，三大工具的操作都可引致金融市场上的数量效果与价格效果，中央银行的政策操作就是通过货币市场上超额准备金供求量的变化与准备金借贷利率的变化作用于货币总量与更广泛金融市场上的利率的。

然而，在当今主要中央银行货币政策操作中，这三大工具的地位和作用很不一样。其中，存款准备金率被视为货币调控的“利斧”，并不轻易使用；贴现窗口贷款，因为会对借款银行的声誉带来不利影响，也不被广泛使用；使用最多的是灵活、便利的公开市场操作。前两个工具的作用分别是改变贴现窗口借款条件与调整存款准备金率；公开市场操作则是调整银行系统准备金的水平，抵消或支持准备金余额供应永久性、季节性或周期性变化，从而影响短期利率等。公开市场操作由中央银行每日进行，不只是为了改变货币政策立场，也是为了确保金融系统储备需求始终得到满足。

（二）准备金市场与基准利率

准备金市场又称银行同业拆借市场，是银行之间运用存于中央银行的准备金而进行的余

额调剂、融通短期资金的市场。商业银行之间的拆借，主要是互相买卖它们在中央银行的超额准备金存款余额。而准备金市场的框架则是由准备金制度、再贴现与公开市场操作共同构成的。商业银行在中央银行的准备金账户既可以用于银行间资金清算，也可以用来相互借贷超额准备金。银行必须按法定准备金要求持有最低所需的存款储备金，其超额部分可以出于预防的原因而持有，也可以贷借给其他银行。商业银行在其经营活动中，所持有的实际准备金总会与法定准备金存在一定差额，由此产生超额准备金。当实际准备金大于法定准备金时，则超额准备金为正数，由此形成超额准备金的供给；反之，则超额准备金为负数，负数的超额准备金必须按规定及时补足，由此形成超额准备金的需求。

银行之间因盈缺不一而在准备金市场上对超额准备金的借贷行为形成的利率即银行同业隔夜拆借利率，它是一国利率体系中最重要的利率。因为它影响到经济中整个收益率曲线，即更长期限利率。如果中央银行可以影响此利率，就可以通过利率体系的传导作用影响整个经济。

在今天，世界主要中央银行一般是将利率指标确定为货币政策调控的中间目标，再通过公开市场操作调控基准利率，因基准利率水平的变动，通过利率风险结构、期限结构等机制影响金融市场各种利率变化，从而对金融运行和经济运行产生影响。

随着货币政策调控趋向以价格调控为主，强调预调和微调的精细化操作，单纯依靠调整存款准备金率进行货币政策调控的方式使用越来越少，存款准备金制度以及存款准备金率调整变化，更多是从配合其他金融制度实施和其他货币政策工具运用的角度出发，存款准备金制度逐步演变为约束货币供应增长、增强公开市场操作及利率调整有效性和灵敏性的基础性制度。

基准利率即超额准备金市场上的银行同业隔夜拆借利率（下面也用银行拆息率、同业拆借利率来指基准利率），货币政策操作是确定和维护基准利率目标水平。基准利率的变化决定了其他各种利率的变化。

在正常情况下，这个基准利率中央银行并无明确限定，而由市场供求决定。中央银行的做法是设立一个基准利率目标，继而通过公开市场买卖证券影响该市场的资金供求来使得实际基准利率与目标利率趋于一致。如果中央银行改变基准利率目标，这通常会影响抵押贷款、普通工商贷款和储蓄等各类金融产品的利率。

为了实现上述目的，中央银行必须对银行准备金供给具有控制力，并对准备金市场供求的变化有合理的预见性，然后才能通过公开市场操作调整流动性和市场利率。中央银行控制银行准备金供求的方式有以下几种。

（1）规定适度的最低存款准备金率。由于存款准备金用于满足准备金要求和支付双重需要，一般只有将准备金要求保持在足够水平上，使法定准备金要求超过清算准备金要求，才会形成可预测的流动性缺口。否则，如果清算需求经常超过准备金要求，准备金需求将会变动不定，增加预测准备金需求的难度和政策实施的复杂性。保持稳定和可预计的法定准备金有利于保证公开市场操作顺利进行和避免货币市场急剧波动，使商业银行对中央银行资金需求存在结构性缺口，以增强中央银行调节货币市场利率能力。

（2）通过准备金存款利率来影响准备金市场的供求变化。如果对法定准备金付息，可以降低银行资金成本，有利于银行经营；反之，对准备金存款不付利息，会增加银行的资金成本，刺激融资者尽力避开银行体系，金融机构创新产品避开准备金要求，这将不利于银行和其他金融机构竞争，也不利于数量型货币政策调控效率。如果对超额准备金付息，较高的超额准备金利率会导致银行等金融机构将大量的资金存放在央行，获取无风险收益。

（3）将非借入准备金水平作为基准利率的调节目标。从来源上，银行准备金分为借入准备金与非借入准备金。借入准备金是银行为满足法定存款准备金要求向中央银行借入的贴现窗口借款。非借入准备金等于准备金总额减去借入准备之差额，可记为：

$$NBR=R-BR \tag{13-6}$$

式中，$NBR$、$R$、$BR$ 分别代表借入准备金、准备金总额与借入准备金。

由于商业银行存款派生或扩张，更多地依赖于非借入准备金。因此，中央银行在控制基础货币和派生存款时，通常更多地考虑商业银行的非借入准备金变动，并将非借入准备金水平作为基准利率的调节目标。为了这个目的，中央银行要使贴现率保持在适当水平。如果贴现率低于基准利率，商业银行将全部依赖中央银行借款。因此，贴现率必须保持高于市场基准利率，并与中央银行利率目标保持一定的差距，使之成为市场基准利率的上限。

不过，中央银行不能直接支配银行同业利率。市场参与者可以按自己愿意接受的利率自由交易。中央银行拥有的唯一办法是影响市场参与者行为的激励机制。

中央银行可以通过创建一个同业拆借利率的波动走廊来设立激励机制。首先，把银行同业利率记为 $i_{\mathrm{ff}}$，中央银行要确定一个心目中的基准利率目标，记为 $i_{\mathrm{ff}}^{\mathrm{T}}$。其次，中央银行利用贴现率来构建利率上限。将贴现率记为 $i_{\mathrm{d}}$，使之高于中央银行的基准利率目标 $i_{\mathrm{ff}}^{\mathrm{T}}$，并保持两者之间的固定差距。这样，如果市场拆息率高于 $i_{\mathrm{d}}$，将无人愿意以这个较高的利率在银行间市场借钱，而只会去中央银行贴现窗口按较低的贴现率获得所需的贷款。同业拆借利率若低于贴现窗口利率，没人会从中央银行借钱。如果 $i_{\mathrm{ff}}=i_{\mathrm{d}}$，则任何数量的准备金都可能通过贴现窗口提供（取决于银行的意愿）。再次，中央银行可以通过对超额准备金付息来设定同业拆借利率的下限。把中央银行对超额准备金所支付的利率记为 $i_{\mathrm{er}}$，同业拆借利率 $i_{\mathrm{ff}}$ 会低于这一利率吗？当然不会。因为没人肯按这个利率放款，银行只会让自己的储备保留在中央银行的账户上。

经上述设定后，准备金市场的利率将在上限 $i_{\mathrm{d}}$ 与下限 $i_{\mathrm{er}}$ 之间波动。通过贷放超额准备金，银行赚取市场基准利率 $i_{\mathrm{ff}}$，同时失去中央银行提供的超额准备金利率 $i_{\mathrm{er}}$。基准利率的波动走廊如图 13-13 所示。

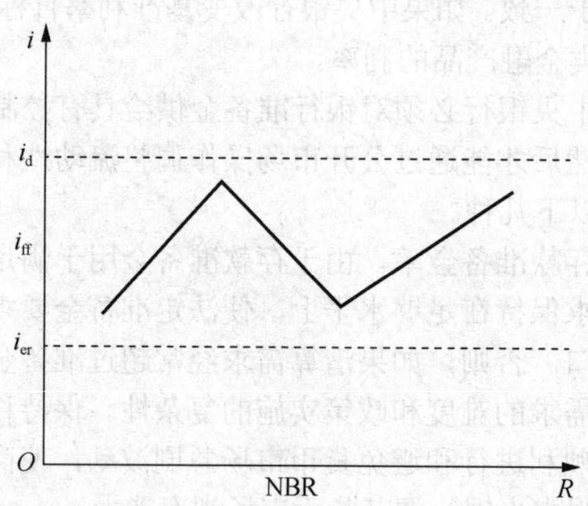


图 13-13　基准利率（银行同业隔夜拆借利率）的波动走廊

## 二、准备金市场的供求曲线与市场均衡

### （一）准备金市场的供求曲线

#### 1. 准备金的供给曲线

如前所述，准备金市场的供给 $R^{\mathrm{S}}$ 为借入准备金 $BR$ 与非借入准备金 $NBR$ 之和。借入准备

金的成本即贴现率为 $i_d$，一般设定为高于中央银行基准利率目标的一个固定水平，随基准利率 $i_{ff}$ 的变动而变动。由于借入准备与向央行借款可以相互替代，如果基准利率 $i_{ff}$ 低于贴现率 $i_d$，则由于市场筹资成本更低，银行不会向中央银行借款，借入准备金的规模为零。因此，只要 $i_{ff} < i_d$，准备金供给量就等于中央银行提供的非借入准备金的数量 BR，此时的供给曲线是垂直的。然而，如果基准利率 $i_{ff}$ 开始上升并超过贴现率 $i_d$，银行就乐意在 $i_d$ 水平上增加借款，之后在基金市场上以较高的利率将这些资金贷放出去。结果是，供给曲线在 $i_d$ 的利率水平上变更为水平的，具有无限弹性。储备供给曲线与中央银行（通过公开市场操作）提供的非借入储备相吻合。但储备需求仍然由商业银行决定，中央银行的供给在这里实际是被动的。准备金的供给曲线的形状如图 13-14（a）所示。

2. 准备金的需求曲线

存款准备金分为法定准备金和超额准备金两部分。法定准备金等于必须缴纳准备金的存款与法定准备金率之积。超额准备金是银行自愿持有的额外准备金。因此，银行的准备金需求量就等于法定准备金与超额准备金之和。其中，超额准备金是对存款外流的保证，持有超额准备金的成本是机会成本，即将这些准备金贷放出去所赚取的利率减去超额准备金的利率 $i_{er}$。如果中央银行对准备金支付利息，其利率须低于基准利率目标水平，且维持一个固定差额（否则，商业银行会将资金保留为超额准备金以获取稳定利息，不再放贷），因此会随着基准利率目标的变动而变动。如果基准利率高于超额准备金利率 $i_{er}$，则基准利率下跌，意味着持有超额准备金的机会成本减少，如果包括法定准备金规模在内的其他因素不变，准备金需求量增加。因此，当基准利率 $i_{ff}$ 高于超额准备金利率 $i_{er}$ 时，即 $i_{ff} > i_{er}$，准备金的需求曲线是向下倾斜的。然而，如果基准利率 $i_{ff}$ 下跌到低于超额准备金利率 $i_{er}$ 的水平时，即 $i_{ff} < i_{er}$，银行就不愿意按照较低的利率水平在隔夜市场上放款，而是无限增加其持有的超额准备金规模。结果，准备金需求曲线变为水平的。储备的需求曲线将随会 $i_{ff}$ 下降，直到 $i_{er}$，在那里它变成一条水平直线。准备金的需求曲线的形状如图 13-14（b）所示。

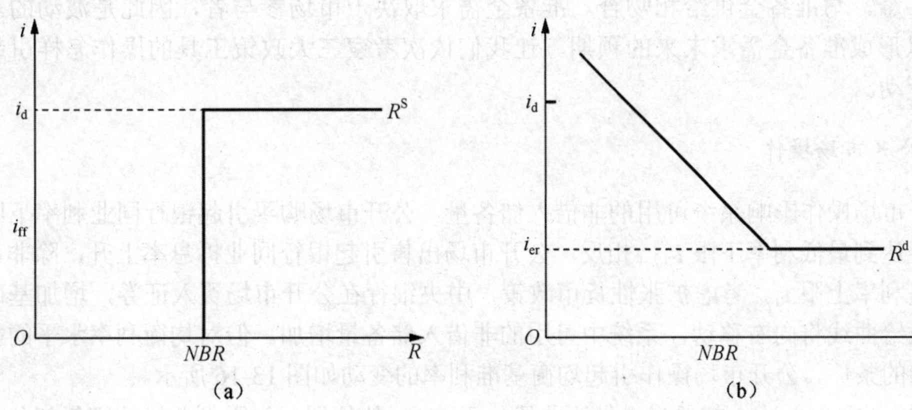


图 13-14　准备金市场上的供给与需求曲线

（a）准备金供给曲线；（b）准备金需求曲线

## （二）准备金市场上的均衡

银行同业利率将由市场供求力量的平衡来决定。如图 13-15 所示，准备金市场上的均衡与前面货币市场均衡相同，取决于供求曲线的位置。当准备金的需求等于供给量，即 $R^S=R^d$，就实现了市场均衡。因此，均衡出现在准备金供给曲线 $R^S$ 与需求曲线 $R^d$ 交点 $l$ 上，均衡的准备金市场基准利率为 $i_{ff}^*$。如果联邦基金利率为 $i_{ff}^2$，高于均衡利率 $i_{ff}^*$，准备金的供给量就会大于需求量，形成超额供给，基准利率就会下跌到 $i_{ff}^*$，如向下的箭头所示。另一方面，如果市场基准利率为 $i_{ff}^1$，低于均衡利率 $i_{ff}^*$，准备金的需求超过供给，出现超额需求，如向上的箭头所示，市场基准利率将上升至 $i_{ff}^*$。注意，$i_d$ 高于 $i_{ff}$，表明中央银行设定的贴现率远远高于基准利率目标水平。

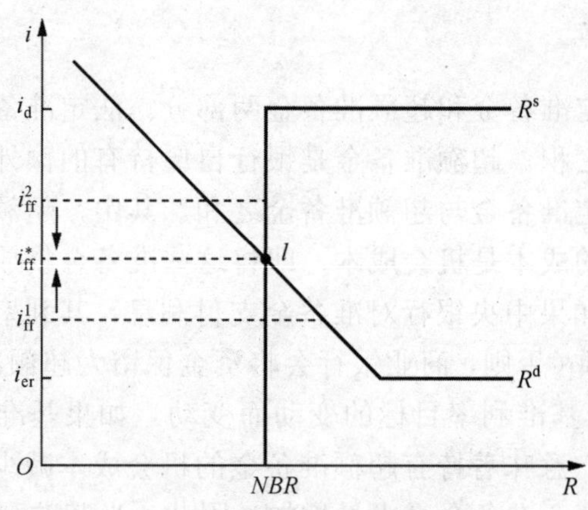


图 13-15　准备金市场上的供求平衡

## （三）准备金市场均衡利率的变动

不同货币政策操作会影响供给曲线或需求曲线，移动均衡利率。在准备金市场上，公开市场操作和贴现率影响储备供给，法定准备金率影响准备金需求。中央银行直接控制非借入准备金，与准备金供给相吻合。准备金需求取决于市场参与者，因此是波动的。中央银行可以形成准备金需求未来的预期。让我们依次考察三大政策工具的操作怎样引起均衡利率的变动。

### 1. 公开市场操作

公开市场操作影响系统可用的非借入储备量。公开市场购买引起银行同业利率下降，除非它已经达到最低利率下限 $i_{er}$；相反，公开市场出售引起银行同业拆息率上升，除非已经达到了最高利率上限 $i_d$。考虑扩张性货币政策，中央银行在公开市场买入证券，增加基础货币供给，供给曲线将向右移动，系统中可用的非借入储备量增加。但对均衡利率水平的影响取决于初始的条件。公开市场操作引起均衡基准利率的变动如图 13-16 所示。

在图 13-16（a）中，初始时，供给曲线位于 $NBR_1$ 的位置，与需求曲线的倾斜部分相交于点 1；公开市场的购买操作使得供给曲线向右移动至 $NBR_2$ 的位置，仍与需求曲线的向下倾斜部分相交于点 2，均衡利率从 $i_{ff}^1$ 下降到 $i_{ff}^2$。在图 13-16（b）中，初始时，供给曲线位于 $NBR_1$

的位置，与需求曲线的水平部分相交于点 1；公开市场的购买操作使得供给曲线向右移动至 $NBR_2$ 的位置，仍与需求曲线的水平部分相交于点 2，均衡利率未发生任何变化：$i_{ff}^1 = i_{ff}^2 = i_{er}$。这说明，当市场利率达到超额准备金给付利率 $i_{er}$ 时，公开市场操作改变的只是非借入准备金量的变化，对市场基准利率带不来任何影响。除非中央银行对超额准备金不给付利息，则公开市场的购买操作可以使得市场利率下降为零，因为这时准备金需求曲线不再有水平部分，而是向下倾斜的。中央银行采取对超额准备金付息的策略可以避免出现零利率，规避流动性陷阱。

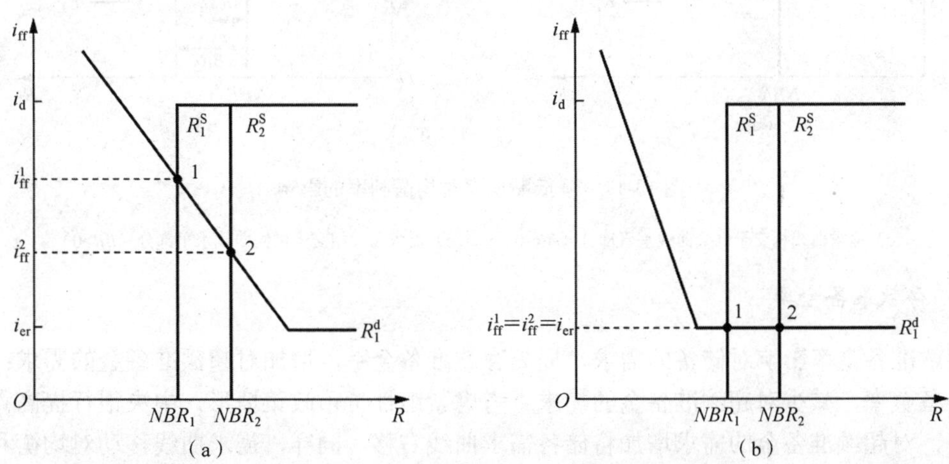


图 13-16　公开市场操作引起均衡基准利率的变动

（a）供给曲线与需求曲线相交于需求曲线向下倾斜的部分；（b）供给曲线与需求曲线相交于需求曲线的水平部分

## 2. 贴现窗口贷款

贴现贷款影响贴现窗口的贷款条件。考虑扩张性的货币政策，中央银行降低贴现率会使准备金供给曲线上部的水平部分（借入储备）向下移动。但对均衡利率水平的影响取决于初始状态。

如图 13-17（a）所示，初始时，需求曲线相交于供求曲线的垂直部分，不存在借入准备金。如果此时中央银行将贴现率从 $i_d^1$ 调低到 $i_d^2$，供给曲线的水平部分 $R_1^S$ 会下降到 $R_2^S$ 的位置，而供求曲线的交点依然为点 1，未发生任何变化。因此，在这种情况下，均衡利率不变，仍然为 $i_{ff}^1$。由于贴现率高于中央银行的基准利率目标，因此这属于典型的情况。这意味着，在正常情形，降低贴现率对市场基准利率没有影响。反之，贴现率的提高对银行同业拆息率也没有影响，除非已经达到最高利率上限 $i_d$。

然而，如图 13-17（b）所示，如果初始时，需求曲线相交于供给曲线的水平部分，即借入准备金等于贴现贷款，$BR > 0$，贴现率的变动则会影响市场均衡利率。在这种情况下，最初的贴现贷款为正，均衡利率等于贴现率，即 $i_{ff}^1 = i_d^1$。如果中央银行调低贴现率，如从 $i_d^1$ 调低到 $i_d^2$，供给曲线的水平部分从 $R_1^S$ 下降到 $R_2^S$ 的对应位置，推动均衡点从点 1 移动到点 2，均衡利率从 $i_{ff}^1$ 下降到 $i_{ff}^2$，$i_{ff}^2 = i_d^2$。

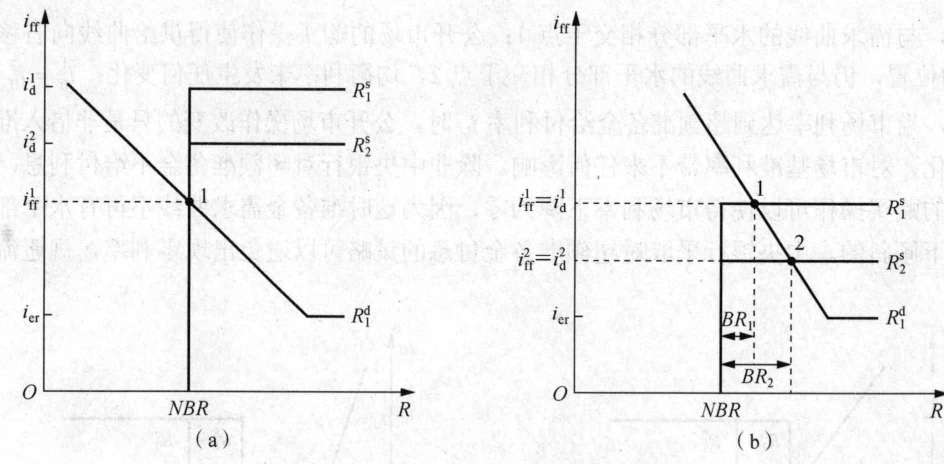


图 13-17 降低贴现率对均衡利率的影响

（a）需求曲线相交于供给曲线垂直部分（$BR$=0）；（b）需求曲线相交于供给曲线水平部分（$BR$>0）

3. 存款准备金率

存款准备金率影响对储备的需求，提高存款准备金率，增加对超额准备金的需求；降低存款准备金率，减少对超额准备金的需求。考虑紧缩性货币政策情形，中央银行提高存款准备金率，对超额准备金的需求增加将储备需求曲线右移。同样，需求曲线移动对均衡利率水平的影响也取决于初始状态。

如图 13-18 所示，提高存款准备金率，在任何给定的利率水平上，存款准备金和准备金需求量都会扩大。因此提高存款准备金率使得需求曲线从 $R_1^d$ 右移至 $R_2^d$，均衡位置从点 1 处移动到点 2 处，相应地，均衡利率从 $i_{ff}^1$ 上升到 $i_{ff}^2$。

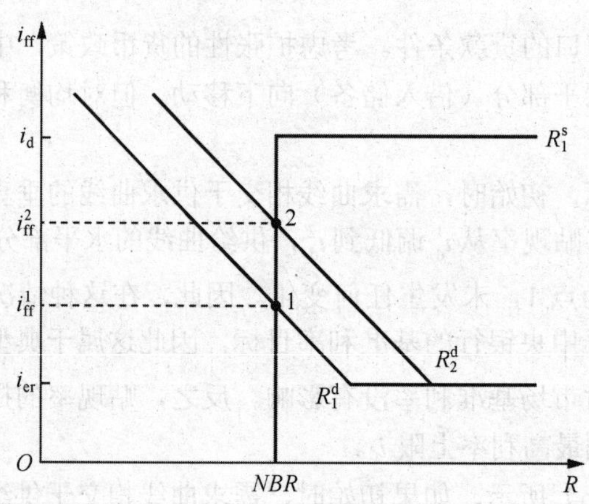


图 13-18 提高存款准备金率引起均衡利率上升

同理，降低存款准备金率会减少准备金的需求量，推动需求曲线左移，导致均衡利率下降。

结论是，提高存款准备金率会导致银行同业利率上升，除非已经达到利率上限 $i_d$；反之，降低存款准备金要求会导致银行同业利率下降，除非它已经达到最低利率下限 $i_{er}$。

## 三、政策工具的操作实践与非常规性工具

到目前为止的分析表明，中央银行可以利用政策工具影响货币供给，进而影响银行同业利率。在实践中，存款准备金率对许多银行并不起作用，所以该渠道目前几乎很少使用。同样，贴现窗口更多用于最后手段能力贷款与市场利率上限。这使得公开市场操作实际上成为中央银行经常（至少在正常时期）使用的政策工具。

其实，中央银行往往还利用信息沟通的方法来影响银行同业市场。例如，中央银行可以公告目标利率，如2%，则隐含地承诺将进行必要的公开市场操作以达到2%的目标利率。知晓中央银行政策意图后，市场参与者回应变动，引起储备需求曲线的移动，使得拆借合同利率向中央银行公告的新的目标利率接近。

这意味着中央银行事后不得减少公开市场操作以实现其目标。这通常是中央银行宣称下调利率后的实际情形，它通常是指银行同业市场的目标利率。

不过，这些都是正常形势下的情况：中央银行宣布对银行同业拆息率的目标、市场进行调整，最终中央银行通过公开市场操作来实现目标。

但在重大冲击事件中，以美国为例，在之前发生的次贷危机中，这些传统工具却不敷应用。最大的问题是，急需额外资金的金融机构不愿意借用贴现窗口，以免向市场发出信号，表明自己陷入了资金困境。结果，银行同业市场利率甚至高于中央银行的贴现率。美联储不得不发明其他流动性便利来解决这个问题（见专栏13-3）。

**专栏13-3**

### 美联储的创新政策工具

1. 常规招式：降低基准利率，接近“零利率”

次贷危机发生后，美国银行体系遭受重创，信贷活动萎缩，市场利率上升，实体经济难以得到资金支持。美联储首先采取的是基本招式——降低基准利率，接近“零利率”。

（1）开展公开市场操作。为降低市场利率，美联储主要通过公开市场操作，买入国债，增加市场流动性。但注入流动性的举措效果并不明显。

（2）下调联邦基金利率。2007年9月18日，美联储降息50个基点，将联邦基金利率确定为4.75%。在接下来的10次降息后，联邦基金利率在2008年年底降至0～0.25%区间。

（3）下调再贴现利率。2007年8月至2008年12月，美联储11次下调再贴现利率，再贴现利率从调整前的6.25%下降到0.5%，下降了92%。贴现贷款的期限也由过去的30天延长至90天。

2. 量化宽松的货币政策

随着利率下调至降无可降的底部，传统手段如公开市场操作、准备金率和贴现窗口等已近失效，美联储退出以购买资产为主要内容的量化宽松政策。

自2008年9月起，美联储开始在公开市场上进行大规模资产购买，以压低实体经济长期融资成本，美联储资产负债表也伴随着每轮量化宽松而扩张。截至2014年第二季度末，

美联储总资产规模达 4.4 万亿美元，较 2008 年 8 月末扩张逾 4 倍。美联储量化宽松以资产购买为主，在危机期间扩大了对机构债、资产支持债券的购买，美联储资产负债表中债券占比近 90%。

3. 新型流动性工具层出不穷

尽管美联储等将中央银行传统三大政策工具（公开市场操作、再贴现和存款准备金率）都用上了，但是银行信贷依然低迷，信贷市场上风险溢价仍未恢复，这迫使美联储不得不采取进一步的动作并进行创新。

（1）TAF：弥补再贴现不足的流动性支持工具。2007 年 12 月，由于越来越严重的信贷紧缩，美联储推出一项新的流动性支持工具，即所谓的定期贷款拍卖（TAF），被视为美联储 40 年来最重要的金融创新。TAF 弥补了再贴现不足，减少了货币投放不确定性。

（2）TSLF：交换流动性差抵押债券的利器。美联储于 2008 年 3 月推出了一项新的流动性支持工具——短期证券借贷工具（TSLF）。TSLF 是由美联储以拍卖方式用国债置换一级交易商的抵押资产，到期后换回一份资产互换协议，拍卖基本从 2008 年 3 月 27 日起每周举行一次。

（3）PDCF：允许通过贴现窗口向美联储借款。2008 年 3 月，美联储推出了流动性支持工具 PDCF，允许一级交易商像存款类金融机构一样从贴现窗口借款，借款利率与贴现窗口的优惠信贷利率相同。这一计划比 TAF 的抵押品范围更为广泛，抵押品包括适用于公开市场操作业务的所有合格抵押品，还包括投资级别的公司债券、市政债券、住房抵押贷款支持债券和资产支持债券。可见，PDCF 实质是向符合条件的一级交易商开放传统上只向商业银行开放的贴现窗口，提供隔夜贷款。中央银行的触角也由此从银行体系延伸到证券市场。

（4）AMLF：借用货币基金，支持商业票据市场。2008 年 9 月 19 日，美联储宣布推出资产支持商业票据货币市场共同基金流动性工具（AMLF），以贴现率向储蓄机构和银行控股公司提供无追索权贷款，为其从货币市场共同基金处购买资产支持商业票据提供融资，旨在帮助持有资产抵押商业票据的货币基金满足其投资者赎回的要求。

（5）CPFF：恢复商业票据市场的融资功能。2008 年 10 月 7 日，美联储推出商业票据融资工具（CPFF），为商业票据市场提供流动性，通过特殊目的载体 SPV，直接从符合条件的商业票据发行方购买评级较高且以美元标价的 3 个月期资产抵押商业票据和无抵押的商业票据，认购利率为 3 个月的 OIS 加上一定的利差，但信用评级要求较高，分别是标普、穆迪和惠誉的最高级别评级以上。

（6）TALF：刺激消费和小额贸易，激活信贷市场。为了激活信贷市场，降低消费和企业融资成本，美联储和财政部合作在 2008 年 11 月共同推出了定期资产支持证券贷款工具（TALF），向以 AAA 级 ABS 作为抵押的机构提供最多 5 年期的定期贷款。AAA 级 ABS 的抵押资产包括汽车贷款、小微企业担保贷款、信用卡贷款、学生贷款等。TALF 工具的推出意在保障作为 ABS 资产池的个人消费和小微企业贷款的流动性，从而防止消费和投资的下滑。

（资料来源：http://wallstreetcn.com/articles/229708.）

非常规政策的实施使美联储的资产负债表膨胀到前所未有的规模。数轮量化宽松过后，美联储的资产负债规模与GDP之比由2007年年初的7%飙升至了25%。从具体数字上看，美联储总资产由2007年年初的8 800亿美元膨胀至2016的4.3万亿美元，其中包括2.4万亿的国债和1.7万亿抵押贷款支持证券。次贷危机后美联储的基础货币效果如图13-19所示。

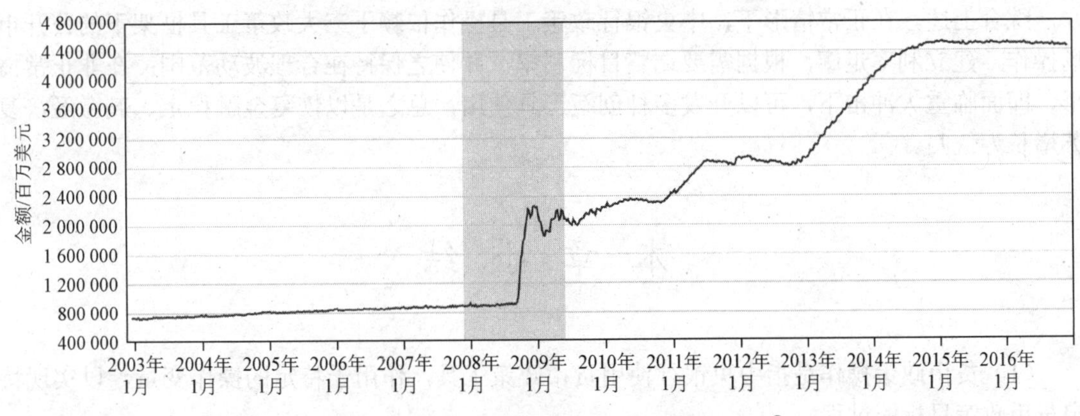


图13-19　次贷危机后美联储的基础货币效果[①]

注：图中阴影部分为经济衰退期间。

危机爆发后，联邦基金利率也降至历史低位，自2008年以来该利率一直维持在0～0.25%。直到2015年年底才进行了首次升息，将联邦基金利率升到0.25%。次贷危机后美国联邦基金利率的变化如图13-20所示。

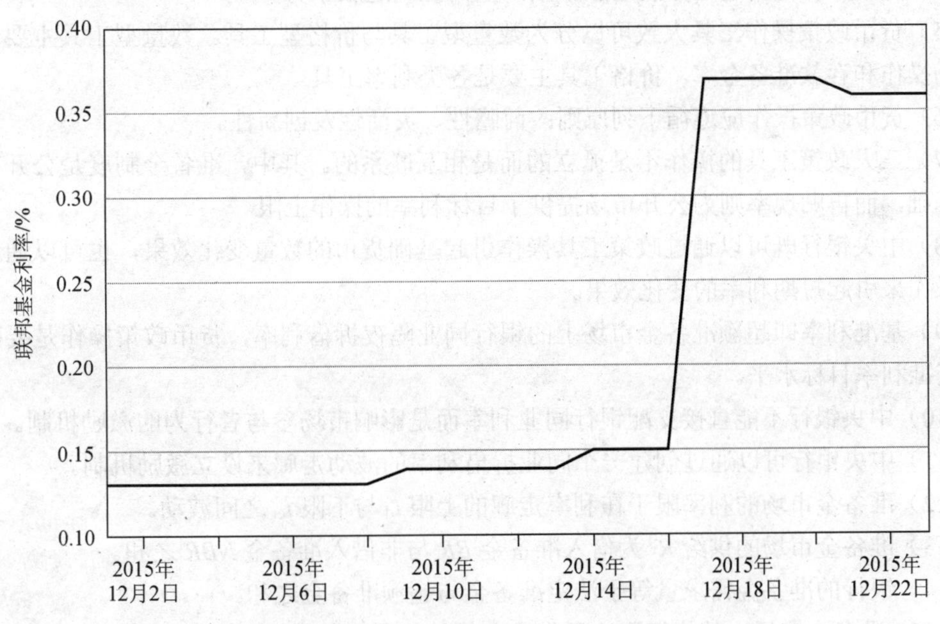


图13-20　次贷危机后美国联邦基金利率的变化[②]

① 资料来源：http://fred.stlouisfed.org。

② 资料来源：http://fred.stlouisfed.org.

事实上，面对次贷危机后的形势，不仅美联储，其他主要经济体的中央银行也相继推出了一系列的非常规政策工具，这些工具与美联储虽然形式不同但并无本质区别，其实质上都是以非常规手段实现货币超发，把基准利率维持在极低水平，并为经济金融部门注入流动性。

综合上述，在正常情形下，中央银行政策工具操作依赖于三大政策工具框架下的公开市场操作，建立利率走廊，根据需要调整目标利率，并使之保持在合理波动范围；在非正常情形，即面临重大冲击下，可以开发多种创新工具使用，总之是以恢复金融稳定、刺激经济复苏增长为依归。

## 本 章 小 结

（1）货币政策操作是指中央银行使用货币政策工具，作用于特定的操作变量，以实现特定货币政策目标的过程。

（2）货币政策的操作规则是指中央银行制定和实施货币政策时所遵循的行为准则或模式，一般可分为单一规则与相机抉择。

（3）泰勒规则假定均衡的实际联邦基金利率是 2%，适当的通货膨胀率也是 2%，通货膨胀缺口和产出缺口都是 1/2。

（4）通胀目标是要通过控制通胀预期，进而控制通胀本身。

（5）货币政策操作工具大致可以分为数量型工具与价格型工具。数量型工具主要包括公开市场操作和存款准备金率，价格工具主要是各类利率工具。

（6）货币政策操作应遵循下列原则：前瞻性、灵活性及创新性。

（7）三大政策工具的操作不是孤立的而是相互联系的。其中，准备金制度是公开市场操作的基础，而再贴现率则为公开市场提供了目标利率的操作上限。

（8）中央银行既可以通过政策工具操作引起基础货币的数量变化效果，也可以通过政策工具操作来引起短期利率的变化效果。

（9）基准利率即超额准备金市场上的银行同业隔夜拆借利率，货币政策操作是要确定和维护基准利率目标水平。

（10）中央银行不能直接支配银行同业利率而是影响市场参与者行为的激励机制。

（11）中央银行可以通过创建一个同业拆借利率的波动走廊来设立激励机制。

（12）准备金市场的利率限于在利率走廊的上限 $i_d$ 与下限 $i_{er}$ 之间波动。

（13）准备金市场的供给 $R^S$ 为借入准备金 $BR$ 与非借入准备金 $NBR$ 之和。

（14）银行的准备金需求量等于法定准备金与超额准备金之和。

（15）准备金市场上的均衡取决于供求曲线的位置。当准备金的需求量等于供给量，就实现了市场均衡。

（16）不同货币政策操作会影响供给曲线或需求曲线，使均衡利率发生变化。公开市场操作和贴现率影响储备供给，法定准备金率影响准备金需求。

（17）在正常情形下，中央银行政策工具操作依赖于三大政策工具；在非正常情形下，可以开发多种创新工具。

# 关 键 概 念

| | | | |
|---|---|---|---|
| 货币政策操作 | 操作规则 | 单一规则 | 相机抉择 |
| 泰勒规则 | 通胀目标区 | 数量型工具 | 价格型工具 |
| 前瞻性 | 灵活性 | 创新性 | 基准利率 |
| 基准利率目标 | 利率走廊 | 准备金供给曲线 | 准备金需求曲线 |
| 准备金市场均衡 | 信息沟通 | 非常规性工具 | 新型流动性工具 |

# 复习思考题

## 一、简答题

1．货币政策操作包含哪几个方面的内容？

2．货币政策规则有哪两种基本类型？

4．单一规则具体有哪些种类？

5．什么是泰勒规则？

6．什么是货币政策操作的前瞻性原则？

7．当代世界主要中央银行货币政策操作的直接目标是什么？为什么？

8．中央银行可以通过什么方式来影响准备金市场参与者的激励机制？

9．在准备金市场上，中央银行对超额准备金付息的作用是什么？

10．法定准备金率的调整如何影响市场参与者行为？中央银行在公开市场的买进与卖出又如何影响市场参与者行为？

11．贴现率的调整是如何影响均衡同业拆借利率的？

## 二、论述题

1．泰勒规则是指导思想还是实际的操作规则？为什么？

2．考虑紧缩性货币政策，中央银行在公开市场卖出证券。试借助图形说明准备金市场上供给曲线的变化及其对均衡同业拆借利率水平的影响。提示：分两种情形讨论，即初始位置分别是：①供给曲线与需求曲线向下倾斜的部分相交；②供给曲线与需求曲线的水平部分相交。

3．登录中国人民银行网站，查阅2008年以来的货币政策报告，试总结归纳中国人民银行的创新政策操作工具的类型及其特点。

# 数据资料与相关链接

1．可汗学院公开课——货币银行学：http://open.163.com/special/Khan/bankingandmoney.

2．中央电大货币银行学视频教程：http://www.21edu8.com/university/caikuai/23715.

3．货币银行学视频教程 43 讲（北大）：http://v.ku6.com/show/TGjxPk48GHviebR2EZv2GQ...html?from=my.

# 延 伸 阅 读

1．黄达，张杰．金融学[M]．5 版．北京：中国人民大学出版社，2020．

2．易纲，吴有昌．货币银行学[M]．上海：上海人民出版社，2006．

3．[美] 弗雷德里克·S．米什金．货币金融学[M]．12 版．王芳，译．北京：中国人民大学出版社，2021．

# 第十四章

# 货币政策的经济影响

到目前为止，我们已经了解中央银行的行为。我们现在需要理解货币政策对整个经济的影响。由于货币政策从政策制定到实施见效需要一两年甚至更长时间，其间多种因素的变化可能使预定的政策效应大打折扣，特别是在全球化背景下，外部交易的汇率效应会进一步增加货币政策的不确定性，因此，政策实施的经济效应很难精确评估。不过，即使如此，也不是全然无章可循。本章借助 *IS-LM* 模型来帮助理解货币政策收缩和扩张的经济影响。

## 本章主要内容

本章首先讨论封闭经济条件下货币政策的经济影响，然后讨论开放经济条件下货币政策的经济影响。

## 知识与技能目标

通过本章的学习，学生应当理解货币政策在不同假设条件下的经济影响，能够运用 *IS-LM* 模型分别对封闭经济与开放经济条件下的货币政策效应进行初步分析。

## 引导案例

### “安倍经济学”初见效，日本人为何高兴不起来

**案例导读：**“安倍经济学”是日本政府为刺激物价与经济增长而秉持的一套宽松政策理念，其最核心的政策是由日本央行实施超宽松货币政策来制造通胀。政策实施的结果是虽然通货紧缩的情景消失了，但通货膨胀却悄然来临，公众“对安倍经济学的失望情绪正在蔓延”。案例显示，货币刺激具有双重性经济效应，在全球化背景下，货币政策的效应更加复杂。

在东京经营一家花店的原裕之（音）说，由于顾客收入的购买力缩水，2014 年的出售额出现了下降。

外媒称，在日本首相安倍晋三积极的经济刺激措施实施了近两年之后，失业率大幅下降，丰田等大型企业的利润创下新高，对经济有害的价格下跌的状况消失了，取而代之的是几十年来在日本十分罕见的通货膨胀。

最近几个月，原裕之（音）经营的花店涨价了。这反映了一个宏观趋势，即长期困扰日本经济的通货紧缩正在扭转。让物价上涨是一项国家目标，但原裕之不确定的是，新的状态是否算得上更具活力。

“过去我们的顾客中有许多白领，现在主要是年龄稍大的人，有积蓄的那些。”原裕之说。销售额在 2014 年出现了下降，他认为这是因为顾客收入的购买力缩水了。

原裕之的经营成本也在上涨，因为日元的急剧贬值让进口花卉变得更昂贵。尽管他提高了价格，但多收的钱都流向了政府。2014 年 4 月，日本政府在争议声中提高了消费税，还有计划明年再次增税。“这让我很担心。”原裕之说。

报道称，日本旨在振兴经济的大胆行动，正在进入一个成败攸关的阶段。然而，这种被称为“安倍经济学”的政策带来的益处并不均衡。

公众正明显表现出通胀疲劳的迹象。在东京广播企业日前公布的民意调查中，每十个受访者中就有九人表示，没有“真正感到”政府的行动正在改善生活水平。

工资水平没有像安倍承诺的那样，与物价同步增长，而是停滞不前，实际上让工薪阶层更贫穷了。根据物价水平变化进行调整之后，日本人的家庭收入 9 月同比下降了 6%。

报道称，日本央行没有放松制造通胀的做法，但是，积极的刺激措施只是让事情变得更加复杂了。这些做法压低了日元汇率。一开始，日元的贬值受到了普遍的欢迎，被当作许多日本出口商的福音。如今，它却开始激发进口商品过于昂贵的担忧。自从 2012 年以来，日元对美元贬值超过 30%。出口本应该因此增长，但恰恰相反，日本仍处于贸易逆差。

报道称，涨价的不光是原裕之店里的花卉，还有石油和天然气等高价商品。“如果日元进一步走低，会对整个日本经济造成不良影响。”日本大型便利连锁店罗森（Lawson）的总裁告诉记者。

2014 年 11 月 4 日在国会，安倍晋三不得不为日本央行压低日元汇率的行为进行辩解。他说：“日元贬值时，会产生很多问题，需要我们加以解决。”不过他没有表示会改变路线。

（资料来源：http://opinion.hexun.com/2014-11-10/170213950.html.）

## 第一节　*IS-LM* 模型的调整机制

本节利用 *IS-LM* 模型来分析货币政策的经济效应。该模型可以至少在短期价格固定条件下帮助预测财政政策与货币政策的影响。

### 一、*IS-LM* 模型的调整机制

*IS-LM* 模型的核心思想是，总产出等于总收入，反映总需求（$Y^{ad}$）与总供给（$Y^{as}$）之间的均衡：$Y^{as}=Y^{ad}=Y^{*}$。总供给可以大于、等于或小于总需求，总供给由企业资本

支出决定，当企业计划支出小于实际支出，企业存货累积；反之亦然。市场的力量可以使总供给等于总需求，但并不能保证实现合意的均衡即充分就业均衡。在政策干预可以影响总需求范围内，总供给将遵循总需求的变化，使宏观经济（至少在短期）趋于合意均衡。

*IS-LM* 模型研究商品市场和货币市场的同时均衡，模型含两个内生变量收入 $Y$ 和利率 $r$，模型均衡条件由反映商品市场均衡的 *IS* 曲线和反映货币市场均衡的 *LM* 曲线的共同解，即两条曲线的交点所决定：

$$Y^* = \frac{1}{1-mpc}(A-br)$$

其中，$A = a + I_0 + (1-mpc)\cdot G_0$，定义为自主性总需求；$mpc$ 代表边际消费倾向，反映的是可支配收入每增加 1 单位货币引起的消费支出的变动；$b$ 代表利率对投资的反应（敏感）度；$r$ 代表利率。

$$\frac{M^{\mathrm{S}}}{P} = L(\underset{+}{Y},\underset{-}{r})$$

商品市场上的调节变量是产出，货币市场上是利率。产出与利率调整使系统达到均衡，均衡时这两个市场同时结清，如图 14-1 所示。

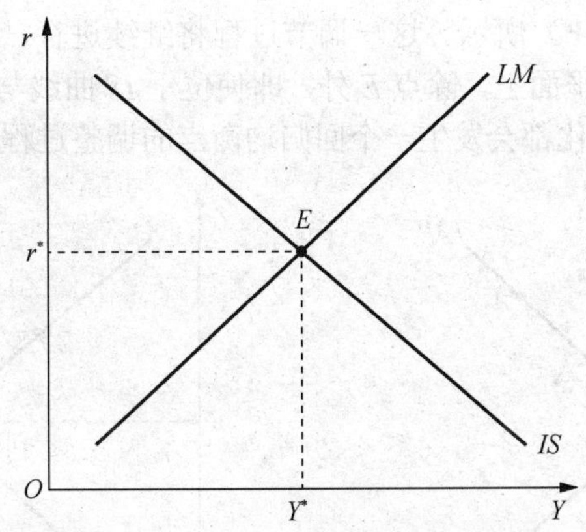


图 14-1 *IS-LM* 模型的均衡条件

在图 14-1 中，曲线 *IS* 与曲线 *IM* 的交点 $E$ 为均衡点，与之对应的 $Y^*$、$r^*$分别代表均衡产出与均衡利率；除点 $E$ 之外，图形上的任意一点均为非均衡点，即在除 $E$ 点之外，图形上的任意一处都无法实现产品市场与货币市场的同时均衡。

图 14-2、图 14-3 分别描述了 *IS* 曲线与 *IM* 曲线各自处于均衡状态，但未同时达到均衡点的调整过程。图 14-2 为 *IS* 曲线上的调整，图 14-3 为 *IM* 曲线上的调整。

在图 14.2（a）中，位于 *IS* 曲线上的点 $A$ 是非均衡点，此时，由于商品市场处于均衡状态，产出不会改变。但在点 $A$ 处，存在超额货币需求，超额货币需求将导致利率上升，开始收窄超额货币需求缺口至点 $B$，如图 14-2（b）所示。

随着利率上升，商品市场脱离了均衡：投资动因下降，所以总需求也随之下降，但总产出还未下降，这将导致企业减少生产至点 $C$，这一调节过程将继续下去，直到经济回归到均衡点 $E$ 为止。

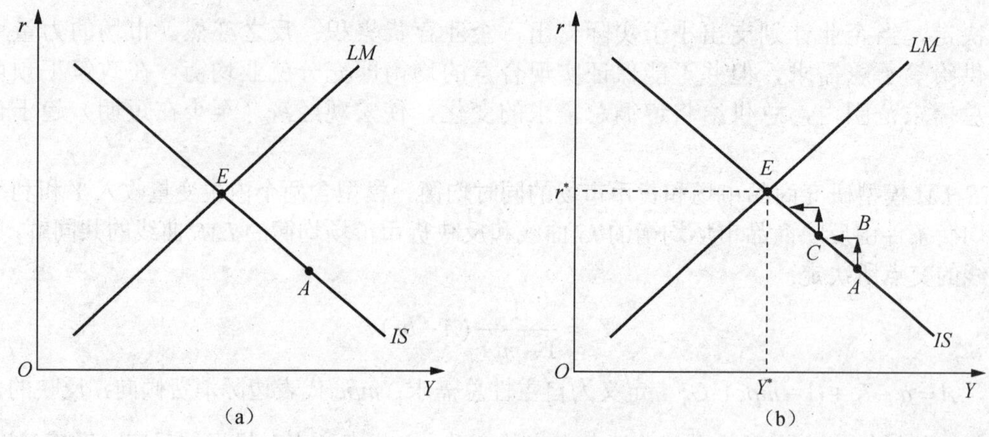


图 14-2 IS 曲线上的调整

（a）初始位置：曲线 *IS* 上的非均衡点 *A* 位于曲线 *LM* 下方；（b）初始位置位于 *LM* 下方，*IS* 曲线上的调整过程

在图 14-3（a）中，位于曲线 *LM* 上的点 *A* 是非均衡点。此时，由于货币市场处于均衡状态，利率不会改变。但商品供给过剩将导致企业减少产量，开始收窄产品市场缺口至点 *B*。随着产出下降，货币市场开始脱离均衡：货币需求下降，由于货币的交易动机下降，推动利率下降至点 *C*，如图 14-3（b）所示。这一调节过程将继续进行，直到经济达到点 *E*。

综上所述，在（*Y*，*r*）平面上，除点 *E* 外，即使位于 *IS* 曲线与 *LM* 曲线上的点，也是非均衡点，随着收入和利率的变化都会发生一个回归均衡点的调整过程，直至系统重新归于均衡。

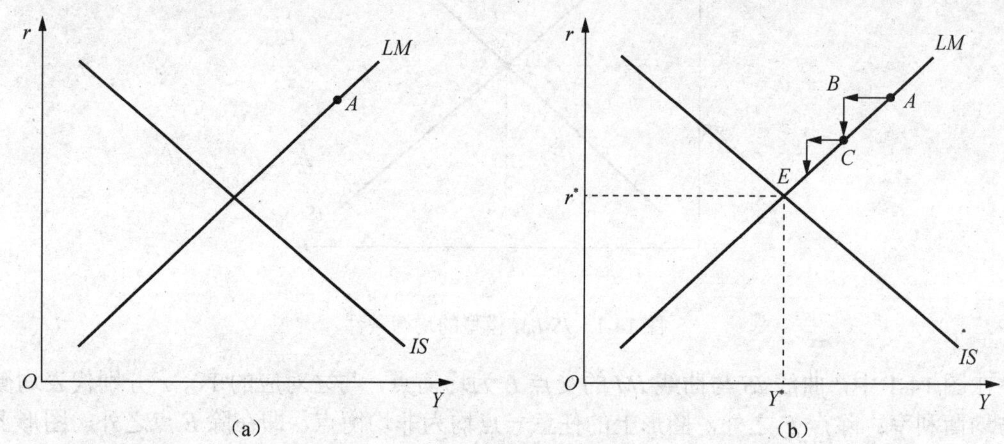


图 14-3 *LM* 曲线上的调整

（a）初始位置：*LM* 曲线上的非均衡点 *A* 位于 *IS* 曲线上方；（b）初始位置位于 *IS* 曲线上方，*LM* 曲线上的调整过程

## 二、货币和财政政策变动的影响：短期分析

### （一）影响 *IS* 曲线和 *LM* 曲线位移的因素

不同经济政策对经济均衡的影响是由 *IS* 曲线和 *LM* 曲线发生位移引起的。*IS* 曲线和 *LM* 曲线可因不同的原因发生位移。

令 *IS* 曲线位移的因素：自主消费 *A* 增加，*IS* 曲线向右；外源投资构成部分 $I_0$ 增加，使曲线向右；政府支出 $G$ 增加，使得 $IS$ 曲线向右，如图 14-4 所示。

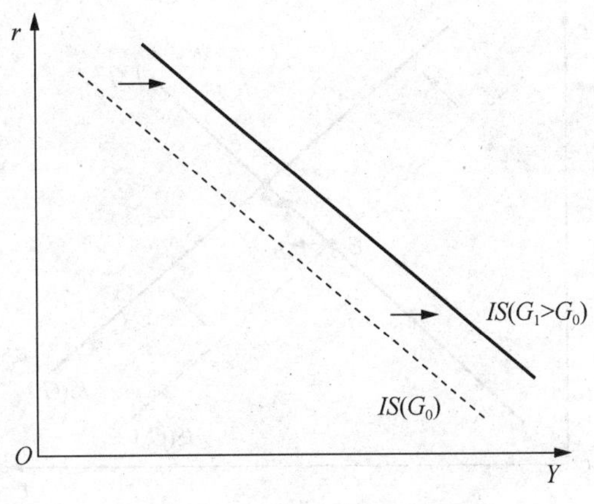


图 14-4　$IS$ 曲线的移动

使 $LM$ 曲线位移的因素：随着名义货币供给增加，导致超额货币供给，利率下降。因此，对于给定的产出水平，利率降低，$LM$ 曲线向右下方移动；如果价格下降，增加经济中的实际货币数额，会产生同样的结果。我们可以在（$r$，$M$）或（$r$，$Y$）平面上，展示这两种情况，如图 14-5 所示。

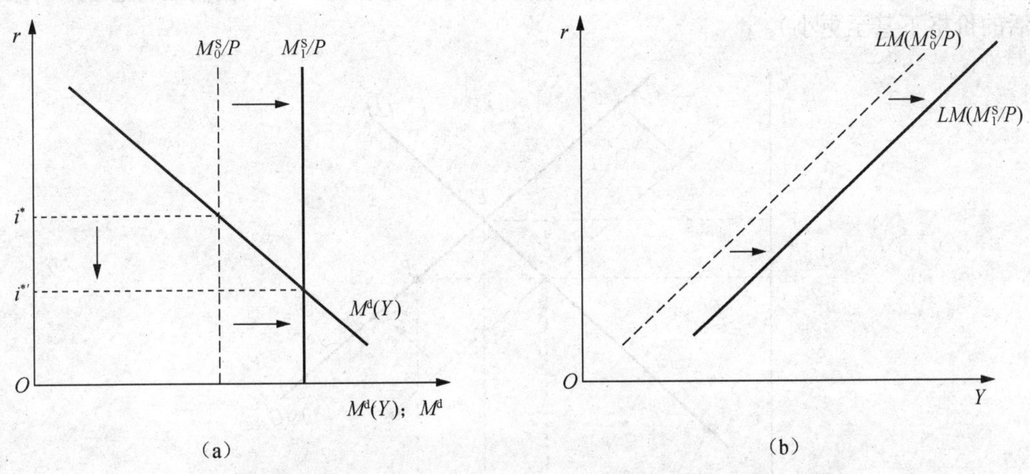


图 14-5　$LM$ 曲线的移动

（a）货币供应量增加利率下降；（b）利率降低 $LM$ 曲线右移

注：我们用 $r^*$ 来代表均衡利率，下面图形中出现的字母上标*均代表均衡。

## （二）扩张性财政政策的影响

假设政府支出 $G$ 从 $G_0$ 增加到 $G_1$，这将使 $IS$ 曲线向右移动。其影响是，随着政府支出增加，总需求超过总供给。此时，经济仍然处于旧均衡状态（图 14-6 中的点 $E$），商品市场处于非均衡状态，货币市场仍处于均衡状态。企业反应是增加生产，这时商品市场上的供求缺口开始收窄，但货币需求增加了。此时，由于货币供应量尚未发生变化，货币市场处于非均衡位置点 $B$。

给定超额货币需求，利率将会增加，减少投资，此时经济位于点 $C$。这有助于进一步收窄商品市场缺口，与此同时，增加利率减少货币需求，收窄货币市场缺口。经济收敛到新的

均衡位置 $E'$。最后，扩张财政政策的结果是，总产出增加，利率上升。

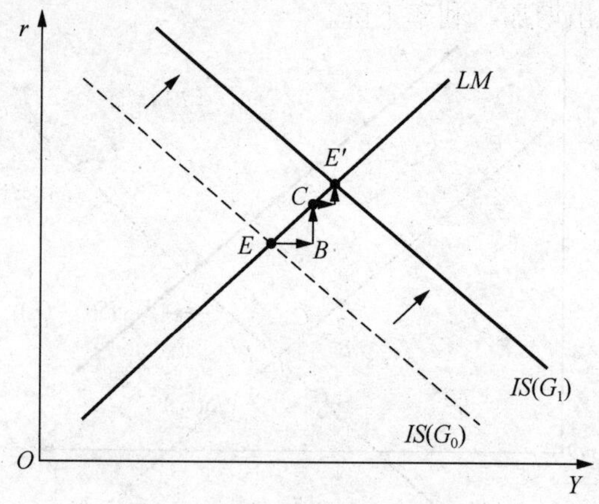


图 14-6　扩张性财政政策的影响

注意，在固定利率下，财政乘数［即政府支出增加一个单位的经济影响，记为 $\Delta Y(t) / \Delta G(t)$］等于 1。在这里如何？如果令利率保持不变，把新的均衡同所得结果相比较，就会看出，在这个 *IS-LM* 框架中，财政乘数小于 1，如图 14-7 所示。这是因为财政扩张引起利率上升，挤出了部分投资。这降低了扩张性财政政策的影响（稍后我们还将看到，乘数在灵活的价格下甚至更小）。

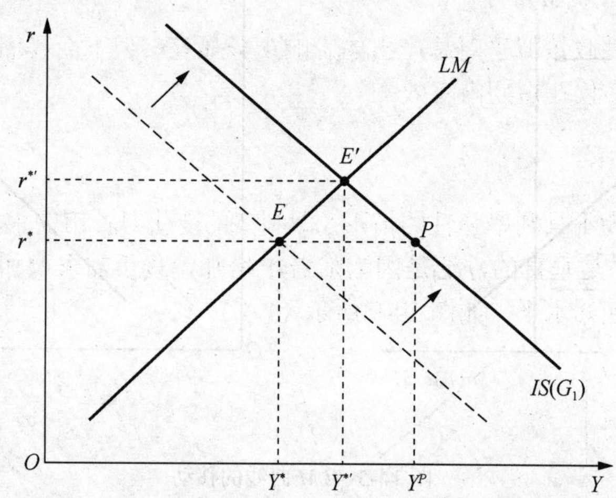


图 14-7　利率不变下的财政政策效应：乘数效应小于 1

（三）扩张性货币政策

现在考虑扩张性货币政策，名义货币供给从 $M_0^S$ 增加到 $M_1^S$。其影响是，随着货币供应量增加，货币供应量超过了货币需求。此时，经济仍然处于旧均衡位置，如图 14-8 中的点 $E$。货币市场处于非均衡状态，商品市场仍然处于均衡，企业通过支付较低的利率应对增加的流动性。这将收窄货币市场上的供求缺口，因为它增加了货币需求。但投资将会增加，达到图 14-8 中的点 $B$，使商品市场脱离均衡。

由于总需求增加，企业将生产更多，达到点 $C$。这有助于缩小商品市场缺口，与此同时，产出的增加，引起货币需求增加，缩小货币市场缺口。经济收敛到新的均衡点 $E'$。扩张性货币政策的最终结果是总产出增加，利率下降。

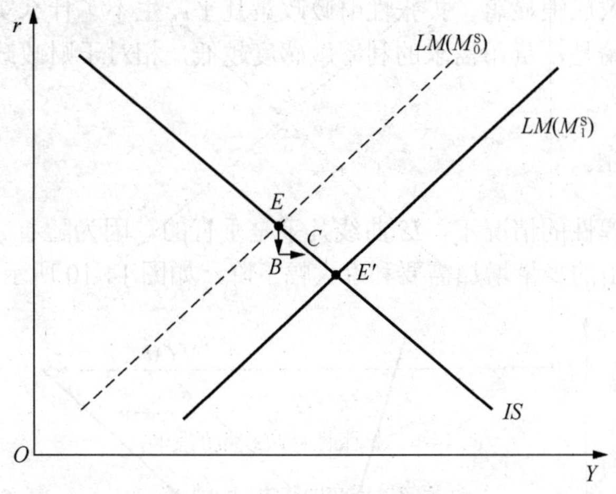


图 14-8　扩张性货币政策效应

类似地，也可以利用 *IS-LM* 模型讨论紧缩性货币政策对产出和利率的影响。

（四）扩张性政策的局限

综上所述，扩张性政策似乎对总产出的影响十分显著。但下面我们将会看到，积极政策并非总是有效，或至多仅在短期内有效。

1. 财政政策的局限

考虑货币需求极为不具利率弹性的情形（即利率的变化对货币需求的影响甚微）。在这种情况下，*LM* 曲线几乎是垂直的，这是因为随着 *Y* 增加，货币需求增加，所以需要大幅提高利率使货币需求回到起始水平，如图 14-9 所示。

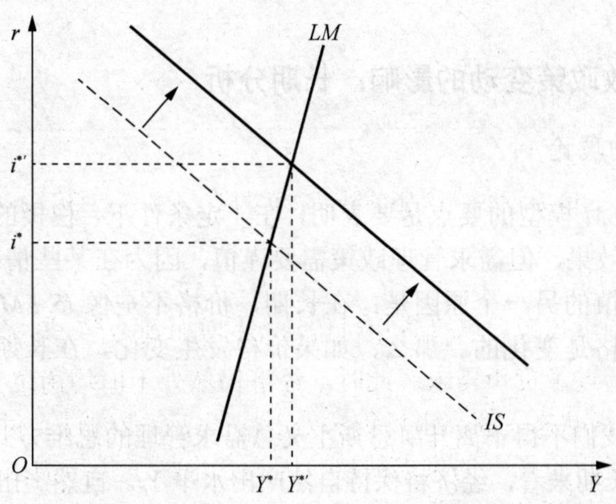


图 14-9　货币需求无利率弹性下的扩张性财政政策效应

在这种情况下，财政政策的效应非常有限：政府支出增加将会增加产出，货币需求也随之增加。企业融资将不得不支付很高的利率（考虑到货币需求是缺乏弹性的），这将阻止投资。在这种情况下，挤出效应很显著，扩张性财政政策几乎产生不了什么实际效应。此种情形，货币政策更有效。结论是，货币需求的利率敏感度越低，相对于财政政策而言，货币政策越有效。

2. 货币政策的局限

在投资缺乏利率弹性的情况下，*IS* 曲线几乎是垂直的，因为随着 $r$ 的降低，投资将增加量很小。换言之，产出的少量增加需要利率大幅下降，如图 14-10 所示。

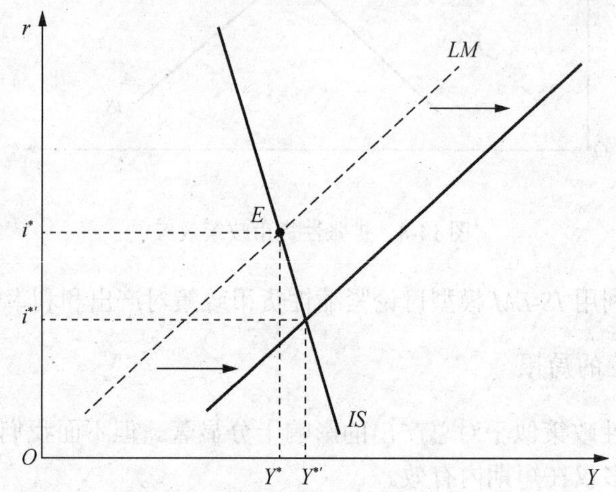


图 14-10 投资需求无利率弹性下的扩张性货币政策效应

若是经济处于这种情形，货币政策的作用将非常有限：货币供应量的增加会降低利率。因为这对企业借贷和投资产生不了什么刺激作用，所以投资水平将保持不变。在这种情况下货币政策将无效，而财政政策将是有效的。换句话说，投资的利率敏感性越低，财政政策相对于货币政策更加有效。

## 三、货币和财政政策变动的影响：长期分析

### （一）长期分析的理论

到目前为止，*IS-LM* 模型的要点是要表明，在一定条件下，积极的总需求管理政策可以引导经济趋于预期的效果，但需求管理政策需要谨慎，因为在某些情况下，政策可能无效。需求管理政策需要谨慎的另一个原因是：在长期，价格不是像 *IS-LM* 模型中假定的一样固定不变，在长期，价格是变化的。那么，如果价格发生变化，在长期将出现什么样的政策效应？

在这个问题上，我们不得不离开凯恩斯主义总需求管理的思维方式，而依靠古典经济理论。该理论预测，从长期来看，经济将保持自然产出水平 $Y_n$。自然产出水平 $Y_n$ 被定义为价格没有调整趋势的产出水平，反映的是经济供给方的潜力。在长期，经济增长取决于资源禀赋条件，与总需求的状况无关，价格机制要发挥对经济的自然调节作用。这意味着，总需求与

总供给的自然产出水平之间的任何差异将由价格变化来匹配。

根据这一理论，如果产出高于 $Y_n$，价格将会上涨；如果产出低于 $Y_n$，价格将会下降。这意味着，任何试图永久性刺激产出高于自然产出水平 $Y_n$ 的政策，都将陷入通胀压力，导致货币市场失衡，利率攀升，抑制投资，最终使产出 $Y$ 回归 $Y_n$。这种机制通过实际货币供应量的变化发生作用。这一作用机制如下所示：

$$Y>Y_n \rightarrow P\uparrow \rightarrow M/P\downarrow \rightarrow M^{\mathrm{d}}>M^{\mathrm{S}} \rightarrow r\uparrow \rightarrow I\downarrow \rightarrow Y\downarrow \rightarrow Y_n \qquad (14\text{-}1)$$

（二）财政政策的长期效应

在扩张性财政政策的情形下，政府支出增加意图通过支出效应使 $IS$ 曲线向右移动，以增加均衡产出。然而，产出增加将带来利率上升的压力。如果从产出等于其自然产出水平 $Y_n$ 开始，财政政策将使产出高于自然产出水平 $Y_n$，导致通胀压力。这将减少实际货币供给，使 $LM$ 曲线向上移动，拉升均衡利率，抑制投资，减少产出。结果，产出回到原初水平，长期效应只对价格有影响。其作用机制如图 14-11 所示。

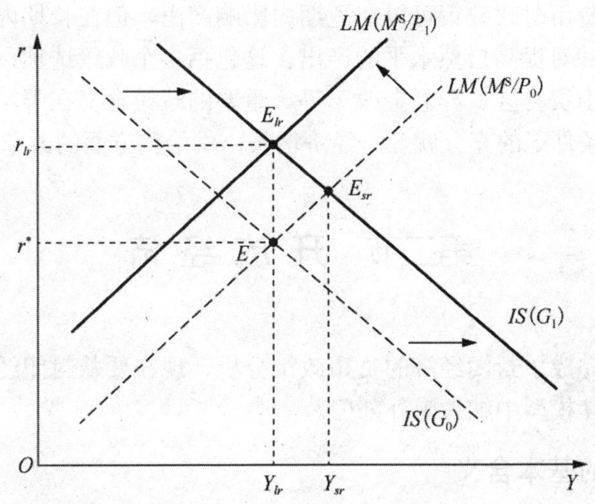


图 14-11　扩张性财政政策的作用机制

图 14-11 中的 $r_{\mathrm{lr}}$、$E_{\mathrm{lr}}$、$E_{\mathrm{sr}}$ 分别代表长期利率、长期均衡点和短期均衡点。其中的下标 lr 与 sr 分别为英文“long run”与“short run”的缩写，分别代表长期和短期。在下面将出现的图形中其代表意义与之相同。

（三）货币政策的长期效应

扩张性货币政策的目的是要通过增加货币供给，使 $LM$ 曲线向右移动，以增加均衡产出。货币供应量的增加将使利率下降，引致投资增加，从而增加产出。如果从产出等于其自然产出水平 $Y_n$ 开始，货币政策将使产出高于自然产出水平，导致通胀压力。这将减少实际货币供给 $M/P$，使 $LM$ 曲线向上移动，拉高均衡利率，引致投资下降，减少产出，直到 $LM$ 曲线回归其起始位置。结果，产出回到原初水平，长期效应只对价格有影响。其作用机制如图 14-12 所示。

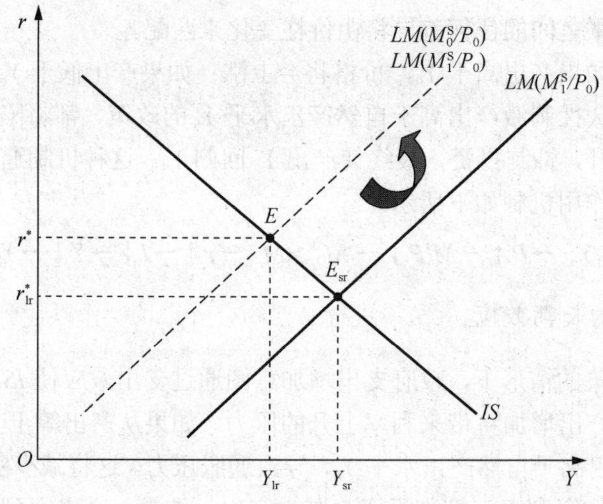


图 14-12　扩张性货币政策的作用机制

简单的结论是，货币财政政策可以在短期内影响产出，但在长期内无效。长远来看，唯一有用的经济政策是针对提高自然水平的产出。这包括多个政策选项，诸如国有企业改革、劳动力市场改革、自由贸易区、养老金改革等。重要的政策含义在于，对于政策当局来说，要真正实现物价稳定条件下的充分就业、经济增长，供给侧方面的改革是更根本的。

## 第二节　开放经济

上面我们基本上完成了封闭经济的货币政策分析，现在要从封闭经济转向开放经济，为此，我们必须在 *IS-LM* 模型中纳入国外部门。

### 一、开放经济的基本含义

本书第一章曾指出，现代经济体大多是开放的，把进出口贸易视同国外部门，加入三部门经济，则现代经济为四部门经济：四部门经济=三部门经济+国外部门（进出口部门），即：

$$\begin{aligned}GDP&=[C+I+G]+[X-M]\\&=C+I+G+NX\end{aligned}\tag{14-2}$$

式中，$X$、$M$ 与 $NX$ 分别代表出口、进口与净出口（$NX=X-M$）。引进国外部门后，宏观经济政策就不仅要考虑国内部门，也要考虑国外部门的平衡，即在政策框架中要纳入国际收支平衡。

国际收支是一国国际经济交易带来的资金跨境流动，而国际经济交易的价格就是汇率。汇率是由外汇市场上的供求力量决定的，而外汇供求则是由国际经济交易决定的。因此，要理解汇率的决定必须了解国际收支的平衡关系，进而理解开放经济国民经济账户的综合平衡。

构建开放经济的 *IS-LM* 模型必须讨论汇率及其标价方法、外汇的需求与供给的决定因素、国际收支平衡表与国民经济账户、汇率制度等框架性内容。

## 二、名义汇率与实际汇率

汇率是国际商品与服务及资产买卖的价格，从经济分析的角度，可分为名义汇率与实际汇率。

（一）名义汇率

1. 汇率的概念

汇率是一种货币以另一种货币表示的价格。在一国之内，商品的买卖是以本国货币（本币）标价的。例如，我们可以说一台电视机 2 000 元。但是商品和资产的交换并不限于一个国家，不同的国家会有不同货币。一国货币不能在他国境内流通和使用，于是就产生了货币兑换（即换汇）的需要，换汇就需要知道货币兑换的比率。汇率就是两种货币相交换的比率。如果把外汇看作商品，那么汇率就是买卖外汇的价格，因此也称为汇价。例如，1 美元等于 6.95 元人民币，可记为 1∶6.95，这里 1 美元的价格就是 6.95 元人民币，或者说美元对人民币的汇价为 6.95。注意，这里的汇率是我们在货币买卖的场所——外汇市场上能够观察到的汇率，称为名义汇率。

2. 汇率的标价方法

一般地，学习汇率的概念需考虑两个国家：本国和外国。我们可以把中国看作本国，美国视为外国。定义 $E$ 作为名义汇率，本国货币记为 $D_c$，外币记作 $F_c$。因本币与外币在比率中的位置不同，可以有两种标价方法：直接标价法与间接标价法。

在汇率分析中，使用何种标价法，并不统一。多数教科书采用直接标价法，但也有教科书，如米什金的《货币金融学》使用的就是间接标价法。重要的是要注意二者的区别。否则，如果未指定汇率的标价法，就无法了解汇率上涨的含义。我们将采用直接标价法。直接标价法与本、外币升值与贬值的关系以人民币兑美元为例表示如下：

$$E\text{（¥/\$）}\uparrow \rightarrow \text{¥}\downarrow,\ \$\uparrow \tag{14-3}$$

为避免错误，还可以直接用货币升值或贬值反映，而不仅仅是汇率。要记住，在直接标价法下，$E$ 上升，意味着本币贬值；反之，则意味着本币升值。

（二）实际汇率

考虑本币名义贬值（汇率上升）的情形。这意味着现在外国居民来买我国的货币更便宜：本币较弱，因此仅需较少外币就能购买到贬值前相同金额本币。人们或许认为这相当于说国内商品已变得更有竞争力。其实未必，试想，如果本国物价已经上涨了呢？当然外国居民会发现购买我国货币更便宜，但进口同样数量的我国商品却要付出比以前更多的我国货币（以下，以“本币”专指“我国或本国货币”）。如果国内价格保持不变，外国物价降低，结果也与之类似。的确，本币现在是便宜，但本国商品却要同（以外国货币标价）更便宜的外国商品竞争。

之所以如此，是因为通货膨胀使货币的购买力下降，所以需要更多的货币才能买到等量的商品。例如，通货膨胀前，10 个鸡蛋卖 10 元；通货膨胀中，10 个鸡蛋卖 20 元，货币购买力下降一半，买 10 个鸡蛋需要 20 元。而若汇率变化不到 100%，那本国商品的价格相对通货膨胀前对国外买家而言并没有变便宜。

同理，如果本币升值，相同数量的本币将会买到更多的外币。这是否意味着，外国商品更有竞争力？不一定，如果国外商品的价格上涨，国内价格下降呢？因此，分析汇率升降对商品进出口的影响，需要引进实际汇率的概念来解释价格的变动。

定义实际汇率为：

$$\varepsilon = \frac{EP^*}{P} \tag{14-4}$$

式中，$\varepsilon$代表实际汇率；$E$ 代表名义汇率；$P^*$ 代表以外币表示的外国价格水平；$P$ 代表国内价格水平。

式（14-4）中的 $EP^*$ 是用汇率把外国商品的外币价格换算成本币价格，这样，两个不同国家商品的价格变成了用同一种货币表示。因此，实际汇率就是两国商品相对成本之比，它反映的是两国商品的交换比率，用来反映剔除两国货币相对购买力变动的影响后，汇率变动对两国商品国际竞争力的实际影响。

显然，如果 $\varepsilon = 1$，则表明两国商品价格相同；如果 $\varepsilon > 1$，表明外国商品卖的比国内商品贵，外国商品竞争力较弱；如果 $\varepsilon < 1$，表明本国商品卖的比外国商品贵，本国商品竞争力较弱。

实际汇率上升意味着以实际条件表示的本国货币贬值，即国内商品相对于外国商品变得更具竞争力；实际汇率下降，表示以实际条件表示的本币升值，即国内商品相对于外国商品的竞争力较弱。以 $S_g$ 代表一国商品的国际竞争力，直接标价法下实际汇率、名义汇率与一国商品国际竞争力的关系可表示如下：

$$E\uparrow \rightarrow \varepsilon\uparrow \rightarrow S_g\uparrow \tag{14-5}$$

若要更直接地考察一国货币升值或贬值的决定因素，可以用百分比而不是以绝对值变化来表示实际汇率。定义$\pi$为国内通货膨胀率，$\pi^*$ 为外国通货膨胀率，可有：

$$\%\Delta\varepsilon = \%\Delta E + \pi^* - \pi \tag{14-6}$$

根据式（14-6），如果国内和国外的价格不变，名义汇率贬值意味着实际汇率贬值。这意味着外国货币变得更强，本国商品变得更有竞争力，以同种货币标价卖得更便宜。

假定名义汇率和国内价格保持不变，如果国外商品的价格上涨，意味着本币实际贬值：以本币表示的外国商品价格上升，国内商品变得更具竞争力，卖得更便宜。假定名义汇率和国外产品的价格不变，如果国内价格下降，意味着本币实际贬值：国内商品现在比外国商品更便宜，国内商品变得更有竞争力。

由此可见，实际汇率是一个衡量本国产品竞争力指标。令 $X$ 为本国商品出口，$IM$ 为本国进口，则有：

$$X = X(\underset{+}{\varepsilon}) \tag{14-7}$$

$$IM = IM(\underset{-}{\varepsilon}, \underset{+}{Y}) \tag{14-8}$$

式（14-7）和式（14-8）分别意味着出口是实际汇率的增函数，实际汇率上升，出口增加。进口是实际汇率的减函数，国民收入的增函数，即实际汇率下降，进口下降；国内收入增加，进口增加。

## 三、国际收支平衡表及其账户关系

现在我们已经清楚了汇率的概念，但还不知道汇率是如何决定的。汇率反映外汇市场上外汇供求变化导致的均衡。外汇供求的基本力量来自国际收支中的国际交易。因此，要理解汇率的决定必须了解国际收支及其账户关系。

### （一）国际收支的概念及其基本差额关系

对一国居民与非居民间的一定时期内的经济交易，即跨国间商品服务的交易或资产的买卖的系统会计记录，称为国际收支平衡表。国际收支平衡表可分为两大账户：经常账户与资本账户。前者反映货物服务等非金融交易；后者反映资本往来的金融交易。国际收支余额定义为经常账户余额与资本账户余额之和，用公式表示为：

$$BoP=CA+KA \tag{14-9}$$

式中，$BoP$、$CA$、$KA$ 分别代表国际收支余额、经常账户余额与资本账户余额。国际收支余额及其中的经常账户余额与资本账户余额都可以出现三种结果：大于零、等于零或小于零。大于零称为顺差，等于零称为平衡，小于零称为逆差。

### （二）经常账户与资本账户

经常账户由贸易账户与收入账户构成。贸易账户反映商品的出口和进口流量。出口与进口之差称为贸易差额，记为 $TB$，用公式表示：

$$TB = X - IM \tag{14-10}$$

出口代表国内的收款，以正号记录；进口代表对外国的付款，以负号记录。

收入账户记录资本与劳动等要素的收支，包括工资、利息、资本股利等收入与对外支付。为简明起见，仅考虑资本要素的报酬。这些是金融资产的利率支付或赚取的收益。注意，这里的支付是指利息支付，不包括进入资本账户的本金偿付。

由本国持有他国发行的国际资产与本国发行由他国持有的国际资产的差额称为净国外资产，记为 $NFA$。前者为本国赚取利息收入，后者构成本国的利息支出。本国净国外资产的利息收入为利率 $r$ 与净国外资产 $NFA$ 之乘积，记为 $rNFA$。于是有：

$$CA = X - IM + rNFA \tag{14-11}$$

国外资产净头寸为正，意味着本国利息收入大于利息支出，这将增加经常账户余额；反之，国外资产净头寸为负，意味着本国利息收入小于利息支出，这将减少经常账户余额。

资本账户记录国际资本流动。非居民对本国资产的投资，代表资本流入，以正号记录；居民对外国资产的投资，代表资本流出，以负号记录。资本账户差额定义为资本流入和流出之间的差额，即：

$$KA = K_{\text{in}} - K_{\text{out}} \tag{14-12}$$

当一国资本输出大于资本输入，则意味着积累国外资产。净国外资产将增加，结果，根据式（14-12），经常账户余额将增加。因为新增国外资产的利息收入将增加；反之，当一国资本输出小于资本输入，则意味着减少国外资产，净国外资产下降，经常账户差额减少。

（三）国际储备

国际收支平衡表上的最后一个项目是官方储备或国际储备，记为$IR$。国际储备对应由中央银行持有的外汇储备。国际储备定义为经常账户和资本账户差额之和：

$$BoP = CA + KA = \Delta IR \tag{14-13}$$

（四）国际收支与外汇供求的关系

现在我们可以利用国际收支平衡表来理解外汇供求的决定因素：出口和资本流入形成对本币的需求和外币的供给；进口与资本外流形成本币的供给与外币的需求。这种关系可以表示如下：

$$\begin{aligned} BoP &= CA + KA \\ &= \underset{D_{Dc},S_{Fc}}{X} - \underset{D_{Fc},S_{Dc}}{IM} - \underset{D_{Dc},S_{Fc}}{K_{in}} - \underset{D_{Fc},S_{Dc}}{K_{out}} = \Delta IR \end{aligned} \tag{14-14}$$

式中，出口$X$、进口$IM$、资本流入$K_{in}$与资本流出$K_{out}$，分别对应着本币的需求和外币的供给（$D_{Dc}$，$S_{Fc}$）、外币的需求和本币的供给（$D_{Fc}$，$S_{Dc}$）、本币的需求和外币的供给（$D_{Dc}$，$S_{Fc}$）、外币的需求和本币的供给（$D_{Fc}$，$S_{Dc}$）。

如果$\Delta IR>0$，意味着中央银行积累外汇。当经常账户顺差所获外汇流入未被资本账户逆差完全抵消时，就会出现这种情况。这说明该国未将它从经常账户获得的外汇全部用于对外投资。

国际储备保持不变的唯一方法是要保持与经常账户数量相当（符号相反）的资本账户余额，例如，由于经常账户逆差的外币需求与本国从净资本流入获得的外币增量完全匹配；反之，由于经常账户顺差所获外汇净流入要完全再投资于外国资产。

为更好地了解经常账户，可以把式（14-11）改写为：

$$CA = \Delta IR - KA = \Delta IR + K_{out} - K_{in} = \Delta NFA \tag{14-15}$$

由式（14-15）可见，若经常账户顺差经济体从出口获得的外汇大于用于商品或服务进口所消耗的外汇，则二者之差表现为国外资产的累积。国外净资产增加要么是资本输出超过资本输入，要么来自国际储备的积累。

稍后我们会发现，国际储备的变化只有在固定汇率制度下才会经常变化。事实上，国际储备的变化反映了中央银行为稳定利率而进行的外汇市场干预。这意味着在浮动汇率下，$\Delta IR=0$。

注意：在浮动汇率制度下，经常账户逆差国家将不得不输入资本。这意味着净国外资产的减少和随之而来的经常账户逆差上升，该国将不得不支付新发行债务的利息。这会导致该国经济的恶性循环：经常账户逆差可能不断增加，需要快速的、痛苦的后续调整。

## 四、开放经济的国民经济账户

开放经济的国民经济账户与封闭经济的国民经济账户的重大区别在于增加了一个国外部门，因此，计算开放经济的总收入需要计入本国资源在国外利用所获得的收入，即经常账户净额。

我们知道，在任何经济中，国民产出必须等于国民收入。在封闭经济中，总需求（等于总产出）来自消费 $C$、投资 $I$、政府支出 $G$。与此同时，国民收入可以用于消费 $C$ 或税收 $T$，或储蓄 $S$，如下所示：

$$Y^{\mathrm{d}} = \underbrace{C + I + G}_{\text{收入来源}} = \underbrace{C + S + T}_{\text{收入运用}} \tag{14-16}$$

式（14-16）可以改写为：

$$I = S + T - G = S^{\mathrm{P}} + S^{\mathrm{G}} \tag{14-17}$$

式（14-17）的含义是：国内投资可以来自私人储蓄 $S^{\mathrm{P}}$ 和政府储蓄 $S^{\mathrm{G}}$，政府储蓄为税收与预算支出之差。如果税收小于政府支出（$T<G$），则有财政赤字，政府储蓄为负。

在开放经济中，收入的用途与封闭经济相同，也是用于消费 $C$、储蓄 $S$ 及税收 $T$，但总产出将增加商品和服务净出口 $CA$，即：

$$Y^{\mathrm{d}} = \underbrace{C + I + G + CA}_{\text{收入来源}} = \underbrace{C + S + T}_{\text{收入运用}} \tag{14-18}$$

因 $-CA = KA = K_{\mathrm{in}} - K_{\mathrm{out}}$，代入式（14-18），整理得：

$$I = S + T - G - CA = S^{\mathrm{P}} + S^{\mathrm{G}} + KA \tag{14-19}$$

这意味着，在开放经济条件下，储蓄和投资不必相等：国内投资既可以来自国内储蓄也可以来自国外储蓄。式（14-19）可以改写为：

$$S^{\mathrm{P}} = G - T + I + \underbrace{K_{\mathrm{out}} - k_{\mathrm{in}}}_{-KA} \tag{14-20}$$

式（14-20）表明，国内储蓄既可以用于弥补政府赤字，也可以用于国内投资或国外投资。

假设国际储备不变，经常账户也可以定义为：

$$\begin{aligned} CA &= X - IM + rNFA \\ &= -KA \\ &= K_{\mathrm{out}} - k_{\mathrm{in}} \\ &= \Delta NFA \\ &= S^{\mathrm{P}} + S^{\mathrm{G}} - I \end{aligned} \tag{14-21}$$

这些定义是等价的，却可以提供经常账户盈余或赤字的另类解释。

综合上述，经常项目赤字国家国内吸收（消费、投资与政府购买）大于国内产出，因此需要从世界其他国家进口。为了弥补国内消费和投资与国内产出的缺口，必须吸引来自世界其他国家的资本，该国必须向其他国家借款，为其贸易赤字融资。一国的经常账户赤字可能来自国内的低储蓄、高赤字或高投资。

我们可以使用 $S^{\mathrm{P}} = G - T + I + CA$ 来分析经济政策的影响。该式表明，对于给定的国内储蓄和投资，增加政府财政赤字意味着经常账户赤字。这是因为随着政府赤字的增加，这部分政府的负储蓄必须用私人储蓄弥补。如果储蓄保持不变，为保持相同投资水平，融资的唯一途径是以经常账户赤字对外借款。这就是所谓的双赤字理论。

例如，20 世纪 90 年代，作为加入欧元区的必要条件，许多欧洲国家不得不削减政府债务。根据双赤字理论，随着欧盟各国财政政策的变化，欧盟的经常账户盈余会大幅提高。然而，如表 14-1 所示，这种情况并没有发生。从 1995 年到欧元面世的 1999 年间，政府财政赤字在逐年下降，从 1995 年占国民收入的 5.4%下降到 1999 年的 0.8%，下降幅度达 4.6%，但同期内，贸易余额并未出现显著的同步增长。1995 年，贸易余额占国民收入的 0.6%，其间 3

年有增有减，至 1999 年，仅占国民收入的 0.2%，首尾两年单独对比反而下降了 0.4%。

表 14-1　欧元面世前欧盟国家财政赤字与经常账户差额的变化（%GNP）*

| 年份 | *CA* | *SP* | I | *G-T* |
|---|---|---|---|---|
| 1995 | 0.6 | 25.9 | 19.9 | 5.4 |
| 1996 | 1 | 24.6 | 19.3 | 4.3 |
| 1997 | 1.5 | 23.4 | 19.4 | 2.5 |
| 1998 | 1 | 22.6 | 20 | 1.6 |
| 1999 | 0.2 | 21.8 | 20.8 | 0.8 |

*GNP 代表国民收入，一般情况下，GNP 等于 GDP 加上从外部获得的本国资本与劳动的要素净收益。

（资料来源：http://www.ecb.europa.eu.）

同一期间，投资占国民收入的比重基本保持不变，但储蓄占国民收入的比重却大幅度减少，这抵消了政府赤字的下降。这可以用李嘉图等价命题来加以解释。该命题主张，当政府削减税收，增加赤字，人们预期政府未来会提高税收，将增加今天的储蓄。反过来，当通过增加税收、减少赤字时，政府支出不变，但会减少储蓄。拟加入欧元区的国家，通过增税的方式来降低政府赤字，结果是减少了储蓄。根据开放经济条件下，一国储蓄可以小于投资也可以大于投资，不足或超额部分可以通过对外借款或对外投资加以平衡。经常项目余额增加的必要条件是国内储蓄增加，但拟加入欧元区的国家增税减赤的结果是降低了国内储蓄，这无法带来贸易逆差改善（经常项目余额增加）的结果。

## 第三节　开放经济下的政策效应

有了上述开放经济的框架性内容，便可以着手分析开放经济条件下的货币政策效应了。开放经济下，一国因选用不同汇率制度安排，其政策效应亦不同。因此，我们对开放经济的政策分析要分不同汇率制度进行。

### 一、汇率制度与国际收支平衡

把握固定和汇率机制之间的关键区别，目的是要理解不同货币制度经济政策的有效性。

在现代国际经济中，汇率制度具有比较复杂的形式，不过，总体上，汇率制度大体可分固定汇率与浮动汇率两类。固定汇率制是指各国货币的对外价值为官方规定，并受货币当局调控，在法定幅度内进行波动，因而具有相对稳定性的汇率制度。浮动汇率制是指各国货币的对外价值由外汇市场决定的汇率制度。

国际收支平衡表包括了一国外汇供求的决定因素。现在，让我们从前面得到的国际收支恒等式开始。

假设初始时，经常账户与资本账户处于平衡状态，现在因偏好冲击，外国增加对本国商品的进口，本国国际收支出现经常账户盈余。考虑资本账户没有初始的变化，这会对外汇市场产生什么样的影响?

现在本币需求将超过本币供给：本国居民进口商品所供给的本币不足以满足世界其他地区

进口商进口我国商品所需要的我国货币。同样，对外国货币的需求将小于外国货币供给：本国居民进口商品所需求的外币不足以耗尽世界其他地区的进口商进口我国商品所供给的外币。

这是否意味着本币将会升值，外币贬值？未必，这要视汇率制度而定。

仍然假定资本账户差额为零。在浮动汇率下，本币会在名义上升值。如果价格固定不变，这将导致本币实际升值。本国货币升值会降低本国商品竞争力，增加进口，减少出口，净出口的减少降低了经常账户盈余，并消除了外汇市场供求失衡。结论是，在浮动汇率制度下，名义汇率的变化可以让国际收支自动均衡。

如果中央银行不想本币升值，如坚持固定汇率制度，会出现什么情况？中央银行不得不做的就是避免本国货币的过度需求使得本国货币升值，或者避免外币供给过剩使得外币贬值。

为此，中央银行可以在外汇市场上买进外币，卖出本币。这将消除市场上过剩的外币供给和本币的过度需求。在国际收支均衡表上，这将导致国际储备增加。结果，即使没有名义汇率的变化，国际收支均衡表也会保持平衡。

到目前为止，我们均假设资本账户是均衡的，所以在国际收支平衡表的金融项目上，既无过剩的需求也没有多余的供给。然而，如果允许资本净流入或流出，结果就不同了。仍然考虑经常账户顺差的情形。这意味着，外汇的流入要大于流出。其结果不是如固定汇率制度下形成外汇累积。因经常账户顺差带来的外汇增量可以用于购买国外资产。

国外净资产增加将意味着用于交换国外资产的外币需求增加，这将会在外汇市场上导致与经常账户相反的效应，如果一国出口净资本的数额与净出口相当，外汇市场将没有失衡，汇率将不会调整；如果资本账户差额与经常账户不完全匹配，则会有汇率调整或国际储备的增减变化。

## 二、外汇干预与公开市场操作

开放经济下，采取某种形式固定汇率的经济体需要通过定期的或不定期外汇市场干预，来保持汇率的稳定。同时，为抵消外汇市场干预对货币供应量的影响，中央银行要在公开市场进行反向操作来保持货币供给稳定。

中央银行在外汇市场买卖外汇来影响本币的对外价值，这称为外汇市场干预。外汇市场干预是通过中央银行资产负债活动进行的。中央银行简要资产负债表如表 14-2 所示。

**表 14-2 中央银行简要资产负债表**

| 资产 | 负债 |
|---|---|
| 政府债券 | 流通中现金 |
| 贴现贷款 | 银行存款准备金 |
| 国际储备 | |

假设中央银行遵循固定汇率制度，外汇市场处于失衡状态，外汇供不应求，这会导致本币贬值。此时，中央银行不得不避免实现外币过度需求，或抑制本币的过度供给。为此，中央银行只需卖出外币，吸收本币。中央银行干预的结果是，外汇供给增加，满足了市场增加的外汇需求，但汇率仍然维持在原有预设目标水平。

上述过程可以通过中央银行资产负债表活动展示。假设本币对美元汇率为 1∶1，现在中央银行卖出 10 亿美元的外汇储备，并要求交易对手（商业银行）支付现金或从其在中央银行的准备金账户扣除。其结果是减少了外币的过度需求，同时减少了本币的过度供给。交易结果如表 14-3 和表 14-4 所示。

表 14-3　中央银行资产负债表（卖出外汇储备，现金支付）变化

单位：亿元

| 资产 | | 负债 | |
|---|---|---|---|
| 国外资产<br>（国际储备） | −10 | 流通中现金<br>（用现金支付） | −10 |

表 14-4　中央银行资产负债表（卖出外汇储备，准备金账户扣款）变化

单位：亿元

| 资产 | | 负债 | |
|---|---|---|---|
| 国外资产<br>（国际储备） | −10 | 银行存款准备金<br>（准备金账户扣款） | −10 |

如果本币的趋势是升值，又该如何？中央银行在外汇市场上买进外币和卖出本币。外汇市场失衡就会消失，名义汇率保持不变。注意两种情形下基础货币的变化，在前一情形基础货币减少，在后一情形基础货币增加。

简言之，在固定汇率制度下，有：

$$BP>0\rightarrow D_{Dc}>S_{Dc}=D_{Fc}<S_{Fc}\rightarrow D_c\uparrow\rightarrow IR\uparrow\rightarrow MB\uparrow\rightarrow M^S\uparrow \tag{14-22}$$

$$BP<0\rightarrow D_{Dc}<S_{Dc}=D_{Fc}>S_{Fc}\rightarrow D_c\uparrow\rightarrow IR\downarrow\rightarrow MB\downarrow\rightarrow M^S\downarrow \tag{14-23}$$

式（14-22）和式（14-23）共同给出了固定汇率下，国际收支的初始状态导致外汇市场供求变化与中央银行外汇干预的一般过程。式（14-22）从国际收支 $BP$ 大于零开始，$BP$ 大于零，导致本币的需求大于外币的供给（$D_{Dc}>S_{Dc}$），这等价于外币的需求小于外币的供给（$D_{Fc}<S_{Fc}$），这导致本币升值（$D_c\uparrow$），本币升值导致进一步资本流入，中央银行在外汇市场买进外币释放本币，结果导致该国央行国际储备增加（$IR\uparrow$），基础货币增加（$MB\uparrow$），货币供应量增加（$M^S\uparrow$）。式（14-23）则从国际收支 $BP$ 小于零开始，其作用机制正好与式（14-22）表述的过程相反。

再次考虑前一案例，中央银行出售外币，以避免本币贬值，这不可避免地减少了基础货币。如果货币当局不愿意紧缩货币，但又不得不对外汇市场进行干预，又应当如何应对？此时，中央银行可以通过公开市场反向操作抵消外汇市场对基础货币的影响。中央银行在公开市场买入证券增加基础货币供给，就可以对冲买进外汇导致的基础货币收缩。沿用前例，其交易结果如表 14-5 所示。

表 14-5　中央银行资产负债表变化（买入证券）

单位：亿元

| 资产 | | 负债 | |
|---|---|---|---|
| 国外资产<br>（国际储备） | −10 | 基础货币<br>（准备金） | 0 |
| 政府债券 | +10 | | |

在中央银行不得不抵消本币升值的情形，也会采取类似的对冲操作。在本例中，中央银行买进外币将增加基础货币。为了避免这种货币政策扩张，它通过公开市场操作卖出证券，

回收新增基础货币。

是否这就意味着中央银行可以无限期地屏蔽外汇干预对基础货币的影响呢？答案是否。如果本币升值趋势持续，公开市场操作早晚会遭遇中央银行证券存量的限制。同样，如果本币贬值趋势持续，外汇干预也迟早会遇到中央银行国际储备数量有限的制约。

假设经常账户初始平衡，突然资本流入变化，这意味着对本币的需求将突然超过或低于本币供给，因此，本币将倾于升值或贬值。这相当于（直接标价法）汇率下降或上升。这会使国内的净出口减少或增加，使经常账户发生赤字或盈余变化，最终实现国际收支平衡。

如果不是浮动汇率而是固定汇率，会发生什么情况？中央银行通过外汇市场买卖外币干预，可以避免外币升值或贬值。这种操作的间接影响是，货币供应量会相应增加或减少。要避免这种情况，中央银行可以通过对冲操作干预，在公开市场上买卖国债。这样，可以实现汇率稳定目标，也不改变货币供应量。

我们最后可以明白，为什么固定汇率会对本币货币政策形成制约。考虑下例：假设初始时，中央银行拥有 100 货币单位的政府债券，贴现贷款为零，150 单位的国际储备。其中，200 单位作为货币发行，其余由私人部门作为准备金持有。货币政策操作前央行资产负债表如表 14-6 所示。假设中央银行进行公开市场干预，购买 50 单位政府债券，交易对手储备账户贷记 50。这与固定汇率兼容吗？

**表 14-6　货币政策操作前央行资产负债表**

| 资产 | | 负债 | |
|---|---|---|---|
| 政府债券<br>贴现贷款<br>国际储备 | 100<br>0<br>150 | 现金<br>准备金 | 200<br>50 |
| 合计 | 250 | 基础货币 | 250 |

两相比较，货币政策操作后中央银行资产负债表资产方和负债方同时增加了 50 单位，货币政策的操作后果增加了基础货币的供给，货币政策操作后央行资产负债表如表 14-7 所示。根据 *IS-LM* 模型，货币供应量增长必然会降低利率。因此，该国将发生资本外流，因为国外资产会提供更高的回报。这将导致外币需求上升，本币需求下降。结果，本币会趋于贬值。为了避免货币贬值，中央银行不得不出售国际储备，以避免外币升值。但此操作会扩大基础货币供给，使中央银行资产负债表膨胀，即货币政策无效。虽然外汇市场得以稳定，却带来中央银行所不愿意的基础货币供给扩张的后果。反之，如果初始时，中央银行的操作意图是扩张货币增加基础货币，结果也会被汇率干预操作抵消。

**表 14-7　货币政策操作后央行资产负债表**

| 资产 | | 负债 | |
|---|---|---|---|
| 政府债券<br>贴现贷款<br>国际储备 | 150<br>0<br>150 | 现金<br>准备金 | 200<br>100 |
| 合计 | 300 | 基础货币 | 300 |

在固定汇率制度下，假设中央银行调整存款准备金要求。这将增加或减少货币供应量，对国内利率形成向上或向下调整的压力。结果，将导致净资本流入或流出增加，导致国际收支顺差或逆差。为了避免本币贬值或升值与外币贬值或升值，中央银行必须在外汇市场买卖国际储备，这将增加或减少基础货币供给。

结论是，在固定汇率下，中央银行对冲操作不是无条件的，外汇干预要以国内货币政策的独立性受到损害为代价。中央银行在国际资本自由流动、货币政策独立与汇率稳定之间，只能三选其二，无法面面俱到。这就是所谓的蒙代尔三角。这是开放经济条件下的一个货币政策难题。

## 三、开放经济的 *IS-LM* 模型

现在我们可以拓展到开放经济的 *IS-LM* 模型，并据以解释不同汇率制度下不同经济政策的有效性。

### （一）开放经济的 *IS* 曲线

从前面对 *IS* 曲线的讨论可知，商品市场的均衡条件是总供给等于总需求：

$$Y^{as} = Y^{ad}$$

总需求定义为：

$$Y^{ad} = C + I + G + CA \tag{14-24}$$

式中，$C$、$I$、$G$、$CA$ 分别代表消费、投资、政府支出和经常账户余额。

已知 $CA = X - IM$，现在假设出口为实际汇率的增函数［以变量符号下的加号（+）表示］，进口为实际汇率的减函数与国内产出的增函数［分别以变量符号下的减号（−）与加号（+）表示］，可有：

$$X = X(\underset{+}{\varepsilon}) \tag{14-25}$$

$$IM = IM(\underset{-}{\varepsilon}, \underset{+}{Y}) \tag{14-26}$$

假定以实际汇率（直接标价法）作为衡量国内商品竞争力指标，随着本币贬值，出口增加，本币升值，进口增加，如果本国国民收入增长，进口增加。

因此，本币贬值，净出口增加；国内产出增长，净出口下降。

具体地，我们假设：

$$CA(\varepsilon, Y) = X_0 + x \cdot \varepsilon - z \cdot Y \tag{14-27}$$

但确切地说，实际情形并非总是如此。因为净出口还要受价格和收入的影响。随着本币贬值，进口价格上升，所以直到进口总值下降，出口总值增加为止，经济账户赤字短期还会扩大。当然，这还需要满足马歇尔-勒纳条件，即一国商品的进出口需求弹性绝对值之和大于 1。这样，经常账户才会随着本币贬值而增加。

现在，我们仅需推导新的 *IS* 曲线了。

由 $Y = a + \text{mpc} \cdot (Y - T) + I_0 - b \cdot r + G_0 + X_0 + x \cdot \varepsilon - z \cdot Y$ 提取公因式 $Y$，整理可得：

$$Y^* = \frac{1}{1 - \text{mpc} + z}[a + I_0 - b \cdot r + (1 - \text{mpc})G_0 + X_0 + x \cdot \varepsilon] \tag{14-28}$$

定义 $A = I_0 + (1 - \text{mpc})G_0 + X_0$ 为开放经济的自主需求，可把式（14-28）化简为：

$$Y^* = \frac{1}{1-\text{mpc}+z}(A - b\cdot r + x\cdot\varepsilon) \tag{14-29}$$

式（14-29）就是开放经济的 *IS* 曲线。注意，封闭经济条件下，*IS* 曲线为商品市场均衡的利率与产出组合，这里关键区别是模型新增了一个变量——实际汇率。随着实际汇率上升，本国货币贬值，净出口增加，总需求增加；同样，随着实际汇率下降，本国货币升值，净出口与总需求下降。

这意味着，开放经济的 *IS* 曲线定义为商品市场均衡时，利率 $r$、产出 $Y$ 和实际汇率 $\varepsilon$ 的组合。模型含有 3 个变量而不是 2 个，如何在平面坐标上以图形方式表示？我们可以借助参数化①的方法，在（$r$，$Y$）平面上给出在不同实际汇率水平上的 *IS* 曲线的对应值，如图 14-13 所示。

在每一个汇率水平上，*IS* 曲线在（$r$，$Y$）空间上的斜率为负，即产出是利率的减函数。沿着 *IS* 曲线，利率越高，投资越少，总需求越低，因而均衡产出 $Y$ 也就越小；反之，利率越低，则投资越多，总需求越高，均衡产出 $Y$ 也就越大。在 *IS* 曲线上方，存在过剩商品供给；均衡产出将减少，因为企业意识到产出过多。在 *IS* 曲线的下方，存在过量的商品需求；均衡产出将增加，因为企业意识到生产不足，如图 14-14 所示。对于给定水平的利率，实际汇率增高，意味着随着本币贬值，经常账户余额将增加，因此均衡产量会增加，否则商品市场会有未被满足的需求。利率不变，*IS* 曲线为实际汇率 $\varepsilon$ 的函数，$\varepsilon$ 越高，*IS* 曲线向右移动的距离就越大；反之亦然。$IS(\varepsilon_l)$ 与 $IS(\varepsilon_h)$ 分别代表低实际汇率的 *IS* 曲线与高实际汇率的 *IS* 曲线。$\varepsilon_l$ 与 $\varepsilon_h$ 的下标 l 与 h 分别为英文“low”与“high”的缩写，意为“低”与“高”。后序图形中下标 l 与 h 亦代表相同含义，不再说明。

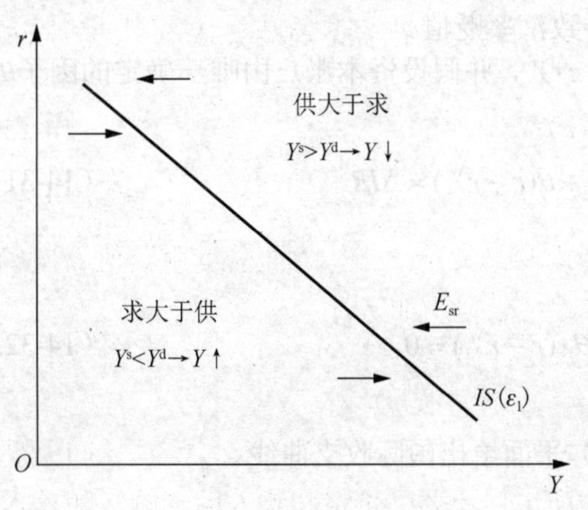


图 14-13　开放经济的 *IS* 曲线

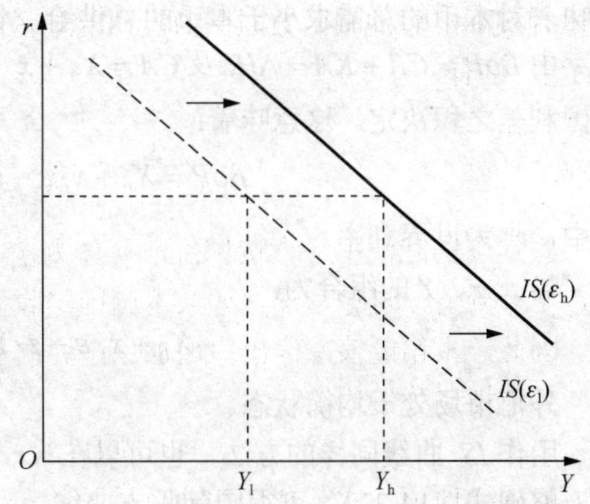


图 14-14　开放经济 *IS* 曲线的移动

（二）开放经济的 *LM* 曲线

开放经济的 *LM* 曲线与封闭经济下并无本质不同。实际货币供给为产出与实际利率的函数，即：

$$\frac{M^{\text{S}}}{P} = L(\underset{+}{Y},\underset{-}{r}) \tag{14-30}$$

① 即采用参数（$x$ 与 $y$ 的共同变量）把普通方程 $F(x,y)$ 化为参数方程。

*LM* 曲线为货币市场均衡时收入 *Y* 与实际利率 *r* 的所有组合。这里的关键差异在于：在固定汇率制度下，名义货币供给不可能是任何给定的值，而只能是保证均衡汇率的那个特定值，如图 14-15 所示。稍后将再次回到这一点。

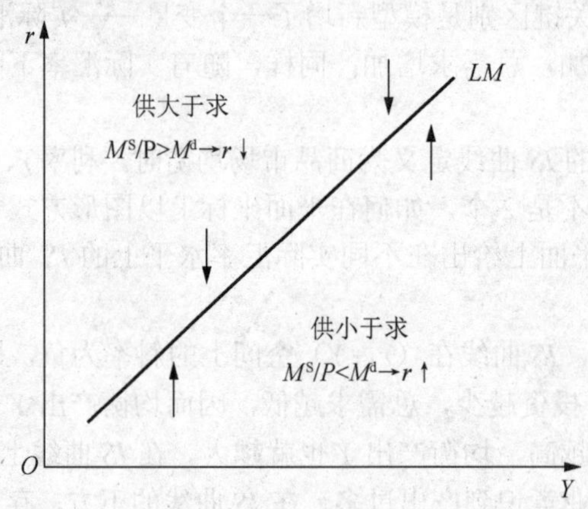


图 14-15　开放经济的 *LM* 曲线

（三）国际收支曲线

现在还缺失的是模型中第三个市场外汇市场的均衡条件。我们已经知道，当经常账户和资本账户余额之和为零时，外汇市场处于均衡状态。反之，若二者之和不为零，则外汇市场处于非均衡状态。$BP>0$，意味着对本币的总需求超过本币总供给，将导致汇率升值；$BP<0$，意味着对本币的总需求小于本币的总供给，将导致汇率贬值。

由 $BoP=CA+KA=\Delta IR$ 及 $CA=X_0+x\cdot\varepsilon-z\cdot Y$，并假设资本账户由唯一确定的因子$\theta$与两国利差之积决定。这意味着：

$$BoP=X_0+x\cdot\varepsilon-z\cdot Y+\theta(r-r^{W})=\Delta IR \qquad (14\text{-}31)$$

式中，$r^{w}$ 为世界利率。

当$\varepsilon$、$r$、$Y$ 的组合为：

$$X_0+x\cdot\varepsilon-z\cdot Y+\theta\cdot(r-r^{W})=0 \qquad (14\text{-}32)$$

外汇市场处于均衡状态。

用作 *IS* 曲线同样的方法，也可以在（*r*，*Y*）平面给出国际收支曲线。

整理式（14-32），可得国际收支曲线：

$$r=r^{W}+\frac{1}{\theta}(z\cdot Y-X_0+x\cdot\varepsilon) \qquad (14\text{-}33)$$

式（14-33）给出了国际收支曲线：汇率、利率与产出的组合使外汇市场处于均衡状态。在（*r*，*Y*）空间上，国际收支曲线斜率为正，表明利率上升决定更多资本流入和更多本币需求。假定汇率不变，一国需要提高均衡产出以增加进口与本币的供给，避免汇率变动。如果是在自由浮动市场，汇率将主动调整，以实现新的均衡，但要保持汇率稳定，唯有增加本币的内生供给，即扩大进口，而这需以收入增长为前提。国际收支曲线的与外汇市场均衡如图 14-16 所示。

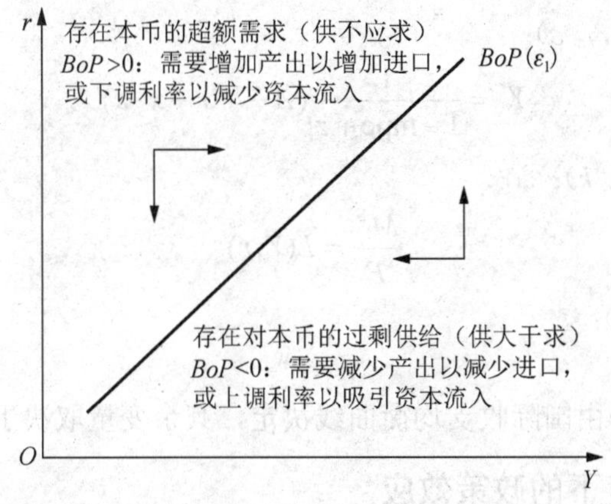


图 14-16　国际收支曲线

国际收支曲线是在不同汇率水平上的参数化值：在给定利率水平上，实际汇率的较高值意味着更高水平的均衡产出。这是因为给定利率水平，来自资本账户货币供求是不变的。随着本币贬值，出口增长将引起外汇市场失衡。为平衡外汇供求，需要增加产出来带动进口，增加本币供给。

如图 14-17 所示，*BoP* 曲线斜率为正，假定利率不变，实际汇率上升将导致曲线右移，产出增加；反之亦然。

仅考虑资本完全自由流动特殊的情形：国际资本流动没有摩擦，以至任何跨国利率的差异都会导致无限量资本流入，直至利差消失。这正好与取参数$\theta$无穷大的极限相吻合，如图 14-18 所示。国际收支均衡曲线成为$r=r^{W}$。

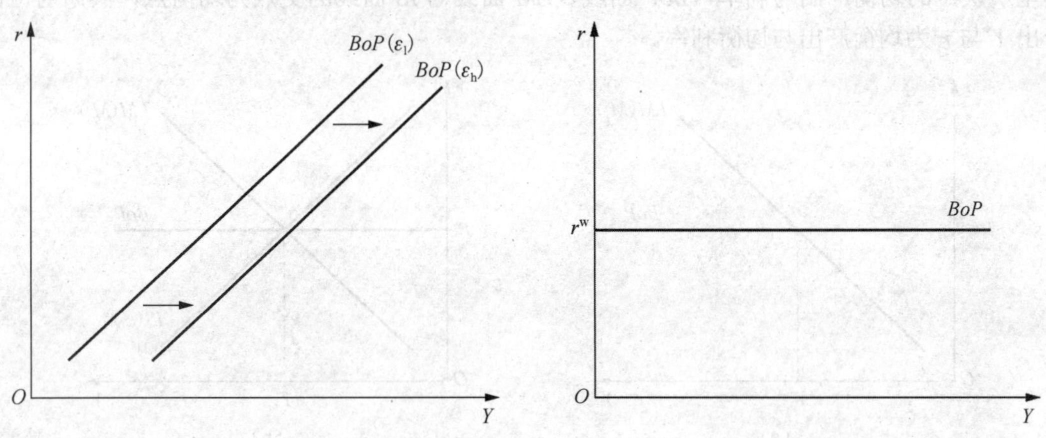


图 14-17　国际收支曲线的向右移动

图 14-18　完全资本流动下的 *BoP* 曲线

注意，这意味着外汇市场均衡仅由资本账户决定。最低限度的本外币利差都会形成经常账户差额无法匹配的过度需求和供给，这意味着，在均衡时，国内利率必须与外国利率相匹配。在均衡时，资本流出入仅在平衡经常账户差额。此时，投资者对于投资在国内或国外是完全无差异的。

综上所述，开放经济的 *IS-LM* 模型研究三个市场（商品市场、货币市场和外汇市场），包含三个变量（产出、利率和汇率）。因此，该模型含三个方程。

*IS* 曲线（变量为 $Y$，$r$，$\varepsilon$）：

$$Y^* = \frac{1}{1-\text{mpc}+z}(A - b\cdot r + x\cdot\varepsilon) \qquad (IS\text{ 曲线})$$

*LM* 曲线（变量为 $Y$，$r$）：

$$\frac{M^{\text{S}}}{P} = L(\underset{+}{Y},\underset{-}{r}) \qquad (LM\text{ 曲线})$$

*BoP* 曲线（变量为 $r$）：

$$r = r^{\text{W}} \qquad (BoP\text{ 曲线})$$

其中，均衡利率水平总是由国际收支均衡曲线决定，其余变量取决于汇率制度。

## 四、不同汇率制度下的政策效应

### (一) 不同汇率制度下的货币政策效应

#### 1. 浮动汇率制下的货币政策效应

在浮动汇率下，汇率是由市场力量决定的内生变量。货币是外生决定的，因为它只是反映了中央银行采用何种货币政策立场。用递归法[①]对模型求解：①从国际收支曲线确定 $r^*$；②给定 $r^*$和 $M^{\text{S}}$，由 *LM* 曲线确定 $Y^*$；③给定 $r^*$和 $Y^*$，由 *IS* 曲线确定$\varepsilon^*$。

如图 14-19（a）所示，在浮动汇率下，*BoP* 曲线是一条水平线，货币供应量外生决定，无论 *LM* 曲线在何处与 *BoP* 曲线相交，均衡利率 $r^{\text{w}}$ 均由 *BoP* 曲线决定，即货币供应量对资本完全自由流动下的均衡利率没有影响。图 14-19（b）给出了浮动汇率制下的开放经济 *IS-LM* 模型所决定的均衡产出与利率，*BoP* 曲线、*LM* 曲线与 *IS* 曲线的交点为均衡点，其所对应的产出 $Y^*$与 $r^*$为均衡产出与均衡利率。

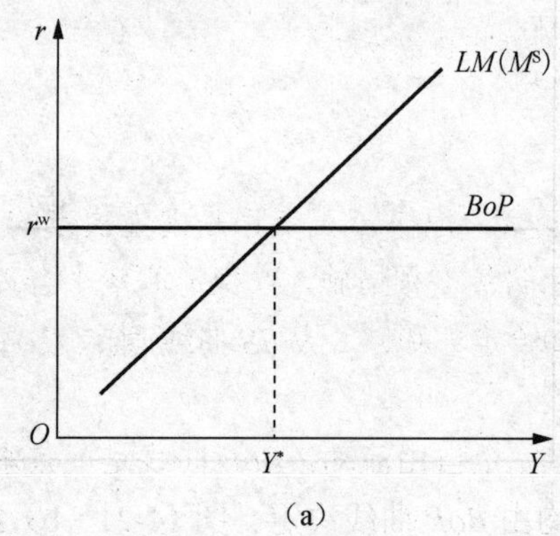

(a)

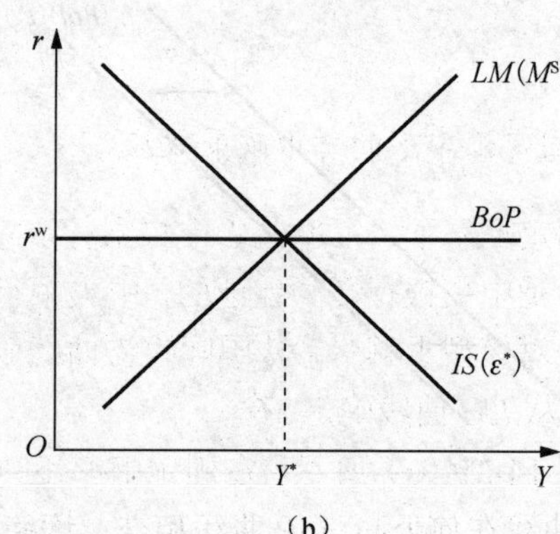

(b)

图 14-19　浮动汇率制下的均衡产出与利率

(a)浮动汇率下开放经济的均衡利率决定；（b）浮动汇率下开放经济的均衡产出与均衡利率决定

在浮动汇率制度下，如果中央银行增加货币供应量，会带来何种影响？这会使 *LM* 曲线右移。此时，货币市场处于非均衡状态，过剩货币供给将使利率下降，刺激投资增长。与此

① 递归法是一种直接或者间接调用自身函数或者方法的算法，其实质是把问题分解成规模缩小的同类问题的子问题，然后递归调用方法来表示问题的解。递归法可以使算法简洁和易于理解。

同时，由于国内储蓄提供的回报率较低，利率下降会导致资金外流。

资本流出触发本国货币贬值，使得 *IS* 曲线向右移动。总产出上升增加货币需求，使得利率回归 $r^*$。由于降息增加投资——投入增加会增加收入与进口，而贬值则增加出口，故国内投入上升与本币贬值对经常账户综合影响未定。由于净出口效应，货币政策在浮动汇率下更有效。

浮动汇率下的扩张性货币政策效应如图 14-20 所示。货币当局为促进经济增长，增加了货币供给，使得 *LM* 曲线从初始位置的 $LM(M_l^S)$ 向右移动到新的位置 $LM(M_h^S)$，*IS* 曲线从初始位置的 $IS(\varepsilon^l)$ 向右移动到新的位置 $IS(\varepsilon^h)$，实际汇率从 $\varepsilon^l$ 上升到 $\varepsilon^h$，引起本币贬值，出口增加，结果均衡产出从 $Y^*$增加到 $Y^{*'}$，而均衡利率 $r^w$ 未受扩张货币政策的影响。

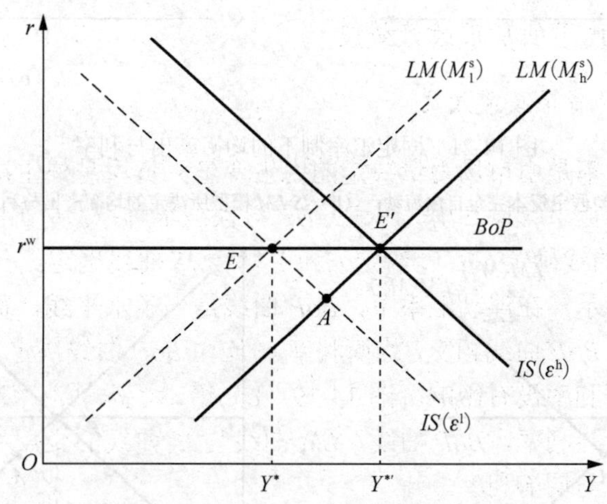


图 14-20　浮动汇率下的扩张性货币政策效应

2. 固定汇率下的货币政策效应

在固定汇率下，汇率是由中央银行决定的外生变量，记作 $\varepsilon'$。货币是内生决定的，因为货币供给是中央银行必须保证的，中央银行使用国际储备干预措施，以稳定汇率于合理水平。用递归法对模型求解：①从国际收支曲线确定 $r^*$；②给定 $r^*$和 $\varepsilon'$，从 *IS* 曲线确定 $Y^*$；③给定 $r^*$和 $Y^*$，从 *LM* 曲线确定 $M^S$。

如图 14-21（a）所示，在固定汇率下，假定资本完全自由流动，*BoP* 曲线是一条水平线，无论 *IS* 曲线在何处与 *BoP* 曲线相交，均衡利率 $r^W$ 均由 *BoP* 曲线决定。图 14-21（b）给出了固定汇率制下的开放经济 *IS-LM* 模型所决定的均衡产出与利率，*BoP*、*LM* 与 *IS* 三条曲线的交点为均衡点，其所对应的产出 $Y^*$ 与 $r^*$ 为均衡产出与均衡利率。

在固定汇率制度下，如果中央银行增加货币供应量，会产生何种影响？会使 *LM* 曲线右移，货币市场处于非均衡状态，过剩货币供给会降低利率，增加投资；但是降低利率会导致资金外流，因为国内储蓄提供的回报率较低。

资本外流会触发本币贬值。但中央银行不能接受这一结果，因为中央银行的任务是维持固定汇率 $\varepsilon'$。作为对资本外流的反应，中央银行将在外汇市场卖出外币，收缩过多的外币需求。外汇干预的结果是减少了基础货币供给，*LM* 曲线回归原来的位置。这表明，在固定汇率制下，货币政策是无效的。在固定汇率制下，一国宏观经济调控会失去一项政策手段，如图 14-22 所示。

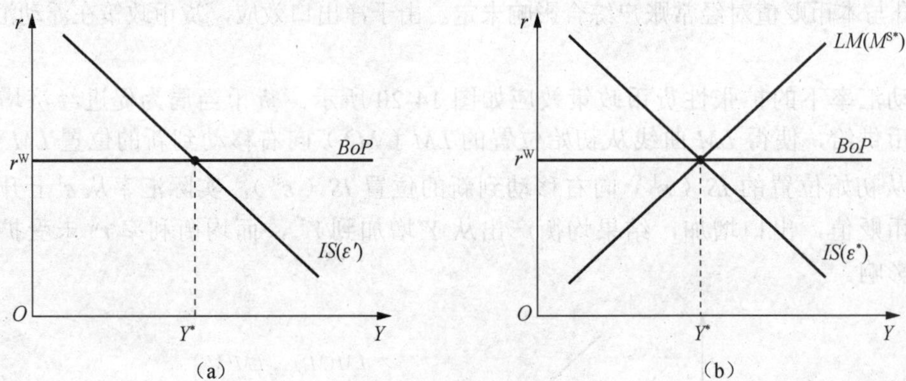


图 14-21　固定汇率制下的均衡产出与利率

（a）假定资本完全自由流动；（b）*IS-LM* 模型所决定的均衡产出与利率

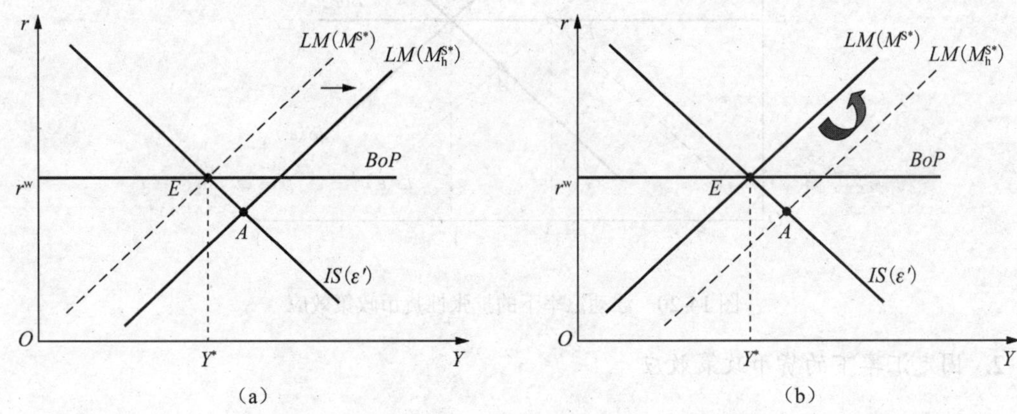


图 14-22　固定汇率下的中央银行外汇干预效应

（a）LM 曲线右移；（b）*LM* 曲线回归初始位置

图 14-22（a）显示，中央银行为刺激经济增长，扩大货币供给，使 *LM* 曲线从初始位置的 *LM*（$M^{S*}$）向右移动到新的位置 *LM*（$M_h^S$）；图 14-22（b）显示，中央银行为避免本币贬值，进行外汇市场干预，卖出外币，买进本币，使得 *LM* 曲线从 *LM*（$M_h^S$）回归初始位置 *LM*（$M^{S*}$），使扩张货币的意图未能实现。

以上分析表明，在开放经济条件下，一国若要实行固定汇率或某种形式的钉住汇率（即把本币与某一货币或一篮子货币之间汇率锚定），货币供给将随外汇市场干预而变化，这将由市场力量外汇供求的变化来决定，进而决定中央银行的买卖外汇行为，中央银行成为市场力量的被动行为人，无从外生决定货币供应的多寡，这意味着，货币政策受到外汇市场干预的制约。这就是所谓的资本自由流动、固定汇率与货币政策独立的三角关系。

蒙代尔-弗莱明[1]模型扩展了对外开放经济条件下不同政策效应的分析，说明了资本是否自由流动以及不同的汇率制度对一国宏观经济的影响。一个开放经济始终会面对一个政策选择的 “三元悖论”或“不可能三角”。具体是指在特定条件下，一国经济不能同时拥有维持固定汇率制度、资本自由流动和独立的货币政策。政策当局只能三选其二，不可能三者兼得。例如，在布雷顿森林体系下，各国货币政策的独立性和汇率的稳定性得到实现，但资本流动受到严格限制。而1973年以后，货币政策独立性和资本自由流动得以实现，但汇率稳定不复存在。

“三元悖论”可以用图14-23来直观表示。“三元悖论”是指图中大小三角形的角点所对应的选择关系，即在资本完全流动情况下，如果实行严格的固定汇率制度，则没有货币政策的完全独立；如果要维护货币政策的完全独立，则必须放弃固定汇率制度；如果要使固定汇率制度和货币政策独立性同时兼得，则必须实行资本管制。也就是在灰色三角形中，三个角点只能三选一；大三角形的每一条边代表着一种政策组合。

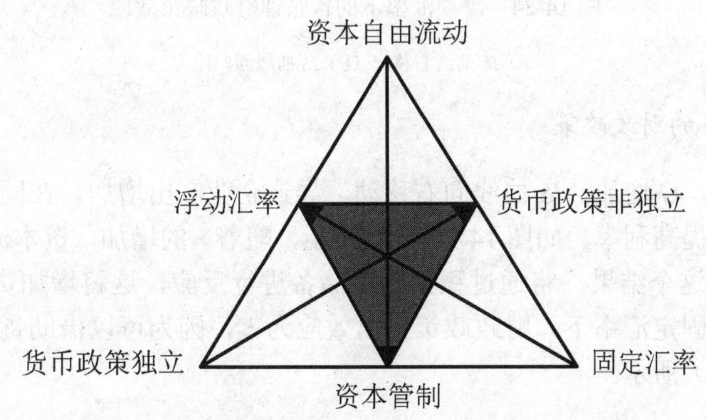


图14-23　“三元悖论”与政策取舍

（二）不同汇率制度下的财政政策效应

1. 浮动汇率下的财政政策效应

在浮动汇率下，政府支出增加，*IS* 曲线向右移动，导致企业增加产出。与此同时，产生的超额货币需求将提高利率。随着 $r$ 上升，资本流入将使本币升值，导致贸易盈余下降，这将使 *IS* 曲线返回原来的位置。结论是，在浮动汇率下，财政政策具有完全的挤出效应，挤出效应通过净出口收缩发生。上述传导机制如下：

$$G\uparrow \rightarrow \overrightarrow{IS} \rightarrow I\uparrow \rightarrow Y\uparrow \rightarrow M^{d} > M^{S} r\uparrow \rightarrow K_{in}\uparrow \rightarrow D_{c}\uparrow \rightarrow \varepsilon\downarrow \rightarrow CA\downarrow \rightarrow \overleftarrow{IS}$$

浮动汇率下的扩张性财政政策效应也可以借助 *IS-LM* 模型以图形显示，如图14-24所示。

图14-24（a）显示，政府支出增加，*IS* 曲线右移，投资增加，导致过剩货币需求，使实际利率上升；14-24（b）显示，资本流入增加，本币升值，实际汇率下降，贸易差额下降，

[1] 20世纪60年代，罗伯特·蒙代尔(Robert A. Mundell)和J.马库斯·弗莱明（J.Marcus Flemins)提出了开放经济条件下的蒙代尔-弗莱明模型(Mundell-Fleming Model 模型，简称 M-F 模型)，即通常所说的经典 M-F 模型。

*IS* 曲线回归原位。

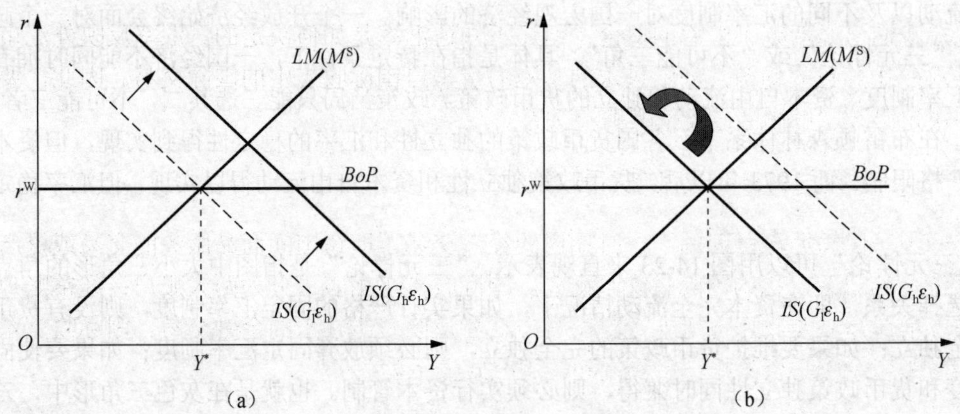


图 14-24　浮动汇率下的扩张性财政政策效应

（a）*IS* 曲线右移；（b）*IS* 曲线回归原位

2. 固定汇率下的财政政策

在固定汇率下，*G* 增加，*IS* 曲线向右移动，导致企业产出增加。在同一时间，由此产生的超额货币需求将提高利率。如图 14-25（a）所示，随着 *r* 的增加，资本流入将使本币升值，中央银行不能接受这个结果，将通过积累国际储备进行反应，这将增加货币供应量，使 *LM* 曲线向右移动。在固定汇率下，财政政策挤出效应为零，因为可以借助货币政策避免利率上升，如图 14-25（b）所示。

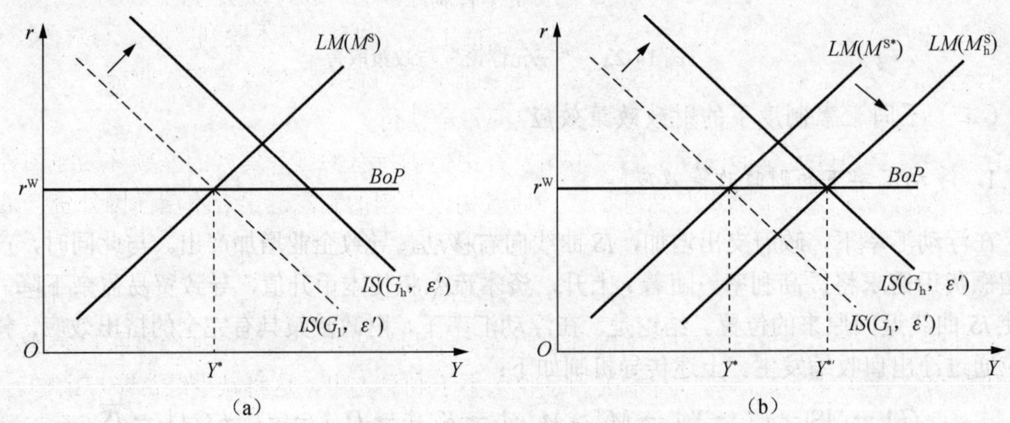


图 14-25　固定汇率下的扩张性财政政策效应

（a）*LM* 曲线右移；（b）*LM* 曲线向下移动

综上所述，开放经济的 *IS-LM* 模型可以解释不同经济政策在不同汇率制度下的经济效应。主要的结论是，政府宏观调控的经济政策，无论财政政策还是货币政策都是有局限的。在实践上，应当根据具体的情况，谨慎选择，因时制宜，不宜过度倚重某一政策。任意一项政策的使用都不宜过度。

# 本 章 小 结

（1）封闭经济条件下，*IS-LM* 模型均衡条件为 *IS* 曲线和 *LM* 曲线的共同解。

（2）开放经济条件下，*IS-LM* 模型均衡条件为 *IS* 曲线和 *LM* 曲线及 *BoP* 曲线的共同解。

（3）不同经济政策对经济均衡的影响是由 *IS*、*LM* 曲线发生位移引起的。

（4）积极政策并非总是有效，或至多仅在短期内有效；在长期，扩张性财政货币政策将使产出高于自然产出水平 $Y_n$，导致通胀压力。

（5）实际汇率上升，意味着国内商品相对于外国商品变得更具竞争力；实际汇率下降，表示国内商品相对于外国商品的竞争力较弱。

（6）外汇供求来自国际收支，出口和资本流入形成对本币的需求和外币的供给，进口与资本外流形成本币的供给与外币的需求。

（7）在开放经济条件下，储蓄和投资不必相等：国内投资既可以来自国内储蓄，也可以来自国外储蓄。

（8）在浮动汇率制度下，名义汇率的变化可以让国际收支自动均衡；在固定汇率制度下，中央银行可以通过外汇市场干预稳定汇率。

（9）开放经济条件下，中央银行在国际资本自由流动、货币政策独立与汇率稳定之间，只能三选其二。

（10）开放经济的 *IS-LM* 模型研究商品市场、货币市场和外汇市场的同时均衡，包含三个变量：产出、利率和汇率。

（11）在资本完全自由流动下，*BoP* 曲线斜率为零。

（12）在浮动汇率制度下，中央银行增加货币供应量，会使 *LM* 曲线右移。

（13）在固定汇率制下，外汇干预与基础货币的调节方向相左，货币政策无效。

（14）在浮动汇率制度下，财政政策具有完全的挤出效应；在固定汇率制度下，财政政策挤出效应为零。

（15）开放经济的 *IS-LM* 模型可以解释不同经济政策在不同汇率制度下的经济效应。政府宏观调控的经济政策，无论财政政策还是货币政策都是有局限的。

# 关 键 概 念

| | | | |
|---|---|---|---|
| 自然产出水平 | 开放经济 | 名义汇率 | 实际汇率 |
| 货币升值 | 货币贬值 | 国际收支平衡表 | 经常账户 |
| 资本账户 | 国际储备 | 国际收支平衡 | 双赤字 |
| 浮动汇率制度 | 固定汇率制度 | 外汇干预 | 对冲操作 |

# 复习思考题

## 一、简答题

1．什么是实际汇率？实际汇率的概念有何作用？

2．什么是国际收支？国际收支平衡表可分为哪两个基本账户？

3．什么是经常账户？什么是资本账户？两者有何关系？

4．什么是国际收支差额？

5．什么是开放经济？开放经济的宏观经济恒等式与封闭经济有何关键不同？

6．何谓开放经济的 *IS-LM* 模型？它与封闭经济的 *IS-LM* 模型有何关键区别？

7．什么是外汇干预？中央银行为何要进行外汇干预？

8．为什么说在固定汇率制下外汇干预与基础货币稳定是不兼容的？

## 二、论述题

1．试述名义汇率变化与实际汇率及本币升值与贬值的关系，并举例说明。（提示：使用直接标价法进行说明）。

2．为什么说扩张性货币政策在长期无效？

3．为什么在开放经济条件下，中央银行在国际资本自由流动、货币政策独立与汇率稳定之间，只能三选其二？

4．登录中国人民银行与国家外汇管理局网站，下载 2005 年以来货币供应量数据与外汇储备数据，用 Excel 进行简单相关分析，并给出自己的看法。

# 数据资料与相关链接

1．可汗学院公开课——货币银行学：http://open.163.com/special/Khan/bankingandmoney.

2．中央电大货币银行学视频教程：http://www.21edu8.com/university/caikuai/23715.

3．货币银行学视频教程 43 讲（北大）：http://v.ku6.com/show/TGjxPk48GHviebR2EZv2GQ...html?from=my.

# 延伸阅读

1．黄达，张杰．金融学[M]．5 版．北京：中国人民大学出版社，2020.

2．易纲，吴有昌．货币银行学[M]．上海：上海人民出版社，2006.

3．[美] 弗雷德里克 · S．米什金．货币金融学[M]．12 版．王芳，译．北京：中国人民大学出版社，2021.

第十五章

# 中央银行金融调控的新发展:双支柱框架

前面两章侧重从中央银行传统货币调控的角度讨论了货币政策调控及其对金融经济的影响。本章将讨论中央银行金融宏观调控的前沿发展：双支柱框架。双支柱框架与传统货币政策调控的不同之处在于，它的调控目标是在实现物价稳定的同时维护金融稳定。

## 本章主要内容

本章首先讨论双支柱框架的概念和特点，其次讨论双支柱框架的基本内容，最后讨论双支柱框架的中国实践。

## 知识与技能目标

通过本章学习，学生应当清楚双支柱框架的产生背景，理解双支柱框架的概念，掌握双支柱框架的基本内涵和主要内容，了解中国双支柱框架的实践概况。

## 引导案例

### 央行回应恒大危机

**案例导读：** 维护金融稳定是货币政策和宏观审慎政策双支柱框架的重要内容。案例显示，中国人民银行约谈恒大集团高管，向市场传递出防范化解房地产“灰犀牛”风险的坚定决心，目的是要把个别房地产的债权违约风险控制在有限范围内。

随着恒大（中国最大房地产企业之一）债务危机问题不断发酵，境外房地产企业美元债的价格出现较大幅度下跌，市场普遍担忧恒大流动性危机正蔓延至金融等相关领域，并可能引发房地产市场政策的新一轮调整。

央行、银保监会相关部门负责人约谈恒大集团高管，要求恒大集团作为房地产行业的“头部”企业，必须认真落实中央关于房地产市场平稳健康发展的战略部署，努力保持经营稳定，积极化解债务风险，维护房地产市场和金融稳定。

恒大集团资产总规模超过 2 万亿元，其中房地产开发项目约占 60%，涉及 1 000 多家作为独立法人的项目子公司。近年来，恒大经营管理不善，未能根据市场形势变化审慎经营，反而盲目多元化扩张，造成了经营和财务指标严重恶化，最终爆发风险。

央行表示，目前相关部门和地方政府正按照法治化、市场化原则，依法依规开展风险组织化解工作，督促恒大集团加大资产处置力度，加快恢复项目建设，维护住房消费者合法权益。在此过程中，金融部门将配合住房城乡建设部门和地方政府做好项目施工的金融支持。

央行、银保监会联合召开房地产金融工作座谈会。会议要求，金融机构要按照法治化、市场化原则，配合相关部门和地方政府共同维护房地产市场的平稳健康发展，维护住房消费者合法权益。

值得注意的是，在恒大债务风险发酵过程中，房地产行业整体面临信用危机。例如，近日，花样年的债务违约再次引发市场对房企流动性的担忧，地产美元债也出现新一轮普跌。

央行表示，经过近几年的房地产宏观调控，尤其是房地产长效机制建立后，国内房地产市场地价、房价预期保持平稳，大多数房地产企业经营稳健，财务指标良好，房地产行业总体是健康的。

目前相关部门已关注到境外房企美元债市场变化，将敦促发债企业及其股东，严格遵守市场纪律和规则，按照市场化、法制化原则，妥善处理好自身的改革问题，积极履行法定偿债义务。

——资料来源：杜川 https://m.yicai.com/news/101199304.html

## 第一节　金融宏观调控双支柱框架

双支柱框架是金融创新与金融危机的产物。随着金融和宏观经济之间关系的日益深化和复杂化，传统上以维护价格稳定为目标的货币政策无法同时有效实现金融稳定，在对国际金融危机深刻反思基础上，IMF 等国际经济组织提出在货币政策基础上纳入宏观审慎政策，形成双支柱调控框架，分别致力于价格稳定和金融稳定的目标。

### 一、双支柱框架的基本概念与形成逻辑

所谓双支柱框架，是指金融宏观调控由两大政策工具——货币政策与宏观审慎政策构成。其核心含义是：面对金融和经济之间关系的日益深化和复杂化，一国政策当局的金融调控目标不应再局限于价格稳定的单一目标，而应当把金融稳定与金融机构的系统稳定纳入政策目标，为此，就需要在传统单一货币政策基础上，引入宏观谨慎政策，形成货币政策与宏观谨慎政策两大政策工具共同发挥作用的双支柱框架，分别致力于价格稳定和金融稳定（专栏15-1）的目标，以此促进金融经济的平稳运行和可持续发展。其中，货币政策的目标主要是经济周期，盯着 GDP 和 CPI；宏观谨慎调节金融周期，盯着房地产价格和信贷价格。双支柱框架的基本构成如图15-1所示。

双支柱框架是2008年国际金融危机催生的产物[①]。传统央行政策框架以货币政策为

① G20.提高监管稳健性并加强透明度(2009 年 3 月)[EB/OL]. http://www.g20.utoronto.ca/cn/cn-g20-2010-0626.pdf.2009 年 3 月；M Brunnermeer, A C r o c k e t t ,C Goodhart, A Persaud 和 H S Shin，《金融监管的基本原则》，《日内瓦世界经济报告》，2009 年 7 月 11 日.

核心，主要关注经济周期和货币政策[①]。货币政策的主要目标就是通过逆周期调节来平抑经济周期波动，维持物价稳定，这种框架可以有效应对高通胀。但以CPI为锚的货币政策框架也存在缺陷，即使CPI较为稳定，资产价格和金融市场的波动也可能很大。例如，2003年至2007年美国次级贷款[②]危机之前，全球经济处于强劲上升期，在此期间，全球CPI涨幅基本稳定，但同期初级商品价格和MSCI[③]全球股指上涨超过90%，美国大中城市房价上涨超过50%，累积了巨大的风险。

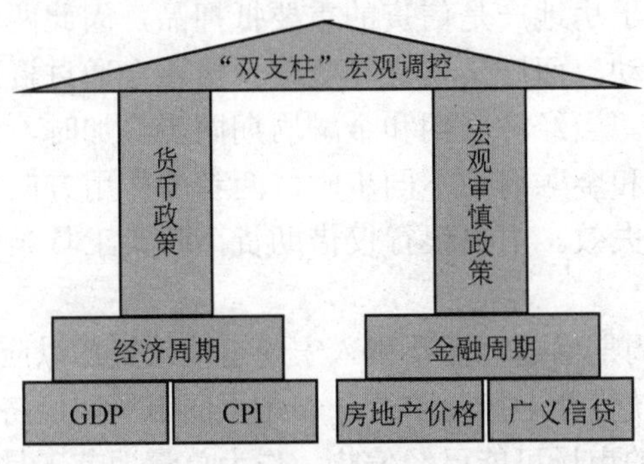


图15-1　双支柱框架的基本构成

**专栏15-1**

### 金融稳定与价格稳定

金融稳定是指一个国家的整个金融体系不出现大的波动，金融作为资金媒介的功能得以有效发挥,金融业本身也能保持稳定、有序、协调发展，但并不是说任何金融机构都不会倒闭。"金融稳定"一词，在我国的理论、实务界尚无严格的定义。西方国家的学者对此也无统一、准确的理解和概括，较多地是从"金融不稳定""金融脆弱"等方面来展开对金融稳定及其重要性的分析。

价格稳定是指相对较低且稳定的通货膨胀率。价格稳定可以给市场主体以稳定的预期，保持实体经济的正常运转，为经济的持续增长创造良好的条件。价格稳定是金融稳定的必要条件。在欠缺价格稳定的经济环境下，市场主体面临的不确定性增加，金融交易及金融制度运行的成本升高，储蓄转化投资的机制易遭遇"梗阻"，从而增加了金融体系的脆弱性，难以保持金融稳定。

当然，价格稳定并非实现金融稳定的充分条件。金融失衡或不稳定的情形在稳定的价格环境下有时也会累积和发生。例如，20世纪80年代后期日本经济的物价水平相当稳定，但其后不久资产市场崩溃，金融机构积累了巨额不良资产乃至倒闭，进入长达10年的衰退期。

——资料来源：维基百科；百度百科。

①中国人民银行.中国货币政策执行报告(2017年第三季度)[R]. http://www.gov.cn/xinwen/2017-11/18/5240675/files/7d908112e584414e811d6f3fdcbb58f9.pdf.

② 次级贷款，是指一些贷款机构向信用程度较差和收入不高的借款人提供的贷款。——百度百科。

③ MSCI（明晟）,美国指数编制公司——摩根士丹利资本国际公司,总部位于纽约。——百度百科。

国际金融危机促使国际社会更加关注金融周期变化，各国央行也认识到只关注以物价稳定等为表征的经济周期来实施宏观调控显然已经不够，央行传统的单一调控框架存在着明显缺陷，难以有效应对系统性金融风险，在一定程度上还可能纵容资产泡沫，积聚金融风险。

不同于经济周期，金融周期主要是指由金融变量扩张与收缩导致的周期性波动。评判金融周期，两大核心指标是广义信贷和房地产价格，前者代表融资条件，后者反映投资者对风险的认知和态度。由于房地产是信贷的重要抵押品，因此两者之间会相互放大，从而导致自我强化的顺周期波动。而广义信贷和资产价格还会通过资产负债表等渠道进一步把金融和实体经济联系起来。当经济周期和金融周期同步叠加时，经济扩张或收缩的幅度都会被放大；而当经济周期和金融周期不同步时，两者的作用方向可能不同甚至相反，会导致宏观调控政策的冲突和失效。中央银行仅借助货币政策工具难以有效平衡经济周期和金融周期调控。

针对日益重要的金融周期问题，需要引入宏观审慎政策加以应对，弥补原有调控框架存在的弱点和不足，加强系统性金融风险防范。一是不同市场和经济主体之间差异很大，在部分市场还比较冷的同时有的市场可能已经偏热，作为总量调节工具的货币政策难以完全兼顾不同的市场和主体；二是房地产等资产市场天然容易加杠杆，具有“买涨不买跌”的特征，容易出现顺周期波动和超调，这就使利率等价格调节机制难以有效发挥作用，需要宏观审慎政策对杠杆水平进行逆周期的调节。

健全宏观审慎政策框架并与货币政策相互配合，能够更好地将币值稳定和金融稳定结合起来。货币政策与宏观审慎政策都可以进行逆周期调节，都具有宏观管理的属性。货币政策主要针对整体经济和总量问题，侧重于物价水平的稳定，以及经济和就业增长；而宏观审慎政策则直接和集中作用于金融体系本身，能够“对症下药”，侧重于维护金融稳定和防范系统性金融风险，两者恰好可以相互补充和强化。宏观审慎的政策要点是针对金融体系的顺周期性和整体冒险行为，实行逆周期调节，即在经济上行时，收紧审慎工具；相反地，在经济下行时，释放缓冲以平滑对实体经济的影响。宏观审慎政策明确了三个中间目标[①]。一是通过构建和释放缓冲，增强金融体系抵御总体性冲击的能力；二是抑制金融泡沫；三是减少金融体系中因共同风险敞口、相互关联性和个别关键性金融中介造成的系统脆弱性。通过实现上述目标，宏观审慎政策有助于提高韧性，平缓金融周期。

国际金融危机以来，全球出现了将货币政策与宏观审慎政策更紧密融合的趋势。对于宏观审慎方法作为实现金融稳定的首要工具，有关各方加强合作，努力实施宏观审慎规则。国际社会和组织——主要以金融稳定委员会(FSB)和国际货币基金组织(IMF)主导——已经强化了如下方面的管理：①通过推进巴塞尔协议Ⅲ，提升银行业的宏观审慎监管；巴塞尔银行监管委员会 27 个成员方中的 26 个成员已宣布基于巴塞尔协议Ⅲ的资本要求监管新规定，美国与欧盟的监管新规定已于 2014 年 1 月生效；②全球系统重要性金融机构(包括中国的中国银行和中国工商银行两家)，强调了额外资本金要求；③影子银行活动，尤其是它与银行的联系及风险传导（专栏 15-2）。

①由于难以定义最终的政策目标——金融稳定，因此，往往采取中间目标，如完善借贷或风险管理标准，增强银行体系韧性和减少信贷波动等。

专栏 15-2

## FSB、IMF、巴塞尔委员会与巴塞尔协议Ⅲ、系统重要性金融机构、影子银行

（金融稳定委员会 FSB），2009 年 6 月成立于瑞士城市巴塞尔。FSB 的成员机构包括 20 多个国家的央行、财政部和监管机构以及主要国际金融机构和专业委员会。中国财政部、中国人民银行、银监会以及中国香港金融管理局均为该委员会的成员机构。FSB 的具体职能包括：评估全球金融系统脆弱性，监督各国改进行动；促进各国监管机构合作和信息交换，对各国监管政策和监管标准提供建议；协调国际标准制订机构的工作；为跨国界风险管理制定应急预案等。

（国际货币基金组织 IMF），1945 年 12 月 27 日成立于美国首都华盛顿，其职责是监察货币汇率和各国贸易情况，提供技术和资金协助，确保全球金融制度运作正常。

巴塞尔委员会，巴塞尔银行监管委员会的简称，1974 年成立于国际清算银行下的常设监督机构，又称“库克” 委员会，由全球十大工业国（G10）的央行共同设立，每年定期集会四次，主要任务是讨论有关银行监管的问题。委员会秘书处设在总部位于瑞士巴塞尔的国际清算银行。

迄今为止，巴塞尔委员会已制定若干相当重要的金融监管规范，包括 1988 年的《巴塞尔资本协议》，2001 年的新巴塞尔资本协定草案，2004 年的《巴塞尔新资本协议》，2010 年的《巴塞尔协议Ⅲ》。巴塞尔委员会已成为事实上的银行监管的国际标准制定者。

巴塞尔协议Ⅲ（Basel Ⅲ）是由国际清算银行制定的全球金融监管标准。作为巴塞尔协议的第三版，协议着眼于通过设定关于资本充足率、压力测试、市场流动性风险评估等方面的标准，从而应对在 2008 年次贷危机中显现出来的金融体系的监管不足。

协议强化了资本充足率要求，并新增了关于流动性与杠杆比率的要求。例如，在巴塞尔协议Ⅱ中，对于信贷和其他信用资产的风险的衡量在很大程度上依赖于外部机构（特别是信用评级机构）的评定，而这个些机构又不在被监管的范围内。这导致了一些事后得知并不安全的资产（如某些债权抵押证券）在当时被贴上了非常安全的 AAA 标签，而这些也对金融危机的产生起了推波助澜的作用。在巴塞尔协议Ⅲ中，这类信贷产品的风险衡量则被要求进行更为严谨的情景分析。该协议要求银行资本充足率在 2013 年起从 4%提高到 4.5%，到 2019 年进一步提高到 6%。加上 2.5%的银行资本缓冲，逐步达到 8.5%的要求。

系统重要性金融机构，是指业务规模较大、业务复杂程度较高、一旦发生风险事件将给地区或全球金融体系带来冲击的金融机构。

按照 FSB 的定义，影子银行是指游离于银行监管体系之外、可能引发系统性风险和监管套利等问题的信用中介体系（包括各类相关机构和业务活动）。影子银行引发系统性风险的因素主要包括四个方面：期限错配、流动性转换、信用转换和高杠杆。

国内的“影子银行”，有三种最主要存在形式：银行理财产品、非银行金融机构贷款产品和民间借贷。

——资料来源：维基百科；百度百科。

在实践上，随着对宏观审慎政策重视程度的提高，越来越多的国家将金融稳定纳入政策目标并开始实施宏观审慎措施，宏观审慎也随之成为各国央行和其他监管部门的普遍共识和政策实践，如图 15-2 所示。不少央行在实质上具备了货币政策和宏观审慎政策双支柱调控框架的内涵。例如，英国将货币政策、宏观审慎政策和微观审慎监管职能集中于央行，在已有货币政策委员会之外，设立了金融政策委员会负责宏观审慎管理；欧元区也逐步建立了以欧央行为核心、欧央行和各成员国审慎管理当局共同负责的宏观审慎政策框架，把宏观审慎政策和货币政策更紧密地结合在一起。

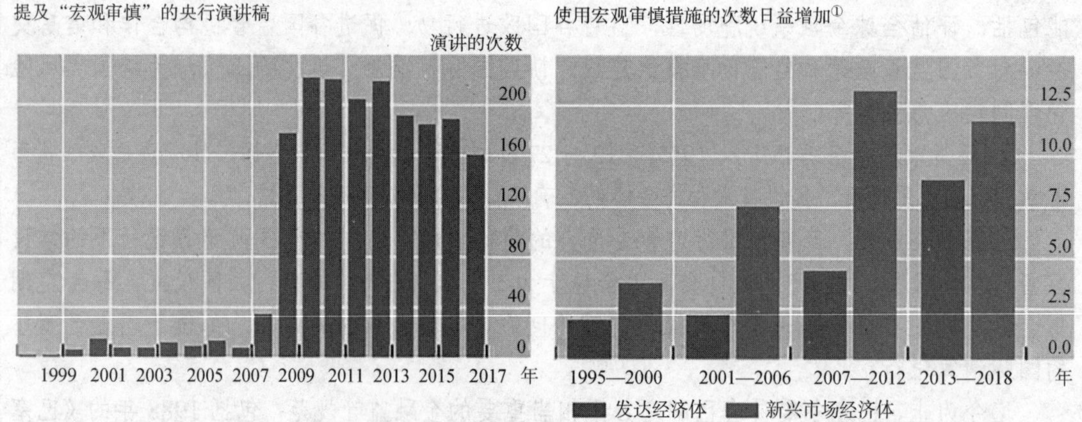


*柱状图代表每组经济体中平均每10个经济体每年采取宏观审慎措施的次数。

资料来源．国际清算银行. 继续完善宏观审慎政策框架[R].

图 15-2　宏观审慎政策逐渐成为主流

此外，主要央行愈加重视在宏观审慎监管基础上建立金融韧性。金融危机后，美国、英国、欧盟已建立起宏观审慎的监控系统，美联储则聚焦在系统重要性金融机构。

## 二、双支柱框架的基本内涵

作为金融宏观调控改革的重要政策指南和行动纲领，双支柱调控框架尚处发展阶段，目前远未成熟，无论其理论框架和政策内容都还有待在各国实践基础上进一步完善。不过，迄今为止，也有几点内涵成为共识：一是改革和完善传统货币政策，构建新型货币政策框架（即货币政策支柱）；二是改革和完善传统金融监管政策，建立宏观审慎政策框架（即宏观审慎政策支柱）；三是在同一个整体政策框架下，强调两个支柱之间的协调和配合；四是国际政策协调。

首先，在双支柱调控框架下，货币政策不再是中央银行单一使用的政策工具而是更广泛意义宏观金融稳定框架的要素之一。货币政策本身已不再简单等同于传统意义上的货币政策，而是需要若干重要的改变和创新，以更好地适应新框架下的宏观调控需要，进一步提升政策执行效果。例如，若货币政策要发挥更积极的作用，就需要对通胀目标进行灵活解释，以便更好地协调短期稳定目标与长期金融和宏观经济稳定。因此，需要采用比两年期更长的政策窗口。这些改进将为解决与金融周期相关的金融脆弱性的逐步累积提供必要的回旋余地①。

① 国际清算银行. 国际清算银行"#$%年度经济报告[R]. https://www.bis.org/publ/arpdf/ar2018_1_zh.pdf

其次，根据IMF的定义，宏观审慎政策是“主要运用审慎工具限制系统性或系统范围内金融风险的政策”[①]。或者换句话说，降低金融服务供应中断的风险，该风险会给实体经济带来负面影响。[②]在识别和缓释金融稳定风险方面，金融监管采取更为宏观审慎的方法，是监管走向完善的重要一步，它为风险认知带来了重大转变，如承认市场价格作为风险指标的局限性，认识到金融繁荣与萧条（金融周期） 具有自我加强的特性，并意识到金融体系须从整体考虑的重要性等。此外，执行宏观审慎政策框架有助于增强金融体系韧性，并防止市场过热。另一方面，宏观审慎政策框架并不是万能药。维持金融的可持续稳定是相当复杂的任务，即便有稳妥的设计安排，单靠一套工具也是远远不够的。例如，宏观审慎措施可放缓信贷扩张。考虑到金融危机的经济和社会成本以及广义上金融周期的宏观经济成本，单靠宏观审慎政策框架来实现预期目标的做法是不明智的。

以上表明，应将宏观审慎政策嵌入一个更加完整、综合、平衡的宏观金融稳定框架。除了以微观为导向的金融监管措施外，宏观金融稳定框架还包括货币政策、财政政策和结构性政策，其最终目标是发挥政策合力，保障宏观经济和金融稳定，同时促进经济长期可持续增长，该框架至少可降低不同政策目标带来的交叉风险。

第三，加强货币政策和宏观审慎政策的协调配合，是双支柱调控框架得以发挥整体功效内在要求。在此框架中,货币政策和宏观审慎政策都不可或缺,须相互补充,形成合力,产生“一加一大于二”的政策效应增进效果。一方面，成功的宏观审慎政策可以降低金融体系的整体风险，保障货币政策传导渠道通畅；反过来，货币政策也会影响资产价格和资产负债表，进而影响到金融体系的稳定性[③]。

宏观审慎政策的优势在于“结构性调控”，即针对局部领域（如房地产市场、股票市场）的失衡进行有针对性的调控，而货币政策的优势则在于“总量调控”，即维持一个总体稳定的货币金融环境。在特定的经济阶段，面对日益严重的金融失衡，必须考虑使用货币政策进行总量调节。如果在经济过热迹象已经出现时，货币政策仍然放任信贷闸门开得太大，那么，任何后续的宏观审慎工具都难以奏效。换言之，宏观审慎政策的结构性调节优势必须以适当的货币总量调节为基础。事实上，只有在运用货币政策来防止整体金融过剩的基础上，宏观审慎工具才能更加从容地发挥结构性调控功能。因此，成功而有效的货币政策和宏观审慎政策能够互相增强和彼此促进。中央银行需要加强与宏观审慎当局和财政部门等的协调和配合。

此外，已经采取的宏观审慎措施主要针对银行部门，因此，在应对市场融资活动产生的风险时可能没那么有效。而全球金融危机后，源于资本市场融资活动的风险更为普遍。金融创新和金融科技的应用可能会改变风险的属性。因此，需要一系列新政策和更多政策工具来加以应对。

最后，就宏观审慎措施而言，国际协调是防止跨境套利的有效方式。但当一国采取审慎措施来降低与外汇借贷相关的系统性风险时，该国资本可能流向同一地区的另一国。在此情

① 中国人民银行和国际货币基金组织.金融业开放，创新和稳定 国际经验和对中国的借鉴[EB/OL]. https://www.imf.org › media › Files › CHN › ebookc PDF.

② 同上。

③马勇.健全双支柱调控框架是为了解决什么问题?[EB/OL].（2018-01-12）.http://www.rdcy.org/index/index/news_cont/id/42698.html.

况下，协调就意味着两国均采取这种收紧的审慎措施，即两国采取的行动互为补充。

## 第二节 中国金融宏观调控双支柱框架的实践

“健全货币政策和宏观审慎政策双支柱调控框架”是党的十九大报告提出的重大战略部署。根据这一指导思想，我国宏观审慎政策框架进行了不少探索，初步形成了具有中国特色的双支柱框架，并在实践中不断完善。

### 一、健全双支柱调控框架的指导思想、战略意义及其主要内容

党的十九大报告提出“健全货币政策和宏观审慎政策双支柱调控框架”，这是深刻总结国际金融危机教训并结合中国国情提出的金融宏观调控的指导方针，对提高我国货币政策的有效性，防范系统性金融风险，切实维护宏观经济稳定和国家金融安全，具有十分重要的意义。

第一，健全货币政策和宏观审慎政策双支柱调控框架，是完善宏观经济管理政策架构维护金融体系稳定的内在要求。

如前所述，构建并实行双支柱金融宏观调控框架已经成为当今世界的共识和实践。作为一个后起市场经济国家，改革开放以来，我国长期实行的也是货币政策单一支柱的调控方式，这就在实践上无法处理一系列的矛盾和问题：一是货币政策面临稳增长与去杠杆的艰难平衡。在杠杆率已处高位的情况下，稳增长还需要货币信贷合理适度增长，而去杠杆则要求适当控制货币信贷增速。二是金融风险不断累积。公司信用类债券违约明显增多，影子银行风险较大，非法集资屡禁不止，大案要案易发频发，一些地区金融秩序混乱。三是金融新业态迅猛发展，给金融监管带来新挑战。借助数字科技创新，移动支付等互联网金融、共享经济等涉金融新业态迅猛发展，如何在监管上体现包容审慎，做到在促发展中防风险，需在实践中探索。四是金融体制机制不适应服务实体经济和防范金融风险的需要。金融机构、金融控股公司法人治理不完善，风险意识、合规意识、服务能力和核心竞争力不强。金融监管体制和协调机制有待完善。宏观金融政策实施和金融监管面临的严峻形势，呼唤进一步深化金融改革，完善宏观政策管理架构，增强金融监管协调的权威性有效性，防范系统性风险，切实维护宏观经济稳定和国家金融安全。

虽然央银行较早探索和实践货币政策和宏观审慎政策相结合的方式，并且已经开展了这几个方面的工作，一是在 2011 年正式引入差别准备金动态调整机制，要求金融机构扩张速度要与经济发展、资本金相适应；2016 年将差别准备金动态调整机制升级为宏观审慎评估体系（MPA），将更多金融活动和金融行为纳入管理，从七个方面约束金融机构，实施逆周期调节。二是将跨境资本流动纳入 MPA，使得跨境资本流动趋于稳定。三是继续加强房地产市场的宏观审慎管理，其核心是形成以因城施策、差别化住房信贷政策为主要内容的住房金融宏观审慎管理框架。

但是与党中央的要求、与金融稳定对宏观调控的要求相比，确实在制度、规则设置和政策协调上等方面还存在差距，需要按照十九大报告的要求和金融稳定的实际需要，进一步健全双支柱框架。

第二，健全货币政策和宏观审慎政策双支柱调控框架，关键是建立货币政策和宏观审慎

政策协调配合良性互动的体制机制。

货币政策和宏观审慎政策双支柱调控框架丰富了金融宏观调控的政策工具，发展了系统金融稳定和逆周期调节的内涵逻辑，并提出了货币政策和宏观审慎政策协同配合的理念，这对于指导双支柱框架的实践具有重要现实意义。健全这一调控框架，关键是深化金融领域基础性关键性改革，创新金融调控方式，健全金融调控体系，完善金融监管体制。一是完善货币政策目标和工具。优化货币政策最终目标，更加突出保持物价总水平基本稳定，关注资产价格变化，处理好保持币值稳定、促进经济增长和防范金融风险的关系。适应货币供应方式新变化，创新和丰富基础货币投放渠道，完善货币政策工具箱。二是深化利率汇率市场化改革。培育市场基准利率，构建目标利率和利率走廊机制，健全中央银行利率调控体系。完善以市场供求为基础、参考一篮子货币进行调节、有管理的浮动汇率制度，增强汇率弹性，保持人民币汇率在合理均衡水平上的基本稳定。三是健全货币政策决策与传导机制。完善货币政策决策机制，提高货币政策科学性和前瞻性。夯实金融调控的微观基础，疏通货币政策传导机制。完善市场沟通机制，提高透明度增强货币政策的有效性。四是健全金融监管协调机制。统筹金融改革发展与监管，协调货币政策与金融监管，统筹协调金融监管重大事项，协调金融政策与相关财政政策、产业政策等。统筹制定跨市场交叉性金融产品监管规则，避免监管空白，防止监管套利。五是加强金融宏观审慎管理制度建设。建立宏观审慎管理框架，拟订金融业重大法律法规草案，制定审慎监管基本制度，建立健全金融消费者保护基本制度。指导地方金融改革发展与监管，对金融管理部门和地方政府进行监督问责。形成货币政策、宏观审慎管理和微观审慎监管协调配合的良好格局。

## 二、中国发展金融宏观调控双支柱框架的具体实践

2008 年世界金融危机爆发后，中国人民银行根据中央和国务院的有关部署并结合 G20、FSB 对国际金融危机教训的总结，在宏观审慎政策框架建设方面进行了全面深入的探索。

通过“十二五”的前期探索，在“十三五”时期，提出并完善跨周期设计和调节，大胆创新货币政策工具，根据经济金融形势变化，科学把握货币政策力度；结合中国国情率先开展宏观审慎政策实践，建立货币政策和宏观审慎政策双支柱调控框架；同时积极稳妥地推进以利率和汇率为核心的金融市场化改革，以改革方式提升宏观调控的有效性，为币值稳定、经济高质量发展营造良好的货币金融环境。其沿时间轴演进过程如下。

肩负金融宏观调控的首要责任和使命，中国人民银行在 2009 年启动了双支柱框架构建过程。2009 年 3 月，中国加入巴塞尔委员会；同年 9 月，人民银行货币政策委员会第三季度会议明确要求研究建立宏观谨慎制度；2010 年中国政府在《中共中央关于制定国民经济和社会发展的第十二个五年计划建议》中提出“构建逆周期的宏观审慎管理制度框架”。

2010 年 11 月颁布的《金融业发展和改革“十二五”规划》中首次将“建立健全金融宏观审慎政策框架”放到了首要位置，要求进一步构建和完善逆周期的宏观审慎政策框架。该报告确定了金融监管体制未来的改革方向。2010 年年末，中央经济工作会议正式引入了宏观审慎政策框架的用词。“十二五”规划明确提出，构建逆周期的金融宏观审慎管理制度框架。

2011 年国务院政府工作报告指出，健全宏观审慎政策框架，综合运用价格和数量工具，提高货币政策的有效性。近期公布的“十三五”规划对此进一步作出部署。2011 年年初，人民银行工作会议首次提出社会融资总量的概念；当年 10 月起，将非存款类金融机构在存款类

金融机构的存款和住房公积金存款纳入 $M_2$ 统计范畴。社会融资总量概念和 $M_2$ 的扩充统计，使货币政策调控内涵发生了相应的变化，对商业银行等机构产生了一定影响。同时，金融监管上强调资本充足的自我约束，在测算资本时引入逆周期因子，并根据经济增长需要进行逆周期的合意贷款管理。

2011 年，为配合危机期间刺激政策逐步退出，央行正式引入差别准备金动态调整机制。差别准备金动态调整机制实施了 5 年，与利率、公开市场操作、存款准备金率等货币政策工具相配合，有力地促进了货币信贷平稳增长，维护了整个金融体系的稳定性。

随着经济形势和金融业的发展变化，央行不断完善政策框架。2010 年，央行引入差别存款准备金动态调整机制，并于 2016 年升级为宏观审慎评估体系（MPA），将信贷投放与金融机构资本水平及经济增长相联系，有效促进了货币信贷平稳适度增长。MPA 从资本和杠杆、资产负债、流动性、定价行为、资产质量、跨境融资风险、信贷政策执行情况七大方面对金融机构的行为进行多维度的引导和严格的监管。宏观审慎资本充足率是整个 MPA 体系的核心，央行主要通过宏观审慎资本充足率来调控银行信贷增长。

在我国，MPA 的评估对象可分三类:全国性系统重要性机构(N-SIFIs)、区域性系统重要性机构(R-SIFIs)、普通机构(CFIs)。

2016 年 5 月起，央行将全口径跨境融资宏观审慎管理范围扩大至全国范围的金融机构和企业，并对跨境融资进行逆周期调节，控制杠杆率和货币错配风险。2017 年第一季度起，央行将表外理财纳入宏观审慎评估的广义信贷指标。2018 年将把同业存单纳入 MPA。加强房地产市场宏观审慎管理，形成了以因城施策差别化住房信贷政策为主要内容的住房金融宏观审慎政策框架。2003 年，央行在房地产金融领域首次引入最低首付比例政策，并根据形势变化，多次逆周期调整最低首付比例要求。

2017 年第五次全国金融工作会议提出，要以防范系统性金融风险为底线，加强宏观审慎管理制度建设。2017 年 10 月 18 日，党的十九大报告中正式提出健全货币政策和宏观审慎政策双支柱调控框架。2019 年年初，党中央、国务院批定的机构改革方案，进一步明确了人民银行负责宏观审慎管理的职能，牵头建立宏观审慎管理框架，统筹监管系统重要性金融机构、金融控股公司和重要金融基础设施，并批准设立了宏观审慎管理局。

2018 年 11 月，央行联合监管部门发布了《关于完善系统重要性金融机构监管的指导意见》，确立了我国系统重要性金融机构监测、监管和风险处置的总体制度框架。在总体制度框架下，央行会同银保监会制定了《系统重要性银行评估办法》，明确了我国系统重要性银行的评估方法、评估范围、评估流程，从规模、关联度、可替代性和复杂性四个维度确立了我国系统重要性银行的评估指标体系，并于 2020 年 12 月 3 日正式发布。2020 年 9 月，央行会同银保监会正式建立我国银行业金融机构逆周期资本缓冲机制，初始缓冲资本比率设定为 0。

2020 年 9 月，国务院发布《关于实施金融控股公司准入管理的决定》，明确非金融企业控股或实际控制两类或者两类以上金融机构，具有规定情形的，应当向人民银行提出申请，经批准设立金融控股公司[①]，并接受监管。央行发布了《金融控股公司监督管理试行办法》，

① 金融控股公司，是指对两个或两个以上不同类型金融机构拥有实质控制权，自身仅开展股权投资管理、不直接从事商业性经营活动的有限责任公司或者股份有限公司。——百度百科。

遵循宏观审慎管理理念，坚持总体分业经营为主的原则，以并表为基础，对金融控股公司资本、行为及风险进行全面、持续、穿透式监管。

2020 年 2 月，央行等六部委联合印发《统筹监管金融基础设施工作方案》，明确将金融资产登记托管系统、清算结算系统、交易设施、交易报告库、重要支付系统、基础征信系统等六类设施及其运营机构，纳入统筹监管范围，统一监管标准，健全准入管理，优化设施布局，健全治理机制。

与此同时，推动完善房地产金融宏观审慎管理。根据防范房地产金融风险和“稳地价、稳房价和稳预期”的需要，研究房地产贷款集中度、居民债务收入比、房地产贷款风险权重等宏观审慎政策工具，进一步完善促进房地产市场健康发展的长效机制。探索开展跨境资金流动宏观审慎管理。根据外汇市场和跨境资金流动形势，动态调整外汇风险准备金率和全口径跨境融资宏观审慎系数。

自 2008 年以来中国双支柱框架发展沿革如图 15-3 所示。

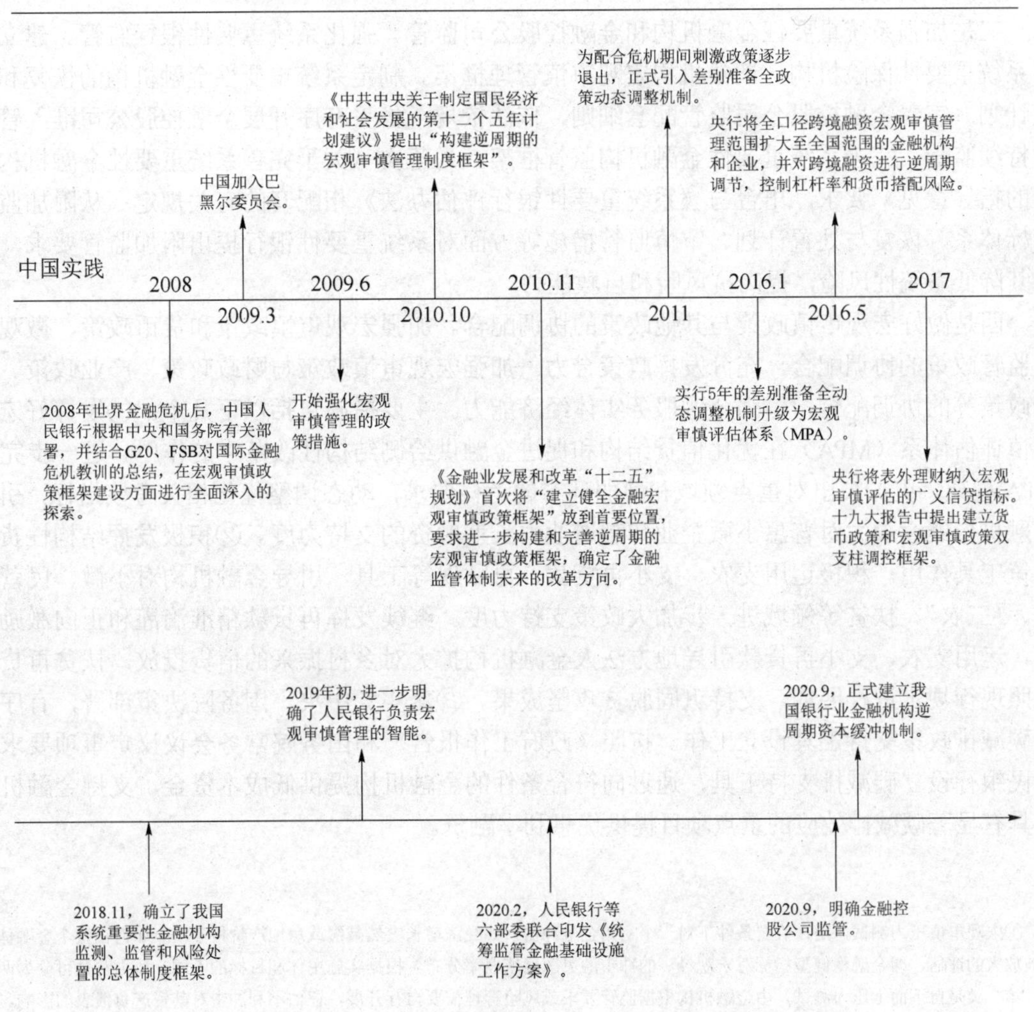


图 15-3　中国金融宏观调控双支柱框架发展沿革

## 三、继续完善宏观审慎管理框架

相比货币政策，宏观审慎政策的理论与实践总体上起步不久，各国宏观审慎政策框架都还在不断健全完善。下一步，根据公开信息披露，人民银行将按照党中央、国务院决策部署，在国务院金融委的统筹指导下，认真履行宏观审慎政策牵头职责，在实践探索中不断健全符合我国国情的双支柱调控框架，支持形成以国内大循环为主体、国内国际双循环相互促进的新发展格局。

一是持续健全宏观审慎政策框架。适时发布《宏观审慎政策指引》，完善我国宏观审慎政策的总体设计和治理机制。继续加强重点领域宏观审慎管理工作，不断丰富宏观审慎政策工具箱并制定工具启用、校准和退出机制。

二是完善系统性风险监测评估体系。重点健全房地产金融、外汇市场、债券市场、影子银行以及跨境资金流动等重点领域宏观审慎监测、评估和预警体系，分步实施宏观审慎压力测试①并将其制度化。

三是加强系统重要性金融机构和金融控股公司监管。强化系统重要性银行监管。建立我国系统重要性保险机构、证券机构宏观审慎管理框架。制定系统重要性金融机构的恢复和处置计划。完善金融控股公司监管配套细则，依法依规、稳妥有序开展金融控股公司准入管理和持续监管。完善系统重要性金融机构监管框架。为落实《关于完善系统重要性金融机构监管的指导意见》要求，出台与《系统重要性银行评估办法》相配套的有关规定。从附加监管指标体系、恢复与处置计划、审慎监管措施等方面对系统重要性银行提出附加监管要求，督促其降低系统性风险，提高抗风险和自救能力。

四是做好宏观审慎政策与其他政策的协调配合。加强宏观审慎政策和货币政策、微观审慎监管政策的协调配合，充分发挥政策合力。加强宏观审慎政策与财政政策、产业政策、信贷政策等的协调配合，增强金融服务实体经济能力。主要措施包括以下几个。①发挥好宏观审慎评估体系（MPA）在优化信贷结构和促进金融供给侧结构性改革中的作用。进一步完善MPA 框架，更加突出对重点领域和薄弱环节的考核要求，动态调整优化相关考核指标，引导金融机构继续加大对普惠小微企业和制造业中长期融资的支持力度。②积极发挥结构性货币政策工具作用。积极运用支农、支小再贷款、再贴现等工具，引导金融机构对小微、民营企业、“三农”、扶贫等领域进一步加大政策支持力度。继续发挥再贷款精准滴灌和正向激励作用，运用支农、支小再贷款引导地方法人金融机构扩大对乡村振兴的信贷投放，扶贫再贷款按照现行规定进行展期，支持巩固脱贫攻坚成果。③落实党中央、国务院决策部署，有序推进碳减排政策支持工具设立工作。按照《政府工作报告》和国务院常务会议议定事项要求，人民银行设立碳减排支持工具，通过向符合条件的金融机构提供低成本资金，支持金融机构为具有显著碳减排效应的重点项目提供优惠利率融资。

①宏观审慎压力测试，是在假定条件下对一个初始金融冲击（如经济增长突然减缓或房地产价格暴跌）如何在整个金融体系中被放大的评估，即金融稳健型指标对宏观经济的冲击的灵敏度或概率分布。根据实施主体和目标的不同，压力测试可分为两大类。第一类是自下而上压力测试，由金融机构根据监管要求或风险管理需要自行开展，评估不利冲击对其资产负债表的影响。第二类是自上而下压力测试，由中央银行或金融监管部门统一组织，假设宏观经济受到不利冲击，评估金融系统的稳健性状况。——纪崴.中国压力测试获得重要进展[J].中国金融,2021(7): 56-58.

# 本章小结

（1）双支柱框架，是指金融宏观调控由两大政策工具——货币政策与宏观审慎政策构成。

（2）双支柱框架是金融创新与金融危机的产物。随着金融和宏观经济之间关系的日益深化和复杂化,传统上以维护价格稳定为目标的货币政策无法同时有效实现金融稳定,在对国际金融危机深刻反思基础上,IMF 等国际经济组织提出在货币政策基础上纳入宏观审慎政策,形成双支柱调控框架,分别致力于价格稳定和金融稳定的目标。

（3）不同于经济周期，金融周期主要是指由金融变量扩张与收缩导致的周期性波动。

（4）评判金融周期，两大核心指标是广义信贷和房地产价格，前者代表融资条件，后者反映投资者对风险的认知和态度。

（5）针对日益重要的金融周期问题，需要引入宏观审慎政策加以应对，弥补原有调控框架存在的弱点和不足，加强系统性金融风险防范。

（6）健全宏观审慎政策框架并与货币政策相互配合，能够更好地将币值稳定和金融稳定结合起来。

（7）国际金融危机以来，全球出现了将货币政策与宏观审慎政策更紧密融合的趋势。越来越多的国家将金融稳定纳入政策目标并开始实施宏观审慎措施,宏观审慎也随之成为各国央行和其他监管部门的普遍共识和政策实践。

（8）在双支柱调控框架下，货币政策不再是中央银行单一使用的政策工具而是更广泛意义宏观金融稳定框架的要素之一。

（9）根据 IMF 的定义，宏观审慎政策是“主要运用审慎工具限制系统性或系统范围内金融风险的政策”。

（10）加强货币政策和宏观审慎政策的协调配合，是双支柱调控框架得以发挥整体功效内在要求。宏观审慎政策的优势在于“结构性调控”，即针对局部领域的失衡进行有针对性的调控，而货币政策的优势则在于“总量调控”，即维持一个总体稳定的货币金融环境。

（11）“健全货币政策和宏观审慎政策双支柱调控框架”是党的十九大报告提出的重大战略部署。根据这一指导思想，我国宏观审慎政策框架进行了不少探索，初步形成了具有中国特色的双支柱框架，并在实践中不断完善。

（12）健全货币政策和宏观审慎政策双支柱调控框架，关键是建立货币政策和宏观审慎政策协调配合良性互动的体制机制。

# 关键概念

| | | | |
|---|---|---|---|
| 双支柱框架 | 价格稳定 | 金融稳定 | 金融周期 |
| 广义信贷 | 房地产价格 | 宏观审慎政策 | 宏观审慎评估体系（MPA） |
| 巴塞尔协议Ⅲ | 影子银行 | 系统重要性金融机构 | 金融控股公司 |

# 复习思考题

## 一、简答题

1. 什么是双支柱框架？简述双支柱框架的主要内容。

2. 什么是宏观审慎政策？为何金融宏观调控需要引进宏观审慎政策？

3. 广义信贷和房地产价格与金融周期有什么关系？

## 二、论述题

1. 为什么中国需要健全货币政策和宏观审慎政策双支柱调控框架？

2. 简述中国金融宏观调控双支柱框架的实践发展。

3. 分别解释什么是宏观审慎评估体系（MPA）、巴塞尔协议Ⅲ、影子银行、系统重要性金融机构和金融控股公司。

# 数据资料与相关链接

1. 可汗学院公开课——货币银行学：http://open.163.com/special/Khan/bankingandmoney

2. 中央电大货币银行学视频教程：http://www.21edu8.com/university/caikuai/23715/show.html?23715.

3. 货币银行学视频教程43讲（北大）：http://v.ku6.com/show/TGjxPk48GHviebR2EZv2GQ...html？From=my.

# 延伸阅读

1. G20.提高监管稳健性并加强透明度（2009 年 3 月）[EB/OL]. http://www.g20.utoronto.ca/cn/cn-g20-2010-0626.pdf.

2. 国际清算银行.2018 年度经济报告[R]. https://www.bis.org/publ/arpdf/ar2018_1_zh.pdf.

3. 中国人民银行. 中国货币政策执行报告（2017 年第三季度）[R]. http://www.gov.cn/xinwen/2017-11/18/5240675/files/7d908112e584414e811d6f3fdcbb58f9.pdf.

# 参考文献

[1] 马克思. 资本论（第三卷）[M]. 中共中央马克思恩格斯列宁斯大林著作编译局，编译. 北京：人民出版社，1975.

[2] 黄达. 金融学[M]. 3 版. 北京：中国人民大学出版社，2014.

[3] 易纲，吴有昌. 货币银行学[M]. 上海：上海人民出版社，2006.

[4] 李扬. 中国金融发展报告（2008—2009）[M]. 北京：社会科学文献出版社，2009.

[5] 管同伟. 国际金融：宏观视角的分析框架[M]. 北京：北京大学出版社，2015.

[6] [美]弗雷德里克 • S. 米什金. 货币金融学[M]. 9 版. 郑艳文，荆国勇，译. 北京：中国人民大学出版社，2011.

[7] [美]兹维 • 博迪，罗伯特 • C. 莫顿. 金融学[M]. 2 版. 伊志宏，译. 北京：中国人民大学出版社，2000.

[8] [美]托马斯 • 梅耶，等. 货币、银行与经济[M]. 3 版. 洪文金，林志军，译. 上海：上海人民出版社，2007.

[9] [美]大卫 • 格雷伯. 债的历史：从文明的初始到全球负债时代[M]. 罗育兴，林晓钦，译. 台北：商周出版社，2013.

[10] Allen L. The encyclopedia of money [M]. Santa Barbara：ABC-CLIO, LLC., 2009.

[11] 国家外汇管理局. 中国国际收支报告[R]. 北京：国家外汇管理局，2014.

[12] 联合国，欧盟委员会，经济合作与发展组织，等. 2008 年国民账户体系[M]. 中国国家统计局国民经济核算司，中国人民大学国民经济核算研究所，译. 北京：中国统计出版社，2012.

[13] 国际货币基金组织. 全球金融稳定报告：市场发展与问题[M]. 国际货币基金组织语言服务部，译. 北京：中国金融出版社，2007.

[14] 欧洲中央银行. 欧洲中央银行货币政策[M]. 张敖，胡秋慧，译. 北京：中国金融出版社，2004.